河南省"十四五"普通高等教育规划教材
工商管理类国家一流专业建设点系列教材

SHICHANG YINGXIAOXUE JIAOCHENG
市场营销学教程

主　编　张亚佩
副主编　李志兰　雷　蕾

河南大学出版社
HENAN UNIVERSITY PRESS

·郑州·

图书在版编目(CIP)数据

市场营销学教程 / 张亚佩主编. --郑州:河南大学出版社,2022.12(2025.1重印)
ISBN 978-7-5649-5376-8

Ⅰ.①市… Ⅱ.①张… Ⅲ.①市场营销学-教材 Ⅳ.①F713.50

中国版本图书馆 CIP 数据核字(2022)238561 号

责任编辑　孙增科
责任校对　陈　巧
封面设计　郭　灿

出　版	河南大学出版社			
	地址:郑州市郑东新区商务外环中华大厦2401号　邮编:450046			
	电话:0371-86059715(高等教育与职业教育分公司)　网址:hupress.henu.edu.cn			
	0371-86059701(营销部)			
排　版	郑州市今日文教印制有限公司			
印　刷	河南美图印刷有限公司			
版　次	2022年12月第1版		印　次	2025年1月第2次印刷
开　本	787 mm×1092 mm　1/16		印　张	23.25
字　数	551千字		定　价	58.00元

(本书如有印装质量问题,请与河南大学出版社营销部联系调换。)

前　言

　　一流的专业需要一流的课程,一流的课程呼唤一流的教材。教材是教学双方发力的锚点,旨在解决"教什么?学什么?"的根本性问题。河南财经政法大学市场营销作为国家一流建设专业,需要优秀的专业教材体系支撑。一流的教材来源于一丝不苟的教学实践,来源于多届多层次学生的调整适应,来源于教学团队经年累月的切磋琢磨。基于"豫企豫语育豫才"的理念,扎根多年课程建设的悉心深耕,立足服务国家中心城市经济建设的冷静思考,课程教学团队努力编写了这本富于心理加工流畅性的教材。主要特点包括以下三点：

　　(1)聚焦价值链条。教材抓住了市场营销的本质,聚焦价值的分析、定位、创造、交换、传播、信息化,形成了特色鲜明的价值链条,便于学生透过现象看本质,通过对价值链的学习,更好地理解和掌握市场营销的知识体系。

　　(2)凸显营销实践。教材突出"实战"需要,从毕业就业的视角,瞄准学生职业发展需求,凸显营销实践。从本地企业、国内企业改革开放来的发展实例出发,对照讲解市场营销基本原理,提炼企业发展的"营销密码""价值链条"。

　　(3)贯穿鲜活案例。教材结构安排合理,包括学习目标、案例导入、原理讲解、典型示范、案例启发等,以价值为链条,以案例为"珍珠",案例突出本土化、身边化、近前化,时效性强,鲜活生动,用身边的发展故事讲好市场营销的原理。

　　教材共分7篇17章,依次为总述篇、市场价值分析篇、市场价值定位篇、市场价值创造篇、市场价值交换篇、市场价值传播篇、市场价值信息化篇。全书由张亚佩负责统稿和集中汇编,其中寇晓宇负责第1章,张佳负责第3章,李志兰负责第2、4章,张亚佩负责第5、6、8、10、14章,张娜负责第7、9、16章,雷蕾负责第11、12、13、15章,孙彪负责第17章。

　　本教材感谢河南省线上一流本科课程项目〔2022〕169号《市场营销学》、河南省本科高校课程思政项目教高〔2020〕531号《市场营销学》和全国市场学会优秀教学成果项目的支持,由于成稿时间仓促和编者水平所限,同时教材的建设是一个动态发展的过程,许多理论和实践问题也在发展之中,书中不足之处在所难免,恳请有关专家和广大读者批评指正。

　　本教材适用于高等院校的工商管理专业营销方向和非营销专业的本科生、MBA学员,也适合对营销学感兴趣的广大读者朋友阅读。

目 录

第一篇 总 述

第一章 市场营销概述 (2)
第一节 市场与市场营销 (3)
第二节 营销管理的任务 (7)
第三节 市场营销哲学及演进 (9)
第四节 市场营销学的产生与发展 (11)

第二篇 市场价值分析

第二章 企业战略与营销战略 (17)
第一节 企业战略含义、要素及层次 (18)
第二节 企业战略规划活动的内容 (24)
第三节 业务单位战略 (33)
第四节 市场营销战略 (40)

第三章 市场营销环境分析 (52)
第一节 市场营销环境的概述 (54)
第二节 市场营销宏观环境分析 (56)
第三节 市场营销微观环境分析 (66)

第三篇 市场价值定位

第四章 市场营销调研 (76)
第一节 市场营销调研概述 (77)
第二节 市场营销调研的步骤 (82)

第三节　调查问卷设计……………………………………………（87）
　　第四节　市场营销调研的方法……………………………………（91）
　　第五节　营销预测概述……………………………………………（96）

第五章　消费者行为分析………………………………………………（103）
　　第一节　消费者市场概述…………………………………………（104）
　　第二节　消费者购买行为与决策…………………………………（107）
　　第三节　消费者购买行为的影响因素……………………………（109）
　　第四节　消费者购买决策过程……………………………………（117）

第六章　目标市场营销战略……………………………………………（124）
　　第一节　市场细分…………………………………………………（125）
　　第二节　目标市场选择……………………………………………（130）
　　第三节　市场定位…………………………………………………（134）

第四篇　市场价值创造

第七章　产品策略………………………………………………………（140）
　　第一节　产品及产品组合…………………………………………（142）
　　第二节　产品生命周期……………………………………………（148）
　　第三节　新产品开发与管理………………………………………（152）

第八章　服务策略………………………………………………………（163）
　　第一节　服务概述…………………………………………………（164）
　　第二节　服务利润链………………………………………………（169）
　　第三节　服务质量管理……………………………………………（179）

第九章　品牌策略………………………………………………………（186）
　　第一节　品牌概述…………………………………………………（187）
　　第二节　品牌策略…………………………………………………（194）

第五篇　市场价值交换

第十章　定价策略………………………………………………………（205）
　　第一节　定价及定价的影响因素…………………………………（206）
　　第二节　定价的方法………………………………………………（210）

第三节　定价策略……………………………………………………………（214）
　　第四节　价格变动与反应………………………………………………………（219）

第十一章　渠道策略……………………………………………………………（223）
　　第一节　营销渠道概述…………………………………………………………（224）
　　第二节　营销渠道设计…………………………………………………………（230）
　　第三节　渠道管理策略…………………………………………………………（235）
　　第四节　零售和批发……………………………………………………………（238）

第六篇　市场价值传播

第十二章　整合营销传播………………………………………………………（246）
　　第一节　整合营销传播的内涵…………………………………………………（247）
　　第二节　整合营销传播计划……………………………………………………（255）

第十三章　大众传播策略………………………………………………………（264）
　　第一节　促销……………………………………………………………………（265）
　　第二节　广告……………………………………………………………………（268）
　　第三节　公共关系………………………………………………………………（273）
　　第四节　人员推销………………………………………………………………（276）
　　第五节　销售促进………………………………………………………………（279）

第十四章　关系营销……………………………………………………………（285）
　　第一节　关系营销概述…………………………………………………………（286）
　　第二节　关系质量………………………………………………………………（293）
　　第三节　顾客关系管理…………………………………………………………（298）

第七篇　市场价值信息化

第十五章　数字化传播策略……………………………………………………（309）
　　第一节　社会化媒体……………………………………………………………（310）
　　第二节　在线传播………………………………………………………………（314）
　　第三节　口碑传播………………………………………………………………（321）

第十六章　网络营销……………………………………………………………（329）
　　第一节　网络营销概述…………………………………………………………（330）

第二节　互联网时代的网络营销策略……………………………………(335)
　　第三节　基于信息传递模型的网络营销……………………………………(340)

第十七章　大数据营销策略……………………………………………………(348)
　　第一节　大数据营销概述……………………………………………………(349)
　　第二节　大数据营销中的数据处理…………………………………………(353)

第一篇　总　述

第一章 市场营销概述

学习目标

1. 了解市场的含义。
2. 掌握市场营销的内涵及核心概念。
3. 了解营销管理的任务。
4. 掌握市场营销观念的演变及主要观念。
5. 了解市场营销学的产生与发展。

案例导入

大信家居：数据模块制造

大信家居是国家首批服务型制造示范企业、国家智能制造试点示范项目企业、国家高新技术企业，企业发展模式被清华大学纳入中国工商管理案例中心。2018年11月，企业入选在中国国家博物馆展出的《伟大的变革——庆祝中国改革开放四十周年成就展》，是中国家居行业唯一入选企业。

企业成立于1999年，主营定制家具业务，先从整体橱柜着手，并探索实现定制家具大规模个性化模块化生产的路径，开始进行了原始数据的大量收集。

2004年大信家居由整体橱柜进一步延伸到厨房电器，将吸油烟机、燃气灶、消毒柜等厨房电器品类纳入大信的产品体系，在中国首推整体厨房概念，实施厨房以及厨房电器一站式购齐，大获成功，开创行业先例。

2005年，大信家居通过收集10万套原始整体厨房方案大数据，整理生成380个模块，成功找到定制产品大规模个性化定制的密码，破解了定制产品在生产过程中的成本高、效率低、出错率高以及规模生产难的四大国际性难题，抛弃了传统的流水线生产模式，发明创造"双分布双模块化"生产技术，形成了大信独有的"十方兼容"和"五维工业互联网制造理论"，并自主研发独立软件，在行业中是目前为止唯一实现无人拆单的企业，率先实现信息化与工业化的深度融合。

2010年，大信家居首次被评选为"中国橱柜领军企业十强"。行业内率先开展"工业旅游"模式，大规模组织消费者到工厂进行全过程参观体验购买，并取得成功，开创大信体验式营销、文化营销的营销模式。

2012年，企业成立工业设计中心，以中国厨房文化博物馆作为基础研究平台，从中华传统厨房文化研究入手，实现中国定制产品的原创设计，再次被评选为"中国橱柜领军企业十强"。

2016年,大信互联网+智能制造得到国家认可,大信家居代表中国定制家居行业参加在欧盟总部布鲁塞尔举办的世界绿色家居大会,并发表主题演讲,为中国绿色设计发声,再次被评选为"中国橱柜领军企业十强"。

2017年,大信家居获评国家工信部"智能制造试点示范项目企业"以及"服务型制造示范企业"。企业被认定为国家高新技术企业,产品原创设计获得国际设计界"奥斯卡"大奖红点奖,实现河南省62年来红点奖获奖零的突破以及行业获得"红点奖、红星奖、金勾奖"三大设计大奖大满贯的企业;为了满足未来更大的市场需求,打造百亿级企业,大信开始投资建设原阳500亩全屋定制智能制造工业园,并打造成4A级工业旅游景区,接待游客超过30万人次。

大信家居的特点是运用中国人独有的网状思维方式和中华传统优秀文化内涵,以自主研发的软件系统为依托,实现定制家居的大规模个性化定制。高技术创造高效率,高效率带来低成本,此技术可以实现高中低端市场的全覆盖,且创造了不可思议的市场竞争力,是一个颠覆性的创新。

大信家居专注设计引领,是专业从事全屋定制、家用橱柜、衣柜、厨卫电器、用水设备、移动家具及家居消费品的生产、研发及供应的设计服务企业,目前在全球拥有超过1800家大信设计服务中心。

第一节　市场与市场营销

一、市场概述

(一) 市场的产生和发展

在漫长的原始社会里,由于生产力水平极其低下,人们不得不共同劳动,平均分配劳动产品。那时没有社会分工,也没有剩余产品,当然也没有商品交换,也不会有市场。到原始社会后期,出现了人类社会第一次大分工——畜牧业和农业分离,社会生产力水平得以提高,有了一定的剩余产品可以用来交换,出现了原始的市场,尽管这时的交换是偶然进行的。

到原始社会末期,第二次社会分工导致了手工业同农业的分离,产生了以交换为目的的商品生产。手工业的独立和生产的多样化,使市场的范围日益扩大,交换的品种和数量大大增加。随着社会分工的扩大、市场范围的拓展,货币成了商品交换的媒介。货币的产生,消除了物物交换的限制,促进了商品生产的进一步发展,使人们对市场的依赖程度逐渐增加。

在人类社会第三次大分工之后,出现了专门从事商品流通而不从事生产的商人。商人们从生产者那里购进产品,然后在市场上转售给其他买主。中国历史上的"丝绸之路"

"马帮""茶马古道"就是见证。商人的出现,促进了商品交换的发展,商品生产者可以专门为市场而生产。随着市场上商品交易的品种和数量的扩大,进而出现了商业,即专门从事商品流通的行业。商业产生以后,商人充当了市场的组织者,不仅使市场的范围更加扩大,而且使市场的设施和业务日趋完善。

市场因劳动分工导致需要与他人交换所需之物而产生。最初的交换是零星的和小规模的,发展到一定水平之后,就形成了定时定点的集中市场交易。我国古代有关于"日中为市,致天下之民,聚天下之货,交易而退,各得其所"的记载(参见《易·系辞下》),就是对这种在一定时间和地点进行商品交易的市场的描述。水井曾是古时人们经常聚集的地方,有人把物品带到这里与别人进行交易。所以"市"和"井"自然就联系在一起了。尽管把市场仅看作一个交易的场所具有显著的局限性,但无论是物物交换,还是以货币为媒介的商品交换,集中市场都具有减少交易次数、节省交易成本、丰富交易物品的种类等显著好处。

(二)市场的定义

随着社会进步,社会分工的进一步发展促进了市场的发展。除了有形市场以外,现在许多市场是无形市场或虚拟市场,显然现代的市场已经完全不同于传统的市场了,市场的概念也在发生变化。

从具体的交换活动及其运行规律来看,市场是供需双方在共同认可的一组条件下所进行的商品或劳务的交换活动,其实质是人们客观存在的需要、欲望和需求。菲利普·科特勒指出,市场是由一切具有特定需求或欲望、愿意且可能从事交换来满足需求或欲望的全部潜在顾客所组成。也就是说,市场是由有购买意向、具有支付能力的人群构成的,缺少任何一个条件都难以构成市场。可以用公式表示为:

市场=人口+购买欲望+购买力

更好地理解市场的概念,需要了解需要、欲望、需求之间的关系。需要是指没有得到某些满足的感受状态。比如老师讲了2个小时课,现在口渴了需要解渴;或者现在快到12点了,肚中饥饿,需要吃午饭了;害怕家中被盗或受到人身伤害而感到对安全的需要。欲望是指想得到某种具体满足物的愿望。这种愿望要受到所处的社会文化环境的影响,有的人口渴了会购买果汁解渴,有的人购买牛奶,有的人喝白开水即可。人的需要是有限的,但欲望却很多。当具有购买能力时,欲望就转化为需求。需求是指对某个有能力购买并愿意购买的具体产品的欲望。比如张明很想购买一套别墅,可是没有购买能力,欲望就不能转化为需求。

需要、欲望、需求三者之间的关系,我们可以通过一个简单的示意图,更好地理解,如图 1-1 所示。

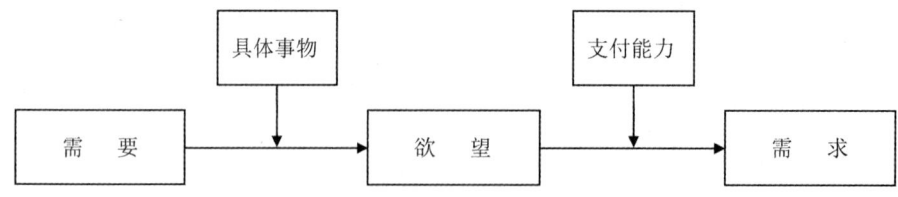

图 1-1 需要、欲望、需求的关系

人类的需要和欲望是市场营销活动的出发点。需要源自于自身的生理和心理条件,不是营销者可以创造的。营销者虽然不能创造需要,但是却可以通过各种营销手段来影响人们的欲望。营销者可以通过制造产品,使其富有吸引力,使目标顾客有能力支付并可以获得,使欲望转化为需求。

二、市场营销概述

(一) 市场营销概念的演变

市场营销的英文是 marketing,在市场这个名词"market"的后面加了一个后缀"ing"变化而来的。在英语中,名词后加"ing",使名词具有了动词的特性,意指同该名词有关的行为,直观地表达了营销的含义。营销是由"营"和"销"两个字组成,"营"指的是经营、策划,"销"指的是推销、销售。"营"和"销"相辅相成,不可或缺。可以说有了市场(market)就有了市场营销(marketing),市场营销是与市场同时产生和发展起来的。但市场营销作为一门学科从经济学中分离出来形成独立的学科,却是 20 世纪的事情。

市场营销的学术定义有多种不同的解释和表述,这些解释和表述反映了在不同时期人们对市场营销的认识和发展过程。美国市场营销协会(American Marketing Association,简称 AMA)对市场营销术语的一系列表述被视为营销领域的权威解释。每隔若干年美国市场营销协会都会邀请一些行业专家开会讨论,重新定义市场营销。

AMA 在 1960 年定义市场营销为引导产品或劳务从生产者流向消费者的企业营销活动。从定义中看出,商业的本质其实还是买和卖。卖方的产品为产品和劳务,而市场营销是卖方向买方所做的一切商务活动。

AMA 在 1985 年定义市场营销为对创意、商品和服务的概念、定价、促销和分销进行策划和执行的过程,以便推动和促进能够实现个人和组织目标的交易。在这个定义中,把所营销的产品扩充到创意,不仅仅是商品和服务。

AMA 在 2004 年定义市场营销为营销既是一种组织职能,也是为了组织自身及利益相关者的利益而创造、沟通、传递客户价值,管理客户关系的一系列过程。

AMA 在 2014 年认为市场营销是一种向顾客、合作伙伴和社会创造、传播、传递和交换价值的一系列活动、组织和过程。

从 1960 年到 2014 年 AMA 对市场营销的定义可以看出,市场营销的内涵不断扩大,从向顾客传递产品的纯经济活动转变为向社会传递价值的经济与社会活动。只有深刻理解市场营销内涵的转变,才能产生更有效率、更有效果的市场营销实践。

(二) 市场营销的定义

菲利普·科特勒和加里·阿姆斯特朗认为市场营销是指以满足人类各种需要和欲望为目的,通过市场变潜在交换为现实交换的一系列活动和过程。具体来讲,营销是吸引顾客并管理有利可图的客户关系,用超值产品或服务吸引新客户,并且用传递价值和满意来强化现有客户的过程。

为了更好地理解市场营销的概念,需要理解几个概念。

1. 交换和交易

交换是构成营销理论基础的核心概念。交换是指通过提供某种物品作为回报,从某人那里取得所需要的东西的行为和过程。交换的发生必须具备五个条件:

(1) 至少有买卖(交换)的双方。
(2) 交换的每一方都拥有对方认为有价值、想要的东西。
(3) 每一方都能够沟通信息和传送货物。
(4) 每一方都可以自由地接受或拒绝对方的东西。
(5) 每一方都认为与对方进行交易是值得的、适当的或称心如意的。

交换应看作一个过程而不是一个事件。如果双方正在进行谈判,并准备达成协议,这就意味着他们正在进行交换。一旦达成协议,就是发生了交易行为。

交易是交换活动的基本单元,是由双方之间的价值交换所构成的行为。一次交易包括三个可以度量的实质内容:

(1) 至少有两个有价值的事物。
(2) 买卖双方所同意的条件。
(3) 协议时间和地点。

2. 产品及其内涵

现代的产品概念内涵非常丰富,包括商品(goods)、服务(service)、体验(experiences)、事件(events)、人员(persons)、地点(places)、资产(properties)、组织(organizations)、信息(information)、创意(ideas),也就是说,能够提供给市场以满足人们需要和欲望的任何东西都可以称为产品。

(1) 商品。我们所用的课本、手机、电脑等都是有形商品,实体产品占据了绝大多数国家生产和营销的主流。

(2) 服务。服务和商品之间最大的差异性体现在商品是有形的,服务是无形的,我们出门所乘坐的航班、下榻的酒店、各种在线课程等,这些依赖于有形展示而形成的无形的服务产品对消费者的个体体验产生了极大的影响。

(3) 体验。乔布斯曾经说,当消费者打开产品包装,该体验带来的仪式感,就是产品价值的体现。

(4) 事件。2022年北京举办冬季奥运会和冬残奥会是中国向世界展示国家形象的一次成功的事件营销。

(5) 人员。在现代,创造和利用名人效应的营销已成为一种重要的商业活动,一些著名的影星、歌星、体育明星会和一个公司或经纪人签约,以便和公共关系机构、媒体机构保持联系、提升知名度,并利用名人效应营销自己。在自媒体时代,我们可以利用各种媒体营销自己。

(6) 地点。现在随着人民生活水平的逐步提高,旅游已经成为丰富大家精神诉求的重要手段之一。每个城市、每个地区或者说一个国家,为了吸引旅游者所进行的竞争,实际上做的就是地点、城市营销。

(7) 资产。资产是指对实物资产和财务资产的所有权,这些资产由于可以通过房地产代理商、投资公司和银行进行交易,因此也需要营销。比如,大家通过银行购买保险从而对自己的资产的配置做了新的调整和布局,其实就是资产营销的结果。

(8) 组织。组织需要营销,我们到一个城市,总会选择能够代表这个城市特色的组织去看看,比如当地的博物馆、艺术展览馆等,这些作为一个地方形象展示的组织,需要进行营销,以期可以在竞争中获得更多的用户资金以及支持。

(9) 信息。企业制定决策,个体进行生活安排,组织如何安排活动流程依赖于信息。乔布斯曾经说过,如果能够很好地了解消费者的动机、需求等,我们就能够生产出能够更好满足消费者需求的产品,而消费者的动机、需求的判断就来源于消费者个体的各种各样的消费决策信息。

(10) 创意。创意的价值大家都知道,比如,Nike,并没有自己的加工和生产场所,一直都做的是品牌运营,消费者愿意为该品牌或该符号所付出的附加成本足以证明创意的社会价值。

3. 价值和满意

从营销的视角来看,消费者的目标是需求获得满足,企业的目标是谋求利润从而实现生存和发展。从经济学的视角来看,当双方都拥有对方感兴趣的有价值的产品或物品使交换极易产生。那么,买卖双方的目标实现,依赖于双方都拥有对方感兴趣的资源,并且能够顺利实现交换。从消费者市场的视角分析,买方所拥有的金钱对卖方而言是有价值的物品,卖方所拥有的产品对买方而言是有使用价值的物品。所以,对卖方,创造、传播和传递有价值的产品是营销管理的核心和重点,是企业能够比竞争对手更好地满足消费者的需求,在市场中谋取地位和发展的手段。

满意反映的是消费者对产品的感知价值和期望价值之间对比,预期价值是指消费者在使用产品之前消费者对产品的想象的价值,感知价值是消费者在实际使用产品过程中的实际产品体验。如果消费者的感知价值高于消费者的期望价值,那么消费者就可能是满意的。反之,如果消费者的感知价值低于消费者的期望价值,那么消费者就会是不满意的。满意不一定带来忠诚,不满意一定会带来不忠诚。

第二节 营销管理的任务

营销管理的任务以价值交换为出发点,包括八个模块的内容,分别是分析价值机会、洞察价值、选择价值、创造价值、传播价值、交换价值、传递价值和巩固价值模块。

一、分析价值机会

分析价值机会主要是从企业的角度出发,从企业战略发展的角度分析企业的工作和部门战略计划,该部分内容讲解企业的使命、构建企业发展布局的战略业务单位以及如何对各个战略业务单位分配资源,且评估各个战略业务单位的成长判断。价值机会分析包括制定营销战略和分析营销环境两部分的内容。

二、洞察市场价值

洞察市场价值是指通过科学的手段和方法,探寻分析市场的需求。该部分的内容着重分析两个方面:其一,洞察市场价值或测量消费者需求的方法,其二,消费者需求的外在表现方式的原因分析。在洞察需求的方法部分,第一,重点强调企业应该如何收集营销情报信息,包含的内容有营销调研的步骤、方法、测量和量表、问卷设计等。第二,分析消费者市场部分的内容包括消费者行为的整体模型,影响消费者购买决策的内外部因素。

三、选择市场价值

选择市场价值是指如何把一个整体市场划分为若干个小的市场,再从若干个小的市场中找到企业的目标市场,以及区别于竞争对手,在消费者心目中留下一个独特的位置。基于消费需求层次的差异性、购买能力的差异性,任何一家企业都不可能同时满足所有消费者的全部需求,企业只能满足一个无穷尽的市场中的一部分需求。

四、创造价值

创造价值模块是指,在确定了目标服务对象之后,企业要考虑提供什么样的产品或服务去满足消费者的需求,该模块主要包括品牌、产品和服务三部分。品牌对企业的作用不言而喻,企业采用的价值定价法就是品牌价值的直接体现,产品和服务都是直接给消费带来使用价值的商品,而服务又具有不同于有形产品的独特特征,对消费者的意义不同。

五、交换价值

交换价值模块是指企业向市场提供的商品确定后,就进入卖方和买方如何实现钱物交换,即价格是交换价值的有力工具体现,如果说营销是一门艺术,定价就被称为艺术中的艺术。比如,你会觉得198元比201元便宜很多。本模块包括价格的影响因素、定价方法、定价策略和价格变动四方面的内容。

六、传递价值

传递价值模块是指如何使产品能够从卖方手里转移到买方手里,传递价值的实现依赖于渠道,渠道助推产品所有权转移。本模块主要指分销策略,包含渠道概述、渠道设计、渠道管理和零售四个方面的内容。

七、传播价值

商品的同质化不断增强,市场定位的产品－市场空白点越来越少,企业必须向消费者直接或间接地告知、劝说和提醒其销售的产品和品牌信息。企业在传播价值时,要考虑两个问题,其一是传播的工具和手段,其二是传播信息的一致性。传播价值模块包含四方面的内容,整合营销传播的设计、大众传播工具、个人传播工具和数字化传播工具。

八、巩固价值

通过创造价值、交换价值、传递价值和传播价值,企业与消费者之间建立了联系。开发一个新客户比保留一个老客户的成本要高许多,那么巩固和消费者之间的关系就非常重要。巩固价值模块最有力的工具就是关系营销。

第三节　市场营销哲学及演进

市场营销哲学是指企业在开展营销活动时,在处理企业、顾客、社会以及其他利益相关者之间关系的过程中所秉持的理念和价值观。了解营销哲学的演变,对于企业更新观念,加强营销管理,具有非常重要的意义。营销哲学有五种典型的经营观念:生产观念、产品观念、推销观念、市场营销观念和社会营销观念。各个组织无一不是在其中某一观念的指导下进行营销活动的。

一、生产观念

生产观念是一种比较古老的观念。生产观念认为,消费者喜欢那些可以随处买到的、价格便宜的产品。奉行生产导向的管理者总是致力于提高生产效率和扩大分销覆盖面。企业经营活动的重点是以生产为中心,尽可能增加产量、降低成本、提高利润。在西方,生产观念盛行于19世纪末20世纪初期。当时,西方国家处于工业化初期,生产力水平较低,但是市场需求旺盛,产品供不应求。企业只要提高产量,降低成本,就可以获得丰厚的利润。

受这种观念主导的企业认为消费者主要对是否可以买到产品以及价格是否低廉感兴趣。当消费者希望购买到有用的产品,对该产品的具体特点或特性考虑不多时,生产观念就会盛行。这种观念在一定时间或一定区域会流行,企业的主要任务就是组织所有资源,集中一切力量,提高生产效率和分销效率,扩大生产,降低成本以扩展市场。生产观念是典型的卖方市场。

二、产品观念

产品观念和生产观念几乎在同一时间流行。产品观念认为,消费者喜欢高质量、多功能、有特色的产品。持有产品观念的公司非常相信自己的设计师会设计出最好的产品,他们也不去关注竞争者的产品,这样会引发"营销近视症"(marketing myopia)。营销近视症是李维特(Levitt)1961年提出的,是指企业在营销活动中缺乏远见,只注重产品质量,忽视市场需求变化和企业长远发展。营销经理总是认为自己的产品好,忽视了消费者的需要、利益和价值。营销近视症会导致企业的产品渐渐偏离市场,最终使企业陷于困境。

生产观念和产品观念相同的是:二者都是重生产、轻营销,从生产者角度出发,把市场看作生产过程的终点,而不是从消费者出发,把市场看作生产过程的起点,都忽视了市场需求的多样性和动态性。生产观念强调的是"以量取胜,以廉取胜",产品观念则着重"以质取胜,以优取胜"。

三、推销观念

推销观念盛行于20世纪30—40年代。由于科技进步、管理科学和大规模生产技术的推广，商品供给迅速增加，导致供过于求，企业间的竞争日益激烈。由于许多货物卖不掉，许多工厂倒闭。这使许多厂商认识到，企业不能只集中力量发展生产，即使是物美价廉的产品，也要吸引消费者前来购买。于是，企业开始重视销售，并利用各种推销和促销手段刺激需求，争取顾客，扩大销售。

推销观念认为，消费者通常有一种购买惰性或抗拒心理，如果不经过销售努力，他们就不会大量购买。因此，企业的重点是积极推销和大力推销。奉行推销观念的企业特别注重运用推销术和广告术，以激发现实和潜在买主对产品的兴趣和购买欲望。在他们看来，产品是"被卖出去的"，而不是"被买走的"。

推销观念不能与推销活动混为一谈。当消费者不了解产品时，比如某种新产品问世，企业的推销活动是非常必要的，这并不等同于奉行推销观念。通常，推销多用于工业品的营销、组织间的营销、房地产营销，也常用于非渴求品如保险、百科全书等产品的销售。

四、市场营销观念

市场营销观念认为，企业的一切经营活动都应该以顾客为中心，正确地界定和选择目标市场，比竞争者更有效地组织研发、生产和销售，更好地满足顾客的需求和欲望。这一观念不仅关注企业内部，而且关注外部消费者和竞争者。

市场营销观念形成于20世纪50年代，是在激烈的市场竞争中产品的，是一种"以消费者需求为中心，以市场为出发点"的经营指导思想。市场营销观念确立了这样一种信念：满足顾客的需求和欲望是企业生存和发展的基础。市场营销观念有过许多精辟的表述。如"顾客是上帝"；"顾客才是企业的主人"；"发现欲望，并满足它"；"顾客需要什么，我们就生产供应什么"；"生产你能够出售的产品，而不是出售你能够生产的产品"；"尽我们最大的努力，使顾客的每一块钱都能买到十足的价值、质量和满意"；等等。

五、社会营销观念

社会营销观念认为企业的任务不仅是确定目标市场的需要、欲望和利益，比竞争者更有效地使顾客满意，而且要符合消费者和社会的长远利益，企业要关心与增进社会福利。

社会营销观念出现于20世纪70年代，人们开始对市场营销观念进行深刻反思："在一个环境恶化、人口爆炸性增长、全球性通货膨胀和忽视社会利益的时代，纯粹的市场营销观念是否合适？"因为它将提高人们满足需求的期望和敏感，它将导致差评过早陈旧，资源浪费、环境污染更加严重，加剧了眼前消费和社会长远福利之间的矛盾。西方学者提出了一些新的观念，如"人性观念""明智的消费观念""绿色营销""生态营销"等，社会营销观念就是在这种背景下形成和完善的。

在五种典型的经营观念中，生产观念、产品观念和推销观念一般被称作传统的经营观念，其共同点是以卖方的需求为中心，目的是将产品销售出去，追求利润最大化。市场营销观念和社会营销观念一般被称作现代的经营观念，其共同特点是以买方需求为中心，营销活动贯穿前、产中和售后,甚至涉及产品使用后的处置。

五种营销观念是互相联系的,它们有如下特点:①经营观念的共存性,②经营观念的替代性,③经营观念的相对性,④经营观念应与时俱进。

第四节 市场营销学的产生与发展

人类的市场经营活动随着市场的出现而出现,但是在 20 世纪之前,市场营销一直没有成为一门独立的学科。从 20 世纪初开始,市场营销才逐渐成为一门独立的学科。市场营销学的发展经历了六个阶段。

一、萌芽阶段(1900～1920)

1902 年,美国密执安大学、加州大学和伊利诺大学的经济系开设了市场学课程。以后宾夕法尼亚大学、匹茨堡大学、威斯康星大学相继开设此课。哈佛大学教授赫杰特齐于 1912 年出版了第一本市场营销(Marketing)教科书,它是市场营销学作为一门独立学科出现的里程碑。这一阶段的市场营销理论同企业经营哲学相适应,即同生产观念相适应。其依据是传统的经济学,是以供给为中心的。

二、功能研究阶段(1921～1945)

1932 年,《美国农产品营销》对美国农产品营销进行了全面的论述,指出市场营销是指使产品从种植者那儿顺利地转到使用者手中,这一过程涵盖 7 种市场营销功能,包括集中、储藏、财务、承担风险、标准化、推销和运输。1942 年,克拉克出版的《市场营销学原理》把营销功能归结为交换功能、实体分配功能、辅助功能等,并提出了推销是创造需求的观点,实际上是市场营销的雏形。

三、形成和巩固时期(1946～1955)

1952 年,范利、格雷斯和考克斯合作出版了《美国经济中的市场营销》一书,全面地阐述了市场营销如何分配资源,如何影响个人分配,而个人收入又如何制约营销,市场营销还包括为市场提供适销对路的产品。同年,梅纳德和贝克曼在出版的《市场营销学原理》一书中,提出了市场营销的定义,即市场营销是影响商品交换或商品所有权转移,以及为商品实体分配服务的一切必要的企业活动,该书统计了研究市场营销学的五种方法,即商品研究法、机构研究法、历史研究法、成本研究法及功能研究法。

四、市场营销管理导向时期(1956～1965)

这一时期的代表人物主要有罗·奥尔德逊(Wraoe Alderson)、约翰·霍华德(John A. How ard)及麦卡锡(E. J. Mclarthy)。奥尔德逊在 1957 年出版的《市场营销活动和经济行动》一书中提出了市场营销的功能主义。霍华德在出版的《市场营销管理：分析和决策》一书中率先从营销管理角度论述市场营销理论和应用，从企业环境与营销策略二者关系方面来研究营销管理问题，强调企业必须适应外部环境。麦卡锡在1960年出版的《基础市场营销学》一书中对市场营销管理提出了新的见解，他把消费者视为一个特定的群体，即目标市场，企业通过制定市场营销组合策略，适应外部环境，满足目标顾客的需求，实现企业经营目标。

五、协同和发展时期(1966～1980)

该时期市场营销学逐渐从经济学中独立出来，同管理科学、行为科学、心理学、社会心理学等理论相结合，使市场营销学理论更加成熟。乔治·道宁(George S. Downing)于1971年出版《基础市场营销：系统研究法》一书，提出公司就是一个市场营销系统，该系统活动包括定价、促销等活动，并通过渠道把产品和服务供给现实的和潜在的顾客。

1967年，菲利普·科特勒(Philip Kotler)出版了《市场营销管理：分析、计划与控制》一书。该书提出营销管理的定义，营销管理就是通过创造、建立和保持与目标市场之间的有益交换和联系，以达到组织的各种目标而进行的分析、计划、执行和控制过程。菲利浦·科特勒进一步提出营销管理的实质是需求管理，还提出了市场营销是与市场有关的人类活动，既适用于营利组织，也适用于非营利组织，扩大了市场营销学的范围。

六、分化和扩展时期(1981～)

1981年，莱维·辛格和菲利普·科特勒对"市场营销战"这一概念以及军事理论在市场营销战中的应用进行了研究，几年后，列斯和特罗出版了《市场营销战》一书。1983年，西奥多·莱维特对"全球市场营销"问题进行了研究，提出过于强调对各个当地市场的适应性，将导致生产、分销和广告方面规模经济的损失，从而使成本增加。因此，他呼吁多国公司向全世界提供一种统一的产品，并采用统一的沟通手段。1985年，巴巴拉·本德·杰克逊提出了"关系营销""协商推销"等新观点。进入20世纪90年代以来，关于市场营销、市场营销网络、政治市场营销、市场营销决策支持系统、市场营销专家系统等新的理论与实践问题开始引起学术界和企业界的关注。进入21世纪，互联网的发展的应用，推动着网上虚拟发展，以及基于互联网的网络营销得到迅猛发展。

重要概念

市场　市场营销　生产观念　产品观念　推销观念　市场营销观念　社会营销观念

思考题

1. 形成现实的市场需要具备哪些条件？
2. 市场营销哲学的演变经历了哪几个阶段？
3. 什么是营销近视症？如何避免患上营销近视症？
4. 近年来市场营销的发展出现了哪些新趋势？
5. 举例说明需要、欲望和需求之间的区别和联系。
6. 什么是市场营销？体会市场营销概念的变化。

7. 五种营销观念的特点是什么？
8. 试述社会营销观念的含义以及它对人类活动营销活动的影响。
9. 试述营销管理的任务。

案例分析

冬奥这场品牌大考，三棵树如何精彩突围

冬奥会作为全球性的大规模体育盛会，带来了强势的"冬奥经济效应"。一方面冬奥会是众多企业及品牌的必争之地，赞助、冠名成为一种营销方式，可以为品牌实现社会效益和经济效益共赢。另一方面，冬奥会开发了丰富的特许商品，如冰墩墩、雪容融等多款手办备受民众追捧，拉动北京冬奥周边的销售；再者，谷爱凌、苏翊鸣等的代言，激发民众参与冰雪运动的热情，加速中国万亿规模冰雪经济时代的到来。

因此借着冬奥经济东风，不少民族企业也提前押宝冬奥营销，其中就有三棵树，从火炬的传递、品牌代言合作到奥运场馆设施的建设，进行全方位的营销，完成一次独辟蹊径的品牌亮相，堪称是冬奥赛场上的大满贯玩家。

传递火炬作为一种正能量的体育活动，火炬手就是传递圣火、弘扬民族精神的使者。三棵树借助集合天时地利人和优势的火炬时刻，以可视化的方式传递企业精神，强化"更快、更高、更强"奥运精神与三棵树"艰苦奋斗、永争第一"的关联，在公众心智中形成一对一的品牌联想，为企业民族精神加 buff。这也使得外界对企业家的好感，延伸至三棵树的品牌上，实现了品牌冬奥流量的延续。

北京 2022 年冬奥会火炬传递活动举办之际，三棵树涂料的董事长兼总裁洪杰先生以冬奥会火炬手身份，参与了北京 2022 年冬奥会火炬传递，与公众建立情感连接的亲和力，提前抢占行业舆论的制高点，为此次冬奥营销定性定调。冬奥营销并非生拉硬套地与用户"尬聊"，而是将企业精神融入冬奥内容，被消费者感知。企业家作为企业天然的代言人、行走的广告牌，企业家从幕后走向台前，从线上走向线下下场代言，打造个体品牌的价值，更好地向社会公众展示企业精神。这次冬奥营销，三棵树也充分释放企业家的"代言价值"，开启了高举高打的品牌传播。

如果说企业家是三棵树的内部代言人，那么体育明星和国家队则是品牌的外部代言人。体育明星是行走的广告牌，更是品牌价值的放大器。不管比赛输赢，体育明星每一次上场和夺冠，都为品牌创造了曝光的机会，而越是人气高的体育冠军，带给品牌的广告效应就越大。早在冬奥会倒计时，三棵树就先后签约冠军代言人武大靖、谷爱凌，提前押宝正能量体育明星，更是与中国国家短道速滑队合作，推动中国的大健康产业发展。

依托于体育明星这个"品牌放大器"，三棵树将企业与代言人形象深入绑定，放大体育明星对年轻消费群体的精神号召力。三棵树选择谷爱凌、武大靖等作为品牌代言方，可以说是两方精神"美好、热情"相互吸引后的水到渠成。谷爱凌从小到大受伤无数，但总是保持不畏困难的勇气，不断超越自己、挑战自己的极限。武大靖每一天都从凌晨四点的冰场开始，第一次上冰场就摔倒 107 次。中国国家短道速滑队亦如此，锲而不舍的团队合作精神给人留下深刻的印象。不得不说，他们一天天坚持着梦想的生活态度，与三棵树艰苦奋斗、永争第一品牌气质十分吻合，这让彼此的代言合作一拍即合。冬奥代言人/国家队与品牌总是相辅相成,品牌助力运动员圆冬奥梦;而冬奥健儿身上所释放的奥运精神,则有利于展现品牌健康年轻、绿色的魅力。

为奥运健儿打call的同时,三棵树更是以奥运品质为冬奥硬件蓄力,在涂料工作方面给予肉眼可见的支持。2020年8月,三棵树成为北京2022年冬奥会和冬残奥会官方涂料独家供应商。三棵树除了为冬奥网红"雪如意""京张铁路"等大型冬奥设施,提供涂料系统解决方案之外,同时为中国短道速滑队网红国风头盔、奥运奖牌保护漆的涂刷提供支持。比如为了国家跳台滑雪中心"雪如意"场馆的顺利落地,三棵树专门组建冬奥工程专项技术小组,多次实地勘查,根据赛事场馆高寒特点定制内墙涂料系统解决方案,把涂料细节做到极致,解决了涂料在高寒环境下的难题,保证场馆的低温和绿色环保效果。

三棵树科学院专项研发水性双组分聚氨酯工业涂料,采用先进工艺喷涂,定制了七组专属头盔图案,集科技感和文化感于一体:一方面协助运动员参赛时降低风阻,更好地发挥出自己的实力;另一方面,也能借助冬奥赛场,向世界来客传播中华传统文化和国民精神。再看奥运奖牌,采用三棵树水性硅烷改聚氨酯涂料,透明性好附着力强,还有足够硬度,抗划伤能力好,防锈能力强,能够起到保护奖牌的作用,更重要的是具有VOC低、无色无味、不含重金属特点。谷爱凌在自由式滑雪女子大跳台收获首金时,更是上演"咬金牌"的一幕,绿色含量的品质可见一斑。

无色、无味、无害的奥运品质背后,离不开三棵树对于"让家更健康、让城市更美丽"使命的坚持,这与北京2022年冬奥会的"绿色办奥"的理念高度契合。回想起那句老话,"一流企业定标准、二流企业做品牌、三流企业做产品",如今用这句话来形容三棵树最适合不过。三棵树积极响应"绿色冬奥"办赛理念,为冬奥会涂刷工作和奖牌保驾护航,定制"随便咬"的安全产品标准,抢占涂料行业的话语权。从某种程度上来说,这一件件绿色健康的冬奥出品,是三棵树奥运品质产品最具说服力的注脚。

不同于单一赞助、单点突围的做法,三棵树的冬奥会营销,可谓走出一条独具一格的营销路径。三棵树充分整合赞助、代言等冬奥营销资源,把企业的产品价值最大化,持续为冬奥健儿营造舒适的参赛体验,彰显了民族品牌的普世价值观,使担当的精神变得更加深入人心。在这个过程中,三棵树也不忘将奥运精神、品牌文化进行有机融合,让"绿色"、"健康"的品牌心智得到了鲜活的诠释,进一步夯实品牌力。

1. 三棵树的做法体现了哪种营销观念?
2. 三棵树的营销方式对你有何启发?

参考文献

[1] 卢泰宏. 营销管理演进综述[J]. 外国经济与管理,2008,30(3):39-45.

[2] 刘璞,王云峰,于树江. 市场营销演进及营销管理变革综述[J]. 商业研究,2008(2):4-9.

[3] 潘成云. 战略营销管理理论:一个分析框架[J]. 当代财经,2006(9):69-72.

[4] 菲利普·科特勒. 营销管理:分析、计划、执行和控制[M]. 梅汝和,梅清豪,张桁,译.8版.上海:上海人民出版社,1997.

[5] L. W. Stern, A. I. El-Ansary, A. T. Coughlan. 市场营销渠道[M]. 北京:清华大学出版社,2001.

[6] 东尼·博赞. 思维导图大脑使用说明书[M]. 张鼎昆,徐克茹,译. 北京:外语教学与研究出版社,2005.

[7] 菲利普·科特勒,加里·阿姆斯特朗. 市场营销原理与实践[M]. 楼尊,译. 17版. 北京:中国人民大学出版,2020.

[8] 菲利普·科特勒,凯文·莱恩·凯勒. 营销管理(精要版)[M]. 王永贵,华迎,译. 6版. 北京:清华大学出版社,2017.

[9] 吴健安,钟育赣,胡其辉. 市场营销学[M]. 6版. 北京:清华大学出版社,2018.

[10] 郭国庆,陈凯. 市场营销学[M]. 6版. 北京:中国人民大学出版社,2019.

[11] Philip Kotler, Kevin Lane Keller. 营销管理精要(英文版)[M]. 6版. 北京:中国人民大学出版社,2018.

[12] 王永贵. 市场营销[M]. 北京:中国人民大学出版社,2019.

[13] 吴涛. 市场营销学教程[M]. 北京:中国发展出版社,2009.

[14] 孟韬. 互联网时代的营销创新[M]. 北京:中国人民大学出版社,2019.

第二篇　市场价值分析

第二章　企业战略与营销战略

学习目标

1. 掌握企业战略的内涵、基本要素、层次和类型。
2. 理解企业战略规划活动的内容。
3. 理解企业战略规划的一般程序。
4. 掌握 SBU、波士顿矩阵、GE 矩阵、SWOT 分析、价值链分析等战略分析方法。
5. 掌握营销战略规划的内涵和步骤。

案例导入

泰康保险集团：战略决定一切

泰康保险集团(以下简称"泰康")只用了 24 年时间，就成长为一家管理资产超过 2 万亿元、总资产 1 万亿元的金融保险服务集团。泰康长期发展的秘诀是什么？企业创始人、董事长兼 CEO 陈东升提出，企业作为一个经济组织，要发展壮大，最核心的是要制定正确的战略。

泰康 1996 年成立，到 2020 年，连续三年进入《财富》世界 500 强，用 24 年时间，成长为一家管理资产超过 2 万亿元、总资产 1 万亿元、代理人队伍 70 万人、年营业收入 2000 亿元的金融保险服务集团。泰康创始人、董事长兼 CEO 陈东升从 1992 年开始创业，先后创办中国嘉德和泰康。在经营企业过程中，他表示，最关心的是战略，一直在思考与战略相关问题："企业作为一个经济组织，要发展壮大，最核心的是要制定正确的战略。"

正确的定位是制定战略的前提和基础。定位的核心是"做什么生意"和"做什么人的生意"。战略来源于实践。定位是确定企业做什么，战略就是企业要怎么做。

好的战略一定来源于实践，并在实践的过程中不断推进衍变。战略是抽象的，更是具体的。做大规模是一个长期目标，在这个大的战略方向上，还有一些具体战略来支撑它。泰康在做大做强寿险主业的同时，也一直在观察和思考未来发展方向。虽然中国寿险业还处于高速发展期，但行业发展的最终趋势是不会变的，泰康需要未雨绸缪。

对于泰康来说，把寿险主业做好，然后进入资产管理，进入养老和医疗，这不是在跨界，而是深耕寿险产业链。养老和寿险是天然匹配，真正实现商业模式上的"长坡、宽道和厚雪"：长坡即全生命周期，就是"从摇篮到天堂，客户活着的时候我们为您服务，上了天堂，我们还为您站岗"；宽道即服务领域要足够宽，活力养老、高端医疗、卓越理财、终极关怀，让人长寿、健康、富足的服务全部涵盖；厚雪是面向中产及以上的客户，有较大的利润空间。只有满足这三个条件,泰康才能像滚雪球一样越滚越大。

战略共识就是执行力。企业家对企业的影响来自其思想力。思想力就是其对战略的思考,对战略的明确描述,以及队伍上下对战略形成的高度共识。

执行力就是战略认识的统一。一定要在董事会形成高度的共识,然后再在经营高管层形成高度的共识,还要在核心干部、基层骨干员工中形成高度的共识。

战略共识就是执行力,没有共识,这个战略也是挂在墙上的战略;凡是执行力不够的,主要原因是对战略的认识不足。当所有的人理解战略后,执行的问题就解决了。所以共识就是力量,共识就是行动,共识就是方向,共识就是未来。如果每个人有自己的想法,那在战略执行上就会打折扣。

泰康走到今天,最深刻的体会就是战略决定一切,所有的领域都要服从战略。服从战略,首先要学习战略、了解战略、理解战略。把战略说透,上下形成共识,战略才能落地。所以我说共识就是生产力,共识就是凝聚力,共识就是执行力。

战略一定要能用最明确简洁的语言表述出来。语言越简单,说明对战略的理解越深刻。泰康大健康产业生态体系的战略,简单说就是"长寿、健康、富足"这6个字。企业的保险、资管、医养三大板块的业务都是围绕这6字战略目标展开的。

制定战略、执行战略最重要的是要有定力,一定不要着急,慢就是快。总结泰康的24年,就是对价值观的坚守、战略的坚守,可以归纳成"三化三不"——坚持专业化、市场化、规范化,不偷、不抢、不争。其中最核心的是对专业化的坚守,不搞多元化,规避商业模式的风险;坚持市场化,走亲清政商关系的道路,规避政治风险;坚持规范化,不偷不抢不争,做市场和监管的好学生。

资料来源:陈东升.战略决定一切[J].哈佛商业评论(中文版),2020(9).

第一节 企业战略含义、要素及层次

一、企业战略含义

(一) 企业战略的定义

"战略"一词为军事术语,来自希腊语,原意是"指挥和领导军队的艺术和科学",是军事首脑为取得战争胜利而部署和运用军事手段的艺术。普鲁士军事家、《战争论》的作者克劳塞维茨认为:"战争与商业活动相似,都是人类社会利益冲突的一种表现形式。"

对于战略的定义,许多学者提出了不同的观点。钱德勒认为战略决定企业长期目标,采取行动分配资源来达到目标。安德鲁斯(K. Andrews)认为战略是一种决策模式,决定和揭示企业的目的和目标,提出实现目标的重大方针与计划,确定企业应该从事的经营业务,明确企业的经济与非经济的贡献。峒奎恩(J. B. Quinn)认为战略是一种模式或计划,它将一个组织的主要目标、政策与活动,按照一定顺序结合成一个紧密的、整体的、良好的策略体系,并根据企业本身的优势、未来环境的变化、对手的行动来分配资源,追寻独特的、永久的经营地位。格里·约翰逊(1998)认为战略主要涉及组织的远期发展方向和(业务)范围,理想的情况下,它应使资源与变化的环境(尤其是它的市场、消费者或客户)相匹配,以便于达到所有者的预期希望。

借鉴前人研究,本书认为,企业战略是企业为了求得长期生存和发展,为获得持续竞争优势,而在分析外部环境和内部资源与能力的基础上,设计的关于企业发展目标、实现目标的途径与手段的总体性行动纲领和方案。简而言之,企业战略是指在特定环境下,为实现一定的长期目标而对资源和能力实施有效配置与组合。

明茨伯格(Mintzberg,1987)认为,战略应当有多种定义,但它至少应当有五种定义,著名的"战略5P"模型即由此而来。战略5P模型有助于我们多视角审视,较全面地理解"战略"的概念。

(1) 从企业未来发展来看,战略表现为一个计划(planning),应把战略制定看作更加独立和系统的正式计划过程。

(2) 从企业过去发展历程的角度来看,战略是一种模式(pattern),表现为企业长期行动的一致性。

(3) 从产业层面、市场层面来看,战略是一种定位(position),即注重企业在经济市场中的战略位置的选择,特定产品在特定市场的定位。

(4) 从企业层次来看,战略表现为一种观念(perspective),即一个组织做事的基本方式。

(5) 从对手竞争抗衡来说,战略是企业在竞争中采用的一种计谋(ploy)。

(二) 企业战略的特点

1. 全局性

这是企业战略的根本特点。企业战略是以企业全局或总体为研究对象,来确定企业的总体目标、规定企业的总体行动和追求企业的总体效果。

2. 系统性

立足长远发展,企业战略确立了远景目标,并需围绕远景目标设立阶段目标及实现各阶段目标的经营策略,以构成一个环环相扣的战略目标体系。

3. 长远性

战略管理从时间上来说具有长远性,战略决策是企业未来较长时期(5年以上)内,就其生存和发展等问题进行统筹规划。从这个意义上讲,战略管理也是面向未来的管理,战略决策要以经理人员所期望或预测将要发生的情况为基础。在迅速变化和激烈竞争的环境中,企业要取得成功就必须对未来的变化采取预应性的态势,这就需要企业进行长期性的战略统筹。

4. 方向性

战略确定了方向。战略的主要作用就是为组织绘制出了航线,以便组织齐心协力地行驶在市场中。

二、企业战略要素

企业战略要素包括企业使命、企业愿景、战略目标、战略方案。它们之间的关系如图

2-1所示,下面将逐一分析。

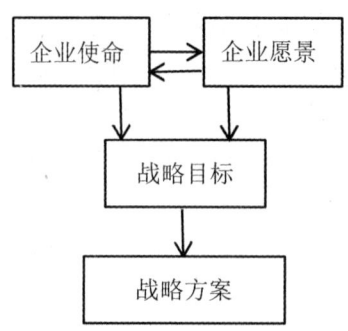

图 2-1 企业战略要素之间关系

(一) 企业使命

企业使命(mission)阐述了企业的任务是什么,这些任务因何而存在,以及企业所能做出的独特贡献。它说明了企业的宗旨、哲学、信念、原则,根据企业服务对象的性质揭示企业长远发展的前景,为企业战略目标的确定与战略方案的制订提供依据。

企业使命是指企业存在的目的或理由,是企业为了生存从长远来看必须完成的任务。在定义企业使命时,不妨参考彼得·德鲁克提出的五个经典问题:①我们的企业是干什么的? ②顾客是谁? ③我们对顾客的价值是什么? ④我们的业务将是什么? ⑤我们的业务应该是什么? 通过对这些问题的思考,最终提出企业使命陈述。

一个好的企业使命陈述通常包含的内容包括明确规定企业有限资源的流向;强调企业想要遵守的主要政策和核心价值;明确地界定企业要参与的主要竞争范围:行业范围、产品与应用范围、能力范围、市场细分范围、垂直范围和地理范围。

一个好的企业使命陈述应该能够明确企业生存的目的,既要宽泛,以允许企业创造性地发展,又要对企业的一些冒险行动有所限制;能使本企业有别于其他同类企业;可作为评估企业当前和未来活动的框架;清楚明白,又便于为企业全体员工所理解,为社会公众所接受。

确立企业使命要考虑的要素有企业历史特征;企业自身资源、核心能力和优势;企业环境;管理者偏好等。

以中国移动的使命为例

中国移动的使命是创无线通信世界,做信息社会栋梁。"创无线通信世界"体现了中国移动通过追求卓越,争做行业先锋的强烈使命感;"做信息社会栋梁"则体现了中国移动在未来的产业发展中将承担发挥行业优势、勇为社会发展中流砥柱的任务。

(二) 企业愿景

企业愿景(vision)所要回答的问题是:"企业未来将成为什么样子?"因此,我们必须要从我们要到哪里去? 我们未来是什么样的? 目标是什么? 这些问题的回答中寻求答案。

企业愿景是对企业未来发展轨迹的一个描述,反映了企业寻求发展的驱动力,描述了企业未来理想状态的浓缩"企业蓝图",彰显了企业的一种主动追求。

一个完整的愿景陈述应该包括:强调企业要遵守的价值观和经营理念;明确10~30年远大的且富有挑战性的目标(有限的目标,能在一个特定时期内实现);对目标达成后企业的描述一定是鼓舞人心的,是企业员工的共同心愿。

好的企业愿景陈述,应该能够指导战略和组织的发展,描述一个鼓舞人心的事实,可以在一个特定时期内实现;要集中于有限目标;强调企业想要遵守的政策和价值观。如中国移动的愿景是成为卓越品质的创造者。

企业使命与企业愿景示例

格力

使命——弘扬工业精神,掌握核心科技,追求完美质量,提供一流服务,让世界爱上中国造!

愿景——打造世界一流企业,成就格力百年品牌。

京东

使命:技术为本,致力于更高效和可持续的世界!

愿景:成为全球最值得信赖的供应链基础设施服务商。

小米

使命:始终坚持做"感动人心、价格厚道"的好产品,让全球每个人都能享受科技带来的美好生活。

愿景:和用户交朋友,做用户心中最酷的企业。

万科集团

使命:为最广大的利益相关方创造更长远的真实价值!

愿景:以人民的美好生活为己任,以高质量发展领先领跑,做伟大新时代的好企业。

需要指出的是,近年来,一些中国企业打破常规,将"使命和愿景"简化并合并表述。比如,华为的愿景和使命是"把数字世界带入每个人、每个家庭、每个组织,构建万物互联的智能世界",腾讯的愿景和使命是"用户为本,科技向善",网易的愿景和使命是"网聚人的力量,以科技创新缔造美好生活"。这从一个侧面反映了使命与愿景的辩证统一性,也更符合新时代企业生存与发展的要求。一方面,使命是指企业存在的意义和价值,即"因何而生",愿景阐述的是企业未来的方向与目标,即"去向何方",二者合并意味着企业要不忘其初心,才能行稳致远;另一方面,使命往往侧重于对外、利他性一面,而愿景倾向于对内、利己的目标,二者合并意味着企业要内外兼修,既利他又利己,表明了天人合一的生态哲学。

(三)战略目标与战略方案

1. 战略目标

战略目标是企业未来一段时间内所要达到的一系列具体目标的总称。战略目标更为详细地描述了企业发展方向和业务发展的指标,具有时间跨度和数量标准两个维度。

主要的目标指标有投资收益率、市场占有率(市场份额)、利润率、销售增长率、产品创新、顾客满意度、企业形象。

实际上,在现实社会中,任何一个企业的生存、发展,并不仅仅只为一个或一种目标。战略目标具有多样性。比如,按战略目标是否实现可分为宣称目标与真实目标;按战略目标性质可划分为生存目标与发展目标;按战略目标所涉及的时间长度可划分为长期战略目标、中期战略目标与短期战略目标。

以亨氏为例

使命:作为营养和健康行业值得信赖的领导者,致力于人类、地球和企业的持续健康。

愿景:成为最优秀的食品企业,创造更美好的世界。

总目标:通过开发"卓越品质、美味、营养和便利"的食品,建立盈利性顾客关系。

具体目标:加大研发投资力度、提高利润率、提高市场份额。

2. 战略方案

企业为了实现其目标,而对企业资源进行分配的具体计划和具体手段,涉及"如何规划业务组合"。战略方案是为了实现企业战略目标,根据环境分析的结果,比较企业现时的能力与目标之间的差距,为弥补这个差距而想要采取的政策策略和行动计划。

根据统筹兼顾的原则,至少要制定3种以上的备选方案,并制定评估标准,对备选方案进行评估,选出相对最优的方案作为即将执行的战略,同时还要制定应急战略。所谓应急战略是指企业的风险管理战略,是企业应对不确定性的备选战略。战略方案的制定要本着简明扼要的原则,既明确又要有弹性。

陈东升论战略

战略方案与愿景、使命和价值观密切相关。愿景和使命是方向性的,愿景是企业自身的发展目标;使命更高一层,是企业存在能够给社会带来的价值和意义,是一种外部性。在这两者基础上,就会有企业的具体战略,战略方案是实现愿景与使命的途径与方法。价值观是底层系统,战略是价值观具体化的体现。

资料来源:蓝鲸财经. 泰康保险创始人陈东升:战略决定一切,坚守专业化、规范化[EB/OL]. https://baijiahao. baidu. com/s? id = 1677869935820326945&wfr = spider&for = pc,2020-09-15.

三、企业战略的层次

战略在组织内是分层次的。一般把战略按三个层次进行管理,即企业层(corporate level)、业务层(business level)和职能层(function level),如图2-2所示。不同层次的战略方案解决不同层面的战略问题,而各层次的战略类型也各有其特点。但是,无论哪个层次的战略,企业都要收集决策所需的信息和知识,以识别出外部环境机会,评估内部的资源、能力与核心竞争力。

(一) 企业层战略

企业层战略(corporate level strategy),又称企业战略、总体战略。在大型企业中,特别是从事多种业务(多元化)经营的企业,企业战略是企业最高层次的战略。企业战略的主要内容是依据企业使命,选择企业参与竞争的业务领域,合理配置企业资源,使各项业务经营相互支持、相互协调。主要任务包括:回答企业应在哪些领域开展经营活动,在各个业务经营单位(SBU)之间如何合理配置资源。也就是说,企业层战略是指一家多元化经营企业的总体计划,其重要决策是经营范围的选择和资源的合理配置。通常,企业战略是由企业高层负责制定、落实,参与决策的角色包括首席执行官(CEO)、高级经理、董事会成员等。

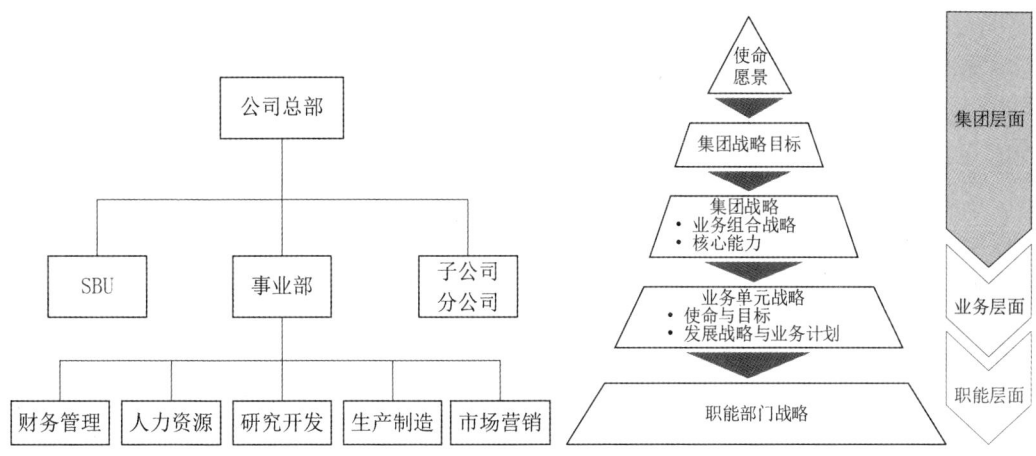

图 2-2　企业组织的战略层次

(二) 业务层战略

业务层战略(business level strategy),又称业务战略、竞争战略(competitive strategy)、经营战略(business strategy)。它是指在既定的业务领域中如何有效地经营,如何在市场上竞争,创建并维持竞争优势。主要任务包括:开发哪些产品和服务?将其提供给哪些市场?如何实现盈利、市场份额,销售增长率等经营目标?如果说企业战略涉及集团企业的整体决策,那么经营战略则是局限于其中的某项具体业务的经营决策。

对于从事多元化经营的企业,由于每一种业务都有其行业特点并面对特定的市场,因此在组织结构上往往把一些具有共同战略要素的二级单位(如事业部、子企业或分企业等),或其中的部分组合成一个战略业务单位(strategic business units,SBU)。在一般企业中,如果各个二级单位的产品和市场具有特殊性,也可以视为独立的SBU。

(三) 职能层战略

职能层战略(functional level strategy),也称作职能部门战略或职能战略。它是指在一个SBU内部的各个职能部门的短期性战略。一个SBU通常拥有的职能包括研究开发、生产运营、市场营销、人力资源和财务管理等。职能战略可以使职能部门及其管理者更清楚地认识本部门在实施企业战略、业务战略的过程中所承担的任务、责任和要求,以有效地运用其管理职能,以保证战略目标的实现。

职能部门有时也要制订其战略,包括营销战略、人力资源战略、财务管理战略。如营销部要制订年度营销计划、新产品的营销方案;人力资源部门也要制订年度的人力资源战略计划。从组织系统的逻辑来看,职能战略服从于所在SBU的经营战略,并支持SBU经营战略达到预期成效。职能战略的突出特点是时限性强、具体性和职权参与,以及不同职能战略的相互协同。

第二节　企业战略规划活动的内容

所有的企业高层都会进行以下四种战略规划活动:(1)确立企业使命、愿景和目标;(2)选择合宜的增长机会;(3)建立战略业务单位(SBU);(4)制定业务投资组合。在考虑企业战略问题时,首先要明确企业使命和企业愿景。在第一节中,已经对第一项内容进行了详细介绍,因此在本节中将着重说明后三项内容。

一、选择合宜的增长机会

市场机会是市场上存在的未被满足的需求,并非所有的市场机会都能成为营销机会。市场机会成为营销机会的条件:与企业的使命相一致;企业具有利用该机会的资源和能力;利用该机会足以实现企业的目标要求。发现、评价和选择与企业目标相匹配的市场机会,是正确制定企业战略计划、保证企业成功发展的关键。

选择合宜的增长机会包括计划发展新业务,也包括削减或终止老业务。如果预期销售收入和业务规划的销售收入之间存在差距,即存在战略计划缺口(见图2-3),企业管理层就需要通过选择合宜的增长机会(开发或收购新的业务)来填补它。那么,如何才能填补这种战略计划缺口呢?第一种选择是在当前业务中识别成长的机会(密集型成长机会),第二种是建立或收购与当前业务相关联的业务(一体化成长机会),第三种是添加与当前业务不相关的有吸引力的业务(多样化成长机会)。

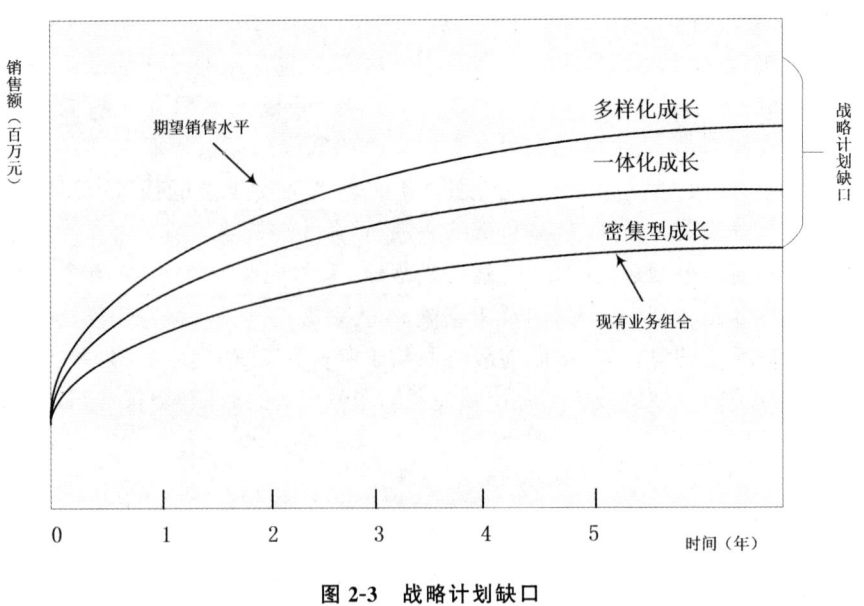

图 2-3　战略计划缺口

(一) 密集型成长战略

密集成长战略,也称加强型战略,是指企业在现有业务领域里寻找未来发展机会。加强型战略包括市场渗透、市场开发和产品开发战略。

1. 市场渗透战略

市场渗透战略,是指通过努力提高现有产品或服务在现有市场上的销售量和市场份额。相关措施包括:①促使现有顾客增加购买次数和购买数量。如宣传每天刷牙两次的好处,鼓励人们多使用牙膏。②争取竞争对手的顾客。比如通过更有吸引力的促销策略或更便捷的渠道策略,来赢得竞争对手的顾客的关注和支持。③吸引新顾客。比如尝试说服从来不使用产品的消费者来购买。

市场渗透战略的适用情况是:①企业特定产品与服务在当前市场中尚未饱和;②现有用户对产品的使用率还可以明显提高;③在整个产业的销售额增长时主要竞争对手的市场份额在下降;④历史上销售额与营销费用曾经高度相关;⑤规模的扩大可以带来很大的竞争优势。

2. 市场开发战略

市场开发战略,是指为现有产品或服务找到新市场。相关策略包括:①在现有销售区域识别出潜在顾客群体,并激发其购买欲望;②通过增加大众分销渠道或在线渠道,接触到新的顾客群体;③找到新的地理市场。

市场开发战略的适用情况是:①可得到新的、可靠的、经济的和高质量的分销渠道;②企业在所经营的业务领域非常成功;③存在未开发或未饱和的市场;④企业拥有扩大经营所需的资金和人力资源;⑤企业存在过剩的生产能力;⑥企业的主业属于迅速全球化的产业。

3. 产品开发战略

产品开发战略,是指通过开发新产品或新服务来满足现有市场的需求。产品开发战略的适用情况是:①企业拥有成熟产品;②产业属于快速增长的高新技术行业;③比主要竞争对手提供在可比价格下更高质量的产品;④企业拥有很强的研发能力。

2015年IFA:海尔用产品"创新你的生活"

小度智能终端产品已成为大众生活中的"标配",越来越多的用户通过呼唤"小度小度",享受到人工智能带来的生活便利。作为百度旗下软硬件一体化的载体,小度带来全场景智能式生活方式。小度领跑智能家居设备市场,IDC和Canalys统计数据显示,2021年第一季度,小度继续保持全球智能屏出货量第一及中国智能音箱出货量第一的双料冠军。

2021年8月18日,在"AI这时代,星辰大海——2021百度世界"大会上,小度携四款新品登台,添添旋转智能屏、小度智能巨屏电视、小度智能词典笔和小度主动降噪智能耳机Pro。随着小度更多AI产品的落地、更多合作生态的接入,小度将在扩充自身产品矩阵的同时,进一步扩大自身服务版图,渗透更多场景、人群,为用户带来普惠、便捷的智能生活体验,向着全场景智能生活全面迈进。

资料来源:龚俊"数字人"、小度新品登陆百度世界2021,描绘AI生活全景图[EB/OL].凤凰网,https://tech.ifeng.com/c/88noUZv4i1F,2021-08-18.

(二)一体化成长战略

企业选择一体化战略主要基于两个原因：一是看好该产业的长期发展前景，希望在该产业链上获取更多利润；二是通过一体化战略提升竞争力。一体化战略分为横向一体化战略和纵向一体化战略，纵向一体化战略又分为前向一体化战略和后向一体化战略。

1. 横向一体化战略

横向一体化战略，又称水平一体化战略，是指同行业企业间的兼并或合并。比如，近代中国民族企业的刘鸿生企业集团，在火柴行业采取内兼并外联的横向一体化战略，基本实现了对重要民族火柴生产厂的整合，建立了大中华火柴企业，与外国火柴垄断企业平分秋色(赵伟，2021)。横向一体化战略适用于：①企业为获取垄断地位；②企业所属产业领域属于成长型；③企业具有部分规模优势；④企业具有扩大经营规模的能力，竞争对手停滞不前。

2. 纵向一体化战略

(1) 前向一体化战略

前向一体化战略，是指企业业务向产业链的下游(客户端)延伸。如双汇企业作为肉食品加工商，向零售商业发展，建立双汇专营的连锁店。前向一体化战略适合于以下情境：①依靠中间商的成本高昂，中间商不可靠、不能满足企业发展的需要；②产业快速增长或将会快速增长；③前向产业具有较高的进入壁垒；④前向产业收益水平较高；⑤企业具备进入前向产业的条件；⑥企业需要稳定的生产。

(2) 后向一体化战略

后向一体化战略，是指企业业务向上游延伸，将业务扩展到自己的供应商领域。后向一体化战略适用于以下情境：①供应商成本过高、不可靠或不能满足企业对供应品的需求；②供应商数量少而需方竞购对手多；③产业快速增长；④企业具备自己生产原材料的能力；⑤原材料成本的稳定性极为重要，供应商的利润丰厚。

总之，纵向一体化战略通过上下游产业的整合，有利于在一定程度上降低总的经营成本，增强盈利能力。

(三)多元化成长

多元化成长战略，是企业尽量增加产品种类，跨行业生产经营多种产品和服务。多元化成长战略适用于以下情境：企业利用密集型或一体化的市场机会争取进一步增长受到了限制，或者遇到了不寻常的障碍时，企业才会打破行业界限，实行跨行业的多元化经营。如果企业业务范围之外出现了商机，且具备成功所必需的业务竞争能力时，多元化的成长是有意义的。多元化战略按照与现有主营业务的相关程度，由强到弱，依次分为集中多元化、横向多元化和跨行业多元化。

1. 集中多元化战略

集中多元化战略，也称同心多元化战略，是指进入一个与现有主营业务在技术和市场上都相关的新业务领域。这种战略选择能够发挥现有主营业务在技术上和市场上与新业务的协同作用。在以下情况出现时，企业可以考虑采取集中多元化战略：①所属行业处于零增长期；②增加新的相关产品会显著促进现有产品的销售；③在提供相关产品方面具有高度竞争力；④新的相关产品所具有的季节性波动正好能够弥补现有生产周期的波动；

⑤现有产品处于衰退期;⑥企业拥有强有力的团队。

2. 横向多元化战略

横向多元化战略,是指市场相关而技术不相关的业务领域,即向现有顾客提供新的不相关的产品。这一战略主要是利用与现有业务的市场协同作用。这种战略适用以下情况:①增加新的不相关产品可以从现有市场中获得显著的收益;②现有产业属于高竞争低增长的行业;③可利用现有销售渠道营销新产品;④新产品的波动周期与企业现有产品的波动周期可以互补。

3. 跨行业多元化战略

跨行业多元化战略,也称混合多元化战略、无关多元化战略,是指企业进入一个与现有主营业务完全无关的业务领域。这种战略主要基于对现有业务增长极限的应对、希望分散业务风险、吸收企业富余资金三个方面的考虑。适合采用这种战略的情况有:①企业主营业务销售和盈利下降;②企业拥有在新产业中成功竞争的条件;③有机会收购不相关但极具投资价值的企业;④收购与被收购企业间存在资金的融合;⑤企业现有产品已饱和;⑥集中经营可能受到垄断的指控。

实施多元化战略的企业面临的行业环境错综复杂,其多种业务会涉及多个不同的产业环境和不同的市场,因而要求企业具有独特的组织结构。多元化将导致企业必须应对多点竞争,即在多个市场上与不同的对手竞争。如果企业拥有的额外资源、能力与核心竞争力无法在复杂的行业环境中应对多点竞争时,多元化战略失败的风险就会显现出来。因此,企业在选择多元化战略时需审慎决策,特别是跨行业多元化战略。

二、建立战略业务单位

战略业务单位(strategic business units,SBU)是企业专门为其制定经营战略的最小经营单位。对于经营多种业务的企业而言,每项业务都有其特点,并且面对特定的市场环境。企业层的战略管理有必要对企业不同性质的业务进行区分、整合,建立战略经营单位(SBU),其目的是把SBU作为一个战略计划单位,为其制定独立的战略并配置适当的资源。

一个SBU提供的产品或所服务的市场有别于企业其他的SBU。具体而言,SBU具有四个特征:①它是一项独立业务或相关业务的集合体,可以针对特定的目标市场独立运营;②它有自己明确的竞争对手;③有共同的经营性质和要求,以便为其专门制定经营战略;④有专职经理负责SBU的战略计划和利润业绩,掌握一定的资源,能够相对独立地开展业务活动,并有能力控制影响利润的大多数因素。

界定战略经营单位要考虑的五个重要因素是产品、顾客群体、技术、成本结构及地理因素。因此,SBU可以按产品、技术部门或按地理区域来划分。大量的战略管理实践表明,奉行市场导向按顾客来划分SBU是至关重要的。原因在于产品的寿命是短暂的,技术的进步和更替越来越快,按产品或技术所建立的SBU难有持久的生命力。企业的生存之本是满足顾客需求,虽然顾客群的需求形态也会变化,但需求的本源却是永存的。按顾客导向建立SBU,则能更好地"随需而变",及时调整战略选择和战略定位。

常见的SBU界定具有两种视角:一是按照产品界定,如汽车业、服装业;二是按照市场界定,将业务看成顾客满足的过程,基于顾客需求来界定业务,能够帮助企业找到潜在的成长机会。二者的区别如表 2-1 所示。

表 2-1 两种界定的示例

企业	产品界定	市场界定
太平洋联合铁路企业	我们经营铁路	我们运输货物和旅客
施乐企业	我们生产复印设备	我们帮助提高办公效率
Hess Corporation	我们销售汽油	我们提供能源
派拉蒙电影企业	我们拍摄电影	我们提供娱乐
大英百科全书	我们出版书籍	我们传播知识
开利	我们制造空调和炉子	我们提供家庭气候控制设备

梦祥的五大品牌业务

梦祥品牌的核心是梦祥银,是大众品牌,传承于我国传统吉祥银饰文化。梦祥银作为梦祥企业旗下的主要品牌之一,积极向社会传递吉祥、好运的文化内涵,其产品结构要以现有传统产品及自主研发的特色系列为主,兼具时尚简约、大气典雅的产品气质,大雅若俗,大巧若拙。

盈祥银饰品牌,传播做人、尊敬老人、照顾老人、扶老携幼的仁爱文化。该品牌所面对的主要消费者是年轻一代,这部分顾客对产品、品牌都有着独特的理解与认知,这也成为推动企业创新的主要因素。盈祥产品服务的对象是0—18岁的人群。

金梦祥品牌,是梦祥企业重点打造的婚恋市场珠宝品牌,该品牌产品以情感婚恋为设计典范,传达恋人之间的珍贵情谊。金梦祥之所以传播友谊、爱情忠贞,正是对现代社会中的高功利性的一种回应。服务的对象是18—38岁准备成家立业的人群。

梦祥盛世品牌,以其独特、尊贵的品位,为目标客户群体打造出了一场健康私享的银质生活体验。梦祥盛世作为我国首个融汇国际顶级奢侈品文化及中国养生文化的高端器具礼品品牌,开创了国内白银市场上全新的奢侈品品类。品牌自创立以来,始终坚持品质与品牌相融合、奢华与品位相贯通,已成为中国财富阶层在高端生活领域的私人健康用具。服务的对象是38—58岁的成功人士。

九龙银象品牌,是梦祥旗下全新的白银奢侈品品牌,融入了中国宫廷文化的尊贵华美与帝王的傲气,以精湛的宫廷手工艺与传统智慧,演绎皇家御用产品的精粹,国之重器,帝王珍藏。此类产品均由工艺美术大师设计、制作,深度融合华夏文明的古老文化,赋予产品更多的情感意义及文化内涵,从而满足人们的精神需求。服务对象的年龄为58—78岁。

资料来源:牛全保,李东进,张亚佩,等.文化基因的品牌镌刻:梦祥品牌文化[M].社会科学出版社,2020.

三、制定业务投资组合

战略业务单元确定之后,需要对各 SBU 进行评析,根据其经营绩效和发展潜力做出相应的决策,为每个 SBU 分配资源。最新的方法是投资组合规划方法,对股东价值进行分析,并判断 SBU 的存在是提升了还是降低了企业的市场价值。这种价值计算方法评估的是一项业务的发展潜力,分析内容包括:企业在全球化扩张中是否有成长机会,是否需要重新定位或重新定义目标市场,是否需要战略外包。

(一) 制定业务投资组合方法

1. 波士顿咨询企业的成长——份额矩阵(BCG 矩阵)

这种方法是由美国著名管理咨询企业——波士顿咨询集团(Boston Consulting Group,BCG)开发的一种战略分析工具,因此也被称为波士顿咨询企业(BCG)矩阵。其以市场份额、每年的市场增长率作为投资决策的两大标准。BCG 矩阵可以帮助经营多种业务的企业确定以下问题:哪些业务适合投资?应该支持哪些业务以获取利润?应该从业务组合中剔除哪些业务?通过分析,为调整企业的业务组合提供依据,从而使业务组合达到最佳经营绩效。

计算公式:

绝对市场占有率 = 该 SBU 本企业销售量/该 SBU 市场销售总量

相对市场占有率(相对市场份额) = 该 SBU 本企业市场占有率/该 SBU 最大竞争者市场占有率

每年的市场增长率(销售增长率) = 该 SBU 本企业销售量(额)/基期销售量(额) − 1,基期可以是 1—3 年

BCG 矩阵如图 2-4 所示,它采用两个简单的变量来构建二维分析空间。一是相对市场份额,它作为横坐标轴。相对市场份额是指在一定时期内,本企业某产品的销售量/额与该行业中销售水平最高企业的同类产品销售量/额之比。一般以 1.0 为界,大于 1.0 为高市场份额,反之为低市场份额。相对市场份额越高,表明企业的竞争地位越有利。所以,这一维度能够反映出该企业在这一产品行业中的竞争地位。二是市场增长率,它作为纵坐标轴。市场增长率是指在一定时期内,企业某种产品销售量/额相对于基期的销售量/额增长的比例。一般以 10% 为分界线。高于它的为高成长,反之为低成长。销售增长率越高,说明市场成长越快。因此,这一维度反映了该市场的吸引力。

应用 BCG 矩阵的大致步骤如下:①确定某业务单位精确的市场实际占有率;②收集每一个要分析的产品或 SBU 的年销售额、年市场增长率以及竞争对手年销售额的数据;③按照定义计算相对市场份额;④将产品或业务单位按其相对份额和市场增长率的数值标在 BCG 矩阵表上(一般用一个圆圈代表某个 SBU,其位置由其相对份额和市场增长率的数值确定,而用圆圈的大小反映该 SBU 销售额的大小);⑤根据波士顿咨询企业有关矩阵内现金流动和每一象限内产品或业务单位业绩的假设,对企业业务组合进行评估。

在 BCG 矩阵中,业务被分为问题类、明星类、金牛类及瘦狗类。

第Ⅰ象限——问题类业务。问题类业务属于市场高成长而企业所占市场份额较低的业务。在一个高成长的市场中所占相对份额较低,意味着企业不具有优势。对此,企业可以采取加强型战略,以增强企业在该行业中的竞争地位。通常,一个企业在开发一种新业务时大都是从问题类业务开始的。它要求投入大量资金,以满足迅速成长的市场需求并赶超市场领先者。如果此类业务的前景存在较多的不确定性,也可以采取剥离战略,出售该业务。

第Ⅱ象限——明星类业务。明星类业务是指市场高成长且相对市场份额较高的"双

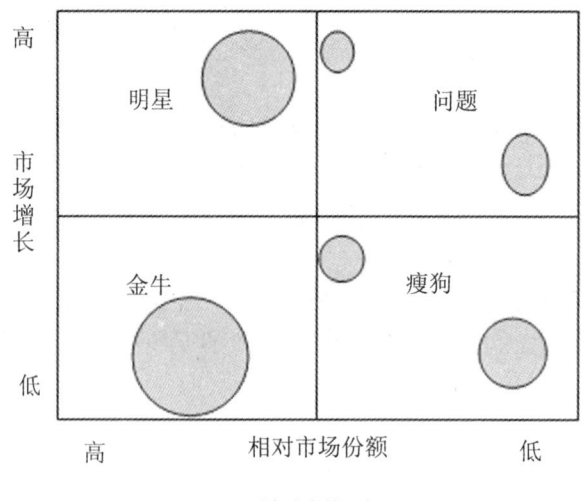

波士顿矩阵

图 2-4　波士顿咨询企业的成长——份额矩阵（BCG 矩阵）

高"业务。该行业处于产品生命周期的成长阶段,此类业务就像一颗冉冉升起的明星,显示企业在该行业中具有较强竞争力。由于这一业务具有很好的增长潜力,尽管现金流动性强,却可能仍然难以满足市场规模迅速扩张的强烈需求。企业应该采取加强型战略,进一步巩固企业在该行业的竞争优势,也可以采取一体化战略,将这一优势扩展到整个产业链。此外,为了充分发挥企业在行业中的优势,也可以采用合资战略,更好地把握行业增长机会,对产业实施更为牢固的控制。格兰仕微波炉的战略实践即是很好的案例。但明星类业务是现金消耗者而非现金生产者,并有可能成为企业未来的财源——金牛类业务。如果一个企业没有明星类业务,那就需要担心了。

第Ⅲ象限——金牛类业务。金牛类业务属于市场成长变缓而企业的相对份额较高的业务。由于金牛类业务的市场成长率有限,企业在该行业占据着市场领先地位,具有较强竞争力,获取收益将成为此类业务的战略指导原则。处在成熟市场阶段并占据市场主导地位的产品能提供大量的现金流,企业可以用来自金牛类业务的现金流,可以采取产品开发、集中多元化战略来应对产业增长缓慢的威胁,努力寻找新的业务增长点;也可以用于对明星业务或问题业务的投资,以培育未来的金牛类业务。但是,如果过度抽取金牛类业务的资金去支持其他业务,则强壮的现金牛也会衰变成瘦狗类业务,这是非常危险的。春兰企业就犯了这类错误。如果企业只有一个现金牛业务,当此业务的竞争力下降时,就可能产生较大威胁。因此,企业应该有多个现金牛业务。

第Ⅳ象限——瘦狗类业务。瘦狗类业务属于市场低成长企业所占相对份额也较低的"双低"业务。在缓慢成长的市场上,企业又缺乏竞争优势的业务,既没有发展空间又处于相对劣势的地位,因此这类业务被形象地称作"瘦狗"类业务。此类业务在企业的业务组合中是最缺乏价值的业务,应该采取收缩战略,放弃该业务,把回收的资金转而投向有潜力的问题类业务或明星类业务。

借助 BCG 矩阵对企业的各项业务进行定位和分析之后,就可以确定其业务组合是否健康。一般来说,不健康的业务组合是指瘦狗类或问题类业务太多,明星类和金牛类业务又太少。

对每一项业务,战略决策者都可以考虑四种策略:发展、维持、收获或放弃。发展战略要扩大对该业务的投资,提升市场份额,甚至不惜牺牲短期利润来达到这一目标,这种战略特别适合问题类业务;维持战略是指保持该业务的市场份额,它适用于金牛类业务,使其继续为企业提供大量的现金流;收获战略的目的在于增加短期现金收入,而不考虑长期影响,常用的策略是削减研发和广告费用等,它适合前景不佳的金牛类、问题类和瘦狗类业务;放弃战略是要出售或清算某种业务,这种战略可以让企业把战略资源转移到其他有利可图的业务上,它适合于缺乏前景的瘦狗类和问题类业务,但有时也会误判。

2. 通用电气——麦肯锡矩阵(GE 模型)

通用电气(General Electric,GE)企业法是在 BCG 矩阵基础上发展起来的,两者属于同一类战略分析工具。GE 模型可用来对企业的业务进行标志并检查业务组合的状态。由于它考虑了影响企业业务的更多因素,因而把 BCG 矩阵看作 GE 模型的一个特例。

GE 模型对每项业务的评估主要根据两个综合型的变量:①市场吸引力,主要包括总体市场规模、年市场增长率和毛利率等,这些因素都是外部变量;②竞争能力,主要涉及市场份额、份额成长、产品质量、品牌知名度等,这些都是内部变量。

在对业务组合进行评估时,可以使用表 2-2 对各项业务的市场吸引力和竞争能力打分。一般采用 5 分制,最低为 1 分,最高为 5 分。由于多个因素的相对重要程度存在差异,需赋予不同的权重系数。最后通过计算单因素的加权评估值,即可得到某业务的市场吸引力和竞争能力的综合评估值。

表 2-2 通用电气法多因素业务经营组合

市场吸引力				竞争能力			
评价指标	评分(1—5)	权数	评估值	评价指标	评分(1—5)	权数	评估值
1. 总体市场大小	4	0.2	0.8	1. 市场份额	4	0.1	0.4
2. 年市场增长率	5	0.2	1	2. 市场份额增长	2	0.15	0.3
3. 历史毛利率	4	0.15	0.6	3. 产品质量	4	0.1	0.4
4. 竞争强度	2	0.15	0.3	4. 品牌知名度	5	0.1	0.5
5. 技术要求	4	0.15	0.6	5. 分销网	4	0.05	0.2
6. 通货膨胀	3	0.05	0.15	6. 促销效率	3	0.05	0.15
7. 能源要求	2	0.05	0.1	7. 生产能力	3	0.05	0.15
8. 环境影响 社会/政治/法律因素	3	0.05	0.15 必须是可接受的	8. 生产效率	2	0.05	0.1
				9. 单位成本	3	0.15	0.45
				10. 原料供应	5	0.05	0.25
				11. 研发能力	3	0.1	0.3
				12. 管理人员	4	0.05	0.2
		1	3.7			1	3.4

GE 矩阵对所有业务按照其市场吸引力和竞争能力的评估值进行定位。GE 模型(如图 2-5 所示)以竞争能力作为横轴,分为强、中、弱三种状态;以市场吸引力为纵轴,分为高、中、低三个等级。由此把业务的战略地位划分成九个象限。每项业务用一个圆圈表

示。圆圈的大小代表业务的市场规模,而非企业业务规模的大小。圆圈中阴影部分代表企业业务的绝对市场份额。圆圈上的向量表示该业务的未来走向。

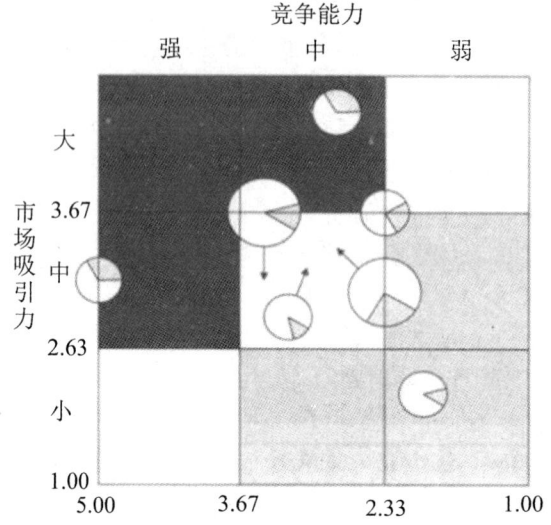

图 2-5 市场吸引力—竞争能力业务组合分类

GE 模型的九个象限可以归纳成三大战略板块,如表 2-3 所示。

表 2-3 市场吸引力——业务优势组合战略

A. 保持优势 · 以最快可行的速度投资 · 集中努力保持力量	B. 投资建设 · 挑战领先者 · 有选择地加强力量 · 加强薄弱地区	C. 有选择发展 · 集中有限力量 · 努力克服缺点 · 如无明显增长就放弃
D. 选择发展 · 在最有吸引力处重点投资 · 加强竞争力 · 提高生产力,加强获利能力	E. 保持现有收入 · 保护现有计划 · 在获利能力强、风险相对低的部门集中投资	F. 有限发展、缩减 · 寻找风险小的发展办法,否则尽量减少投资,合理经营
G. 固守和调整 · 保持现收入 · 集中力量于有吸引力部门 · 保存防御力量	H. 保持现收入 · 在大部分获利部门保持优势 · 给产品线升级 · 尽量降低投资	I. 放弃 · 在赚钱机会最小时售出 · 降低固定成本并避免投资

投资/扩展战略区。由左上角的 A、B、D 三个象限构成。其市场吸引力为中、高,竞争能力也为中、强。对于这三类最具前景且优势显著的业务,企业应增加投资实施发展战略。

选择/赢利战略区。由右上角至左下角的 C、E、G 三个象限组成。其市场吸引力为中、低,竞争能力为中、弱。对于这一板块,因其为前景一般且优势不强的业务,可采取维持原投资水平和市场份额的战略。

收获/放弃战略区。由右下角的 F、H、I 三个象限构成。其市场吸引力为中、低,竞争劣势显著。对该板块上的业务,企业应该考虑采取收割或放弃战略。

第三节 业务单位战略

战略管理本质上是动态的。由于外部环境和企业的资源组合是变化的,战略也必须根据变化的情景进行必要的调整。从动态管理过程上看,业务单位战略的管理过程主要涉及以下环节:(1)战略业务单元的现状评估。通过对组织现行的使命、目标和战略的评估,来判断是否需要重新定义使命、目标和战略。(2)SWOT分析。对关键性的外部要素——机会与威胁,以及关键性的内部要素——优势与劣势进行综合分析,并借助SWOT对策矩阵,构建关键性内部要素与外部要素相匹配的战略选择。(3)目标制定。在明确业务机会点和问题点之后,制定一个合理的目标体系,说明企业要向何处发展,要取得何种效果。(4)经营战略选择。说明如何达到目标,有三种通用战略,即总成本领先战略、差异化战略和聚焦战略。(5)战略计划与执行。需要一个具体、明确和可靠的计划来使战略落地,其执行涉及组织结构、人力资源、共同价值观以及良好工作作风等。(6)监测、反馈与控制。面对动态的环境变化,需要进行及时监测和反馈,进行必要的调整,以便保持高效。具体如图2-6所示。

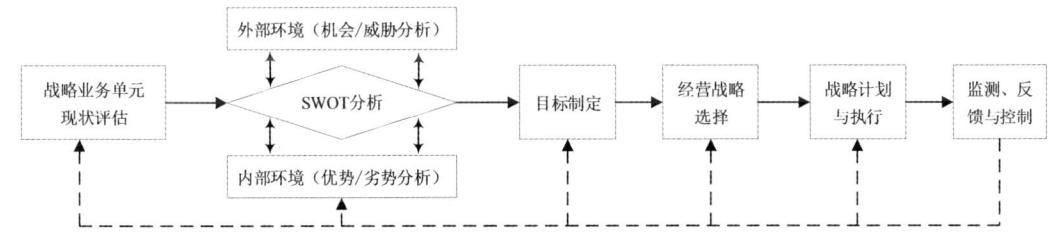

图2-6 业务单位的战略计划过程

在上述6个环节中,最为关键的是SWOT分析和战略选择。

一、SWOT分析

SWOT分析是对企业的优势(strength)、劣势(weakness)、机会(opportunity)和威胁(threat)进行全面评估,它是一种探查企业外部营销环境和内部营销环境的方法。

(一) 外部环境:机会和威胁分析

外部环境是指企业外部对企业的生存和发展可能产生重要影响的各种因素的总和。外部环境的变化可能给企业带来机会,也可能形成挑战,对企业的战略行动产生重大影响。"趋利避害"是企业经营的基本原则。通过研究外部环境,企业将获得必要的信息,认识现状,预测未来,确定企业可能会做什么,以便制定适当的战略。

1. 外部环境分析的基本框架

企业的外部环境一般可分为三个主要层次。

宏观环境。通常按六大类要素(人文、经济、自然、科技、政治与法律、社会与文化)来分析宏观环境因素,宏观环境分析的基本准则是着眼于未来发现趋势,预测未来的变化。

行业环境。行业环境分析一般应包括行业的特征、现状及发展趋势、销售状况及态势、同行企业数量等。但这远远不够。迈克尔·波特教授著名的五种竞争力模型不仅开阔了行业环境分析的视野,也提供了很好的分析框架。

竞争环境。竞争环境分析也称竞争者分析,其主要目标是为了跟踪并预测竞争对手的行动、反应和意图。要建立一个有效的竞争对手分析的框架,并据此收集各个竞争对手的情报资料。

对国际化企业而言,还要考虑全球化环境。外部环境分析是通过对外部环境的监测,收集战略决策所需信息,进而明确战略要素:机会和威胁。

2. 外部环境因素的分析与评价

外部环境分析应当是一个持续的过程。研究外部环境的重要目的就是要识别出并捕捉住,在可以预见的未来一段时期内或是在企业的战略规划期内,企业可以利用的机会以及有可能对企业形成挑战的威胁,以便做出战略决策。

收集外部环境的有关信息至关重要,其相应的步骤如下:

(1) 搜索。找出外部环境变化和趋势的早期信号。

(2) 监测。持续观察环境变化和趋势,探索其中的含义。

(3) 预测。根据所跟踪的变化和趋势,预测结果。

(4) 评估。依据环境变化或趋势的时间点和重要程度,决定企业的战略和管理。

在选择所要研究的外部环境要素时,应把握三个要点:关联性、关键性、可分析性。基于这三点来考虑外部环境分析的要素。

外部因素评价可以帮助我们识别出关键的外部环境因素。外部环境评价表见表2-4,其具体用法是:①从外部环境因素中选择10~20个反映机会和威胁的因素填入表中;②对所列出的因素,视其相对重要程度赋予相应的权重系数;③就各个因素对企业的影响程度进行评分。评分可采用5分制,5分表示影响最大,1分表示影响最小(机会的评分采用正分,威胁的评分采用负分);④计算每个因素的加权分以及总评分,总评分最高为5分,最低是-5分,平衡点为0分。如果总评分高于0分,且越接近于5分,则说明企业的外部环境越有利,而潜在的不利影响就越小。必须注意,在关键因素的选择上研究者很难保证客观性;机会和威胁往往是一个事物的两个方面,通常很难形成一致意见。

表2-4 外部因素评价

关键外部因素		权重	评分	加权评分
机会	1.			
	2.			
	…			
	n.			
威胁	1.			
	2.			
	…			
	n.			
总计		1.00		

3. 外部环境的机会与威胁评估

(1) 机会分析矩阵。机会是指环境中出现的一个有利条件,企业通过努力可能赢利的需求领域。以机会的吸引力和成功概率来考察战略机会,在图2-7a所示的机会矩阵中,A为最佳机会,B、C是需密切关注的机会,D则不必考虑。

企业利用一个特定环境机会的成功概率,不仅取决于其自身的资源和业务的竞争能力是否与该行业成功所需要的条件相符合,还取决于能否超过其竞争对手的实力。这决定着企业是否有能力利用环境中的战略机会。

企业面对机会有三种可选的对策:①利用机会,这要求企业具备利用该机会的资源和能力,能够培育核心竞争力,获取竞争优势;②观望等待,即等待最佳时机的到来;③放弃机会,通过评价该环境机会,若认为不能成为企业机会的则应放弃。

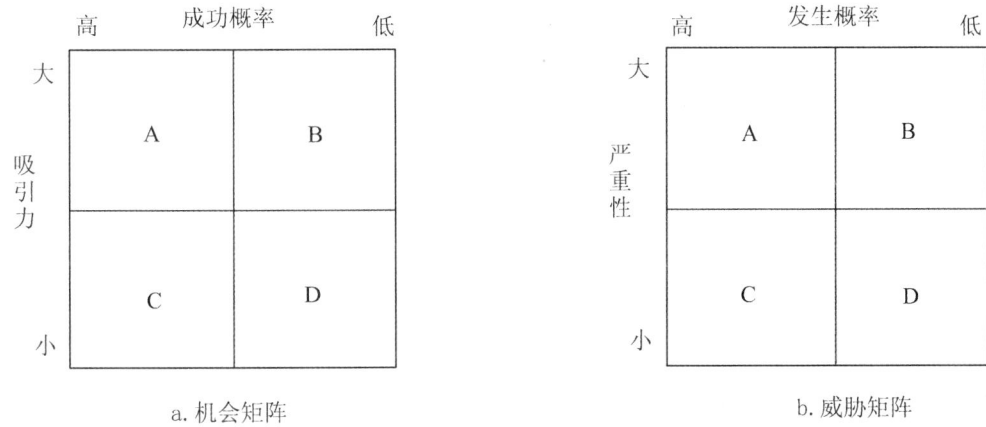

图 2-7 外部环境的机会与威胁分析

(2) 威胁分析矩阵。环境威胁是指环境中出现的一种不利的发展趋势所形成的挑战。如果未能采取果断的战略行动,它将会危害企业的销售或利润。在图2-7b所示的威胁矩阵中,采用威胁的严重性和发生概率来评估不利因素。其中,A为严重的或关键性的威胁,企业要为此类威胁准备一个应变计划。必须明确,一旦威胁出现时,企业能够采取哪些措施来抵抗或化解威胁;B、C是需要密切关注的威胁;D则不必顾虑。

企业面对威胁也有三种可选对策:①反抗,即试图抵制或扭转不利因素的发展;②减轻,通过调整经营策略来适应环境的变化,以减轻环境威胁的严重性;③转移,即决定转向其他能获利的业务或市场。

(二) 内部环境:优势和劣势分析

在考虑竞争战略时,不仅要对外部环境进行分析,还要对企业的内部环境进行深入研究,尤其是要重点考察核心竞争力、协同关系和价值创造活动,以明确战略要素:优势与劣势。

1. 内部环境:能力与资源

内部环境是指企业内部所有能够影响市场营销活动及其绩效的要素、力量和资源,是企业生存和发展的内部因素。它是由企业管理者们可以控制的要素构成的。对内部环境分析,就是要了解"我们能将什么做得最好","我们存在着哪些不足",即要找出自己的优势和劣势,预测现有的资源和能力与环境机会的适应和匹配程度。企业内部条件分析最重要的是企业能力分析,包括市场营销能力、财务能力、制造能力和组织能力等。

在20世纪60~80年代,人们通常认为外部环境是企业获取战略成功的主要决定因素,因此行业组织模型就成为制定竞争战略的基础。近些年的研究表明,"以往过度强调行业特征的竞争战略,可能会低估组织的资源和能力在形成竞争优势中的作用"。经过大量的研究,现今已经发展出并逐渐完善了基于资源的竞争战略模型。因此,内部环境分析不应仅仅停留在对优势与劣势的泛泛而谈上,而应重点专注于核心竞争力的发掘和识别。

核心竞争力(core competency),是指能为企业带来相对于竞争对手的竞争优势的资源和能力。资源是战略的基础,独特的资源会产生竞争优势并能创造财富(Brush, 2001)。资源、能力及核心竞争力是构成企业竞争优势的基础。资源是企业能力的来源,能力又是企业核心竞争力的来源,而核心竞争力则是企业竞争优势的基础(Crolis, 2003)。每一种核心竞争力都是能力,但并非每一种能力都是核心竞争力。一种能力要想成为核心竞争力,必须是从客户角度出发,它是有价值的并且是不可替代的;从竞争者的角度出发,它是独特的并且是不可模仿的(John & Harrison, 1999)。

企业的资源可以分为有形资源和无形资源。有形资源是指可见的、可量化的资产。如生产设备、资金等。无形资源是指那些根植于企业的历史长期积累下来的资产。由于它们以一种特定的方式存在,所以不易于被竞争对手了解和模仿。表2-5列出了企业资源的类型。企业的能力是指企业分配资源的效率,这些资源被有目的地整合在一起,以达到一种预想的最终状态。能力通过有形资源与无形资源的不断融合而产生。为了获得竞争优势和战略竞争能力,关键在于将能力建立在发展、积累信息和知识,以及在企业内部员工之间交流信息与知识的基础上。

表2-5 企业资源的类型

大类	种类	含义
有形资源	财务资源	企业的借款能力;企业产生内部资金的能力
	组织资源	企业的报告系统以及它正式的计划、控制和协调系统
	实物资源	企业的厂房和设备、其位置以及先进程度;获取原材料的能力
	技术资源	技术的含量,如专利、商标、版权和商业机密
无形资源	人力资源	知识;信任;管理能力;组织规范
	创新资源	创意;科技能力;创新能力
	声誉资源	客户声誉;品牌;对产品质量、耐久性和可靠性的理解;供应商声誉;有效率的、有效的、支持性的和双赢的关系与交往方式

2. 内部环境的分析框架:价值链

价值链(value chain)是企业为客户创造价值所进行的一系列经济活动的总称。换句话说,企业就是这些活动的集合。价值创造活动可以分为主要业务活动和辅助业务活动,如图2-8所示。主要活动包括产品的实物生产、销售、配售以及售后服务;辅助活动为主要活动提供必要的支持。

在分析企业内部环境时,价值链是极为有效的分析框架。通过价值链分析,管理者能够了解到企业的各种活动环节,哪些活动能够创造价值,哪些活动不能创造价值。显然,这是非常重要的。只有这些环节创造的价值大于其耗费的成本,企业才能获得超额利润。

在进行价值创造活动分析时,价值链的每一种行为都必须与竞争对手的情况相比较。通过比较分析,来确定这种行为可能会超过、相等或不如竞争对手。

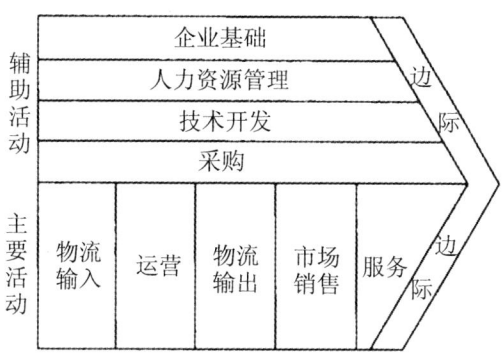

图 2-8　企业内部价值链

通过对企业资源和能力、企业内部价值链业务活动的探讨,我们基本上可以建立起一个比较全面而实用的内部环境分析框架。

内部环境分析的根本目的是实现"扬长避短(或补短)"的战略意图。因此,必须面对两个关键问题。第一,什么资源和能力是行业竞争中的关键因素?对业务的优势和劣势进行分析,首先要明确这些因素对企业在行业竞争中能否起到关键作用。例如,对于标准化的大宗商品来说,资本实力与成本优势至关重要;对技术密集型产品,创新能力就显得特别重要;而对房地产这种周期性行业,资金的筹措和运用、对大势的判断则是企业成功的重要能力。第二,企业的优势是什么,劣势在哪里?或者说要清楚地了解"我们能将什么做得最好","我们还存在着哪些不足"。前者是要了解企业所具有的独特优势和素质;后者是要认识企业在哪些方面存在着劣势,以及与竞争对手相比有哪些差距。企业应详尽地分析自己的优势和劣势,以明确当前迫切需要解决的关键问题。

3. 内部环境因素的评价

内部因素评价(internal factor evaluation,IFE)可以用来识别内部环境的关键因素。内部因素评价表见表 2-5,其具体用法是:①列出内部主要因素,基于对企业资源和能力的分析以及价值链分析,从中选出 10～20 个反映优势劣势的因素,填入表 2-6;②对所列因素赋予权重系数;③对各个因素进行评分,5 分表示最强,1 分表示较弱(优势评正分,劣势评负分);④计算各因素的加权分及总评分,总评分最高为 5 分,最低为 －5 分,平衡点为 0 分。如果总分高于 0 分,且越接近于 5 分,则说明企业的优势越突出;反之,劣势越显著。必须注意:关键因素的确定至关重要;主观的偏差将可能导致偏颇的结论和错误的行动。

表2-6　内部因素评价

关键内部因素		权重	评分(1—5)	加权评分
优势	1. 2. … n.			
劣势	1. 2. … n.			
总计		1.00		

（三）SWOT对策矩阵：四种组合策略

本质上看，SWOT分析的核心作用是"匹配"。即在内外环境分析的基础上，借助SWOT矩阵，能够根据企业的优势和劣势、所面临的机会与威胁，思考如何发挥优势以抓住机会，怎样弥补劣势以应对威胁，进而设计出有针对性的对策矩阵。具体步骤如下：

（1）分别列出企业的关键优势和劣势，以及所面临的关键机会和威胁，如表2-7所示。各列出3~5项比较适宜。着重分析和评估每一要素可能产生的影响，最终要归纳出该业务战略所面临的关键机会点和关键问题点。

表2-7　SWOT分析矩阵

优势	劣势
1. 2. 3.	1. 2. 3.
机会	威胁
1. 2. 3.	1. 2. 3.

（2）分别列出优势与劣势、机会与威胁，然后在对应的象限寻求两两相互匹配的关系，仔细思考四种相互对应的组合策略：①优势/机会策略（S/O）；②优势/威胁策略（S/T）；③劣势/机会策略（W/O）；④劣势威胁策略（W/T）。如表2-8所示。

表2-8　SWOT对策矩阵

	机会(O) 1. 2. …	威胁（T） 1. 2. …
优势(S) 1. 2. …	SO：依靠优势，抓住机会 1. 2. …	ST：发挥优势，规避威胁 1. 2. …

续表

劣势(W)	WO:克服劣势,利用外部优势	WT:克服劣势,回避威胁 重在修炼内功,进行防御
1. 2. …	1. 2. …	1. 2. …

二、目标制定

在明确了业务的机会点与问题点之后,接下来就要制订计划期的战略目标。

一个企业的战略目标一般由多个方面的目标构成一个目标体系。如企业可以同时追求销售量/额、利润/率、销售增长率、市场份额、控制风险、产品创新和品牌知名度等。同时,经过量化和定时的目标体系,也有利于从不同角度评估战略和业务活动最终所达到的效果如何。必须注意,SBU 的战略目标必须与企业的总体目标保持一致。

在制定战略目标时需要注意以下方面:

(1) 要考虑多目标的轻重缓急,要分清各个目标的主次,明确各个目标的相对重要程度。

(2) 制定的目标应既先进又可行。先进是指要略高于并尽可能向标杆企业看齐,以有利于保持竞争力并激发员工的工作积极性;可行是指合理,而非主观愿望或长官意志。

(3) 所制定的目标应协调一致,而非相互矛盾。多目标相互不协调的情况是常有的,如要同时实现销售最大化和利润最大化是不可能的。应考虑目标的权重系数,确保重要目标的实现。

(4) 目标尽可能定量化,但也不排斥某些很难定量处理的定性目标,如企业形象等。

三、经营战略选择

目标说明企业欲向何处发展,战略则说明如何达到目标。每个企业必须制定达到目标的恰当战略,包括技术战略和资源战略。

经营战略是指一整套相互协调的任务和行动,旨在为顾客提供价值,并通过利用对某一特定产品市场的核心竞争力来获取竞争优势。对于一个企业而言,就是如何获取和保持竞争优势,突出自己的战略定位。波特提出了三种基本竞争战略——总成本领先战略、差异化战略、聚焦战略。

总成本领先战略(overall cost leadership)。企业努力以最低的生产成本和最低的分销成本组织经营活动,以低于竞争对手的价格赢得市场份额。这种战略对市场营销技能要求甚少。问题是,其他竞争企业通常会以更低的成本与之竞争,损害了整个企业未来成本可以下降的余地。

差异化战略(differentiation)。业务集中于市场上绝大部分顾客关注的重要利益,并在此利益上表现卓越。例如,企业寻求质量领先,则必须用最好的部件,精心地把这些部件组装在一起,严格检查生产流程中的每一个环节,并有效地向顾客传播商品质量的形象。

聚焦战略(focus)。业务集中在一个或多个更狭窄的细分市场，深入了解，并在目标细分市场内追求成本领先或差异化战略。

企业可以在三种基本竞争战略中进行选择。一个没有明确战略和在战略定位上无所适从的企业，其经营绩效往往是最差的。而那些幻想要集所有战略优势于一身的企业，其结果可能是在哪个方面都毫无建树。

四、战略计划制定、执行与控制

在制定了经营战略决策之后，企业应该当制定出具体的战略计划。业务计划必须是具体、明确和可靠的，应包括执行阶段、阶段目标、工作重点、成本预算和评价标准等内容。

业务计划的执行需要依靠有效的组织体系、高素质的人员队伍、共同的价值认知以及良好的工作作风。还需要制定与业务计划相应的具体配套措施，并追踪结果和监测内外环境中的新变化。如果企业决定通过技术优势来实现差异化战略，就必须制定相应的计划支持研发部门，密切跟踪最新技术，开发先进技术和新产品，并训练销售人员、制订广告计划、宣传本企业的先进技术地位等。

第四节　市场营销战略

一个战略业务单位(SBU)拥有多种职能，如研究开发、生产运营、市场营销、人力资源和财务管理等。各个职能部门也要制定其职能战略。从组织系统的逻辑来看，职能战略从属并服从于所在SBU的经营战略，并支持SBU经营战略实现预期目标。

在企业制定完总体战略和确定经营战略之后，接下来就需要营销经理的努力了，他们需要在企业总体战略的基础上制定市场营销战略，并据此来管理企业的营销活动。营销管理要对贯穿于SBU业务经营中的市场营销活动进行全过程和全方位的管理。营销职能战略必须在企业战略和业务战略的约束和指导下进行，并与之保持一致。营销经理应根据SBU经营战略的要求，制定营销职能的战略计划，组织并合理分配营销资源，执行营销计划，并对营销计划作适当的控制与调整。

一、认识有效的市场营销战略

在营销4.0时代，营销经理在整个企业战略体系中扮演着更加重要的角色，也面临着更多的挑战。营销4.0是对菲利普·科特勒提出的观点的进一步升级。在丰饶的社会中，马斯洛需求中的生理、安全、爱和归属感、尊重的四层需求相对容易被满足，但是客户对于处于较高层次的自我实现形成了一个很大的诉求，营销4.0解决了这一问题。表2-9是营销1.0到营销4.0的具体内容介绍。

表 2-9 从营销 1.0 到营销 4.0

	营销 1.0 产品中心营销	营销 2.0 消费者定位营销	营销 3.0 价值驱动营销	营销 4.0 共创导向的营销
目标	销售产品	满足并维护消费者	让世界变得更好	自我价值的实现
推动力	工业革命	信息技术	新浪潮科技	价值观、连接、大数据、社群、新一代分析技术
企业看待市场的方式	具有生理需要的大众买方	有思想和选择能力的聪明消费者	具有独立思想、心智和精神的完整个体	消费者和客户是企业参与的主体
主要营销概念	产品开发	差异化	价值	社群、大数据
企业营销方针	产品细化	企业和产品定位	企业使命、远景和价值观	全面的数字技术＋社群构建能力
价值主张	功能性	功能性和情感化	功能性、情感化和精神化	共创、自我价值实现
与消费者互动情况	一对多交易	一对一关系	多对多合作	网络参与和整合

站在战略的高度上考虑,营销经理在做决策的时候,总是要考虑以下几个关键问题:

(1) 关于市场营销活动,应该坚持怎样的营销观点? 又应该遵循什么样的价值准则?

(2) 企业服务的对象是谁? 企业能为他们提供的差异化价值体现在哪些方面?

(3) 企业现在的状况如何? 企业与竞争者的差异在哪里? 企业现有产品处在生命周期的哪个阶段?

(4) 企业何时应该进入或者退出某一特定的细分市场?

(5) 以什么样的方式实现营销目标? 与消费者维持持续交易的基础是什么?

当前,随着数字化时代的来临和迅速发展,很多企业已经认识到数据的作用并开始用数据来指导整体企业战略发展。因此,营销经理还需要考虑如下问题以适应数字化时代消费者和其他营销环境的变化。

(1) 如何通过移动互联网与消费者建立更加有效的联系?

(2) 如何通过连接激励内部员工和消费者参与双方价值共创,实现双赢?

(3) 如何追踪和记录消费者行为并将之转化成精确的可视化数据,以更好地把握消费者的动态、更好地了解消费者?

(4) 如何建立用数据说话的营销文化?

(5) 如何针对消费者行为数据建立有效的动态改进机制,以保证营销策略与消费者行为更加契合?

企业只有回答了以上问题才能制定出有效的市场营销战略。针对上述问题,营销经理制定的一份有效的营销战略至少应该包含以下因素:

(1) 明确在市场营销活动中指导行为的视角和价值观。

(2) 明确企业为之服务的市场。

(3) 明确企业的产品和服务定位以突出其在竞争中的差别优势。

(4) 明确市场进入和退出的时期。

（5）明确应该通过怎样的营销努力实现战略目标。
（6）从长期而不是短期目标出发。

二、规划营销战略

（一）确立营销价值观：在企业内部贯彻营销观念

每家企业都需要决定如何实现它的目标，大部分企业通过提前制订详尽的计划来指导自身的活动，这些针对具体目标制订的计划各不相同，但是其遵循的原则是一样的。在时刻变化的市场环境中，只有全面遵循营销理念的企业才能取得最后的成功。

那些没有树立营销观念的企业，首先会决定生产什么产品或者提供什么服务，然后才决定怎样将这些产品与服务销售出去。一直到产品将要出售的时候，企业很少考虑顾客是谁或者他们到底需要什么。营销规划也只在产品被设计好后，由企业里专门的营销专家独立完成。这些企业认为大多数人是产品的潜在购买者，企业只需通过独立的营销活动便可说服他们购买本企业的产品。

在营销观念的指引下，企业管理者相信如果能对顾客的需求做出正确的反应，将会更加成功。同时，他们也认识到不同的消费者群体之间的需要不尽相同，并且这些需要会随着时间改变而改变。企业在贯彻营销观念后，其营销战略规划的出发点是识别潜在消费者并研究其需要。这项工作主要由企业的营销专家来完成，然后利用其研究的结果来决定企业应该开发什么样的产品或服务才能回应消费者的需要。企业所有的人员将被调动起来围绕着一个目标而努力，那就是满足消费者的需要。

简而言之，在营销观念的指引下，企业的营销活动始终围绕怎样满足已被识别的消费者的需要而展开，而不是考虑用怎样的方式才能说服消费者购买他们或许不需要的本企业的产品。

（二）明确目标：了解消费者，界定和选择市场

在商品多样的今天，消费者有了更多选择的空间，且消费理念也变得越来越成熟。大多数消费者对产品和服务有很好的了解，他们在做决定前会很熟练地搜集关于不同商品的信息并做出比较。成功的企业往往是那些充分了解消费者并能生产出满足消费者需要的产品的企业。通常来说，企业处理消费者需求的方式一般有两种：①消费者十分相似并且能被影响，从而购买企业生产的产品；②消费者是不同的，他们只会选择能满足他们独特需要的商品。

拥有营销观念的企业很关心消费者的需要，企业行动的出发点是消费者，它们相信如果自己能比竞争对手更好地满足消费者的需要，便有更多的可能获得成功。企业仔细地研究市场来区别还有哪些消费者群体的需要未被满足，然后决定针对这些未被满足的需要展开活动。通过广泛的市场营销研究，企业收集了许多消费者信息并通过分析这些信息将具有相似特性、需要和消费行为的消费者归为一类。在一个大的市场中将不同的由一群相似消费者组成的群体区分开来就是市场细分。尤其是在大数据时代，通过对消费者数据的采集以及数据挖掘与建模，企业可以形成更好和更精确的消费者画像，给消费者贴上各种各样的标签，市场细分的维度也变得更加多元和细致。

在进行市场细分之后，企业将进一步分析各个细分市场来决定应该提供什么样的产

品才是最有效的,以及哪个市场的需求是最旺盛的,并且拥有最丰富的资源,而竞争又不激烈,或者其他一些能使企业有机会获得成功的特性。研究并按优先顺序列出各个细分市场,基于需求与竞争最终确定最有发展潜力的细分市场便是市场机会分析。一旦细分市场被确定并进行了排序,企业便要选择哪个细分市场是它将要关注的市场。然后通过研究从该市场所获得的所有信息以及消费者画像的特征,协助制订生产和营销计划,实现营销活动和消费者的精准匹配。

超级消费者

剑桥集团的分析师埃迪·尹(Eddie Yoon)在新书《超级消费者》中说,只有10%的顾客属于超级消费者,他们的消费总额占到销售额的30%~70%。这些人被称作超级消费者,不是因为购买数量(但他们通常也是重度使用者),而是因为他们对产品的态度。每个消费品类都有超级消费者,比如有人会极度沉迷于卫生纸卷;超级消费者会影响自己的社交圈,玩具制造商American Girl发现,在超级消费者聚集的地方,一般消费者的消费也会增加1/5;超级消费者非常喜欢解决产品的问题,麻省理工斯隆管理学院的埃瑞克·冯·希培(Eric von Hippel)教授发现,大约有80%的科学仪器突破来自产品的重度使用者而不是制造商;超级消费者能促使企业将焦点放在核心业务上。埃迪·尹说,企业可以靠善待超级消费者来推动企业成长。企业可以通过以下两步强化与超级消费者之间的连接:第一步是找出超级消费者,"企业首先要找出有机会成为超级消费者的年轻顾客,通过阅读他们的推特或者对产品流露出情感的投诉信,企业可以学到很多东西";第二步,奖励超级消费者的忠诚之心,航空企业会给常客各种层级的奖励,流媒体企业Spotify会从用户的聆听习惯中找出某个音乐人的粉丝,并赠送演唱会门票。

李翔.15个商业新名词,你知道几个?[EB/OL].搜狐网.2017-05-25.https://www.sohu.com/a/143456967_701238.

(三)超越竞争:定位/差异化战略

在进行市场细分后,企业便需要选择目标市场,在现今竞争如此激烈的市场里,企业要想比竞争者对消费者更具有吸引力,就必须确定本企业提供的产品和服务中的哪些因素是与其竞争者不同但却是消费者需要的。

营销经理通常用两个词语来表述企业的这一决策:定位、差异化。定位是指与竞争对手相比,在顾客心里我们的位置有什么优势和劣势;差异化则是指企业将要为顾客提供的产品或服务具有哪些独特的差别利益。

一般来说,可供企业选用的定位/差异化战略通常有15种(见表2-10),企业可以通过市场调查和对自身进行分析来确定企业及产品定位以及企业或产品的差异化在哪里,以及还有哪种差异化战略没有在其他企业实行,而本企业又拥有使其实现的能力。

表2-10 定位/差异化战略

市场占有率领先者	=	最大的市场份额或规模
质量领导者	=	产品和服务最好或最可靠
服务领导者	=	当顾客遇到问题时,反应是最灵敏的
技术领导者	=	最先开发新技术
创新领导者	=	在使用新技术、新模式中最具创造力

续表

市场占有率领先者	=	最大的市场份额或规模
多样化领导者	=	产品和服务的种类最多
灵活性领导者	=	最具适应性
关系领导者	=	对顾客的成功最愿意承担义务
威望领导者	=	独一无二的
知识领导者	=	最有经验和最富专长
全球化领导者	=	以服务世界市场为最佳定位
廉价领导者	=	最低价格
价值领导者	=	性价比最好
诚实领导者	=	最合乎道德或最值得信任
社会责任领导者	=	对所服务的社区力量最积极

滴滴出行：市场占有率领先者

2012年夏天，小桔科技在北京成立并推出滴滴打车App；快智科技在杭州成立并推出快的打车App；双方均为用户提供出租车在线叫车服务。2013年，滴滴打车和快的打车相继获得腾讯和阿里巴巴战略投资，同年快的打车并购大黄蜂打车。

2014年1月，滴滴和快的掀起轰动全国的补贴大战，移动出行由此开始普及。2014年5月"滴滴打车"正式更名为"滴滴打车"。2015年1月，滴滴企业级服务上线，专为企业用户提供灵活、高效、可控的一站式出行解决方案。2015年2月，滴滴打车和快的打车成功地进行战略合并。

2015年5月，滴滴"机器学习研究院"成立并展开全球科学家招募计划，开始在全球范围吸引人才，旨在为中国出行产业提供大数据和深度学习技术支持。快车上线，为更广泛的乘客群体提供更经济、便捷的专车服务，移动出行市场迅猛拓展。

2015年6月，C2C拼车平台滴滴顺风车正式上线，帮助私家车主和乘客共享通勤出行。随后滴滴打车推出跨城顺风车服务，将城际共享出行网络覆盖全国。2015年9月，滴滴打车全面品牌升级，更名为"滴滴出行"，明确构建一站式出行平台。程维随中国国家主席习近平访美参加第八届中美互联网论坛，并在夏季达沃斯论坛受到李克强总理接见。共享经济模式得到积极肯定。滴滴出行与美国共享出行先锋Lyfl展开包括投资、产品、技术等层面的合作；与领英展开战略合作，拓展移动出行与职业社交协同市场。滴滴出行入选世界经济论坛2015年达沃斯"全球成长型企业"。2015年10月，滴滴出行获上海市交委颁布全国首张网约车运营牌照。滴滴出行与印度打车行业领袖Ola展开包括投资、产品、技术等层面的合作。

2016年1月，滴滴出行宣布2015年完成14.3亿份订单，成为仅次于淘宝网的全球第二大在线交易平台。2016年3月，滴滴出行全平台日完成订单突破1000万份。2016年8月，滴滴出行收购优步中国。从此滴滴出行成为中国网约车市场龙头。

资料来源：滴滴出行发展历程[EB/OL]．滴滴官网．https://www.didiglobal.com/about-special/milestone.

（四）界定产品：产品生命周期

在进行差异化定位之后，企业还需要对目前产品的生命周期进行识别。对于企业来说,所生产的每个产品都有一段有限的生命,在这段生命里,产品销售将经历不同的阶段,产品利润也有高有低,这种可以预见的产品销售增长模式便是产品生命周期。典型的产品生命周期分为四个阶段(见图2-9 业务单位的战略计划过程)。

(1)市场开发期,也叫产品导入期。在这一阶段,产品销售量增长缓慢,而且由于需要支付一大笔的市场开发费用,所以几乎没有利润或者利润很小。

(2)成长期。此时期的产品被市场迅速接受,产品销售量增长迅速,利润大量增加。

(3)饱和成熟期。这个时期由于大多数的潜在购买者已经接受了企业生产的产品,销售量逐渐减少,并且由于竞争逐渐激烈,因此企业所获利润逐渐趋于稳定甚至下降。

(4)衰退期。这一时期企业的销售额不断下降,利润也随之呈不断减少的趋势。

对于企业来说,产品生命周期使企业明白销售永远不会一直保持增长的态势,从而可以更好地预测营销资源的分配,并根据产品处在不同生命周期的特征制定不同的营销战略,它还能帮助企业更好地理解竞争者何时可能进入市场,以及他们在每个阶段可能采取的行动,从而有针对性地做出决策以赢得竞争。最后,产品生命周期有助于企业对市场进入和退出时机等战略问题做出正确的决策。

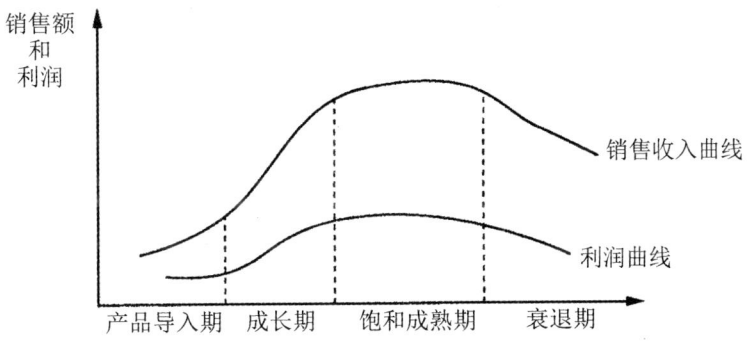

图2-9 业务单位的战略计划过程

(五)分析市场:市场进入/退出决策

对于企业的营销经理来说,他们有时候还要与产品经理以及其他企业管理人员一起做出关于何时进入或者退出某一市场的决策。决定这一问题的变量主要有三个:某一细分市场的吸引力、该市场的风险以及相对竞争者企业的优势。我们通常使用市场进入/退出模型来做决策(见图2-10)。

企业优势相对较大、具有高的吸引力以及风险较小的细分市场是企业可以选择进入的市场。相反,对于那些具有高风险的细分市场,企业优势又不明显的市场,企业则可以选择退出以规避风险。

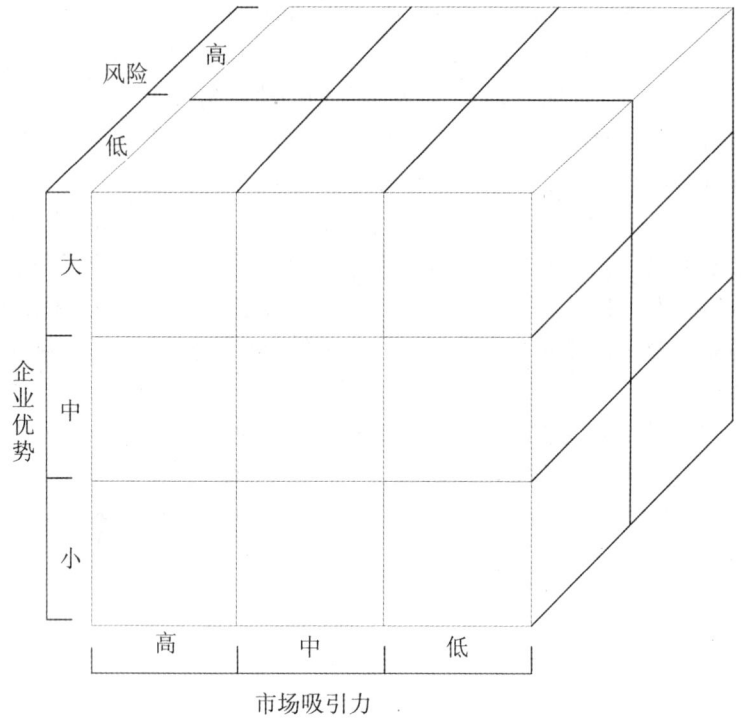

图 2-10　市场进入/退出决策模型

三、营销管理程序

营销经理应通过营销管理程序来完成营销职能战略的管理工作。营销管理程序包括分析营销机会、设定营销目标、开发营销战略、设计营销组合、拟定营销计划,以及管理营销努力。

(一)分析营销机会

成功的企业善于捕捉有价值的市场机会。然而,有些企业却总是把暂时供不应求的产品看作一种市场机会,但是当把产品生产出来时,它却已经从供不应求转为供过于求了。所以,管理者要具有超前意识和战略眼光,捕捉企业能力所及的各种显性的和潜在的市场机会。

分析营销机会是营销管理的首要任务,其主要方法框架是 SWOT 分析,即通过外部和内部环境分析,明确市场营销所面临的主要机会点和主要问题,对主要的机会与威胁、优势和劣势进行评估和预测,并运用 SWOT 的匹配功能寻找具有针对性、可行性的措施。

(二)设定营销目标

企业在完成了 SWOT 分析之后,便可以制定特定的营销目标。营销目标是指在一定时期内,通过市场营销活动应达到的目标。营销目标包括销售收入、销售量、市场份额、产品或品牌的知名度、分销范围等指标。

企业在制定营销目标的时候,有几个因素需要考虑。首先,目标应该是特别的,它代表企业在某一方面的特殊立场,比如是取得利润的最大化还是获得更多的市场份额,一般来说，某一行业的市场领导者为了保证其市场地位，往往更多地关注其市场份额，甚至为了阻止竞争者的进入，会牺牲利润来降低价格以加强行业进入壁垒；其次，目标应该是可以衡量的，也就是说目标应该包含一些可量化的指标，比如销售额增长 20%；然后，目标应该是符合实际情况并且是可能达到的，一家新成立的企业为自己设立"半年之内要在世界闻名"的目标虽然听起来很鼓舞人心，但实际上没有任何意义；最后，目标应该受到时间限制，也就是说目标应该是指企业在未来特定的一段时间内需要达成的目标，而不是无限期的。

（三）开发营销战略

把市场细分、选定目标市场和市场定位定义为营销战略，实质内容为 STP。

（1）市场细分。选择适当的变量，把一个整体市场划分成若干个细分市场，并描绘它们的轮廓。细分市场是由具有相同或近似需求的许多顾客组成的群体。

（2）选定目标市场。通过对细分市场进行评估和比较，最终选择一个或几个有吸引力、并符合企业目标和资源条件的细分市场作为准备进入的目标市场。目标市场是指企业希望吸引住的，为之提供产品或服务，并试图激励他们购买本企业产品的顾客群。

（3）市场定位。在目标市场上为企业的产品或品牌建立某种形象，并使目标顾客认同，从而确立其市场地位。更准确地说，定位就是要对企业提供物的营销组合进行有效的设计和沟通，从而使其能在目标顾客心目中占有一个独特的、有价值的位置的行动。通常，要根据竞争者现有产品在这个市场上所处的位置和顾客对该提供物属性的重视程度，塑造出本企业提供物与众不同的鲜明个性或形象并传达给目标顾客，从而使其提供物在目标市场上占据强有力的竞争位置。

（四）设计营销组合

营销组合的 4P 决策框架包括产品、定价、分销和促销。营销者不能孤立地使用营销组合中的某一因素或手段，必须依据 STP 确定的定位策略，综合运用营销组合中的各种变量，使之发挥整体效应，达到最佳效果。在制定了营销组合中定价、分销、促销等策略之后，我们就可以说为特定的目标市场开发了一套营销组合。

（五）拟定营销计划

战略经营单位（SBU）要为其产品、产品线、品牌或顾客群编制营销计划。营销计划是描述在一定时期内为实现既定的营销目标，所需采取的营销活动安排的正式书面文件。营销计划一般应包括营销目标、现状分析、成长机会、目标市场、营销组合、营销费用预算、营销资源分配和实施日程安排等。营销管理者有关营销战略和营销组合的思考必须转化为具有可操作性的营销计划。

（六）管理营销努力

营销管理过程的最后一个环节就是组织营销资源，执行和控制营销计划。在实施过程中，还要根据实际情况进行调整。营销计划的成功实施取决于一个高效的营销组织系统和一套完备的营销控制程序。企业的营销组织因企业的性质和任务的不同而有差异，但一般都会有一个处于企业决策层面的分管领导（如副总经理）和一个职能部门（如营销部或市场部），以及一支从事营销活动的人员队伍所组成。营销副总经理负责企业营销职能同其他职能及企业决策层的沟通与协调；营销部负责企业营销活动的策划、组织与实施;营销队伍则是开展具体营销活动的基本力量。

营销控制是保证营销计划顺利实施的重要环节,一般要做好三个方面的控制:年度计划控制,即从数量和进度上保证营销计划的实施;盈利能力的控制,即从营销的质量上进行检验和提高;注意营销计划与环境的适应性,并加以控制,以确保营销活动能促使业务战略目标的实现。

重要概念

营销战略　企业使命　企业愿景　战略目标　SBU　波士顿矩阵　GE矩阵　SWOT分析　价值链分析

思考题

1. 企业存在什么样的战略层次？如何理解它们之间的关系？
2. 怎样依据战略管理一般程序对企业战略和营销职能战略管理程序进行描述？
3. 企业使命与企业愿景的关系如何？它们是怎样规范企业的战略管理的？
4. 企业战略有哪几种战略类型？试就每一种战略类型举出一个企业实例。
5. BCG矩阵法与GE矩阵法在哪些方面有共同之处？哪些方面是不同的？
6. 为什么说外部环境对某个企业来讲一般是不可控制的？为什么有些环境因素又是可影响的？控制和影响有何区别？
7. 如何整理出一个合理的、适用的企业内部环境分析框架？怎样对这一框架进行细化,使其更具实用性？
8. 近一年来宏观环境发生了哪些重要的显著的变化？对你熟悉的行业、企业产生过何种影响？探讨一下这些变化可能带来怎样的机会或挑战。

案例分析

圣象集团:品牌驱动下的领军者品格

圣象集团,中国地板行业领军品牌,在全球拥有20000名员工,在国内形成了3000家统一授权、统一形象的地板专卖店,470家木门、衣柜、橱柜专营店,设立了43家分企业服务国内市场,近万名专业安装人员提供管家式服务;在海外拥有55家海外合作伙伴,覆盖美国、韩国、加拿大等国的多个独资、合资、合作的营销企业,构建起了圣象遍及全球的营销网络。

从"一条生产线"到"一条产业链",圣象始终延续着领军者的实力与品格。在圣象集团董事长陈建军的信条中,"要有国际化品质的产品,更要有国际化的品牌与影响力"。

1. 夯实品牌基建,从零到一打出组合拳

圣象集团董事长陈建军经常说这样一句话:"世界的变化太快,如果不当机立断做出选择,就要消失在滚滚的变革浪潮中。但变化绝不是随波逐流,万变不离品牌,抓住这个根,我们就有主动权。"以2020年为立点,回看圣象的创业之初,促成领军企业从无到有的核心就是品牌。

20世纪80年代末,改革开放让人们对生活与消费萌发了大量需求,家居成为新的关注点。20世纪90年代,圣象精准把握了地板市场的上升空间,率先将强化地板品类引入中国。以此为契机,圣象率先以品牌的方式来经营,开创了中国地板市场的品牌之道。但这也意味着圣象不仅要做集团客户、星级服务,更要走向国际市场参与全球竞争。

依靠超前的品牌意识与战略格局,圣象毅然决定首创行业品牌经营模式。事实证明,在圣象之后,其他企业也纷纷遵循品牌的路径,逐步形成行业协会的管理,行业标准逐步完善。以圣象为代表的木地板产业在中国生根发芽、逐步成长,成为家居供应体系中不可或缺的一环,共同成就了今日健康、有序、繁荣的地板行业。

品牌创建与传播只是开始,任重而道远。带着使命感,带着为产业、为行业、为社会和客户带来怎样的价值这一全面思考和战略规划,圣象选择了制定与品牌发展相适应的顶层战略,即全新的运营与管理模式——以品牌驱动产业链。

2002年起,圣象开始布局绿色产业链,最终成功打造了行业内时间最早、规模最大、最完整的绿色产业链,通过林业资源、基材、工厂、研发、设计、营销、服务七大环节层层管控,实现了大环保和小环保中的可持续发展,成了行业内品牌走高质量、可持续发展路径的范本。

从首创品牌经营方式到战略部署、产业链落地,圣象品牌的这套组合拳为中国家居地板行业搭建了雄厚基建。

2. 构筑领军品牌,从点到面布局生态网

在董事长陈建军的理念中,圣象品牌的成长与维护遵循"四个要领"——"抢市场、扩品类、调结构、促增长"。

走价值之路,做现象级企业。创立之初,圣象将国外的地板品类引入国内,打破了反向OEM的高成本,为中国地板行业开辟了一条价值之路。

为了将品牌的触角充分延伸,圣象于2004年提出全球一体化构想,全面布局全球市场。品牌横向拓展的过程是"伤筋动骨"的,甚至是"脱胎换骨"的。自2005年,圣象先后与瑞典康树、美国安德森等国际企业进行战略合作,全面提升和改造圣象制造体系、管理体系,用国际化的品质要求自己。这一"坎坷"的历程奠定了圣象品牌在海外的强大竞争力。中国圣象不断在向世界圣象迈进,在行业内,圣象也成了拥有海外市场本土化运营能力的现象级企业。

战略升级,扩品类赛道。圣象与消费者的链接由"木"开始,但并不止于木地板。2014年,圣象大家居战略正式发布,圣象由地板走向家居,由地面走向空间。

圣象董事长陈建军多次强调,圣象家居要从扩品类出发,以木业作为核心,围绕地板核心品类,加快其他木业品类的发展,通过跨品类的资源大整合,综合品质、生产、环保、设计、服务、体验为一体,铸就圣象大家居的硬实力,为消费者提供一站式服务。同时加快调整和优化内部结构,融合终端,形成合力,加快整体业务的高速增长。

责任升级,推升行业新标杆。全品类、全通路、全覆盖,圣象不仅是铺地材料的供应商,更是解决方案品牌商。目前,圣象工程业累计完成超过6000项工程合作项目,工程项目累计铺装面积超过5000万平方米,与万科、保利、龙湖等近90家知名房地产开发商以及地区市场的头部企业达成了战略合作,成为中国房地产开发商500强首选品牌。

2008年,圣象大客户项目部开始探索工程业务,战略伙伴仅有1家。十余年来,圣象通过设置专业团队、专人管理,经过从零售到工程的摸索,实现了从C到B的突破。

从合纵连横再到多元化发展,圣象始终以"品牌"为核心要素建设,纵向一体化做木业产业链，向上延伸进入原材料领域，控制林地、基材、板材资源，降低内部交易成本；横向一体化进军国际化市场、大家居市场实现了销售区域、消费人群的拓展。

3. 重塑品牌价值，从外而内拥抱新消费。

立足市场、立足消费者是企业发展的根本，近年来，消费升级浪潮席卷而来，人们对美好生活的追求日益强烈。家居行业环境，企业商业模式，尤其是消费者发生巨大变迁，个性化、差异化需求凸显，颠覆了传统的生活方式。圣象董事长陈建军认为："90后、00后的新生一代，逐渐成为消费的新生力量、品牌的年轻化转型成为企业可持续发展的关键。这需要企业以新产品、新内容、新调性、新的传播方式和渠道、新体验与新一代消费者建立更多对话。"这对25岁的圣象来说，保持品牌活力是一个不小的挑战。

在当今消费市场，消费者的自我意识消费不断觉醒，更加注重品质与体验，追求文化品位、审美情趣等全方位满足。因此，消费者对产品和服务的消费提出更高要求，影响消费者购买的因素中，感性因素逐渐占据重要地位。这其中，品牌价值在激烈的市场竞争中凸显出来，无论是对企业或对消费者，想要占领心智，引领消费方式，品牌价值的塑造越来越重要。

品牌来自于消费者，服务消费者，更要引领消费者。2019年，圣象联合中国社会科学院心理学研究中心，联合发布《中国家庭亲近指数报告》，以社会学"代际团结模型"和幸福感测量为指导框架，全面阐释工业化和城市化中的矛盾与冲突，立体洞见个体化和个性化对家庭关系的影响。

圣象发现，当今社会人群普遍面临着工作压力大、生活节奏快，尤其对新中产等年轻消费者而言，家庭的亲近越来越困难。因此，他们更加渴望内心的归属感与安全感，家、家人自然而然成为情感需求的重要角色。从关注消费者的内心需求出发，圣象提出全新的品牌主张——"圣象，让每一个家更亲近"，致力以品牌的力量为消费者创造更多价值，期望将亲近的家庭观念、健康的家庭文化带给中国亿万家庭，并通过品牌形象更新、营销创新向消费者全面诠释"家的向心力"。由"用爱承载"的品牌理念到"让每一个家更亲近"的品牌主张，圣象在家居理念上再次取得了里程碑式的成果。

2020年，受疫情的影响，家居空间、家庭文化重回视线，圣象"让每一个家更亲近"的品牌主张无形中引起众多消费者情感共鸣，再一次证明了品牌由理性价值走向感性价值的意义。

实践证明，始终如一的品牌坚守、持续驱动的品牌策略，不断创新的品牌价值成就了今日的圣象，也将成就明日的圣象。对此，圣象董事长陈建军深有心得："我们进入消费社会，世界也将进入中国时间，在中国崛起的大发展时代，人民对美好生活的向往就是对中国家居企业领军品牌的至高要求和使命。圣象将立足消费升级的根本导向，进入百亿规模家居企业行列，相信消费的力量，相信圣象品牌的力量，以饱满的热情投入新时代消费征程中！"

现代家居行业已不再是单纯的家居服务商，更是国民消费和生活品质升级的幸福方案拓新者，圣象从引领行业发展到推升行业进步，重塑行业新标杆，再到如今开启品牌新基建，将坚持"用户、数字、文化"三足之力，以用户为核心，以数字为驱动。以文化为基础，不断融合、创新、升级、沉淀，为中国家居产业发展加持赋能，让品牌焕发时代年轻力。

资料来源:微信公众号:哈佛商业评论案例研究 2021-7-13.

1. 圣象发展中采用了什么成长战略?
2. 采用SWOT方法分析圣象的战略?
3. 圣象的发展战略对战略理论与实践有什么启示?

参考文献

[1] 亨利·明茨伯格,等.战略历程:纵览战略管理学派[M].北京:机械工业出版社,2002.

[2] 迈克尔·波特.竞争战略[M].北京:华夏出版社,1997.

[3] 格里·约翰逊,凯万·斯科尔斯.公司战略教程[M].金占明,贾秀梅,译.3版.北京:华夏出版社,1998.

[4] 迈克尔·A.希特,等.战略管理:竞争与全球化(概念)[M].北京:机械工业出版社,2018.

[5] 库林特·辛格,尼汀·潘加卡.战略管理:竞争与全球化(亚洲案例)[M].张国萍,译.北京:机械工业出版社,2012

[6] 格里高利·G.戴斯,等.战略管理:竞争优势[M].北京:中国财政经济出版社,2004.

[7] 查尔斯·W.希尔.战略管理[M].7版.北京:中国市场出版社,2007.

[8] 黄丹,余颖.战略管理(研究注记·案例)[M].北京:清华大学出版社,2007.

[9] 菲利普·科特勒.营销管理[M].11版.上海:上海人民出版社,2003.

[10] 菲利普·科特勒.市场营销管理(亚洲版)[M].3版.北京:中国人民大学出版社,2005.

[11] 吴健安,等.市场营销学[M].北京:高等教育出版社,2000.

[12] 小威廉·D.佩罗特,金尼 E.麦卡锡.基础营销学[M].上海:上海人民出版社,2001.

[13] 吴涛.市场营销学教程[M].北京:中国发展出版社,2009.

[14] 杨洪涛,等.市场营销:网络时代的超越竞争[M].北京:机械工业出版社,2019.

[15] 赵伟.横连与纵合:近代民族企业战略研究[M].北京:社会科学文献出版社,2021.

第三章　市场营销环境分析

学习目标

1. 掌握企业营销环境的层次。
2. 理解企业营销环境的特点。
3. 掌握宏观环境的内容。
4. 掌握微观环境的内容。

案例导入

中国李宁：破茧成蝶，迎潮而生

作为董事长的李宁可能也没想到，那句"一切皆有可能"真的发生在了李宁身上。然而，这已经不是李宁第一次引爆大众视野了，2018年，李宁亮相纽约秋冬时装周，成为第一个登上纽约时装周T台的中国运动服装品牌，颠覆了人们对李宁的认知，开始走上潮牌之路。

1989年，"体操王子"李宁宣布退役，创办了李宁体育用品有限公司。李宁的发展经历过高潮，也遭受过低谷。2010年李宁品牌调整失败导致业绩不断下滑，终于2014年李宁重新扛起李宁大旗。李宁敏锐地发现，中国线下零售业只有更快、更准确地了解消费者的需求，才能吸引消费者的目光。李宁联手阿里云等新零售技术提供商打造"数字化的生意平台"，以全渠道、全触点的形式对消费者数据进行收集、整合和分析，提供精准、快速、个性化的服务和体验。凭借着数字化平台，李宁集团对市场进行了深入的分析，发现先前品牌活动的失败在消费者心中留下了"李宁就是低端运动品牌"的印象，而国潮趋势明显，国潮的崛起体现着一个民族的文化自信，也能代表着本土品牌的崛起，更与李宁的运动员形象相吻合；打造潮流品牌又能抵消人们心中李宁"设计差、低端"的印象。

2018年2月，李宁有机会参加了纽约时装周举办的"中国日"(China Day)走秀活动。为了让李宁品牌突出中国元素，他们把走秀系列定名为"中国李宁"。整个走秀以"悟道"为主题，传递国人"自省、自悟、自创"的精神内涵，用运动的视角表达对中国传统文化和现代潮流时尚的理解，完美演绎了20世纪90年代复古、现代实用街头主义以及未来运动趋势三大潮流方向，向全世界展现了中国李宁的原创态度。作为第一个亮相纽约时装周的国人运动品牌，中国李宁在整个会场上把大大的"中国李宁"深深地印在了人们的脑海中，经典的红配黄又勾起了国人对20世纪90年代的回忆。走秀照片公布后，走秀同款服装成为潮流代表，时装周上出现的虎鹤双形卫衣、悟道2—Ace、蝴蝶鞋等服饰都被人们抢购。除了销售火爆外,国内各大社交媒体也都开始被"中国李宁"霸屏,微博话题讨论阅读量高达7800万,微信各个公众号也都发表了与"中国李宁"相关的文章,光阅读量超过十万的热门文章就有十多篇。纽约时装周后,李宁公司股价也一路高升,上涨近60亿港元。

时装周成功后,李宁迅速做出决定,将"中国李宁"独立出来,作为李宁中高端系列的重要补充,产品价格更高,消费群体更年轻。李宁时尚线总经理李刚表示,新的李宁时尚线突出个性化和差异化,品牌运作方式也和以往的不同,更加贴近于设计师品牌,也就是拥有自己独特的设计理念。"中国李宁"的成功,带动了品牌升级和销售额的增长。2018年更是完成了李宁集团一直追求的"百亿大关"。"中国李宁"系列的成功不仅仅是李宁服饰本身的设计以及数字化平台的功能,还凭借着最近刚刚兴起的"国潮崛起"这股风。

李宁凭借着这股风,再次开始表明自己对"潮牌"的态度。2019年,李宁又以"行"为主题,再次出征时装周,展现出的民族气息让人印象深刻。这次走秀还推出了"即秀即买"模式,使消费者在第一时间就能见到产品。2020年1月,李宁2020秋冬系列大秀亮相巴黎蓬皮杜艺术中心,重磅推出"李宁 x 成龙"联名的功夫系列,展开为期三年的行业独家合作。与此同时,李宁故宫概念店也正式开业,店铺设计融入了历史文物因素,消费者在购买时能体会到历史的厚重感,给消费者带来全新的"李宁式体验"。同年5月,成都IFS与Sneaker Con联合举办"Sneaker Con Museum",以首创的"博物馆"形式召开,李宁作为成都IFS的场内特别合作品牌,在展会上不仅提前曝光新款,还通过发行限量款的方式吸引了大批消费者,再次加深了人们心中的"潮牌"印象。2021年3月26日,李宁通过微博宣布肖战成为运动潮流产品全球代言人,肖战同款刚一上线,就全部售罄。此外,肖战粉丝多为女性,选择肖战作为代言人,也使女性群体增加了对"中国李宁"的品牌认可。

李宁把时尚元素与中国传统文化相结合,打造当代中国年轻人的"潮"。李宁集团特地选择了敦煌作为李宁品牌三十周年主题派对的开幕地点,以"三十而立 丝路探行"为主题,联合敦煌博物馆TP,用丝路之精神致敬中国的新青年,来表达品牌对传承中国文化的强烈向往。此外,在多个城市推出符合当地主题的活动。例如在西安推出将西安古城、大雁塔等城市文化元素融入其中的"长安少年2020"系列。李宁集团也积极举行各种活动不断加深李宁潮牌的品牌形象,比如推出的李宁"三十而立"快闪店,还将国潮与篮球结合在一起,推出"反伍系列",成为城市街头潮流文化的引领者,与城市特点相结合,火爆登录成都、西安、上海、长沙等城市,致敬独特的城市文化。凭借着对潮流文化的独特理解,2020年双十一购物狂欢节期间,天猫李宁官方旗舰店单店成交额突破7.7亿元,再次刷新记录,位列运动行业国产品牌单店第一。

三十年的艰辛历程,国产李宁在"国潮"推动下再次扬帆起航,但面对"中国第一、亚洲第一、国际领先"的品牌目标,李宁还有很长的路要走。在市场竞争激烈的今天,国产品牌能否拥有真正属于自己的"春天",中国李宁能否真正成为人们心中的潮牌,让我们拭目以待。

资料来源:李艳双,李俊毅.中国李宁:破茧成蝶,迎潮而生.中国管理案例共享中心

第一节 市场营销环境的概述

一、市场营销环境的内涵

市场营销环境是指影响企业营销能力及其目标实现的各种因素的总和。这些因素直接或间接地影响企业营销职能及与其目标客户关系的建立与巩固。一般而言,市场营销环境可以分为两大类:微观环境和宏观环境。

微观环境是指与企业营销活动密切相关且直接产生影响的环境因素,包括供应商、企业自身、营销中介机构、顾客、竞争者及公众。这些因素直接作用于企业营销活动,因此也可以成为直接因素或作用因素。

宏观环境是指通过影响微观环境因素而间接影响企业营销活动的更大范围内的社会环境因素,包括人口环境、经济环境、自然环境、技术环境、政治法律环境和社会文化环境六大因素。宏观营销环境对企业的影响往往以微观营销环境为媒介,因此也可以称为间接环境。

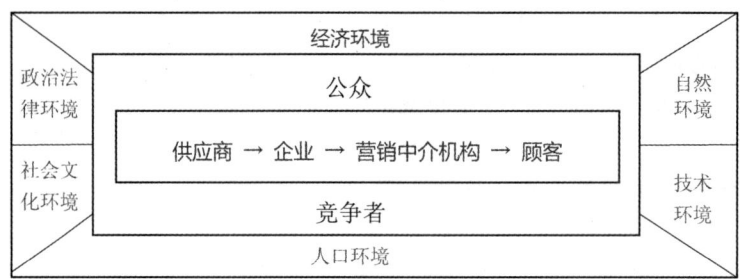

图 3-1 各环境因素关系

由图 3-1 可以看出,供应商、企业、营销中介机构与顾客构成了核心营销价值链,链条上的各因素通过产品、服务与信息的交换形成了协作与服务关系,同时公众与竞争者又通过联盟、监督等形式影响着企业的营销活动。而这些直接作用于企业营销活动的微观环境因素总是被外部的宏观环境因素包裹与影响,为了适应和协调外部宏观环境的变化,不断调整、改变微观环境各因素的关系。

二、企业营销环境的特征

(1)客观性。企业总是在自然、特定的社会等外界环境条件下生存、发展。企业只要从事市场营销活动,就必然要面对这样或那样的环境条件,也一定会受到各种各样环境因素的影响和制约。而且有些外部环境因素,如文化、自然是企业无法或很难改变的。这都体现了营销环境客观存在,难以以某个企业或行业的意识而随意更改。因此,企业必须清醒地认识到企业必然面临环境的影响以及环境因素难以改变,要及早做好充分的思想准备,随时应对企业面临的各种环境的挑战。

(2) 关联性。营销环境的各种因素并非独立存在的,而是都相互关联的。一方面,宏观环境各因素是相互关联的,政治、法律的变化,都会引起社会、经济的变化,文化水平的提高和科学技术的进步能推动经济的发展;微观环境各因素也是相互关联的,营销渠道的变化可能改变一个产业领域内各企业的竞争格局,一个企业顾客的增加或减少,必然弱化或增强竞争者的气势和力量,并由此影响公众的态度。不仅如此,宏观环境因素与微观环境因素也是互相影响的。例如,信息技术帮助企业的营销业务流程进行适应性调整,以更好地满足顾客的需求;良好的竞争关系可以促进产业升级,进一步提高地区或国家的经济发展。

(3) 动态性。营销环境是企业营销活动的基础和条件,这并不意味着营销环境是一成不变的、静止的。恰恰相反,营销环境总是处在一个不断变化的过程中,它是一个动态的概念。从消费倾向来看,我国越来越多的消费者开始注重品质消费,更愿意为质量埋单,消费呈现明显升级趋势,也就是说,消费者的消费心理正趋于成熟。因此,企业也越发关注"品牌化和高品质",许多商家在增加优质商品供给的同时,更加注重产品应用场景的构建,从而满足消费者在居家、健康、亲子、运动等领域的多元细分需求。因此,企业的营销活动必须适应环境的变化,不断地调整和修正自己的营销策略,否则,将会使其丧失市场机会。

(4) 差异性。①不同国家地区间的差异。企业因其所处的地理位置不同,所处的营销环境千差万别,相同的企业在不同的国家与地区开展营销活动时需要考虑当地的实际情况制定营销策略。②不同企业间的差异。处于不同产业领域的企业,他们所面对的政策环境是不同的,即使处于同一产业领域的企业,他们的竞争者、营销渠道等环境因素也不尽相同。这就要求企业要善于分析自己与其他企业所处环境的不同点,制定具有企业特色的营销策略。③各市场营销环境因素的差异。不同因素的变化有快慢大小之分,例如技术、经济等因素的变化相对快且大,因而对企业营销活动的影响相对短且跳跃性大;而人口、社会文化、自然因素等相对变化慢且缓,但对企业营销活动的影响相对长而稳定。

三、市场营销环境与企业营销的关系

上面多次提到企业营销处在一个千变万化的环境中,企业营销与所处的营销环境形成了一个系统,市场营销环境一直影响着企业的营销活动,但是企业也并非总是被动地接受环境,企业的营销活动也有可能带来环境因素的变化。

(1) 市场营销环境对企业的影响。不断变化的多种环境因素对企业的营销活动产生深刻的影响,一般分为环境威胁与环境机会。环境威胁是指环境中存在对企业营销职能的不利因素或不良发展趋势,如果不能积极应对就会威胁企业生存与发展。通常,这种环境威胁可能来自两个方面:一方面是环境因素的直接威胁,例如互联网等技术促成了线上购物,创新了营销渠道;另一方面是企业与环境的不匹配带来的威胁,激烈的市场竞争需要更精准地把握用户需求,企业如果不能通过数字化转型实现这一目的,就可能面临竞争失败。环境机会就是环境变化形成了对企业有盈利机会与发展空间的条件,企业只要善于捕捉机会,并转变成企业的赢利机会,就可以帮助企业更好地生存和发展。值得一提的是,无论环境威胁还是环境机会并非对所有企业都是一概而论的,同一种环境因素,对一些企业而言是有利的机会,对另一些企业来说可能就是威胁。

(2)企业对市场营销环境的影响。企业置身复杂的环境中受到多方影响,企业要在充分分析环境的基础上开展营销活动,也需要不断调整营销策略以适应环境变化,但是企业也并非一味地处于被动地位,企业还可以通过运用其自身在政治、经济、法律等方面的权利,以及技术、企业文化能力开展各种活动,塑造更有利于营销活动开展的环境,帮助企业获得成功。例如企业呼吁并参与行业标准制定,规范行业内竞争环境。

第二节 市场营销宏观环境分析

一、经济环境

经济环境是指与企业营销活动密切相关的社会经济条件。其中包括直接影响企业营销的收入、支出、储蓄与信贷状况,也包括间接影响企业营销的经济发展水平、经济体制等。

(一)收入状况

宏观经济学之父凯约翰·梅纳德·凯恩斯(John Maynard Keynes)的经济理论从消费需求的影响加以分析,认为收入与消费的关系方面,存在一条基本的心理规律,即当人们收入水平较高时,消费量也较大;反之则情况相反。同时,消费随着收入的增加而增加,但增加的幅度越来越小于收入增加的幅度。由此可见,收入是消费的重要影响因素。我们在研究影响市场营销的收入状况时,主要考虑以下几个方面:

(1)国内生产总值。国内生产总值GDP是一个国家(或地区)所有常住单位在一定时期内生产活动的最终成果。它是国民经济核算的核心指标,也是衡量一个国家或地区经济状况和发展水平的重要指标。一般来说,一个国家国内生产总值的高低能反映该国经济实力的强弱和人民消费水平的高低。高的国内生产总值意味着高的国民收入,居民消费水平也会随之提升。

(2)个人可支配收入。主要指从个人收入中扣除缴纳税收和交给政府的非商业性费用(如缴纳罚款)后所得余额,它是个人收入中可以用于消费支出或储蓄的部分,构成实际的购买力。

(3)个人可任意支配收入(可随意支配个人收入)。个人可任意支配收入是指在个人可支配收入中再减去用于维持生活必需的支出与其他固定支出(如房租、保险费、偿还贷款等)后剩余的部分。这部分收入是与消费需求变化最密切相关的因素,因为这部分收入主要用于满足人们基本生活需要之外的开支,一般用于购买高档、耐用消费品、旅游、储蓄等。

需要注意的是,企业营销人员在分析消费者收入时,还要区分"货币收入"和"实际收入"。当消费者的货币收入不变时，如果物价下降，消费者的实际收入其实是增加的；相反，如果物价上涨，消费者的实际收入则减少。即使消费者的货币收入随着物价上涨有所增长，但是，如果通货膨胀率超过了货币收入增长率，消费者的实际收入也会减少。只有"实际收入"才是实质上的"购买力"象征。

（二）支出状况

消费者的支出模式与消费模式都会受到收入增减的影响。19世纪中期，德国统计学家和经济学家恩斯特·恩格尔（Ernst Engel）在研究了英国、比利时等国家不同收入家庭的消费状况后，提出了收入与消费结构的变动具有一定的规律性，这个规律被称为恩格尔定律。其主要内容是指一个家庭或个人收入越少，用于购买生存性食物的支出在家庭或个人收入中所占的比重越大，随着家庭收入的增加，家庭收入中或者家庭支出中用来购买食物的支出将会下降。购买食物的支出与总支出的比例被称为恩格尔系数。一般来说，恩格尔系数越小说明生活越富裕，反之，说明生活水平越低。

支出模式与消费模式也与家庭生命周期、家庭所在地有关。研究表明，单身年轻人愿意为自己生活提供方便的产品买单；组建家庭后，年轻人开始形成长期生活规划，因而消费重点逐渐转移到职业培训、购房、储蓄等投资型消费；当家庭中有子女后，家庭支出向子女倾斜，子女教育、娱乐支出的比重随之增加；到了子女独立生活，只剩下即将退休的老年人时，家庭通常只购买生活必需品，而较少消费高端产品或个性化产品。家庭所在地区的消费差异，主要体现在城镇与乡村的差距上，这种差距普遍存在我国所有区域，即使东部较发达地区的消费也相对集中在城镇，而农村消费水平明显不足。

（三）消费者储蓄与信贷

消费者的购买力也会受储蓄和信贷的直接影响。消费者的收入，既可以当期消费，也可以进行储蓄，被储存起来的收入可以视为潜在的购买力。消费者储蓄一般有两种形式：一是存款，包括银行存款、手持存款；二是投资，如购买债权等。无论哪种储蓄都会影响当期消费，储蓄越高就会出现更多的延迟的消费支出，潜在购买力随之增加；储蓄越低延迟的消费支出就有所减少，潜在购买力有可能转化为现时购买力。另外，储蓄目的不同，往往会导致潜在需求量、消费模式、消费内容、消费发展方向的不同，营销人员把握消费者的储蓄动机，才能更有的放矢地制定营销策略，诱发消费者的购买动机。

消费者信贷就是消费者凭借信用先获取商品使用权，然后按期归还贷款以购买商品的形式。与储蓄的延迟消费正好相反，信贷是提前支取了未来的收入消费。除了信用卡消费，现在国内不少平台也推出了消费者信贷工具，如支付宝的"花呗"，京东商城的"京东白条"及网易考拉的"网易白条"。信贷消费改变了获得收入后再消费的传统消费方式，创造了新的购买力。在我国这样的消费方式得到了年轻人的青睐，有报告显示，从消费贷年龄分布上来看，90后几乎占据半壁江山，占比为49.3%；其次是80后，占比为31.5%。全国90后人数约为有1.75亿人，86.6%的90后都接触过信贷产品。

（四）经济发展水平

经济发展水平是指一个国家经济发展的规模、速度和所达到的水准。经济发展阶段的提升伴随着居民收入的增长，同时带动了消费水平的提高，必然会引起消费倾向的变动，从满足口腹之欲的最基本生存保障逐步提升到精神文化等多方面需要，因此会在一定程度上影响企业的营销决策。一般来说,经济发展水平比较高的地区,多强调产品款式、性能及特色,品质竞争多于价格竞争;而在经济发展水平低的地区,则较侧重于产品的功能及实用性,同时对价格更为敏感。

(五) 经济体制

世界上存在着多种经济体制,有计划经济体制、市场经济体制、计划市场经济体制、市场计划经济体制等,不同的经济体制对企业营销活动的制约和影响有所区别。在计划经济体制下,企业是行政机关的附属物,企业的产、供、销都由国家计划统一安排,因而,也就谈不上开展市场营销活动。而在市场经济体制下,企业的一切活动都以市场为中心,只有在市场上体现价值,得到消费者的关注,企业才能长久地生存与发展下去,因而企业必须特别重视营销活动。因此,企业要在相应的经济体制下构建合适的营销战略,并适时调整以适应体制变化给市场带来的影响。

二、人口环境

人口环境是营销人员必然要关注的环境因素,因为市场是由人组成的,人口规模庞大且呈现出多样化的特征,给营销活动带来了机遇与挑战。人口环境从根本上制约着企业营销机会的形成和市场目标的选择。

(一) 人口规模与增长速度

人口规模是指一个国家或地区人口数量的多少。若一个国家或地区的人口规模大,且人均收入水平高、购买力强,无疑对任何企业的营销活动都是有利的。除了静态的人口规模,动态的人口增长态势也是分析营销局势的重要方面。联合国人口基金发布的《2021世界人口状况》全球报告显示,现阶段世界人口总数为78.75亿。中国是世界上人口最多的国家,截至2020年11月第七次人口普查数据显示,我国人口约为14.43亿,与2010年第六次人口普查相比人口增长5.38%,年平均增长率为0.53%,近几年一直保持低速增长态势,从某种意义上来说,中国是最大的消费市场。人口增长伴随着经济的快速发展,人们的购买力也会随之提高,这意味着市场的扩大,那么人口增长为企业营销创造了机会;但是,人口的增长快于经济增长,那么人们的购买力不增反降,对企业形成威胁。

(二) 人口结构

人口结构是指将人口以不同的标准划分而得到的一种结果。根据人口的不同特征,可划分为三大类:人口的自然结构、社会结构与地域结构。

(1) 人口的自然结构。自然结构根据人口的生理属性来划分的,主要有性别结构与年龄结构。①性别结构。主要指男性与女性人口占总人口中的比例,常用性别比表示。性别比的失衡对营销活动具有两方面影响,一是对营销人员的供给影响。男性营销人员与女性营销人员具有不同的优势,男性的逻辑能力能将产品的科技水平解释得更详细分明,女性的同理心更容易捕获消费者的需求做出精准推荐。性别比的失衡会导致对营销人员的需求无法得到满足,从而影响营销活动的开展;二是对营销策略的影响,消费者性别是影响营销策略的重要因素,男性消费者目标明确,通常是直奔主题,而女性消费者目标模糊,多有"闲逛"的倾向,因此针对不同性别的消费者采取的营销策略会产生差异,性别比的失调可能会造成某些产品或服务面临颠覆性的变化。②年龄结构。指不同年龄段的人口比重。年龄的差异会造成消费模式、消费倾向的不同,以中国常用的60后、70后、80后、90后的年代分类方式来看,每个年代都具有鲜明的消费特点。60后的消费观更为谨慎和节约,只在必要时购买,并认为质量比价钱更重要;70后的消费往往呈现出传统与超前消费并存的特点;80后更注重享受生活,贷款买房,时常啃老,喜欢多变、刺激和新颖的生活方式,更喜欢时尚,忠诚度普遍不高,消费冲动,容易受到产品信息的影响;90后习惯花未来的钱,更加关注性价比和独特价值,消费欲望强烈,消费观念超前且更有个性。虽然年轻人具有旺盛的消费欲望,但是老年购买力也不可小觑。根据第七次全国人口普查数据,全国60岁以上老年人口达2.64亿人,占全国总人口的18.7%,我国已进入老龄化社会。最新报告预测,随着老年人口规模不断扩大,未来中国老年人口的消费潜力将不断上升,到2050年,中国老年人口消费总量约为40万亿元至69万亿元。

(2)人口的社会构成。社会结构是根据人口的社会经济属性来划分的,包括民族结构、职业结构、家庭结构等。①民族结构。我国有56个民族,不同民族,其风俗习惯、审美观、价值观、信仰等差异较大,企业营销必须区别对待。例如,新疆地区的维吾尔族除了普通的节假日,还有开斋节和古尔邦节,这两大节日对于企业来说也是不可忽视的营销节点。②职业结构。人们所处的工作环境和条件对个人的消费需求有着明显的导向作用,相同职业的人在消费上具有趋同性。科教人员就倾向于中档消费,具有消费观念较保守,理性消费占主导的特点。③家庭结构。按家庭的代际数量和亲属关系的特征分类是常见的家庭分类的方法,主要有以下几种家庭类型:只有夫妻两人组成的夫妻家庭,由父母和未婚子女组成的核心家庭,有两代或者两代以上夫妻组成的主干家庭(父母与已婚子女同住),家庭中有任何一代含有两对或两对以上夫妻的联合家庭(未分家的大家族)以及其他家庭(单亲家庭等)。第七次全国人口普查数据显示,我国目前有家庭4.94亿户,家庭户平均2.62人,丁克、空巢老人、独居家庭类型增长,这使得小型、轻量级成为营销的关键词。

(3)地域结构。地域结构指根据人口的地理分布状况进行区分。受到地理环境、经济发展水平等影响,人口分布均呈现出不均匀的特点。我国人口主要分布在沿海及沿江地区,东南沿海人口密集,约占总人口的94%,而西北地区人口仅占6%左右,人口密度逐渐由东南向西北递减。而且城市的人口比较集中,我国常住人口超千万的城市就有17个(截至2021年12月),而农村人口则相对分散。人口密度的大小在一定程度上决定着市场规模的大小,也影响着商业网点的设置。除此以外,不同地区的需求与消费特征也有着千差万别,同样影响营销决策。

随着经济的活跃和发展,人口的区域流动性也越来越强。与静态的地理分布不同的是,人口地区间流动反映的是人口的动态分布。2020年我国流动人口总量为3.76亿人,较2010年增长了69.7%,占全国人口的26.6%,即超过四分之一的人在流动迁徙且向城镇集聚,此时人口城镇化水平已达63.9%,人口从农村向城镇流动是我国人口迁移的重要特征,都市生活的特点是生活水平高,交通方便,提供了更丰富和优良的商品和服务,但由于城市生活节奏快,省时省事也成为营销活动的一大焦点。

三、政治法律环境

政治法律环境是指影响和制约企业营销活动的政治制度、体制、方针政策、法律法规。企业总是在一定的政治与法律环境下运行,企业必须密切注意国家的每一项政策和立法及其对市场营销所造成的影响,根据政治法律环境来制定营销战略。

(一)政治环境

政治环境主要指企业营销的政治局势、国际关系与政策方针等方面的因素。

一个国家的政局稳定,人民安居乐业,就能为企业营造良好的营销环境。战争、暴乱、罢工、政权更替等政治事件都会给企业投资和营销带来极大的风险,对企业营销活动产生不利影响。此外,全球化的进程中,企业在其生产经营过程中,或多或少地都与其他国家发生往来,国际关系必然会影响企业的营销活动,特别是国际营销的开展。良好的国际关系会促进有利的进出口贸易法规的出台,也有助于企业在他国的营销活动的开展;反之,消费者也可能对对方国家有抵制情绪从而造成企业产品和服务的滞销。

方针政策是另一个具有重要影响作用的因素。它是指一个国家针对不同时期与不同需要而制定的,包括经济政策、人口政策、能源政策、物价政策、财政政策、金融与货币政策等。国家出台的各项方针政策企业都要执行,其结果必然改变资源的供给,在扶持和促进某些行业发展的同时又限制一些行业和产品的发展。2022年7月中华人民共和国商务部联合13部门出台《关于促进绿色智能家电消费若干措施的通知》,包括"以旧换新"、绿色家电下乡等9项举措对家电领域具有指导意义,未来随着各地陆续落地实施势必促进家电市场短板弱项的补齐,打通家电消费堵点,拉动家电产业链上下游发展。这项促消费政策的出台对家电行业的发展起到了直接的积极影响。除此以外,国家也可以通过方针政策对企业营销活动发挥间接影响作用。例如,国家可以通过个人税收政策调节消费者收入,进而影响消费者的购买力与消费习惯;也可以通过产品税率的高低来限制或促进消费者的购买。

(二)法律环境

法律环境是指国家主管部门及省、自治区、直辖市颁布的对企业营销活动有影响的法律、法规、条例、标准和法令等。一般来说,法律与政策不同,政策具有导向作用,法律具有约束作用,即法律法规可以有效地建立和维护社会经济秩序,保护正常的企业竞争与消费者权益,因此,政府都非常重视法律法令法规的颁布和调整。从企业的角度来说,法律法规也是企业判断营销活动的准则,企业必须要遵守所在国家与地区的法律法规。

政府制定的商业法规目的有三:第一,保护竞争中的公司。适当的竞争有利于企业的发展,立法的通过是为了定义和防止不正当竞争;第二,保护消费者免受不公平商业行为的侵害。一些公司为了牟取利益,可能会制造伪劣产品,侵犯消费者隐私,用广告、包装、定价等手段误导甚至欺骗消费者,立法可以有效地规范企业营销活动。第三,保护社会的利益,制定这些法律或标准是为了避免出现"外部不经济",确保企业的营销活动切实担负起相关的社会责任。

表 3-1　中国与营销相关的法律法规

名称		主要目的
企业法	公司法(2018)	调整和规范营销企业在设立、组织形式、管理和运行过程中发生的经济关系
	合伙企业法(1997)	
	个人独资企业法(2000)	
中华人民共和国民法典(2021)合同篇		明确了合同的效力、订立、变更、废止等相关内容,同时也肯定了电子合同的法律效力。
劳动法(2018)		保护营销从业人员的劳动、社会保障等方面的合法权益,明确了劳动者与用人单位的权利与义务。
社会保险法(2018)		
消费者权益保护法(2014)		明确了消费者享受知情权、自主选择权、人身财产安全权、公平交易权、依法求偿权、获知权、建立消费者组织权、监督权、受尊重权等九项权益。
反不正当竞争法(2020)		促进社会主义市场经济健康发展,鼓励和保护公平竞争,制止不正当竞争行为,保护经营者和消费者的合法权益。
反垄断法(2022)		预防和制止垄断行为,保护市场公平竞争,提高经济运行效率,维护消费者利益和社会公共利益,促进社会主义市场经济健康发展。
产品质量法(2018)		加强对产品质量的监督管理,提高产品质量水平,明确产品质量责任,保护消费者的合法权益,维护社会经济秩序。
工业产权法	专利法(2021)	保护发明人的权利,明确了其他专利权人的权利与义务。
	商标法(2019)	加强商标管理,保护商标专用权,促使生产、经营者保证商品和服务质量,维护商标信誉,促进社会主义市场经济的发展。
价格法(1998)		规范价格行为,发挥价格合理配置资源的作用,稳定市场价格总水平,保护消费者和经营者的合法权益。
广告法(2021)		规范广告活动,保护消费者的合法权益,促进广告业的健康发展。
电子商务法(2019)		保障电子商务各方主体的合法权益,规范电子商务行为,维护市场秩序,促进电子商务持续健康发展。

四、社会文化环境

社会文化环境是指某种社会生活中长期以来形成的价值观念、宗教信仰、道德规范、审美观念以及世代沿袭的风俗习惯。在企业所面临的各类环境中,社会文化环境较为特殊,社会文化不像其他环境因素那样显而易见,它的影响极为隐秘,却无时无处不在。文化中既包括了全体社会成员所共有的基本核心文化,具有持久性,也包括了随时间变化和外界因素影响而容易改变的社会次文化或亚文化。

(一) 价值观念

价值观念是人们对社会生活中各种事物的态度、评价和看法。众多社会科学家认为价值观是影响消费者态度与行为的根深蒂固的动机。价值观能解释和预测人类行为,而且能反映社会变化趋势。由于消费者购买行为是一种直接反映人的需求、欲望、物质和精神利益追求的特殊而具体的行为,消费者对其购买行为的价格感知和判断都会受到价值观这种思维定式的影响。一般认为消费者有三种不同的价值观:重视享乐的、重视自我实现的、重视归属感的。企业按不同的价值观将消费者市场进行细分,并提供不同的广告定位来吸引目标消费者。例如,同样是茶,如果人们看重娱乐和享受,他们可能在乎的是茶的口感;如果人们看重的是自我实现价值,他们可能在乎的是茶的提神、保健等作用;而那些看重人际关系的,则在乎的是能和谁一起喝茶,在意的是饮茶的环境。

(二) 审美观念

指人们对事物的好坏、美丑、善恶的评价。不同的国家、民族、宗教、阶层和个人,往往社会文化背景不同,其审美标准也不尽一致。企业应针对不同的审美观开展自己的营销活动,否则会导致极大的负面营销。2021年迪奥的宣传作品《骄傲的矜持》中,画面中出现了一位亚裔女性,油腻的刘海、鬼魅的眼妆、浮肿的眯眯眼、清朝的护甲……因有欧美对华人的刻板印象,丑化华裔之嫌激怒了中国消费者。可见,营销中无法正确把握消费者的审美标准反而会引起消费者的反感。同时,还需判断不同文化背景下的消费者审美观念的变化趋势,制定良好的市场营销策略以适应市场需求的变化。

(三) 风俗习惯

风俗习惯是人们在特定社会文化区域内历代人们共同遵守的行为模式或规范,体现在饮食、服饰、居住、婚丧、信仰、节日、人际关系等方面。一般来说,常见的风俗有民族性风俗、地域性风俗、政治性风俗、信仰性风俗、喜庆性风俗、纪念性风俗、禁忌性风俗等,不同的风俗习惯对消费嗜好、消费模式、消费行为等具有重要的影响。端午节食粽几乎是全中国统一的习俗,可是对于粽子的口味,南北方却存在着巨大差异,粽子在北方通常以蜜枣等香甜的口味为主,而南方的粽子是多以肉类为馅料的咸香味。在庆祝活动上也有差异,南方因为得天独厚的地理优势,水运交通非常便利,所以每逢端午都会举办一些精彩刺激的龙舟比赛。北方在端午节则常踏柳赋诗,现在逐渐演变为踏青出游。在端午节的营销活动中就需注意类似的风俗差异,才能更迎合节日气氛,激发消费者的购买欲望。

(四) 宗教信仰

不同的宗教信仰有不同的行为规范、宗教节日和宗教禁忌,这些都会对企业营销产生不同的影响。与宗教教义背道而驰或不相符合的,或不被提倡的生活内容及生活方式在宗教信仰者当中受到各种形式的限制或禁止的,用于这方面的消费支出相应地也会受到一定的限制或禁止。因此,企业应充分了解不同的宗教信仰,生产符合其要求的产品,制定适应其特点的营销策略。一旦触犯宗教禁忌,就会失去市场机会。

五、技术环境

技术环境是指影响企业市场营销活动及其目标实现的各种技术因素,包括高科技、技术创新、技术应用、新技术革命和知识经济等,它是市场营销宏观环境的重要组成部分。以人工智能、区块链、云计算、大数据、物联网、第五代移动通信为代表的新一代信息技术日益成熟,并快速商业化,改变了企业的技术环境、业务规模及组织形态,对营销战略提出了新挑战。

(一) 技术对企业营销的直接影响

(1) 重构营销的技术基础。①物联网和5G等信息通信技术扩展了企业为消费者供给的技术。如今企业提供给消费者的不只是单一的产品或服务,而是能与其他产品或服务互联互通的产品或平台。例如,手机播放音乐,通过蓝牙,既可以连接到音响扩大音乐的声音,也可以用耳机播放音乐,此时耳机与音响不仅要在音质等方面投入,也需要考虑到与手机系统的适配问题。②大数据、云计算、深度学习等技术改善了企业与消费者的交互技术,实时、精准地在两者之间交换信息。例如,消费者在网络上搜索某一关键词,随后会在各处收到相关内容的推送,搜索或购买次数越多,推送越精准。③人工智能、可穿戴设备、AR等人机交互类技术增强了顾客的体验设计技术,消费者想要体验产品或服务不再局限于线下实体,在线上同样可以实现。

(2) 数据分析有助于营销决策。数据分析是科学营销决策方式的基础,信息技术的应用有利于营销决策的各环节的实施。①在信息输入阶段具有更丰富的数据来源。大数据技术可将企业内外部产生的结构化数据(如交易记录、文件报告等标准化数据)和非结构化数据(如评论信息、视频、图像、音频等非标准化数据)转化为可供企业分析的知识和信息。②在信息分析阶段拥有更智能的方式。机器学习、自然语言处理及神经网络等智能算法根据营销决策所需内容对识别及收集的数据进行提取、加工及分析。③在最终决策阶段更精准的结论。企业基于前面丰富的数据、智能的算法和分析可以得到更精确的结果,在产品优化、客户管理、营销组合设计等方面,制订有效的营销方案。

(3) 加速营销业务的数字化转型。传统的营销模式获客成本高、营销方式单一、投放渠道不精准、客户留存难的问题已经成为实现整体业务增长的阻碍,营销业务的数字化转型成为当务之急。如上面所提到的,技术的应用促进了营销分析等方法的快速发展与商业应用,从而加速了营销业务数字化转型。

作为国内领先的房产信息及交易服务平台,58同城、安居客致力于发挥平台庞大的流量优势,通过技术和产品创新,为合作伙伴提质增效。

为了帮助开发商进一步提升线上营销转化,58同城、安居客为新房业务量身打造了"新房官方旗舰店",旨在携手开发商共建官方认证自营店,打通在线化购房全链路,提升线上转化效率和服务品质,与开发商共同助力用户安全透明买房。同时,"新房官方旗舰店"通过聚合流量获客产品"云聚客"及效果转化产品"云店通"等数智营销利器,为开发商构建强效自营销能力,并通过大数据和应用工具系统进一步为开发商的营销体系全面赋能。

此外,58同城、安居客携手品牌开发商共建官方认证的"线上售楼处",为购房者提供便捷、高效的一站式在线云置业服务。同时,以精准的房客匹配为开发商构建线上营销阵地,聚焦线上房产交易过程中的流量、连接、到访、成交四大环节,为开发商提供数智售楼处、数智服务、数智管理、数智获客四大数智能力。

在租房领域,58同城、安居客打造了"省心租"服务,赋能个人房东群体,推动传统个人租房模式变革。通过充分调动站内资源,"省心租"为优质房源提供"专区展示""专享标识""租客推荐"等服务,让闲置房屋可以获得更多流量曝光,同时凭借智能算法支持,快速精准匹配租客,大幅提升租房效率。为了进一步提供降本增效解决方案,58同城、安居客打造了多项数智化产品,"微聊客"作为智能连接经纪人与购房用户的工具,搭载大数据智能分析,能更具体化地了解用户需求。同时,为了更好地匹配当前购房者线上看房的需求,58同城、安居客集成先进技术研发的"临感VR看房""临感慧拼"大大缩短了线上VR全景视频的拍摄制作时长,画质也更加精美,进一步帮助经纪人与用户快速联动,提高工作效率。

通过丰富的房产服务和数智化产品矩阵,58同城、安居客为合作伙伴业务提升提供了解决方案,同时赋能合作伙伴运营体系质效升级,共同为用户带来便捷、安心的安居体验。2022年7月"博鳌·21世纪房地产论坛第22届年会"上,58同城、安居客获得"2022年度优秀房地产综合服务商"殊荣。

资料来源:58同城、安居客获评"年度优秀房地产综合服务商"创新践行数智化获业界肯定(20220730) https://baijiahao.baidu.com/s?id=1739764899328288231&wfr=spider&for=pc

(二) 技术通过市场的改变影响企业营销

(1) 企业营销要更关注消费者对多元化和个性化的体验需求。随着经济的发展,生活的富裕,消费者已经不满足于产品功能,产生了对产品和服务带来的体验的需求。信息技术的应用进一步突显了消费者在认知、情感及社交三个方面的体验需求。智能算法可以帮助消费者处理客观信息,并为其提供个性化决策意见,从而增强消费者的认知体验。例如,当用户在某短视频网站观看视频时,网站推荐了符合用户喜好的视频,使得用户"沉浸"在视频中获得愉悦感受,用户就会对推荐信息进行更有效的处理,在这种高效的条件下,用户不断激发兴趣,引起思考并探索新奇,获得更积极的认知体验。智能算法衍生出"用户画像"过滤掉了不感兴趣的内容,这种服务模式,实现了内容与用户选择差异之间的高效、精准匹配,满足了用户个性化的需求。当用户的需求得以满足,就会在情感上引发积极的反应。智能聊天助手、自然语言处理工具都可以更有效识别消费者语言表达出来的需求,模仿营销人员表达的沟通语言,强化了消费者的社交体验。

(2) 企业营销要提高消费全程的服务水平。在购买前,消费者可通过多渠道获取产品信息,例如,通过社交媒体及产品网站获取享乐型产品的消息,在搜索引擎、第三方评论及竞争产品网站获取功能型产品的信息。购买后也倾向于通过社交媒体、购物平台、社区等多种渠道反馈产品或服务,甚至企业信息。开放的信息沟通渠道提升了消费者在购物全程中的期望值,特别是消费前的信息收集以确定产品与自身需求的契合,及购物后反馈信息表达自身对消费全程的感受。企业可利用社交网络分析技术描绘用户画像,通过社交媒体、搜索引擎、自媒体等实时追踪消费者需求,为其提供有价值的产品及促销信息,以培育消费者的潜在价值。在购买时,企业运用人工智能设备(如营造沉浸式购物环境的VR眼镜),增强消费者购物体验。在购买后,可根据消费者的评价反馈,不断优化产品性能,实现产品和服务技术的升级,从而提升获客量与留客量。

(三) 技术通过改变竞争格局影响市场营销

(1) 竞争焦点转向产品创新和营销生态系统。IT、互联网等信息技术改变了企业的业务流程,如用户通过系统自动下单支付;也生成了产品集成化,企业可以整合全球供应链,在更广阔的范围内调集原材料或出售商品。现在以5G、大数据、人工智能、物联网为代表的新一代信息技术更强调企业技术性能的创新和产品生态系统的运营与维护。可以说,新一代信息技术重构了组织合作网络关系,加强企业与供应商、合作伙伴、竞争者等各利益相关者之间的互动与连接,从而构建可持续的合作生态系统,以应对复杂的外部竞争环境。

(2) 信息技术领先企业与传统企业竞争格局影响营销战略的制定。信息技术的领先企业利用积累的技术及顾客网络资源，展示出可颠覆传统行业与企业的跨界竞争态势与多维竞争优势，以巩固其在行业内部的领导地位。另一方面，传统制造型企业凭借成熟的产品生产流程及资金积累，率先完成数字化及智能化转型，以巩固原有市场的竞争地位。例如，美的通过构建以智能程序和数据为支撑的产品研发及自动化生产系统，极大地提高了产品生产效率与企业运营能力，成了中国制造企业数字化转型的典型样本。

六、自然环境

自然环境是指企业营销活动中产生影响或被影响的所有自然因素，包括地理环境、自然资源与气候条件。企业要避开由自然地理环境带来的威胁，最大限度地利用环境变化可能带来的市场营销机会，就应不断地认识和分析自然地理环境变化的趋势，并根据不同的环境来设计、生产和销售产品。可能会对营销产生影响的自然环境变化趋势主要有以下几个方面。

(1) 原材料的短缺。自然界提供给人类各种形式的自然资源，如矿产资源、生物资源、水资源等。自然资源是进行商品生产和实现经济繁荣的基础，和人类社会的经济活动息息相关。但是，由于工业发展的过度使用，导致资源逐渐减少以致出现了短缺的现象。例如，中国是全球第四大的煤炭能源存储国，全球13%的已探明煤炭储量均在中国。因此在很长时间内，我国都是全球重要的煤炭出口国。但这一情况悄然发生变化，我国从煤炭净出口国转变为净进口国。据国家统计局数据显示，2020年我国煤炭进口总量已经达到了3.04亿吨，煤炭价格也因此一路飙升。2021年到9月10日创下了3099元/吨的价格新高；焦炭价格增至千元以上；而动力煤价格也在9月15日时，达到了1000元以上。受到煤炭价格上涨的影响，电力、化工等遭遇危机，转换能源跑道成为众多企业的当务之急。

(2) 环境的污染问题。环境污染已成为举世瞩目的问题，常见的环境污染包括水污染、大气污染、固体废物污染等。工业总是会破坏环境，如化学产品的不当处置、核废料、海洋中高度危险的汞含量、土壤和食物供给中化学污染物数量的增加，以及非生物降解的塑料瓶和其他包装材料垃圾等，碳排放过量也是环境污染的重要问题。碳排放过量会造成全球变暖、冰川融化、海平面上升等问题，因此，全球合作控制碳排放，我国更是积极推动"碳中和"实现。我国"十四五"规划纲要提出，力争2030年前实现碳达峰，2060年前实现碳中和，在"双碳"背景下就给一些行业和企业带来了挑战。例如，电力、钢铁、有色金属、石化化工、建材、建筑等高耗能、高碳排放行业企业必须实施节能和减碳技术改造，否则将无法正常开展企业活动。但同时，也为一些行业提供了机遇。太阳能光伏发电、生物质能、潮汐能、风能等新能源和可再生能源的企业、生态环境治理、生态林建设、清洁能源开发、公共建筑节能改造、污水再利用等领域都将作为我国节能减碳，环境治理的大力发展行业受到政府支持。

(3) 政府对环境保护的干预不断加强。一是提出了走可持续发展的道路。将环境保护纳入国民经济与社会发展计划和年度计划，经济发展与防治环境污染和生态破坏相结合，例如上文提到的将"双碳"列入"十四五"规划中。二是通过立法规范环境污染问题。

例如2015年我国颁布的《环境保护法》对不同主体的环境保护责任与义务,环境污染防治做出了明确的规定。三是通过财政拨款、财政贴息、税收返还等政府补贴的形式支持企业绿色升级。2022年5月财政部发布《财政支持做好碳达峰碳中和工作的意见》,明确了丰富财政政策工具支持各地区各行业加快绿色低碳转型的方针政策。

(4)广大公众积极投入保护环境的行列。维护环境不仅是政府通过立法、政策等工具实现的,更成了新的公共道德,受到公众的关注。公众参与环境保护的方式主要包括:①注重自身绿色行为,消费者更偏好绿色消费方式,注意选择绿色产品;②参与环保决策,根据所在地情况,对有关部门防治污染的政策法规提出具体可行的建议;③参与监督,对环境污染现象进行举报;④组建民间环保组织,为更多人参与环保提供有效保障。环境保护已经成为企业不可推卸的社会责任,企业的环保行为也成为最好的品牌宣传,也只有符合大众环保的情感需求才能更顺利地进行营销活动。

第三节 市场营销微观环境分析

一、企业

企业为了营销活动的顺利开展,需要成立专门的职能部门。营销部门存在于企业内部并非独立的。从纵向来看,职能部门上有由董事会、总经理及其办事机构组成的高层决策领导,负责制定公司愿景、使命和战略。基于公司战略,营销部门需要明确服务于企业战略的营销战略,并在自己的职责范围内做出营销决策。从横向来看,营销职能的实现还需要依靠企业内其他职能的协调与配合。例如,营销人员决定了营销决策的正确性,是营销活动顺利开展的保障,营销人员的选拔、培养与激励需要人力资源部门的配合;产品畅销的产生除了完善的营销活动,更基于优质的产品质量,这就需要生产部门的严格把关,因此营销部门与其他职能部门形成相互联动的系统,相互影响与制约。

综上所述,营销部门需要争取企业内部对营销的重视,不仅是营销部门负责营销,因此在制定和实施营销计划时必须切实协调好与纵向、横向各个部门之间的关系,消除相互间的矛盾和制约因素,取得配合与支持,才能保证营销计划的顺利实施。

二、供应商

供应商是指向企业及其竞争对手供应各种所需资源的企业和个人,包括提供原材料、设备、能源等。供应商处于供应链的上游,影响公司对资源的获取与管控,其重要性不言而喻。供应商提供的资源数量和质量的稳定性将直接影响企业生产的产品数量、质量和营销活动的连续性,影响企业服务于目标市场的能力;供应的生产要素价格也会直接影响着企业的产品成本、价格和利润。

传统的观点中,企业是付款方,如果一个产品属于买方市场,则企业有足够的决定权去选择供应商,企业对所有供应商有足够的控制权与影响力。而事实上是即使产品处于买方市场,企业对相当多的供应商并不具备足够的选择权,企业与不同供应商之间存在不同的权力。因此,企业对供应商会依据不同的标准进行分类。根据供应商的重要程度分为战略型、改进型、合作型与普通型;根据企业能力与合作意愿的契合程度分为供方主导型、需方主导型、战略型及松散型;根据合作物资的重要性和采购难度分为战略型、瓶颈型、杠杆型及一般型。最常见的是将供应商分为六大类,分别是战略供应商、优先供应商、考察供应商、消极淘汰供应商、积极淘汰供应商和分别淘汰供应商。

(1)战略供应商指那些对企业具有重大战略意义的供应商。通常具有唯一性,其提供技术复杂、生产周期长的产品,因此他们可能是唯一的供应商。这类供应商对公司的生存发展起到至关重要的作用,并且更换其成本非常高,甚至存在根本无法替换的情况。对待这类供应商应该着眼未来,培养长期合作关系。

(2)优先供应商所提供的产品与服务不具有特殊性,企业可以从多个供应商处获得,但企业会更倾向选择某一供应商,这就是优先供应商。通常,企业基于供应商的总体绩效,例如价格、质量、技术、服务、资产管理、流程管理和人员管理等来确定优先供应商。

(3)考察供应商一般是指首次提供产品或服务的供应商,企业对表现尚未做出准确判断,因此通过一定的期限(通常为一年)进行察看的供应商。期满后或升级为优先供应商,或降为淘汰供应商。同时,优先供应商的绩效下降,也可降级成考察供应商。

(4)消极淘汰供应商是指不再开展新业务,但也不积极撤销现有业务的供应商。随着业务产品完成生命周期,供应商就自然而然被淘汰出局。对这种供应商要理智对待,如果绩效尚可,不要破坏现有平衡。

(5)积极淘汰供应商是指既不会开展新业务,也面临现有业务转移的风险。这是供应商管理中最极端的例子,对待这里供应商要防止"鱼死网破"的情况出现。为防止因中断业务而采取抬价或中止供货等手段的出现,一定要保证其他供货渠道的通畅,以免企业自身陷入危机。

(6)身份未定供应商就是身份尚未确定的供应商,其与考察供应商不同,一般来说还未向企业提供产品或服务,需要通过分析评估或升级成考察供应商。

三、营销中介机构

营销中介是指协助企业销售其产品给终端消费者的组织或个人,主要包括业务分销机构、实体分配机构、营销服务机构和金融机构。大多数企业的营销活动都需要有它们的协助才能顺利进行。

(一)业务分销机构

业务分销机构即中间商,指在生产者与消费者之间参与商品交易业务,促使买卖行为发生和实现的、具有法人资格的经济组织或个人。中间商对企业产品从生产领域流向消费领域具有重要的影响。中间商与企业本质上来说利益一致,产品畅销无论企业还是中间商都受益,但是两者都是独立经营机构,还存在不同的经济利益。因此企业要慎重选择中间商,并努力建立良好的合作关系,积极采取激励措施推动中间商业务活动的开展,同时发现中间商不能很好地履行职责也要果断撤销合作。

(二) 实体分配机构

实体分配机构包括仓储和运输公司,是帮助企业进行产品保管、包装、储存以及运输、装卸等专业活动的企业。它们的作用在于使市场营销渠道中的物流畅通无阻,帮助企业创造时空效益。企业对这类中介机构的要求是安全、及时、周到。

(三) 营销服务机构

营销服务机构是帮助企业推出和促销其产品进入合适的市场,这类机构范围最广,包括市场调研机构、营销咨询公司、广告公司、传媒公司等。如今,有的大企业能够自己承担某些机构的业务,但是对大多数企业来说都要借助这些服务机构来开展营销活动。企业在选择这些机构时,要注意符合自身的情况与需求,在选择后也要注意机构效果的达成。

(四) 金融中介机构

金融中介机构主要是指为企业提供资金等金融支持或降低金融风险的机构,包括银行、信贷公司、保险公司及其他帮助融资的机构等。现代社会,每一个企业都要与金融机构建立一定的联系,保障企业良好的财务状况及财产安全等。这些金融中介机构对企业的影响与制约在市场经济环境下尤为明显,例如,储蓄与贷款利率的浮动会影响企业的财务管理,进而辐射到营销活动。

四、顾客

顾客是企业的服务对象,也是企业赖以生存和发展的"衣食父母",这是微观环境中最重要的因素。营销界大师菲利普·科特勒将顾客分为消费者市场、生产者市场、中间商市场、政府市场和国际市场。消费者市场由购买产品和服务的个人和家庭组成,主要用于个人消费。产业市场是为了通过进一步加工或在后续生产中使用而购买商品和服务。中间商市场购买商品和服务则是为了再次出售从而获取利润。政府市场由政府机构组成,购买产品或服务主要是用做公共服务,或将产品、服务转让给有需要的人。国际市场由其他国家的购买者组成,包括消费者、生产者、中间商和政府。这五类顾客市场各有特点,也一直处于动态变化的状态,这就要求企业营销人员认真分析各市场的特点及当时的情况来确定相应的营销策略。

五、竞争者

市场中只有捕获消费者的心才能生存和发展,竞争是市场的主旋律。营销活动的重要一环就是识别竞争者,确保自己提供的产品与服务更能得到顾客的青睐,在竞争当中立于不败之地。从消费需求来看四种类型的竞争者:一是愿望竞争者,指的是满足顾客不同需求的不同产品之间的竞争关系,例如消费者收入增加,富余出来的资金可以用于旅游等休闲娱乐,也可以用于奢侈品的购入,消费竞争企业之间就存在竞争关系。二是平行竞争者或类型竞争者,是指满足同一需求的各种不同类型产品之间的竞争关系,例如从北京到广州,可以选择飞机、高铁、自驾等多种出行方式,航空公司、铁路客运公司与汽车生产销售公司成了竞争关系。三是产品形式竞争者,是指满足同一需求产品的各种形式间的竞争关系,如夏天家庭中需要空调制冷,空调也分为壁挂式空调、柜式空调、吊顶式空调和窗式空调。壁挂式加柜式是常见的家庭空调组合形式,最近吊顶式空调可以覆盖所有房间,成为传统空调形式的有力竞争者。四是品牌竞争者,指满足同一需要的同种形式产品的各种品牌之间的竞争关系。例如海尔、西门子、三星都是冰箱品牌,他们之间就存在竞争关系。

值得注意的是,平行竞争者可以看出,消费者的同一需求被满足的形式有时候不是唯一的,因此竞争也可能不仅限于某一行业内。从行业角度来区分竞争者可以分为现有厂商、潜在进入者和替代品厂商。营销人员在分析竞争者时不仅要关注同行,也要考虑到可能成为竞争对手的其他行业企业的威胁,制定可以灵活应对的营销战略,求得企业的长久发展。

网购平台成了人们生活中不可缺少的购物工具,物流配送也随之兴起,快递行业也逐渐形成规模。而目前的快递市场除了顺丰外,能够一直保持稳定发展的就是"三通一达"了。有一家快递,出道即巅峰,高调入场却惨遭"三通一达"的全面封杀,那就是极兔快递。

2015年8月,极兔快递在印尼首都雅加达诞生,是由OPPO印尼业务的创始人李杰一手创办,当时的极兔快递仅限于解决OPPO的物流运输问题,却正好赶在了快递行业的飞跃期,仅仅用了4年,就成为东南亚第二大快递公司。极兔快递将下一步的发展目标定在了中国市场。中国国内的网络平台销售正值火爆之时,快递行业也是如火如荼。2019年,顺丰快递为扩大业务量,发起了价格战,给极兔快递一个绝佳的窗口期。在2019年下半年,极兔收购了上海龙邦快递,正式进入国内市场。

进入中国市场的极兔快递在面对着顺丰、申通、圆通等强有力的对手时决定另辟蹊径,以"烧钱补贴"的方式在2020年3月迅速跻身快递市场。据调查,在批发盛行的义乌,当时快递以发货量及重量为依据,一般100g以内的东西3000到5000单,"三通一达"以圆通最低,1.2元一单。而极兔不仅将价格压到了1元,还可以根据情况再行降低,最低可达到0.8元。如果极兔凭借自己的能力达到这样的价格无可厚非,但是极兔的低价是建立在将经营网点开设在竞争对手的网点中,从而省却了布置网点的费用与时间,借鸡生蛋却把鸡的食物抢了。

2020年10月19日,韵达快递首先发难,发布全网禁止代理极兔业务的通知,严正指出其下属加盟公司以及揽派两端不得以任何形式任何理由与极兔合作。而在此之前,"三通"也发过类似的通知,只不过是对内发布。而相关部门也曾以远低于成本价格倾销为理由,要求极兔立即整顿,至此极兔遭受全网抵制。

从高调入场到遭"三通一达"的全面封杀,极兔很快冷静下来。此时,百世汇通因长期的以价换量,行业价格持续探底,首先支持不住了。百世快递成立多年,积累了丰富的经验,有着良好的基础建设与网络资源,这在极兔眼中无疑是块诱人的肥肉。与此同时,2021年3月开始,极兔快递的投诉量与日俱增,丢单、延迟等诉求在全网铺陈开来;加盟商拉起条幅指责极兔卸磨杀驴使其损失惨重,更是被爆出拖欠工资,携款潜逃的新闻,让极兔的口碑跌落谷底。2021年10月,极兔以68亿的价格收购百世快递,有部分人认为,这样的价格对于连年亏损的百世快递而言实在过高了。而事实上,收购百世快递会提高极兔的市场份额,更何况,再不收购极兔也是自身难保。2021年,极兔快递以1300亿人民币的市场估值位列全球独角兽榜第16位,其业务也因收购了百世而得到阿里巴巴的支持。在国际上,极兔的业务更是遍及中国、印度尼西亚、越南、马来西亚、泰国、菲律宾、柬埔寨以及新加坡。可笑的是2022年中国快递品牌力指数公布,极兔快递排名位却是倒数第一。

出道即巅峰,虽重锤打击,却能再次屹立,极兔快递自然不凡。但投机取巧永远不是王道,堂堂正正、踏踏实实地行商才能让企业经得起风雨,希望极兔速递在收购百世快递后能够以正当手段竞争,这样赢也赢得光明磊落。

资料来源:从高调入场到被全面封杀,极兔快递,是如何被三通一达斩落马下的 https://baijiahao.baidu.com/s?id=1737508188625810327&wfr=spider&for=pc.

六、公众

公众是指对企业实现其目标的能力有兴趣、有影响的一切团体或个人,主要有以下七种:

(1) 金融公众。这个群体主要影响企业获取资金能力,包括银行、投资公司、股东、证券经营机构、保险公司、信托公司等。

(2) 媒介公众。是指刊载和发布各类信息的机构,包括报社、杂志社、广播电台、电视台等传统大众传播媒体,也包括了博客、微信、社交网站等新兴传播媒体。这个群体通过舆论来影响他人对企业的态度。

(3) 政府公众。是指和企业的营销活动有关的政府机构部门,如工商、税务、商检、海关等机构。这个群体是通过权威影响企业的营销行为。

(4) 社团团体。是指保护消费者权益的组织、环保组织及其他群众团体等,如消费者协会、环境保护组织、少数民族组织等。

(5) 社区公众。所在地的区域关系对象,包括当地的管理部门、地方团体组织、居民百姓。社区是企业生存的最基本的环境,为社区做出贡献可以树立良好的企业形象,有助于企业营销活动的开展。

(6) 一般公众。泛指社会上的社会民众和消费者。一般公众虽然不会有组织地进行活动,但是企业形象会影响其购买意愿,因此企业应建立良好的"社会公民"形象。

(7) 内部公众。是指企业内的所有成员,包括高层决策人员、管理人员和职工。内部公众是与企业关联性最强的群体。

所有的公众都通过不同的方面和手段影响着企业,因此,了解公众的需求和意见,采取有效措施满足公众的合理要求,努力塑造并保持企业良好的信誉和公众形象,以便为企业的营销活动创造一个良好的公众环境。

重要概念

营销环境　宏观环境　微观环境　经济环境　人口环境　政治法律环境　社会文化环境　技术环境　自然环境　营销中介机构　公众

思考题

1. 简述市场营销环境内涵及其特征。

2. 简述微观营销环境及其主要构成因素,并结合具体企业谈谈微观环境对其营销活动的影响。

3. 简述人口环境包含哪些要素，对企业营销有什么影响。
4. 试分析00后是什么样的群体，他们具有什么样的消费习惯或倾向。
5. 论述营销环境与企业营销的关系。
6. 试结合某一具体的环境要素分析其带给企业的环境机会与环境威胁。
7. 试分析互联网时代企业营销与传统有何不同。

案例分析

当下，已经有不少企业正积极走上可持续发展的道路，但是，单纯地讲求低碳、环保并非可持续的全部，企业需要拓展出符合自身经营特色的复合型的可持续发展路线，即兼顾环境、社会、公司治理中的多个维度。这一思路，在集生物多样性保护、环境保护、乡村振兴三方面相结合的复合型社区发展项目——"消碳合伙人"中体现得较为典型。该项目的发起企业是可口可乐全球第五大装瓶集团太古可口可乐。

"作为生产运作的业务单元，关心大气环境的话题对我们来说责无旁贷。如今，企业的业务链条走进小镇、乡村，项目能否支持乡村振兴也是需要考虑的。"太古可口可乐总裁苏薇表示。因此，太古可口可乐落地了这项致力于助推碳中和，同时涵盖了在环境、社会等方面的一系列行动的复合型创新项目。

1. 复合型生态创新

"消碳合伙人"项目的宗旨是联合产业链上下游的供应商伙伴，包括政府、媒体、当地的生态保护组织等，以"合伙人"身份，共同削减全价值链上的碳排放。作为"消碳合伙人"项目的第一步，首座"消碳庄园"已经于9月27日在云南西双版纳国家级自然保护区内倒淌箐新村落正式落成。

众所周知，云南西双版纳是全球生物多样性最为丰富的地区之一，复杂的生态结构和地域特点，为当地碳中和的实践路径带来了不一样的挑战和机遇。近年来，西双版纳当地人大都靠种植橡胶树谋生，随着竞争变得越来越激烈，老乡们的钱包没有以前鼓了。另一方面，由于山坡上种植了大量的橡胶树，导致物种单一，一遇暴雨水土流失严重，山洪泥石流时有发生。而且，随着橡胶树越来越多，当地的野生亚洲象开始进入附近村庄的稻田、甘蔗地找食物，人象冲突造成的伤亡事件屡见不鲜。也因此，作为一种综合解决方案，"消碳庄园"从人与自然和谐共生出发，以"碳中和"为抓手，定位于以生态保护和乡村振兴为目标的复合型社区发展项目。

在亚洲象保护核心区倒淌箐新村落，通过种植经济作物、规模化蜜蜂养殖来减少人象相遇概率，截至目前，已完成第一期200亩生态友好型作物的种植计划，并于倒淌箐附近南满河社区，完成生态蜜蜂养殖100个蜂箱的落地安装。同时，对于在消碳庄园生产的蜂蜜，太古可口可乐与合作伙伴打造了联名公益售卖模式，不仅通过产品唤醒更广泛公众的低碳生活意识，还可以将产品所得收益反哺给当地农民，帮助他们改善生活条件，完善助农闭环。此外，太古可口可乐还与第三方专业机构深入合作，通过林业固碳、光伏改造、推广使用清洁能源等多种方式，有效减少当地社区碳排放。

综合来看，消碳庄园基于环境、企业可持续发展，以及社会贡献度的角度，打造的是一个人、动物、植物都能和谐共处的生态家园。并没有因为单一的生态系统保护来限制人类的活动和发展，在提升村民经济收益的同时，也在用可持续的方式促进生物多样性的保护。

而从更长远看,云南消碳庄园只是一个开始。苏薇强调,他们的长期目标是创建首个以村庄为单位的碳汇价值测算体系,为乡村低碳生态文明建设探索一条创新的路径。本着可持续发展的战略初心,他们也将继续调动各装瓶厂在当地的资源优势,加深与地方政府和非政府组织合作,探索因地制宜的社区发展模式,让更多"消碳庄园"在全国更多省份落地。未来,每一座新建的消碳庄园,都会遵循碳中和、乡村振兴、地域特色三大原则,制定相应的社区发展方案,为新时期生态文明建设和企业可持续发展贡献价值。"预计到2025年,我们将把对企业社会责任基金的投入额增长至当前的2倍以上。届时还将有5座消碳庄园,5个具有地方生态特色的复合型社区发展项目陆续在全国落地。通过消碳合伙人项目的一系列创新尝试,为企业所服务社区的环境带来切实的贡献。"苏薇透露。

2. 践行ESG新样本

消碳合伙人项目是太古可口可乐实现公司《2030可持续发展战略》的重要一步。作为百年品牌,可口可乐一直坚持可持续发展的价值观,可持续发展也是太古可口可乐的核心战略之一。去年,太古可口可乐在全球发布了《2030可持续发展战略》,提出到2030年,太古可口可乐期望达成核心业务营运过程中的碳排放对比2018基准年削减70%的目标,在整体供应链中对比2018基准年削减30%的目标。作为《2030可持续发展战略》的三个核心要素——"环境""产品"和"我们",也再次彰显了ESG的重要维度。

在环境保护上,太古可口可乐努力减少业务对环境的影响,通过水资源、节能减排、包装利用等多种方式践行企业承诺。不仅业务运营与"碳中和"目标挂钩,未来"消碳合伙人"这个企业社会责任项目,会引领行业和伙伴共同贡献社区的可持续发展。在产品环节,太古可口可乐不仅要求自己也要求产业链的供应商伙伴一起努力,让产品满足消费者和客户的需求和期望,并在全产业价值链上始终保持透明、诚信和高质的运营,并积极把绿色环保的理念深入产业价值链的每一个环节。

太古可口可乐的做法是,从原料采购、生产灌装、包装配送、客户分销到废弃物回收利用等全部阶段一以贯之。截至目前,太古可口可乐云南、湖北和上海申美金桥装瓶厂已使用100%可再生能源的电能。"我们要求上下游的这些供应商,也要能够达到可持续发展的标准。在产品包装层面,我们致力增加初级包装中的可回收材质,与可口可乐及供应商合作,继续研究轻量化应用,减少初级包装中塑料和铝的使用。"苏薇介绍道。而在企业员工(我们)层面,公司除了注重建立安全的工作场所,并提倡多元、包容的工作氛围,努力为员工打造理想工作环境,还鼓励全国21,000名员工参与到各种各样的志愿活动中来。在《2030年可持续发展战略》中,公司还将每位员工每年志愿服务市场和社区的时间明确为8个小时。比如,在本次云南消碳庄园的建设过程中,来自太古可口可乐18家装瓶厂的30多名志愿者,都参与了生态作物种植和蜂箱采蜜作业,协助当地农民构建了人与大象的缓冲区。

"希望我们的志愿活动,为当地社区的可持续发展带来真正的助益。未来,我也会积极鼓励身边的家人和朋友,带动更多人参与到生态保护中来。"云南消碳庄园志愿者赵东升表示。"未来,我们将继续加强志愿服务文化,号召更多员工,通过身体力行的方式,为生物多样性保护和低碳生态文明建设做出贡献。"苏薇称。

牛津大学赛德商学院学者罗伯特·埃克尔斯和世界银行斯维特拉娜·基里门柯,在他们共同的著作《投资者革命》一书中写道:那些认真对待ESG问题的公司将获得回报。而这也是弥合善念与实践之鸿沟的最可靠方式。

这一论断在太古可口可乐的实践中得到验证。今年上半年,太古可口可乐全集团收入总额275.5亿港元,同比增长28%,内地市场的利润贡献近七成。太古可口可乐相信,可持续发展的未来,才是更有韧性的未来。

"中国是世界上最大、最有活力的经济体之一,在华企业要以环境友好、对环境负责任的发展方式助力中国的发展。今年碳达峰、碳中和首次写入政府工作报告,十四五规划和2035远景目标更明确了'双碳'目标的落地时间表。这表明,企业ESG方面的投资将成为在华生产经营过程中最重要的环节。"苏薇表示。

当下,在消碳合伙人项目中,太古可口可乐已经尝试将ESG三大维度进行统一整合,开展复合型创新实践,为企业挖掘ESG复合价值提供了可参考的样本。"未来,我们将继续加大企业在ESG方面的投入,努力成为业务经营所在地的最佳商业合作伙伴、最佳雇主和最佳企业公民"。

资料来源:太古可口可乐苏薇:以"复合型社区模式"实现碳中和,商业哈佛评论,https://mp.weixin.qq.com/s/5BJkb8pSakk07zhqJ－QuBA

1. 太古可口可乐为什么要发起"消碳合伙人"项目?
2. "消碳合伙人"项目涉及了太古可口可乐的哪些环境要素,产生了什么影响?

参考文献

[1] 唐文龙,贺继红.市场营销学通理[M].北京:经济管理出版社,2019.

[2] 王永贵.市场营销[M].北京:中国人民大学出版社,2019.

[3] 加里·阿姆斯特朗,菲利普·科特勒.市场营销学(全球版)[M].12版.北京:中国人民大学出版社,2017.

[4] 陈阳.市场营销学[M].3版.北京:北京大学出版社.2016.

[5] 高中玖,毕思勇.市场营销学[M].2版.北京:北京理工大学出版社,2020.

[6] 菲利普·科特勒.现代营销学之父菲利普科特勒经典译丛:市场营销[M].余利军,译.北京:华夏出版社,2003.

[7] 佩罗特,麦卡锡.营销学基础[M].梅清豪,译.北京:中国财政经济出版社,2004.

[8] 苏兰君,肖涧松.现代市场营销[M].北京:高等教育出版社,2007.

[9] 苏兰君.营销职业认知[M].北京:电子工业出版社,2011.

[10] 涟漪.市场营销学理论与实务[M].北京:北京理工大学出版社,2007.

[11] 王资.市场营销学[M].重庆:重庆大学出版社,2004.

[12] 符莎莉.市场营销实务－项目导向教程[M].北京:电子工业出版社,2010.

[13] 李先国.市场营销学[M].北京:中国财政经济出版社,2010.

[14] 周文根.市场营销学[M].北京:中国人民大学出版社,2012.

[15] 乔尼·约翰逊.全球营销[M].江林,等,译.3版.北京:中国财政经济出版

社,2004.

[16] 吴健安.市场营销[M].3版.北京:高等教育出版社,2007.

[17] 王海滋,张雷.市场营销理论与实务[M].武汉:华中科技大学出版社,2010.

[18] 伍雯.家庭生命周期的阶段性特点及对家庭消费的影响[J].商业经济研究,2021(8):35-38.

[19] 孙倩敏.ELES模型下东西部农村消费结构实证对比[J].商业经济研究,2015(24):59-61.

[20] 康俊,刁子鹤,杨智,宋美娜.新一代信息技术对营销战略的影响:述评与展望[J].经济管理,2021(12),187-202.

[21] 李艾民,供应商关系管理定位及策略研究[J].新财经,2019(6):150-152,162.

[22] 肖艳玲,王慧丽,李华锡.基于层次分析法的石化企业供应商评价与分类管理[J].大庆石油学院学报,2007(12):108-111,131-132.

[23] 石春生,孟大鹏.核电装备制造业供应商分类研究[J].技术经济与管理研究,2011(1):46-49.

[24] Smetzer. The relationship of strategic purchasing of supply chain management[J]. European Journal of Purchasing and Supply Management. 2009 (21):43-51.

[25] 中国经济网.消费增长快 动能更强劲.(2021-12-26）http://www.ce.cn/2021sy/yc/qy/202112/26/t20211226_37203869.shtml.

[26] 中国青年报.年轻人负债消费,警惕被信贷工具所伤（2021-10-27）．https://baijiahao.baidu.com/s？id＝1714745736294266814&wfr＝spider&for＝pc.

[27] 联合国人口基金.世界人口报告2021[R]（2021-04-16）．https://www.unfpa.org/sites/default/files/pub-pdf/SoWP2021_Report_-_EN_web.3.21_0.pdf

[28] 中国新闻网.第七次全国人口普查结果公布！中国人口共141178万人(2021-05-11)．https://baijiahao.baidu.com/s？id＝1699428177671137432&wfr＝spider&for＝pc.

[29] 新华社.筑政策研究之基 中国老龄科研中心发布老龄产业发展指标体系(2022-03-01)．https://baijiahao.baidu.com/s？id＝1726100281932657630&wfr＝spider&for＝pc.

第三篇 市场价值定位

第四章 市场营销调研

学习目标
1. 重点掌握市场营销调研的概念、原则、市场营销调研过程的关键步骤。
2. 熟练掌握市场营销调研计划的框架、资料来源、收集资料的方式方法。
3. 掌握问卷设计技术。
4. 掌握调研方式、方法的选择。
5. 掌握测量市场需求的一些重要概念。

案例导入

IDEO 公司的设计服务

IDEO 公司是美国最大的工业设计公司。该公司创造了一些工业时代的公认的标志性设计,包括第一台笔记本电脑,为苹果公司设计的第一只鼠标,PalmV 掌上电脑和 TiVo 数码摄像机等。除了这些高科技的产品外,公司还设计一些家庭用品,如为宝洁公司设计的 Swiffer 拖把(一种平面可转动的拖把)和佳洁士直立免挤压牙膏管。IDEO 的客户也包括 AT&T、美国银行、福特汽车、百事可乐、耐克、万豪国际酒店(Marriott)、卡特彼勒(Caterpillar)、美国礼来(Eli Lilly)医药公司、汉莎航空(Lufthansa)、Prada 和 Mayo Clinic 医疗中心。

IDEO 的成功源于公司称之为"设计思维"(design thinking)的一种方法,即将行为融入设计的一种创新方法。与传统方法不同,这种方法始于由具有不同背景与体验的个人所形成的团队。团队成员来自方方面面,有人类学者、记者、MBA 和工程师。IDEO 的信念是如果你能将这些各自不同的人才整合在一起,则他们会互相促进,激活创意,产生个体无法达到的结果。

下一步,IDEO 使用不同行为研究和观察方法力图深层次地理解消费者。这些研究帮助 IDEO 更好地理解消费者如何进行购买,如何与产品进行互动,如何使用产品,甚至处置产品。例如,第一种方法是跟踪消费者,对消费者的购买或使用场合进行摄影和录像,然后对这些消费者进行深度访问,并评价他们的体验。IDEO 的第二种方法称为"行为地图"(behavioral mapping),这种方法可以用照片记录人们在候机大厅、候诊大厅或美食街的行为,从而评估如何改进这些体验。第三种方法称为"相机日志"(camera journal),这种方法采用参与式方法记录已知产品或类别的可视印象。IDEO 也邀请消费者"讲故事",以分享消费者对某一产品或服务的经历,其中包括分享他们的故事、录像、趣闻甚至动画。

在设计产品方面,与那些只是关注科研能力的高科技公司正好相反,IDEO 的设计思想是以人为本。IDEO 的技术部主任戴维·布莱克利(David Blakely)这样说:"高科技公司的设计是从里到外(公司内部设计产品,外部销售),而我们的设计则是从外到里(根据公司外部的消费者需求设计产品)。这样我们就能够将顾客放在第一位。"最后,正是由于消费者提供了出众的体验和解决问题的方法,所以公司能够设计出满足他们需要的产品。近来的产品创新包括紧急情况下能够播放使用方法的心脏除颤器、经典木制教室用椅的版本更新等。

万豪聘请 IDEO 公司帮助其所开办的万怡酒店(Courtyard)吸引更多的年轻客人。IDEO 公司在酒店的休息室、大堂、餐厅采访了客人,并对客人进行了观察。研究结果显示,年轻客人不愿光顾的原因是酒店的公共场所活动单一,技术支持不够,食品选择有限。结果由万豪负责对万怡酒店的家具和装饰重新布置,使其更加温馨、舒适,令人心动。酒店大堂和休息室增添了一些先进的技术元素,如平面电视和免费 Wi-Fi。万豪酒店将自助早餐变成 7 天 24 小时的咖啡馆风格的自助餐馆,客人可以迅速享受美味的咖啡饮料和健康食点。庭院配备了户外立体扬声器和烤炉。经过整修万怡酒店提出一个新的口号"万怡,这是一个新的家"(Courtyard. It's a New Stay)。

资料来源:菲利普·科特勒.营销管理[M].梅汝和,梅清豪,周安柱,译.15 版.北京:中国人民大学出版社,2001:109-110.

第一节 市场营销调研概述

企业要想比竞争者更好地满足消费需求、赢得竞争优势,就必须从研究市场出发,对各种市场信息进行准确的、及时的把握,在此基础上制定相应的营销策略。当前,随着企业竞争的加剧和消费者行为的多变,信息技术在营销领域的应用持续增长,市场营销调研的重要性更加突出。市场营销调研的主要功能是收集和分析市场信息,并提供给企业的营销决策者。已有的营销实践证明,市场营销调研是企业了解和把握顾客的重要手段,也是制定营销战略和策略的重要工具。科学的预测方法则有助于帮助营销管理者认识市场的发展规律,制定科学合理的营销决策。

一、市场营销调研的概念

市场营销调研(marketing research)是为了解决特定的营销问题,运用科学的方法,对企业营销活动的有关信息资料进行收集、整理、分析,提出调研报告,为企业营销管理者正确决策提供科学依据的工作过程。只有根据市场的需求和市场环境变化制定的营销策略才是科学合理和行之有效的,脱离市场实际的计划和策略只能是主观主义的空想。通过市场营销调研,使企业收集到比较齐全和准确的市场信息,并通过对这些信息加以科学的分类、分析和研究,制定出科学的营销策略,在产品开发、价格制定、分销渠道的选择和促销手段运用上更有针对性,从而减少失误,降低风险。

市场营销调研和市场调查(market research)具有不同的含义。市场调查主要是通过各种调查方式与方法,系统地收集有关商品产供销的数据或资料,并对之进行必要的整理和分析,确定某一产品或服务的市场规模、地点或构成的过程,如实反映市场供求与竞争的实况。而市场营销调研则是在市场调查的基础上,运用科学的方法,对所获得的数据或资料进行系统地、深入地分析研究,从而解决特定营销问题、帮助企业理想的商业决策和成功地管理企业的过程。有些学者将市场调查看成是市场营销调研的一部分,将市场营销调研的理论运用到某一个具体的市场领域。不过,也有许多实务工作者、出版商、调研组织和学者经常将这两个词混用。

二、市场营销调研的原则

(一)实事求是原则

市场营销调研应坚持实事求是原则。在调研的过程中,必须尊重客观实际,不能以偏概全,不允许带有任何主观的意愿或偏见,也不应受制于任何人或管理部门。尤其是,不能因为要得到所希望的结果而故意发生调查偏差、隐瞒事实真相。只有客观地反映市场的真实状态,才能得出准确的信息,才能使企业瞄准市场,看清问题,抓住时机,保证经营活动在正确的轨道上运行。

(二)时效性原则

一般的市场营销调研都有时间上的限制。市场营销调研的时效性表现为应及时捕捉和抓住市场上任何有用的情报、信息,及时分析、及时反馈,为企业在经营过程中适时地制定和调整策略创造条件。市场是瞬息万变的,市场机会是稍纵即逝的。调研工作的拖延,不但会增加费用支出,浪费金钱,也会使生产和经营决策出现滞后,对生产和经营的顺利进行极为不利。

(三)经济性原则

市场营销调研也要讲究经济效益。市场营销调研是一件费时费力费财的活动,它不仅需要体力和脑力的支出,同时还要利用一定的物质手段,以确保调研工作顺利进行和调研结果的准确。在调研内容不变的情况下,采用的调研方式不同,费用支出也会有所差别;同样,在费用支出相同的情况下,不同的调研方案也会产生不同的效果。由于各企业的财力情况不同,因此需要根据自己的实力去确定调研费用的支出,并制定相应的调研方案,力争以较少的投入取得最好的效果。

(四)系统性原则

在激烈的市场竞争中,市场的影响因素日益增多,有宏观因素的影响,也有微观因素的影响,各因素之间又有相互作用。如果在调研中只是单纯地了解某一事物,而不去考察这一事物如何对企业发挥着和为什么会产生如此作用,就不能把握这一事物的本质,也就难以对影响经营的关键因素做出正确的结论。只有全面搜集与企业生产和经营有关的信息资料,系统地进行分析、研究,才能使市场营销调研收到良好的效果。

(五) 科学性原则

市场营销调研不是简单的搜集情报、信息的活动,为了获得更多更准确的资料和信息,必须在科学的理论指导下,根据合理的操作步骤和方法来实施。比如,采用什么样的调查方式、选择谁作为调查对象、问卷如何拟订才能达到既明确表达意图、又能被调查者易于答复的效果,这些都需要进行认真的研究,需要在相关理论的指导下进行;为了与被调查者更好地交流,需要运用一些社会学和心理学等方面的知识,对大量信息及进行准确严格的分类和统计;需要具有一定专业知识的人员来操作,这些人能够熟悉掌握和运用相关数学模型和公式,从而将汇总的资料以理性化的数据表示出来,精确地反映调研结果。

三、市场营销调研的内容

市场营销调研涉及营销活动过程的各个方面,从识别市场机会、选择目标市场、制定营销策略到评价营销效果,这些都可能成为市场营销调研的对象。具体而言,市场营销调研的主要内容如图4-1所示。

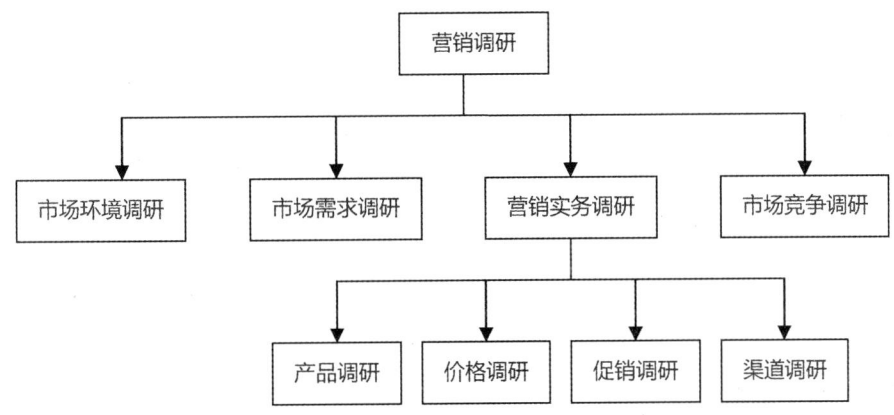

图4-1 市场营销调研的基本内容

(一) 市场环境调研

企业的营销活动是在复杂的社会环境中进行的。环境的变化既可以给企业带来市场机会,也可能形成某种威胁。因此,对市场环境进行调研,是企业开展有效营销活动的基本前提。市场环境是企业营销不可控的因素,市场环境调研具体包括:①政治环境调研,它包括对企业产品的主要用户所在国家或地区的政府现行政策、法令及政治形势的稳定程度等方面的调研。②经济发展状况调研,它主要是调查企业所面对的市场在宏观经济发展中将产生何种变化,调研的内容有各种综合经济指标所达水平和变动程度。③社会文化因素调研,调查一些对市场需求变动产生影响的社会文化因素,包括文化程度、职业、民族构成、宗教信仰及民风、社会道德与审美意识等方面的调研。④技术发展状况与趋势调研,主要是为了解与本企业生产有关的技术水平状况及趋势,同时还应把握社会相同产品生产企业的技术水平的提高情况。

(二) 市场需求调研

市场需求调研是企业市场营销调研中最重要的内容,主要包括市场最大和最小需求容量、现有和潜在的需求容量、不同商品的需求特点和需求规模、消费者的数量与结构、消费者的心理和行为特点、消费者满意度等方面的内容。

（三）营销实务调研

这主要是指企业在营销活动各个环节上所进行的调查活动，主要涉及产品、价格、促销和渠道等几个方面的内容。其中，产品调研包括有关产品性能、特征和顾客对产品的意见和要求的调研，产品寿命周期调研，产品的包装、名牌、外观等给顾客的印象的调研等；价格调研包括产品价格的需求弹性调研、新产品价格制定或老产品价格调整所产生的效果调研、竞争对手价格变化情况调研、选样实施价格优惠策略的时机和实施这一策略的效果调研，渠道调研包括对现有产品分销渠道状况、中间商在分销渠道中的作用及各自实力、用户对中间商尤其是代理商、零售商的印象等项内容的调研，促销调研主要是对人员推销、广告宣传、公共关系等促销方式的实施效果进行分析、对比。

（四）市场竞争调研

在竞争中要保持企业的优势，就必须随时掌握竞争对手的各种动向。市场竞争调研主要侧重于企业与竞争对手的比较研究，具体而言主要是关于竞争对手数量、竞争对手的市场占有率及变动趋势、竞争对手已经并将要采用的营销策略、潜在竞争对手情况等方面的调研。

四、市场营销调研的作用

市场营销调研是市场营销活动的出发点，是增强企业活力，提高市场竞争力和应变力的重要途径，对企业的营销活动有十分重要的作用。

（一）识别市场机会与营销问题

市场营销调研的第一个作用就是识别市场机会与营销问题。识别市场中有哪些机会并不是一件容易的事情。虽然我们拥有了新产品或新服务的创意，但是哪一个创意更具可行性呢？哪一个创意具有执行性呢？哪一个创意可能产生理想的投资回报呢？经常出现这样一种情况：有人已经发现成功地开发一种新产品或新服务的机会，管理者会问"为什么我们没有看到它的市场机会"。有些营销调研的目的是找出消费者的问题是什么，并对解决这些问题的不同方法的适用性进行评估。

（二）设计、完善和评估潜在的营销活动

市场营销调研也可用来设计、完善和评价潜在的营销活动。这里提到的"活动"可以是营销战略、营销方案或营销战术。管理层能够利用市场营销调研提供的信息来对这些营销活动制定更好的决策。

我们可以将这些营销活动看成战略，战略会涉及选择目标市场以及设计能够满足目标市场的欲望与需求的营销组合。营销调研可以用于不同的领域，包括确定目标市场，进行产品开发调研、定价调研、促销调研和分销调研。

选择目标市场。大量的营销调研用于确定细分市场的规模。例如，管理者不仅需要知道所有对电动车有需要的细分市场的需求规模，还要知道电动车细分市场是一个上升的市场还是一个趋于下降的市场，竞争对手如何满足细分市场中顾客的欲望与需求。如果调研结果表明这个细分市场具有显著的可识别需求，市场具有稳定的增长趋势，竞争对手所提供的产品并没有满足这个市场的需求，或者没有很好地满足市场需求，这个细分市

场就是公司目标市场的理想备选。现在公司必须确定其核心竞争力如何更好地满足目标市场的需求。

产品开发调研。成功的企业要不断地开发新产品和新服务。由产品寿命周期理论可知,产品最终会消亡。因此,企业必须将确定与测试新产品的任务提上议事日程。新产品测试可以从产品创意产生之时开始,然后进行概念测试,通过概念测试,企业能以较低的成本快速得到消费者对新产品概念的反应。产品开发调研也可以用于新产品商业化之前的品牌命名和包装设计。

定价调研。新产品面世之后,营销人员要通过调研来确定新产品在消费者心目中的感知"价值"。营销调研也可以用于确定消费者对不同的定价策略的反应,如"买一赠一"与"半价销售"哪个效果更好。

促销调研。当公司投入巨资进行促销时,它想知道这些资金用于广告、销售人员、公共关系,产品促销后产生的效果如何分司还需要对不同媒体的效果进行调研。在线广告会比传统媒体(如电视、广播、报纸、杂志)广告更有效吗?企业怎样更有效地使用社交媒体去倾听消费者对于企业的品牌和竞争对手的品牌的看法?

分销调研。将公司的产品送到消费者手中的最佳渠道是什么?企业产品的最优秀的经销商在哪里?如何评价经销商所提供的服务?经销商对企业的满意度如何?经销商有动机销售某企业的产品吗?企业应当使用多渠道进行分销吗?企业应当使用多少家分销商?通过市场营销调研,管理者可以回答这些关键的问题。

(三) 监控营销绩效

控制是营销管理的一个基本职能。市场营销调研通常使用许多指标来评估绩效。例如,企业通过杂货店、大型商场和便利店扫描快速消费品的POS机所收集的动态数据,来追踪单品销售额和各种渠道的销售额。扫描的数据可以帮助管理者监控自己品牌的销售额,也可以监控竞争对手的销售额,还可以监控自己与竞争对手的市场份额。企业也可以通过营销调研监控其他指标,如员工满意度和顾客满意度。跟踪世界范围内飞速发展的社交媒体是监控市场绩效的另一种手段。许多调研公司开发了自动监控服务业务,用来监控人们对公司、品牌和竞争对手的评论。

(四) 促进营销理论的发展

市场营销调研旨在促进与拓展人们对营销的理解,因而有些市场营销调研的目的是扩展人们有关营销的基础知识。这类基础研究试图对营销现象进行定义和分类,提出一些能够用来描述、解释和预测营销现象的理论。基础研究(basic research)就是对"研究的研究",或者称为用于在研究中建立最佳实践的研究。

这类研究大多是由大学教授和一些非营利的专业组织,如营销科学研究所(Marketing Science Institute)来完成。研究的成果通常发表在一些学术期刊上。

第二节 市场营销调研的步骤

市场营销调研的过程通常包括6个步骤,如图4-2所示。

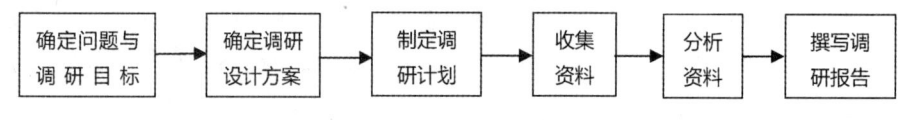

图4-2 市场营销调研的过程

一、确定调研问题与调研目标

对问题清晰、简洁的陈述式市场调研成功的关键。调研问题的定义包括对整个问题的叙述以及确定调研问题的具体组成部分。只有问题定义清楚了,才能明确调研目的,才有可能制定一个完备的调查计划。如果对问题缺乏正确的理解或对问题的定义存在缺陷,那么就会产生具有偏差的调研目标,那么后续调查所花费的人力、物力、财力,都可能没有用在真正解决的问题上,那么将会造成极大的浪费;更有甚者,如果用这种调研结果作为营销预测的依据,将会造成更大的危害。

不过确定调研问题并不是一件容易的事。有时候企业人员可能并不知道问题所在,他们可能知道销售下降了、市场份额减少了、顾客抱怨增加了,但却不知道这些现象的原因;或者他们觉察到了市场发生了一些变化,意识到他们或许正在面临着一个发展机遇,但对于这到底是一个什么样的发展机遇,却并不十分确定。因此,要明确市场营销调研问题,必须细心探究所有可能产生问题或机会的原因,需要企业相关人员之间做出大量的沟通。

调研目标由调研问题决定。调研目标是信息导向的,要明确解决调研问题所必需的信息目标。调研目标要求精确、详细,具有可操作性。经过精心分析而生成的目标可以作为调研项目进展的地图,也可以作为管理者评价调研质量和价值的尺度。

二、确定调研设计方案

调研设计可以让我们所使用的调研方法与调研内容相匹配。根据调研的目标和功能,我们可以把市场营销调研分成三种基本类型:①探索性调研;②描述性调研;③因果性调研。这三种研究在研究目的、研究问题、研究假设以及资料收集方法方面都有很大差别。

(一)探索性调研

探索性调研通常是最无结构和最不正式的小规模调研,一般在项目开始阶段进行。主要是为了确切地掌握问题的性质和更好地了解问题发生的环境。

探索性调研特别有助于把一个大而模糊的问题表达为小而精确的子问题以使问题更

明确,并识别出需要进一步调研的信息(通常以具体的假设形式出现)。当调研开始时,我们缺乏知识,探索性调研在增加见识和建立假设方面具有灵活性的特点。比如,X牌的一次性尿布市场份额去年下降了,为什么?公司方面也不能确定:是经济衰退所影响?广告支出的减少?销售代理效率低?还是消费者的习惯改变了?显然,可能的原因很多,公司无法一一查知,只好用探索性调研来寻求最可能的原因。

探索性调研也可用来澄清概念。例如,管理人员正在考虑服务政策方面将要发生的改变,并希望这种改变会导致中间商的满意。探索性调研可以用来澄清中间商满意这一概念并发展一种用来测量中间商满意的适当方法。

探索性调研对于确定研究问题之间的优先次序,以及了解进行研究的实际问题也是有用的,如被调查者能回答什么样的问题,跟被调查者接触的障碍可能是什么,何时进行调查研究,等等。

进行探索性研究的方法包括二手资料调研、经验调查、非结构性的个人或小组座谈、案例研究等定性研究方法。进行探索性调研最经济、最快速的方法是二手资料调研,二手资料是指可以从现有资料中获取的资料,人口统计资料、公开发布的调查、公司的内部记录,都是二手资料;经验调查也称为关键人物调查,是通过调查那些熟悉调研对象的人来解决问题的一种方法,被调查者一般不使用概率抽样来抽取,而是根据问题的特点由调查者慎重决定的;小组座谈是探索性调研的另一种十分有效的方法,在小组座谈中,一些人坐在一起讨论调研人员感兴趣的课题;案例研究是指选取若干实例或情况,进行广泛调查,并把调查到的情况同调研的具体问题进行比较,期望从案例的分析中得到教训,帮助决策。

(二)描述性调研

描述性调研,顾名思义,处理的是总体的描述性特征。描述性调研寻求对"谁""什么""什么时候""哪里"和"怎样"这样一些问题的回答。不像探索性调研,描述性调研基于对调研问题性质的一些预先理解。描述性调研可以满足一系列的调研目标,比如描述某类群体的特点,决定不同消费者群体之间在需要、态度、行为、意见等方面的差异,识别行业的市场份额和市场潜力等。

一个好的描述性调研需要对调研内容有相当的预备知识,它依靠一个或多个具体的假设,这些假设指导调研按一定的方向进行。在这方面,描述性调研与探索性调研存在着很大的差异,探索性调研比较灵活,而描述性调研比较呆板,描述性调研要求对调研中的谁、什么、什么时候、为什么和怎样进行明确的回答。

(三)因果性调研

描述性调研能告诉我们两个变量似乎有某种关系,如收入和销售额、广告花费与知名度,但不能提供合适的证据来证明消费者收入的增加引起了销售额的增加,广告投入的增加使知名度提高了。当有必要表明某个变量是否引起或决定其他变量的值时,就需要用到因果性调研。因果性调研一般会采用实验法。

一个典型的因果性调研是改变一个自变量(例如快餐连锁店展示土豆条和调味汁),然后观察因变量受到的影响(土豆条和调味汁的销售额)。假设在快餐店中,销售额上升,就有一种适当的称为时间上继起的因果性事件次序,时间上的继起是一个必定会遇到的因果关系准则。如果消费者行为学家希望得出态度的改变是行为改变的原因,那么,必须设定的准则是态度的改变在行为改变之前。

因果关系的第二个准则是存在相关关系。换句话说,它们按照某些可预知的方式一起变化。如果店内展示被认为是土豆条和调味汁销量增加的原因,那么,当展示出现时,销售额应当增加;当展示消失时,销售额应当降回到展示前的水平或稍高一些(由展示引出的新的尝试者现在也许成为土豆条和调味汁的忠诚消费者,这样,销售额可能会持久增加)。可是如果商店内展示的出现没有导致土豆条和调味汁销售额的增加,调研人员就必须得出商店内展示和土豆条与调味汁销售额有关的假设是不正确的。

如果两个事件一起变化,一个事件可能是原因,但这并不是因果关系的充分条件。在证明两者之间是因果关系时必须证实其他所有的可能影响因素都被排除出去。比如,在连锁快餐店,调研人员可能通过把握其他可能影响土豆条和调味汁销售额的因素(价格、报纸和电视广告、优惠券、折扣和宣传品的大小等)来推断是否存在因果关系。

总之,调研问题的不确定性影响着调研项目的类型。在调研的早期阶段,当调研人员还不能肯定问题的性质时实施探索性调研,当调研人员意识到了问题但对有关情形缺乏完整的知识时,通常进行描述性调研;因果性调研(测试假设)则要求严格地定义问题。当然,任何一项调研都可能有几种目的,但总有某种调研类型比其他调研类型更适合于某些目的。调研设计来源于问题这是调研中决定性的一点,每种类型只适合于某些特定的问题类型。对于一项复杂的调研项目而言,有可能会用到所有的三种调研类型。

三、制定调研计划

形成调研问题以后,根据调研目的,应该制定一个有效收集所需要信息的计划,这个计划是为确保调研的顺利实施而拟定的具体工作安排,包括调研人员安排和培训、收集信息所采用的特定调研方法、接触方式、取样计划、调研工具以及调研的经费预算和进度日程等。

营销调研计划书的质量通常是决定调研项目能否获得资助的主要因素。客户通常会要求几个调研公司进行投标,根据计划书的质量以及项目的成本和时间期限选择一个调研公司。以下是营销调研计划书的基本要素和主要内容:

1. 营销问题陈述。调研所要解决的营销问题是什么?哪些决策方案需要通过调研提供的信息进行评估?

2. 调研内容。需要收集哪些信息?

3. 调研方案和调研方法。调研使用什么方案和方法来落实,是选择探索性调研、描述性调研还是因果性调研?是使用定性调研、定量调研还是混合调研?需要描述所采用的调研方案和方法以及相应的理由,应解释这种方案和方法的论证过程,以及可能的局限性。

4. 抽样。需要描述调研总体是什么、抽样框和抽样方法是什么、样本容量是多少等内容。大多数调研项目都只能从与研究问题有关的目标总体的某个样本那里得到资料。选择样本的方法既可以采用概率抽样,也可以采用非概率抽样。非概率抽样中,研究总体中每个组成部分被抽中的概率是不同的而且也是未知的;而概率抽样中,研究总体里的每个组成部分都有一个已知且相同的概率。一个具体抽样方案的内容如表 4-1 所示。

表 4-1　市场营销调研的抽样方案和样本容量确定

在要表明样本代表总体的程度时，一般要使用概率抽样。一个详细具体的抽样方案主要包括以下内容。

（1）明确抽样调查的目的

抽样调查的目的在于用样本数据推断总体的数量特征，因此，抽样调查目的的界定，应对抽样推断的具体项目或指标进行重点说明。

（2）确定总体范围和总体单位

总体范围应根据研究的目的明确界定调查的总体范围，并对调查总体做适当的划分。总体范围明确后，应进一步明确总体单位是什么，即明确样本单位。

（3）确定抽样推断的主要项目

在抽样技术方案设计中，应对抽样调查需要推断的总体指标或项目做出合理的规定。不必要做出抽样推断的项目，可列入一般需要了解的调查内容。

例如，个体经营户经营情况抽样调查，需要抽样推断的总体指标有从业人员、营业收入、营业支出、雇员报酬、缴纳税费、固定资产原值等，其中，营业收入是最核心的指标，是确定抽样精度和样本量的关键指标。

（4）确定抽样的组织方式

应根据总体范围大小、总体各单位分布及变异程度，抽样的目的和要求，抽样精度和抽样费用的约束等因素确定合适的抽样组织方式。若总体范围不大，各单位变异又小，可选择简单随机抽样；若总体范围大，各单位变异大，应选择分层抽样、系统抽样、整群抽样等；若既要推断总体的主要指标，又要获取详细的信息，则可选择二重抽样；若样本单位需要经过几个阶段才能抽取和确定，则可选择多阶段抽样；等等。

（5）确定合适的抽样框

抽样框是一个包括全部总体单位的目录或名册，抽样框是抽取样本的依据。抽样框通常有企业名录、个体户名录、职工名册、学生名册、城镇居委名册、社区居民名册、农村村委名录、产品流水线、农田地块名册等表现形式。抽样框的设计应当力求包括总体的全部个体，并列出必要的辅助信息，以便对个体进行分层或排序处理，为有效地抽样样本提供依据。例如，企业名录库的设计应包括企业名称、企业性质、行业类别、产量、产值、利润等基础性资料。

（6）确定必要的抽样数目（样本量）

样本量的确定一般可考虑总体方差、抽样精确度、可信度（概率度）和抽样方式方法进行计算确定。样本量的确定应力求在抽样精度和调查费用之间求得平衡。

（7）制定抽样的实施细则

抽样的实施细则主要包括样本量的分配、样本单位抽取的操作程序、样本单位抽取登记、中选样本单位的分布图制作、个别单位拒绝调查或拒绝回答等特殊问题的处理办法、样本代表性的评价与改进等。

（8）设计数据处理与抽样估计的方法

在抽样技术方案设计中，应对调查数据的质量控制、审核、汇总处理、统计量（样本指标）的选择与计算、抽样标准误差的测定、参数估计或假设检验等做出规定。

5. 数据收集方法与分析方法。数据收集方法需要详细说明准备用哪种方法来收集数据，比如是面对面访谈还是电话访谈，是焦点小组访谈还深度访谈，是线下问卷调查还是在线问卷调查？要说清楚为什么推荐这个方法。

数据分析方法需要阐述如何处理数据。比如，对于定性调研，是否会使用专业的数据分析软件？对于定量调研，可能需要提供数据处理的细节，包括数据集的清理、对开放性问题回答结果的编码过程，等等。阐述数据分析类型并说明这是如何解决客户的业务问题的。

6. 交付成果的声明。调研结果何时以何种方式提交？是通过书面报告吗？有口头展示吗？是否与客户开会讨论关于项目的实施问题？

7. 成本。项目的费用是多少？哪些费用需要提前支付，什么时间支付？哪些分包商将由客户直接付款？

8. 时间进度表。调研项目不同阶段的日期以及需要完成的任务。

四、收集资料

在制订调研计划后，可由本企业调研人员承担收集信息的工作，也可委托调研公司收集。数据收集阶段是整个调研过程中花费最多和最容易出错的阶段。资料收集过程中可能会产生许多非抽样误差，要研究和分析误差产生的原因，尽量避免失误。数据收集过程的误差来源于现场调查人员或受访者。误差可分为有意误差和非有意误差。调查人员应当知道这些误差的来源，并实施控制以减少误差。例如，收集数据的现场调查人员也许会作假或编造他们所报告的来自受访者的数据。调研人员常常会从所有被调查者中随机抽取10%（行业标准），重新进行调查，以确认这些人是否真的参与了本次调研。应避免在以下方面出现问题：接触对象的方式、对象不合作或提供不诚实或有偏见的答案、调查者犯错误或走捷径。

五、资料的整理与分析

要将所收集的资料进行检查、汇总、归纳、整理和编辑，对信息资料进行分类编号，然后对资料进行初步加工。比如不同组购买一个新品牌产品的倾向是否具有显著差异？数据分析（data analysis）的目的是使用统计工具，采用满足调研内容的形式去展示数据。如果调研内容是确定不同收入水平的四个组对某一新产品的购买倾向是否存在显著差异，那么需要使用数据分析来确定四个组在购买倾向方面是否有差异，这些差异（基于样本数据）是否实际存在于总体之中。在信息分析过程中，调研人员应努力采用一些先进的技术和决策模型，以期找到更合理的解决方案和预测结果。

六、撰写调研报告

市场营销调研的最后阶段是根据比较、分析和预测结果写出书面调研报告。调研报告是指导和控制市场营销调研课题进行的计划性文件，是研究过程中各阶段要进行的主要工作的一个概述；同时，它也是市场营销调研使用者（或委托人）与调研执行者之间的一个书面协议或合同，可作为检查、回顾主要决策完成情况的工具，从而确保有关各方面在研究的范围和目的上保持一致，减少误解；另外，调研报告有时也作为选择调研执行者的依据之一，以及申请调研费用的重要文件。从后者的目的来看，调研报告一定要有很强的说服力,要表明调研者对问题的理解深度和进行调研的能力,并要强调调研的作用。

尽管市场营销调研报告的结构和内容要随具体情形而变,但一些基本内容通常是必不可少的。一般而言,报告正文包括引言、调研方法、调研结果、局限性以及结论与建议。

引言应包括企业出现问题的背景、营销问题的具体阐述、研究过程的简单概括,还应包括调研报告的目的和具体的调研内容。

调研内容应按照调研问题陈述的顺序排列,因为调研问题与调研内容密切相关。

调研方法部分应尽可能详细地介绍你是如何实施调研的,谁是你的调研对象,用什么工具或方法来获得调研内容。

调研结果部分是调研报告中最重要的部分。结果应以叙述的方式展示,伴有表格、图表、图形以及其他对结果的解释有支持、加强作用的视图。每个表格和图形都应包括序号和名称,并在陈述中提及。

局限性部分,要指出调研的局限性及其对调研结果的影响。不要试图隐藏调研问题或弄虚作假,没有哪项调研是无可挑剔的。也可以基于调研的局限性阐述进一步展开研究的机会。调研报告的局限性通常体现在时间、资金、样本的大小和人员等方面,但并不仅局限于此。

结论与建议。结论是在调研结果的基础上得到的结论和做出的决策。例如,如果数据说明了五个车型偏好的顺序,结论就可能会是"车型C有最高的偏好"。建议是在结论的基础上对接下来的工作提出的建议。例如,"公司应当生产并在市场上推出车型"。与结论不同,建议可能需要调研人员拥有超出调研结果范围之外的知识,例如,公司内部信息、产业信息等。因此,调研人员应谨慎地提出建议。调研人员及调研委托人应在进行调研前确定调研报告是否包括建议。

第三节 调查问卷设计

不管采用何种调研方法,都要依据调研目标、研究假设以及相应的信息要求来形成某种形式的问卷。问卷中应该包含什么样的问题不是随便列入的,而是由调研目标和研究假设决定的。根据调查者对问卷的控制程度,问卷一般分为结构型问卷和非结构型问卷。结构型问卷又称标准化问卷或控制式问卷,它的特点是每个问题的提问方式和可能答案都是固定的,提问方式在调查时都不能改动,所有被调查者都回答同一结构的问题;而非结构型问卷事先不准备标准表格、提问方式和标准化备选答案,只是规定调查方向和询问内容,由调查者和被调查者自由交谈的问卷(调查提纲)。非结构型问卷可以发现新情况,一般用于探索性调查,也可用于检验结构型问卷的准确性,但是它一般只适用于小样本调查,所需人力、物力较少,花费的时间较短。本节将以结构型问卷为主来介绍调研问卷的设计。

一、问卷设计的一般标准

一份优秀的调查问卷,至少应满足以下要求:

1. 问卷应与调研目标相一致,问卷中拟定的所有问题要反映调研的目的

问卷中的问题设计要与所需要的信息资料相适应,不应增加一个调研问题去取得不需要的资料,也不应减少一个问题以造成所需的资料残缺不全。

2. 问卷应考虑到应答者

问卷应保证被调查者能够充分理解调研问题,能够回答、乐于回答、正确回答。因此,设计问卷时要求问题表述应简洁、有趣,具有逻辑性;同时,还要考虑应答者对问卷长度的接受忍耐度。

3. 问卷应考虑到编辑和处理数据的需要

所提问题应事先考虑到对问题结果所需要进行的适当分类和解释,便于进行数据的检查、处理和分析。

二、问卷的基本结构

一份完整的问卷一般是由说明词、问卷主体、问卷附注等几个部分组成。

1. 说明词

主要包括询问人代表的单位、询问的目的、请求被调查人合作等。

2. 问卷主体

一般可分为三个方面:一是关于调查对象的行为资料,如购物、旅游、服务的具体活动与行为;二是关于调查对象对本人或他人的能力、兴趣、意见、评价、情感、动机等方面的态度资料,这类问题不询问事件本身,只要求对行为或事件进行评价;三是关于调查对象的基本资料,如有关个人的性别、年龄、职业、政治面貌、文化程度、民族、收入、婚姻及城乡状况,社会群体和组织的规模、结构等。

3. 问卷附注

主要包括调查证明记载,主要包括访问人的姓名、访问地点、访问方式和访问时间,填写说明与要求。

三、问卷设计的程序

1. 准备阶段

根据调研课题的范围和调查项目,将所需的资料项目全部列出,分析哪些是主要资料,哪些是次要资料,哪些是调查的必需资料,并分析哪些资料需要通过问卷来取得,需要向谁调查等,同时要分析调查对象的各种特征。

2. 初步设计,确定问卷的结构及内容编排等问题

首先,应标明每项资料需要采用什么方式提问,并尽可能地列出各种问题。

其次,对问题进行检查、筛选、编排,设计每个项目的问句。

最后,对设计的每个问句,都要认真地考虑是否必要,是否能得到答案。还要考虑问卷是否需要编码,或是否需要向被调查者说明调查目的、要求、基本注意事项等。

3. 修改定稿

在小范围内进行试验性调查,以便弄清问卷在初稿中存在的问题,了解被调查者是否对所有问题都乐意回答或能够回答,哪些是多余的,还有哪些不完善或遗漏的地方。如果发现问题应修改,使问卷更加完善,问卷修改后即可制成正式问卷。

四、问卷问题的设计与组织

(一) 确定要使用的问题类型

在市场营销调研中,有两种主要的问题类型,即开放式问题和封闭式问题。

1. 开放式问题

开放式问题也称为自由回答题。被调查者可以用自己的话来回答这些问题并且针对这些问题表达他们的观点,因此这种问题形式可以深入了解被调查者的意见、态度和需求等。开放式问题可以分为细节性问题形式和非细节性问题两种类型,细节性问题相对于非细节性问题,更为具体和深入。开放式问题的具体形式和特点如表 4-2 所示。

表 4-2 开放式问题

开放式问题	非细节性开放式问题	细节性开放式问题
描述举例	沃尔玛与家乐福相比有什么优势? 你对××电视广告印象如何?	还有别的吗? 在这一点上你能讲得更详细些吗? 你对那则广告还有别的想法吗?
优点	对回答者的回答没有限制,允许其用自己的语言,因此能为研究者提供大量的、丰富的信息;有助于广告文案的创作和广告主题的设计,有助于提高促销活动的效率	
缺点	在编辑和编码方面费时费力;更为适合性格外向、善于自我表达的被访者	

2. 封闭式问题

封闭式问题规定了备选答案,被调查者只是从已给定的答案中做出选择。封闭式问题一般可分为单选封闭式问题和多项选择封闭式问题。单选封闭式问题只有两种备选答案选择,非此即彼;多选封闭式问题则有三个或三个以上的可能回答,被调查者可以选择其中一个或几个。封闭式问题的具体形式和特点如表 4-3 所示。

表 4-3 封闭式问题

封闭式问题	单选封闭式问题	多选封闭式问题
描述举例	你是否同意海尔冰箱比新飞冰箱好? A. 同意　B. 不同意	如果你打算买冰箱,你会选择以下哪个品牌? A. 海尔　B. 新飞　C. 惠普　D. 其他
优点分析	便于编码管理,编码和数据录入过程被大大简化了	为回答选择了更广泛的范围
缺点分析	回答的选项太简单	问题可能没有涵盖所有的选项,这样就有可能得不到真实的回答 列出的选项如果太长,应答者可能被搞糊涂或失去兴趣

(二) 问卷问题的词句设计

1. 问题词句设计的基本原则

下面几条基本原则对于设计和改进所问问题会很有帮助:

(1) 措辞应当简洁明了、准确无误,不会产生歧义

首先,问题应该简短。比如问卷中有这样一个问题:假设你注意到你家冰箱的自动制冰功能并不像你刚把冰箱买来时的制冰效果那样好,于是打算修理一下,遇到这种情况,你脑子里会有一些什么考虑? 这个问题的表述就太复杂,显得很不清晰。这个问题其实可以用简洁明了的语言进行改进,比如:若你家冰箱的自动制冰功能运转不正常,你会怎样解决?

其次,用词必须清楚,不用夸张和具有歧义的词语。下面的两个问题示例都是不符合标准的:

① 以下哪一个选项描述了你的年收入情况?

A. 小于2万元　B. 2~3万元　C. 3~4万元　D. 4~5万元　E. 5万元以上

如果被调查者的年收入正好是4万,那么他就不知道应该选择答案C还是D,因此,此题答案的设计就不精确,容易产生歧义。

② 你住的地方离这家超市只有10分钟的路途吗?

对这个问题的回答依赖于去超市的方式,步行、骑自行车、开汽车,不同的方式所用的时间是不同的,如果不事先说清楚,则被调查者在回答时就会感到迷惑。

③ 您在上街购物时是否常去同一商场?

不同的应答者对于"常去"有不同的理解。实际上,不同的人对"常常""通常""不时"这类的词句有不同的理解,因此在回答时会因为缺乏一种共同的参考系而使得答案无效。

(2) 问题应该对所有的应答者都适合

某些应答者或许对该问题并没有形成一种想法或没有资格回答某个问题,如"您在这里工作之前在哪儿工作过?"或"您的孩子有多大年龄?"等问题,对未在其他地方工作过或没有子女的被调查者来说就很难回答。

(3) 问题应采用应答者熟悉的语言来表述

问题表述应避免过于专业。比如一个会计事务所的调研人员向其客户提出这样一个问题"请问您对本所人员的外勤业务是否满意?"会计事务所一般将专业人员在客户处进行的执业活动统称为外勤,但它的客户可能对会计事务所的外勤、内勤之分并不十分了解,即使给出答案也没有什么实际意义,调查显然会出现误差。

(4) 问题不应该用特例代替普遍状况

比如这样一个问题,"你能回忆起上星期看过的广告吗? 比如你在电视上看到的",被调查者看到这个问题,容易只考虑电视广告而忽略其他广告,这样就不能调查出看广告的真实情况了。因此,问题应谨慎使用"比如、像、诸如"等词。

(5) 应避免双向式问题

所谓双向式问题,就是将两个问题并为一个。比如"你认为麦当劳是否提供了快速、礼貌的服务?"对于这个问题,应答者可能认为麦当劳的服务快速但对其礼貌态度却不满意,因此该问题会使得应答者左右为难。

(6) 问题的词句本身不应带有偏见

常见的一些带有偏见的问题有下面几种:①问题词句可能明显地暗示了调研者喜欢的答案,如"您难道不认为……"。②为某个选择答案提供原因,如"为增加国家税收,您认

为是否该增加对个体户的征税?"。③使用一些带情感的词语,如"某个专家强烈建议……您同意还是不同意?"④问题本身带有诱导性词句,如"你会光顾××这样的低档商店吗?"

2. 问卷的说明词与问题次序

(1) 问卷说明词

问卷的说明词通常是指问卷开头的介绍部分,如果这一介绍是口头的,通常是调查前的一段开场白。说明词主要用来表明调查人员的身份、说明调研目的、解释如何选择调研对象、激发参与兴趣、对被调查者进行筛选。说明词在问卷调查中非常重要,它可以消除被调查者的顾虑,激发他们参与调查的意愿。

(2) 问题词句的排序方法

问卷中问题应遵循一定的次序排列。问卷中开始几个问题应当是简单、有趣、相当容易回答的,这可以增加应答者回答下去的兴趣。较难的和有关个人的敏感性问题(如工资、年龄、家庭等)则应放在问卷的较后处。

(三) 问卷的评估

问卷初稿形成后,要评估其适当性,尤其要关注以下几个问题:(1)问题是否回答了调研目标所需的信息,是否必要?(2)问卷是否太长?(3)问卷版面格式设计是否美观、整齐、规范、专业,能够调动被调查者的积极性?(4)开放式问题是否留有足够的空间?

(四) 问卷的预测试与修订

在问卷正式投入使用之前,应进行预测试,其目的是检查每个问题中的概念对应答者是否很清楚,以及问题的整体编排有没有其他令应答者感到困惑或不便的地方。通过试答可能会发现需要重新修订的地方,比如在多项选择题里要减少或增加一个或几个备选答案,某个问题中的词句需要修改,等等。试答问卷的人应与调查对象相一致。预测试的样本可以相当小,比如 30 人。如果问卷在第一次预测试后有很显著的改变,则要看是否有必要进行第二次预测试。

(五) 形成最后问卷并发出

在没有更进一步修订的必要后,就可以制作最后使用的问卷,以印刷物形式分发给调研者和应答者。

第四节　市场营销调研的方法

传统的收集一手资料的方法大致有四类,即定性调研、询问调研、观察调研和实验调研。与其他各项事业一样,调查研究工作也随着社会发展而与时俱进。当前,基于互联网时代、信息技术革命的强大推动力,调查研究开始显现出鲜明的多元性、系统性、延展性、革新性等特征。

一、定性调研法

常见的定性调研方法包括焦点小组访谈法、深度访谈法、投射技术调查法等。

(1) 焦点小组访谈法。一般由 8－12 人组成,参与者在主持人的引导下就某一主题进行讨论。通过对主题充分和详尽的讨论,来了解受访者对某种产品、观念、创意或假设的想法和具体原因。

焦点小组访谈属于小样本的定性调研,参与者应该从与公司营销活动的潜在相关者中抽取。访谈一般持续两个小时,给每位参与者付酬。焦点小组访谈的主持人最为关键,优秀的主持人应当能够引导参与者说出他们真实的想法,鼓励他们陈述与别人不同的观点。

焦点小组访谈常常在以下情境中使用:(1)概念测试;(2)了解人们如何使用产品以及产品对他们来说究竟意味着什么;(3)探索营销中存在的问题或人们的抱怨及解决途径;了解人们对品牌、广告、包装等的看法;了解在问卷调查中需要关注的提问。

焦点小组访谈有四个主要目的:(1)产生创意。如新产品、新包装、广告创意等。(2)理解消费者的词汇。了解消费者在描述一项产品时使用的词汇,以改进产品或服务的宣传。这样的信息对于设计广告文案、编制产品宣传手册、修订调研问题和随后的定量调研中的问卷设计等都很有帮助。(3)揭示消费者对产品或服务的需要、动机、观念和态度。真正地了解客户对产品或服务的感觉和想法或者让管理者更早地了解产品或服务的变化对消费者的影响。(4)理解定量调研的结果。有时焦点小组访谈可以解释数据分析结果。例如,一家银行的形象调查显示,某分行的"员工友善"评价分数一直很低。通过焦点小组访谈得知,这是由于几个一线员工过于关心效率,而对顾客不太友善。据此该银行修订了培训计划,解决了这个问题。

(2) 深度访谈。深度访谈是指通过一个受过训练的访问者针对一个主题提出一系列探索性问题,来了解受访者对某事的看法,或为什么表现出某种行为。深度访谈的目的是获得不受限制的意见和评论,并且提出问题,以帮助营销调研人员更好地理解受访者的意见和评论,以及产生这些意见和想法的各种原因。概念测试、包装设计、发布广告和促销都可以使用这种方法。与焦点小组访谈相比,深度访谈更适用于研究复杂的相互关系、需要、购买动机。深度访谈有优点也有缺点。访谈者能够根据受访者的回答深入探索、询问许多其他问题,使得这种调研方法能够获得丰富、深刻、深层次的信息。在有些情况下,深层次的反应可以比预先知道答案的结构性调查更好地反映真实情况。如果使用得当,深度访谈可以深入洞察消费行为。然而,这一优势也导致深度访谈在访谈进程中缺乏结构。除非访问者训练有素,否则受访者对问题的认识与解释就会多种多样,当调研人员想了解个人层面的决策制定,消费者如何使用产品,或者消费者私人方面的情感和生活问题时,使用深度访谈非常有用。

(3) 投射技术调查法。投射技术调查法源自心理学的研究方法。如请受访者按主题要求画图画,描述某种情况,描述使用某类产品的人群,鉴别模棱两可的图画并加以描述,或将图画、对话、句子中缺少的部分补齐,或者把公司与动物、地点、不同风格的音乐进行匹配,以便了解他们内心对产品、品牌的潜在态度。这种方法有时能发现惊人的行为动机。例如,格蕾广告公司让受试者把长途电话公司想象成动物。结果 AT&T 被描绘成一头狮子,MCI 是蛇,Sprint 是美洲豹。格蕾利用这些信息把 Sprint 公司定位于"能带你做更多事情"的公司,而不强调省钱的方法。再如,古德柏·西尔维斯坦伙伴公司曾让豪华汽车拥有者画出自己对汽车的感觉。宝马、奔驰、Infiniti 和凌志的大部分用户都画出了汽车的外形。然而保时捷的使用者却几乎没人画汽车,而是从驾驶座的角度向外展现了蜿蜒的道路。这项实验让广告公司产生了灵感,强调驾驶保时捷所能带来的乐趣。虽然投射技巧能发现其他研究方法不能察觉的信息,但调查本身却非常昂贵。因为要对每个受试者进行单独调查,并要请有经验的心理学家做出分析解释。

二、询问调研法

询问调研法,是指通过语言或书面问卷方式向被调查者询问有关情况、搜集资料的方法。它是问答双方互动的沟通过程。询问调查法有多种具体形式,应用灵活方便。可以探讨各类问题,便于发挥调研者的主动性和创造性,有利于获得丰富的数据。

(1) 入户访谈。入户访谈是指访问员进入住户家中与受访者进行当面访问。它是一种非常重要的数据收集方法。因为,在受访者熟悉的环境中,私下面对面的访谈比较容易沟通,能够直接得到反馈,可以对复杂问题进行解释,对受访者进行启发,可使用问卷获得结构化数据。其不足在于,入户调查拒绝率非常高,调研机构很难控制或抽检,等等。

(2) 拦截访谈。拦截访谈是一种十分流行的调查方法。因为它简便易行,使用率约占个人访谈总数的 1/3。拦截访谈通常采用配额抽样获得样本,一般要使用问卷调研。拦截访谈与入户访谈相比,省去了采用随机抽样选定住户的过程,省钱省时。访问员可把主要精力集中于访谈,免去了入户访谈的各种麻烦,但它又具有入户访谈的优点。其不足表现在:①样本的代表性偏差,抽样空间内的群体特征不能覆盖所有人群;②访谈环境比较嘈杂,没有入户访谈环境好。

(3) 电话调查。电话调查是由调查员通过电话向被调查者进行询问和了解情况的调查方法。电话的普及使电话访谈得到了广泛的运用。其优点是显而易见的,如了解情况、搜集资料、获得结果的速度最快,节省时间和调查费用,在电话高度普及的情况下可按电话簿进行随机抽样,对难以接触的调查对象有机会进行调查,有些面谈感到不自然的问题可在电话中获得坦率的回复,可以在短期内调查较多的对象。其缺点主要有:①因受通话时间限制,调查的问题只能比较简单。如果调研问题比较复杂,这种方法就难以奏效。②拒访率高。调查的问题如果不能引起被调查者的注意,就不易取得被调查者的合作。

(4) 网上调研。主要指网上问卷调查,有两种主要方式:一是站点法,把调查问卷做成网页放在网站上,访问该网站的用户可自愿参与调查;二是用 E-mail 将问卷发送给被调查者,感兴趣者可填写问卷,点击"提交"将填答结果发送到指定的邮箱。网上调研的优点是回收速度快,可即时统计调查结果,成本低。

三、观察调研法

观察法主要是利用眼、耳等感觉器官或其他工具,有目的地对研究对象进行观察,以取得研究所需资料的调查方法。使用观察法需要注意:调研问题应能够观察到或推断出来；要观察的事物或行为具有重复性、稳定性，而不是偶然的；观察结果必须是客观的能够被检验的；观察所需时间相对较短。

通常以下六类情况可以采用观察法：①人体的行动和痕迹，如消费者的购买行为或观看电视的行为；②语言行为，如销售员与购买者之间的对话内容；③表达行为，如消费者看到商品或广告时的脸部表情；④特殊关系和位置，如交通路口的车辆来往的频率、购买者经常光顾的商店等；⑤时间数据，如消费者购物过程所用的时间；⑥语言用词记录，如广告内容、产品包装物特点等。

观察法通常采用反复观察，还经常借助照相机、摄像机将现场情况记录下来。观察法还可以采用其他收集资料的方法对观察结果加以对照、比较或检验。

观察法也有局限性。有时观察到的情况可能只是表面的或带有偶然性的，观察者也难免带有主观色彩。有此现象或行为不能直接观察，或费时太长。而且观察法对调研者的素质要求比较高，如要有较强的观察能力、判断分析能力，要懂些心理学。

四、实验法

所谓的实验法，即在控制其他额外变量所造成的影响的同时，操纵某一自变量，以观察它对另一因变量的影响。实验法有两种主要的类型：实验室实验和现场实验。

实验室实验是指在设计好的人为环境中对自变量进行操纵并测定因变量，以控制许多可能对因变量造成影响的外生变量。实验室实验有以下几个优点：第一，调研人员可以控制许多外生变量的影响；第二，与现场实验相比，实验室实验的速度快并且成本低。但是很明显，由于缺乏自然环境，实验的结论能否在真实的环境中进行推广还需要进一步验证。

现场实验是指在自然的环境中操纵自变量，并对该实验单位的因变量进行测定。许多营销实验都是在自然环境中进行的，例如在超市、购物中心、零售商店和消费者家中。假设一位营销经理进行了一次实验室实验，来检验公司现有的广告文案 A 和新广告文案 B 的差异。该实验的结果表明新广告文案 B 远胜于现有的广告文案，但在投放新的广告之前，该经理想知道广告文案在真实的市场中能否提高销售额。于是她选择在一个具有代表性的城市，实际播放新广告。通过现场实验，营销经理就可以对研究结果在其他真实市场中的推广更有信心。

现场实验的优点在于研究是在自然环境中进行的，因此提高了研究结果在现实世界中推广的可能性。但现场实验费用高昂且耗时过长。同时，调研人员必须持续关注外生变量的影响，而这些变量在现场实验的自然环境中是很难控制的。

五、市场营销调研新思维与新方法

在互联网时代，调查研究呈现出多维度的特征。其中较为明显的趋势大致有四点。

1. 海量信息与精准信息的结合

海量信息是在互联网时代由人类日益普遍的网络行为所伴生的非传统结构和意义的数据，人们形象地称之为"大数据"。海量信息具有体积巨大、类型繁多、速率极高、效度较准但是价值密度低的特点。基于这些特点，一方面要积极发挥海量信息的特长，通过梳理信息流获取调研信息,并借助先进的技术工具实现与网络舆情的互动;另一方面也要看到其"偏爱潮流""不懂背景""过分解构"等局限性,转而依据科学的分析模型,采用局部的精准信息(中小数据)来识别问题,梳理关联关系,回溯和分析问题根源及影响因素。二者的有机结合才能保证信息的全面性和可用性。

2. 线上、线下等多元研究方法的应用

在海量信息和精准信息充分供给的前提下,传统的研究方法开始面临新的挑战。仅仅是简单定量、定性分析手段已经难以满足处理超大规模信息的需求。

近年来,逐渐涌现出一系列计算机技术、管理科学、人工智能和行为科学相结合的多元研究方法,不仅能够为决策者提供决策所需要的数据、信息和背景,而且能产出高质量的问题识别结果、决策分析路径以及更加可操作的决策建议,极大地提升了决策的准确性和有效性。

这些研究方法可分为两类:一类是与新兴的网络和通信技术密切相关的线上研究方法,如词云分析、网络社区测试等,通常需要与第三平台(无线互联、云服务、社交媒体与大数据)紧密结合;另一类是传统的线下研究方法,如调查问卷、深入访谈、焦点座谈、二手资料研究、标杆研究等。两类研究方法的初步结论相互对比、相互印证、整合运用,会使调查研究更具科学性。

3. 单一问题短线研究与综合问题长线研究相结合

目前,我国经济社会正处于重要转型期。随着城市化进程不断加快,公共事务复杂性增强,新的问题和挑战不断涌现。单一问题的调查研究很难应对这一形势的要求。因此,在当前的调查研究中,不仅要强调深度,也要强调广度,尤其要注重对于多问题的综合研究。借助招投标工作中常用到的"长名单"和"短名单",可以更加形象地说明这一思路——在某一特定领域或话题下,先使用调查研究方法了解公众所关注的内容,形成"问题长名单";然后再根据目前宏观政策方向、特定阶段改革重点以及可掌控的实际资源,选择其中具有紧迫性、需要优先解决或者具有代表性、需要细致剖析的个别问题,筛选出"问题短名单"。在接下来的政策研究中,"长名单"作为政策环境或背景,"短名单"作为政策焦点,二者结合得出更有前瞻性、整体性的问题解决方案。

4. 引入行动研究的新理念

行动研究是近二十年来发展较快的研究方法,在国外尤其是欧洲的社区发展和社会问题解决中得到了很好的应用。其要义是,在实际情景中,由实际工作者和专家共同合作,针对实际问题提出改进计划,通过在实际中实施、验证、修正而得到研究结果。这种研究方法形成了扩展的螺旋结构,优点是简便易行、反应灵活、反馈及时。而且,行动研究具有"为行动而研究""对行动进行研究""在行动中研究""边行动边研究""边研究边改进"的特点,能够提升企业及政府部门决策和管理行为的针对性、有效性、可操作性。

第五节 营销预测概述

市场需求是一个产品在一定的地理区域和一定的时期内,在一定的营销环境和一定的营销方案下,愿意购买且有能力购买的特定商品(或服务)的顾客群体总量。市场需求的大小决定着市场规模的大小,对企业投资决策、资源配置和战略研发具有直接的重要影响。

一、市场需求研究的内容

市场需求测量内容主要包括市场需求量、需求结构、需求动机与行为、影响需求变动的因素。

(一) 市场需求量的测定

1. 市场总需求的测量

市场总需求是一定时期内一个国家或地区对货物和服务的需求总量。其公式如下：

市场总需求＝居民消费需求＋政府消费需求＋投资需求＋出口需求
　　　　　＝最终消费需求＋投资需求＋出口需求
　　　　　＝国内总需求＋出口需求

2. 某一行业的产品总需求

这是指一定时期内,一定环境条件和一定行业营销努力水平下,一个行业所有企业可能达到的最大销售量。它主要取决用户数量、人均(户均)购买量、单位产品平均价格三个要素,行业市场潜力的决定模型如下：

某一行业的产品总需求＝用户数量×人均(户均)购买量×单位产品平均价格

其中,人均(户均)购买量是计算需求量的重要参数,可利用历史数据或抽样数据进行测定。测定时,应考虑人均(户均)购买量的发展变化趋势和规律。

还有另外一种估算某一行业的产品总需求的方法,即连锁比率法。它由一个基数乘以几个修正率组成,即由一般相关要素移向有关产品大类,层层向下推算。比如要估算一国啤酒行业的市场潜力,则可以借助于以下公式：

啤酒需求量＝人口×人均可任意支配收入×人均可任意支配收入中用于购买食物的百分比×食物花费中用于饮料的平均百分比×饮料花费中用于酒类的平均百分比×酒类话费中用于啤酒的平均百分比。

3. 某一企业的市场需求量

企业需求是指在市场需求总量中企业所占的份额,可以表示为：

某一企业的市场需求＝该企业的市场占有率×市场总需求

在市场竞争中,企业的市场占有率与其营销努力成正比。假定营销努力与营销费用成正比,则有：

某企业的市场占有率＝某企业营销费用÷全行业的营销费用

由于不同企业的营销费用所取得的效果不同,以 a_i 代表 i 企业营销费用的奏效率,则某企业 i 的市场占有率计算公式为:

某企业的市场占有率＝(企业 i 的营销费用×a_i)÷[$\sum$(企业 i 的营销费用×a_i)]。

(二)需求结构衡量

需求结构是指消费者将其可支配收入用于不同类别商品(服务)支出的比重,它决定着消费者的需求投向或消费投向。需求结构研究通常可利用居民家庭购买商品支出的分类数据、分析研究大类需求结构、小类需求结构和品种需求结构。

(三)消费者的购买动机与行为研究

包括消费者为何买、买什么、在哪里买、由谁买、何时买、买多少等要素。一般可以通过问卷调查、深度访问和焦点座谈等方法来进行分析研究。

(四)市场需求变动因素研究

影响市场需求变化的因素很多,通常有经济总量及其增长率,宏观政治经济环境变化,居民货币收入与储蓄的变化,物价总水平的变动,固定资产投资的拉动,货币流通与货币政策、产业政策等。

二、市场需求的测量方法

科学的营销决策,不仅要以市场营销调研为出发点,而且要以市场需求预测为依据。市场需求测量是在市场营销调研的基础上,运用科学的理论和方法,对未来一定时期的市场需求量及影响需求的诸多因素进行分析研究,寻找市场需求发展变化的规律,为营销管理人员提供关于市场需求的预测性信息,作为营销决策的依据。

(一)购买者意向调查法

购买者意向调查法是指通过一定的调查方式(如抽样调查、典型调查等)选择一部分或全部的潜在购买者,直接向他们了解未来某一时期(即预测期)购买商品的意向,并在此基础上对商品需求或销售做出预测的方法。在缺乏历史统计数据的情况下,运用这种方法,可以取得数据资料,做出市场预测。在预测实践中,这种方法常用于工业用品和耐用消费品,适宜作短期预测。调查预测时,应注意取得被调查者的合作,要创造条件解除调查对象的疑虑,使其能够真实地反映商品需求情况。一般而言,运用此法要满足三个条件:①购买者的购买意向明确清晰;②这种意向会转化为顾客购买行为;③购买者愿意把其意向告诉调查者。

在采用购买意见调查法时,首先,要把消费者的购买意向分为不同等级,用相应的概率来描述其购买可能性大小。比如,将消费者购买意愿分为 5 个等级:"肯定购买",购买概率是 100％,"可能购买",购买概率是 80％,"未确定",购买概率是 50％;"可能不买",购买概率是 20％,"肯定不买",购买概率为 0。具体见下表:

表 4-4　购买意向概率调查

购买意向	肯定购买	可能购买	未定	可能不买	肯定不买
概率描述(P)	100％	80％	50％	20％	0

其次,向被调查者说明所要调查的商品的性能、特点、价格,市场上同类商品的性能、

价格等情况,以便使购买者能准确地做出选择判断,并请被调查者明确购买意向,即属于上表5种购买意向中的哪一种。

再者,对购买意向调查资料进行综合,列出汇总表:

表 4-5　购买意向汇总

购买意向	肯定购买	可能购买	未定	可能不买	肯定不买
概率描述(P)	100%	80%	50%	20%	0
人数(户数)x_i	x_1	x_2	x_3	x_4	x_5

从上表中,我们可以清楚知道,表示"肯定购买"有多少人(户);"可能购买"有多少人(户);……"肯定不买"有多少人(户)。

最后,计算购买比例的期望值,再计算购买量的预测值。购买比例的期望值公式如下:

$$E = \frac{\sum P_i X_i}{\sum X_i}$$

- P_i:不同购买意向的概率值;
- X_i:不同购买意向的人数(户数)。

购买量预测公式如下:Y＝E·N

- E:购买比例的期望值;
- N:预测范围内总人数(总户数)。

(二) 综合销售人员意见法

综合销售人员意见法是分别收集销售人员对预测指标估计的最大值、最可能值及最低值及其发生的概率,集中所有参与预测者的意见,整理出最终预测值的方法。销售人员包括基层企业的营业员、推销员及有关业务人员。销售人员最接近市场,比较了解顾客和竞争者的动向,熟悉所管辖地区的情况,能考虑到各种非定量因素的作用,较快地做出反应。

表 4-6　销售人员销售预测意见综合

销售人员	预测项目	销售额(万元)	概率	销售额×概率
张	最高销售	3000	0.2	600
	可能销售	2100	0.5	1050
	最低销售	1200	0.3	360
	期望值			2010
王	最高销售	2500	0.3	750
	可能销售	2000	0.6	1200
	最低销售	1600	0.1	160
	期望值			2110
李	最高销售	2050	0.2	410
	可能销售	1800	0.6	1080
	最低销售	1600	0.2	320
	期望值			1810

资料来源:吴健安.市场营销学[M].1版.北京:高等教育出版社,2000:143.

如果三个销售人员的素质接近,权重相同,则平均销售预测值为:

(2010+2110+1810)÷3=1976.7 万元

(三) 专家意见法

专家意见法是以专家为索取未来信息的对象,组织各领域的专家运用专业方面的知识和经验,通过直观的归纳,对预测对象过去和现在的状况、发展变化过程进行综合分析与研究,找出预测对象变化、发展规律、从而对预测对象未来的发展区实际状况做出判断。专家意见法的具体形式有四:一是个人判断法,即主要依靠个别专家对预测对象未来发展趋势及状况做出专家个人的判断;二是专家会议法,指依靠一些专家,对预测对象的未来发展趋势及状况做出判断而进行的一种集体研讨形式;三是头脑风暴法,即通过专家间的相互交流,引起"思维共振",产生组合效应,形成宏观智能结构,进行创造性思维;四是德尔菲法,是根据有专门知识的人的直接经验,对研究的问题进行判断、预测的一种方法,此法是由美国兰德公司于 1964 年首先用于预测领域的。

专家意见法的优点是:(1)能紧密结合特定招标项目的具体情况进行评标,使评标具有较强的针对性;(2)采用本领域的专家进行评标,且实行少数服从多数的原则,具备一定的科学性;(3)随机抽取评标专家,而且评标专家不能与投标人私下接触,在一定程度上体现了公平性原则;(4)评标程序相对固定,可操作性强,容易推广使用。

但是,这种方法的缺陷也是非常明显的,主要表现在:(1)主要依靠评标专家的知识和经验进行判断,评标的主观性有余,客观性不足;(2)评标的定性方法与定量方法结合不够。

(四) 市场试验法

在新产品投放市场或老产品开辟新市场、启用新分销渠道时,选择较小范围的市场推出产品,观察消费者的反应,预测销售量。由于该法耗用时间长、费用大,因而多用于投资大、风险高和有新奇特色产品的预测。

(五) 时间序列分析法

时间序列,也叫时间数列、历史复数或动态数列,它是将某种统计指标的数值,按时间先后顺序排放所形成的数列。时间序列预测法就是通过编制和分析时间序列,根据时间序列所反映出来的发展过程、方向和趋势,进行类推或延伸,借以预测下一段时间或以后若干年内可能达到的水平。时间序列分析法的步骤为:

(1) 收集历史资料,加以整理,编成时间序列,并根据时间序列绘成统计图。时间序列分析通常是把各种可能发生作用的因素进行分类,传统的分类方法是按各种因素的特点或影响效果分为四大类:长期趋势(T)、季节变动(S)、周期变动(C)、不规则变动(I)。

(2) 分析时间序列。时间序列中的每一时期的数值都是由许许多多不同的因素同时发生作用后的综合结果。

(3) 求时间序列的长期趋势(T)、季节变动(s)、周期变动(c)和不规则变动(I)的值,并选定近似的数学模式来代表它们。对于数学模式中的诸未知参数,使用合适的技术方法求出其值。

(4) 利用以下模式计算出未来的时间序列的预测值 Y:

加法模式:$Y = T + C + S + E$

乘法模式：Y＝T×C×S×E
混合模式：Y＝T×(C＋S＋E)

（六）直线趋势法

直线趋势法是指运用最小平方法，以直线斜率表示增长趋势的外推预测方法。公式为：

$$Y=a+bX$$

式中：a 为直线在 Y 轴上的截距，b 为直线斜率，反映年平均增长率；Y 为销售预测趋势值；X 为时间。

在已知 n 个观察值 (x_i, y_i) 的情况下 $(i=1,2,\cdots,n)$，可依据下式求出参数 a、b，然后建立直线趋势方程进行预测。

$$a=\sum Y/n-(b\sum X)/n$$
$$b=(n\sum XY-\sum X\sum Y)/[n\sum X^2-(\sum X)^2]$$

所以

$$Y=\sum Y/n-(b\sum X)/n+\{(n\sum XY-\sum X\sum Y)/[n\sum X^2-(\sum X)^2]\}\times X$$

（七）统计需求分析法

任何产品的销售都要受到多种因素的影响。统计需求分析是运用一整套统计学方法，发现影响企业销售的最重要的实际因素及其影响力大小的方法。经常分析的因素是价格、收入、人口和促销等。

统计需求分析法将产品销售量看作一系列独立的需求变量 $X_1, X_2, \cdots X_n$ 的函数，即，

$$Q=f(X_1, X_2, \cdots X_n)$$

应当注意的是，这些变量同销售量（因变量）之间的关系，不能用严格的数学公式表示，只能用统计分析来揭示和说明。运用多元回归分析的方法可以建立反映这些需求变量与销售量之间的相关关系的销售预测模型。

运用统计需求分析法时，应尤其注意可能影响预测值的因素，比如观察值过少、变量之间高相关、变量与销售之间关系不明晰，以及未考虑新变量的出现，等等。

需要说明的是，需求预测是一项十分复杂的工作。实际上，只有特殊情况下的少数几种产品的预测较为简单，如未来需求趋势相当稳定，或没有竞争者存在（如公用事业），或竞争条件比较稳定（如纯粹垄断的产品生产）等。在大多数情况下，企业经营的市场环境是不断变化的，由于这种变化，总市场需求和企业需求都是变化的、不稳定的。需求越不稳定，越需要精确的预测。这时准确的预测市场需求和企业需求都成为企业成功的关键，因为任何错误的预测都可能导致诸如库存积压或存量不足，从而使销售额下降以至出现销售中断等不良后果。在需求预测的过程中，所涉及的许多问题需要由专业技术人员解决，但是市场营销管理人员应熟悉主要的预测方法以及每种方法的长处和不足。

重要概念

市场营销调研　定性调研　定量调研　焦点小组访谈　深度访谈　投射技术　询问调查法　观察法　实验法　市场需求　购买者意向调查法　销售人员意见综合法　专家意见法　市场试验法　时间序列分析法　直线趋势法　统计需求分析法

思考题

1. 什么是市场营销调研？它应遵循的基本原则是什么？
2. 市场营销调研计划应该如何制定？
3. 怎样根据不同的情况选择不同的需求预测方法？
4. 列出市场营销调研的作用。
5. 简述市场营销调研的过程。
6. 怎样根据不同的情况选择不同的需求预测方法？
7. 观察你所居住的社区中的任何一家企业，了解这家企业生产什么产品，提供什么服务，采用何种方法，使用什么样的促销方法，或者有关企业的其他方面。如果你是这家企业的经营者，会实施市场营销调研来做出公司的产品及其设计、定价、促销决策吗？如果你决定不使用市场营销调研，请解释原因。
8. 在你感兴趣的就业领域中，选择一家公司，在图书馆或者互联网上查找这家公司的信息。找到这家公司的背景、产品、服务、顾客和竞争对手的信息之后，列出五个你认为在未来两年内这家公司要进行的决策，对于每一个决策，列出公司制定这些决策所提的信息。

案例分析

环球汽车

环球汽车是一家大型汽车制造商 ZEN 新成立的部门，尼克·托马斯被任命为该部门执行总裁。ZEN 是总部位于美国的跨国制造商，拥有多个事业部，分别主营几个汽车和卡车品牌。ZEN 的各个事业部的市场份额相对于竞争对手有些下滑。成立环球汽车的目的是通过对现有车型的工程再造或者开发出一款在当今汽车市场上富有竞争力的全新车型，来激活日益变老的 ZEN 汽车品牌。

环球汽车根据生产工艺分成五款车型：

1. 单座全电动，mpg-e 为 135，估计厂商建议零售价格为 28000 美元，续航里程为 125 英里。
2. 四座全电动，mpg-e 为 99，估计厂商建议零售价格为 33000 美元，续航里程为 90 英里。
3. 四座汽油混合动力，mpg-e 为 50，电池只支持 30 英里，然后转换成汽油发动机，估计厂商建议零售价格为 38 000 美元。
4. 五座柴油混合动力，mpg-e 为 75，电池支持 50 英里，然后转换成柴油发动机，估计厂商建议零售价格为 48000 美元。
5. 五座标准汽油动力，mpg-e 为 26，车型与 ZEN 的新车型相似，估计厂商建议零售价格为 22 000 美元。

那么，美国潜在的汽车购买者对这些车型会有怎样的反应呢？尼克需要知道这些车型与潜在的汽车购买者的期望有何不同。

环球汽车应当生产一种、两种还是更多种车型？

尼克知道单一车型无法满足所有市场的需求，因而需要不同车型来适应不同的细分市场。环球汽车要与其他竞争对手竞争细分市场,并尽量开发出能满足不同细分市场的消费者需求的车型。这意味着环球汽车不会在一种车型上获得巨大销量,有限的销量意味着汽车厂商必须采用高效的方式去运营,即以低的营销成本去获得利润。降低营销成本的最有效方法是高效地到达目标市场。换句话说,环球汽车不要在那些对该车型不感兴趣的消费者身上浪费促销费用,而是要针对这种车型的目标市场促销。例如,如果公司决定生产某一具体车型,就需要制定在媒体(如电视、广播、杂志报纸、社交媒体)投放广告的决策。尼克想要知道每个细分市场的消费者的媒体消费习惯:细分市场的消费者喜欢哪档电视节目、哪种广播风格、哪个杂志、本地报纸的哪个版面?环球汽车的营销部还会将大笔营销费用投放到在线社区。尼克也想知道通过微博、分享网站(如YouTube)、社交网站(如Face-book)、在线游戏和虚拟世界等社交媒体接触到的是哪个细分市场。

了解消费者所偏好的媒体只是第一步。尼克也许要了解具体车型的目标消费者是否对杂志类型有偏好,但同一类型的杂志中有多种选择。对所选择的细分市场的人口统计特征进行了解,也能够帮助尼克去选择报纸、杂志或者经销商。因为所有的媒体都依据其所能到达的消费群向潜在的广告主提供信息,所以环球汽车应当了解所要选择的每个细分市场的基本人口统计特征,如年龄、居住地、婚姻状况、家庭人口、受教育程度、收入和住房类型。

尼克知道省油也是汽车市场定位的一个关键因素。另外,他想知道消费者是否关注全球变暖,这种关注是否会对销售产生影响。环球汽车正致力于改进推进系统来减少碳排放。这一努力应当在促销时的定位陈述中作为诉求点提出吗?如果是,应当宣传哪一款车型?尼克在全球变暖方面拥有太多的信息。他只想知道消费者要考虑的两个主题:(1)消费者为全球变暖而担忧吗?(2)消费者相信汽车尾气会导致全球变暖吗?

假设尼克决定实施市场营销调研,市场营销调研人员也认可了案例中的问题陈述。请你陈述营销问题,并写出调研内容。

参考文献

[1] 菲利普·科特勒.营销管理[M].梅汝和,梅清豪,周安柱,译.10版.北京:中国人民大学出版社,2001.

[2] 吴涛.市场营销学教程[M].1版.北京:中国发展出版社,2009.

[3] 阿尔文·C.伯恩斯,罗纳德·F.布什.市场营销调研[M].于洪彦,金钰,汪润茂,译.7版.北京:中国人民大学出版社,2015.

[4] 朱洪春,庄薇薇,付宏科.市场营销实务[M].上海:上海交通大学出版社,2017.

[5] 袁岳.调研新思维与新方法[J].新西部,2017(10):88.

第五章 消费者行为分析

学习目标

1. 掌握消费市场的内涵和消费者市场需求的特点。
2. 了解消费者市场购买对象的分类。
3. 掌握消费者购买行为的类型。
4. 熟悉购买决策角色。
5. 掌握影响消费购买行为的内外部因素。
6. 掌握消费购买决策过程。

案例导入

"终生免费"的梦祥

河南梦祥纯银制品有限公司(简称梦祥公司)成立于1993年,是一家土生土长的中原草根企业,创始人李杰石董事长白手起家,带领企业员工,经过20多年的拼搏和努力,公司已经发展成为一家集传统中国白银文化研究、白银衍生品制造、产业园规划、珠宝首饰设计、批发零售为一体的综合性文化公司,是首家进入全国500强企业行列的银饰产品企业。一个胸怀感恩的企业家,会以慷慨之心和负责任的态度对待客户和消费者。客户至上,质量优良,服务完美,是梦祥对自己产品和营销的品质要求。

创始人李杰石认为做银饰不仅仅是做产品,它是在打磨作品,最终折射出的却是人品。做要做到表里如一、诚信经营,才能用雕琢精美的艺术品征服人心,才能享誉业内,不断做大做强。李杰石说,"做一个好人,好人就会做好事,帮助他人,成就自己,人品如产品,做生意不仅仅是做生意,更是如何做人"。如今,"感恩回馈"已成为梦祥企业核心文化之一。梦祥人用纯善之心打造的产品,是终身免费调换的,这是梦祥给予客户和消费者最好的感恩回馈。

在质量方面,梦祥银产品所采用的原料是在上海贵金属交易所购进的含银量99.99%的银砖,产品质量在选材上就有保障,梦祥人的工匠精神为成品质量保驾护航。在产品质量上梦祥银屡获殊荣,如中国著名品牌、河南省著名商标、消费者放心产品、最守合同企业等荣誉称号。

梦祥银公司于开创初期,李杰石就在其发展规划中提出,"让消费者天天都带上崭新的首饰"这一理念。随着品牌的发展,公司在总结各方经验的基础上提出"终身免费调换"的六字真言、立司之策。后来随着市场多元化的发展需求,这一政策逐渐彰显竞争优势,梦祥由最初的单一同城、同店、同品牌的"终身免费调换",发展为现在的"终端异地免费调换""终端外品免费调换"和"终端店内全品类免费调换"等多种调换方式,完全为顾客着想,深受顾客的信赖。在同行中体现了"梦祥人"的大志气与大胸怀,也使得消费者能够放心购买。

在服务方面,梦祥奉行客户至上的服务理念。目前梦祥在全国30多个省市都建立营销网点,设置了北京、郑州、深圳、成都、哈尔滨、西安、长沙、太原、沈阳等九个展销中心,辐射着全国各地,为梦祥的经营者和消费者提供着便捷、舒心的全方位服务。梦祥银在全国有5000多家店面,5000多家店面就相当于5000多个分点一样,每个点都是针对消费者而设的,并影响着消费者。2012年李杰石董事长提出在终端服务方面成立了一个专门的部门——商学院,商学院的讲师团队直接服务于门店的销售人员和销售顾问,对其进行免费培训。如培训新入职的员工礼仪、专业知识、销售技巧,以及如何解决客户的问题,等等。此外,针对整个店面运营的店长也会进行从人到货甚至到厂的综合培训,确保店长有能力经营店面,并且由服务部门为终端客户进行后期维护,力求业绩稳步提升。如果梦祥的客户打算不继续加盟,梦祥会把店里积压的产品以原价收回,这也是李杰石大格局、大胸怀的体现。可以说,梦祥就像一座堡垒,一艘船,里面的各种设施服务都很完善,作为梦祥的客户,是没有后顾之忧的。

第一节 消费者市场概述

一、消费者市场的含义

市场是指有购买能力、购买意愿的顾客群体。按照顾客购买目的的差别,购买者可以区分为个人购买者和组织购买者,前者构成消费者市场,后者构成组织市场。组织市场的购买者是各种组织,为了生产或转售等营利性目的而购买其所需产品或服务的是营利性组织,为了维持组织运作或履行其职能而购买产品或服务的是非营利性组织。

消费者市场是个人或家庭为了满足日常生活消费需求而购买产品或服务,是商品流通的终点,因而也称为最终市场。在数字化时代,消费者市场有了许多变化。传统意义上,消费者市场的场所是有形的,是进行商品与服务交易的实体场所。现代互联网技术的发展与移动平台的普及使消费场景逐渐转移至线上。然而,消费者市场的本质仍然是消费者生活消费的商品和服务流通的总和。

二. 消费者市场需求的特点

由于受多种主观和客观因素的影响,消费者的需要呈现多种特点。

1. 从交易的商品品类来看,消费者需求具有多样性

多样性是指消费者购买的产品花色多样、品类复杂。在消费者市场上,消费者的年

龄、职业、收入、教育程度、居住区域、民族和宗教信仰等方面存在较大差异,这些特性决定了消费者不同的需要、欲望、兴趣和爱好,导致他们对不同商品或同类商品的不同品种、规格、性能、式样、价格等方面的需求是千差万别的。同时随着社会经济的发展,消费者的消费习惯、消费观念和消费心理不断发生变化,也会导致消费者的需求呈现动态多样性。随着互联网技术的发展,电子商务和网络购物平台更是为消费者选择的多样性提供了可能,人们不再局限于购买本地的商品与服务,而是可以在更大的空间范围内选择最满意的商品和服务。

2. 从交易的规模和方式看,消费者需求具有分散性

消费品的购买,一般以个人和家庭为单位,一方面消费者居住的地理空间具有分散性,另一方面由于受消费品本身特点和家庭收入的制约,消费者每次购买的消费品常常以能满足一定时间内个人及家庭需要为限,一般来说购买频率较高,交易的数量和金额相对较少,多属零星购买。随着电子商务的发展,快递行业和网络电商平台的不断壮大,一方面弱化了地域的分散性,但另一方面却提高了消费者的购买频率,减少了消费者的单次购买数量。

3. 从交易的发展趋势看来,消费者需求具有易变性

易变性是指消费者需求具有求新、求异和求变等特点。消费者不喜欢一成不变的老面孔,更希望在品种、款式和包装等方面有所变化的商品。在现实生活中,除了极少数的商品具有不可替代性,绝大多数商品都能找到替代品,为消费者的易变性选择提供了有利条件。电商平台和物流技术的迅速发展以及零售行业竞争的日益加剧,区域壁垒逐渐缩小,尤其是随着产品信息传播方式的兴起,比如淘宝、微博、小红书、短视频推荐等,一方面会导致消费者选择商品的余地越来越大,另一方面会急速降低消费者的产品转换成本,而这又会强化消费者需求的易变性。

4. 从交易的弹性程度来看,消费者需求具有伸缩性

伸缩性是指消费者的需求会被一些因素抑制或促进。一般而言,消费者的需求会受到两类因素的影响:内部因素包括消费者个体的购买欲望、支付能力和性格特点等,外部因素包括参照群体的经验或建议、企业的营销策略等。在生活中,消费者对日常必需品的需求伸缩性比较小,不会因收入的增减和价格的升降产生大幅度的变化。但是,对于选择性比较强的非必需品、高档消费品的需求伸缩性是比较大的。线上购物时,在线评论产生以来,他人对同种商品的购买经验形成的评论,成为消费者对产品进行判断的首要影响因素,比如,"买家秀"图片对消费行为的促进或抑制作用体现得更为明显。

5. 从交易的购买行为来看,消费者需求具有可诱导性。

可诱导性是指消费者的需求会被引导和调节。尽管消费者市场的某些需求出自消费者的本能,但某些需求还是会因外部的一些刺激而产生,并经常发生变化或转移。现实生活中,企业通过适当的营销努力,就会引导、诱发某些消费需求,从原本的无需求转变为有需求,从未来需求转变为近期需求,从潜在需求转变为现实需求。随着大数据技术的发展,电商企业很多已经对消费者的日常网页浏览以及消费过程中提取的数据进行分析,形成消费者偏好数据分析报告,从而开启精准度极高的广告推送,或促销信息,提高消费者的消费意向。

6. 从交易的购买内容来看,消费者需求具有非专业性

非专业性是指在大多数情况下,消费者个体缺乏专业的商品知识,大部分消费行为是非专家型消费行为。由于需求的自发性、冲动性,消费者对产品品牌、性能、使用、保管、维修以及市场行情等都不太了解,消费者一般都是根据自己的好恶和感觉做出购买决策。比如,在当前抖音直播带货中,消费者关注的不再是某个品牌,而是某几位明星(甚至是网红),消费者更多是对传播的信息具有较强的依赖性和信赖感,而不是对产品本身。

7. 从交易满足需求类别来看,消费者需求具有层次性

基于马斯洛需求层次理论,人的需求有五个层次,从低级到高级分别是生理需求、安全需求、归属需求、尊重需求和自我实现需求,如图 5-1 所示。

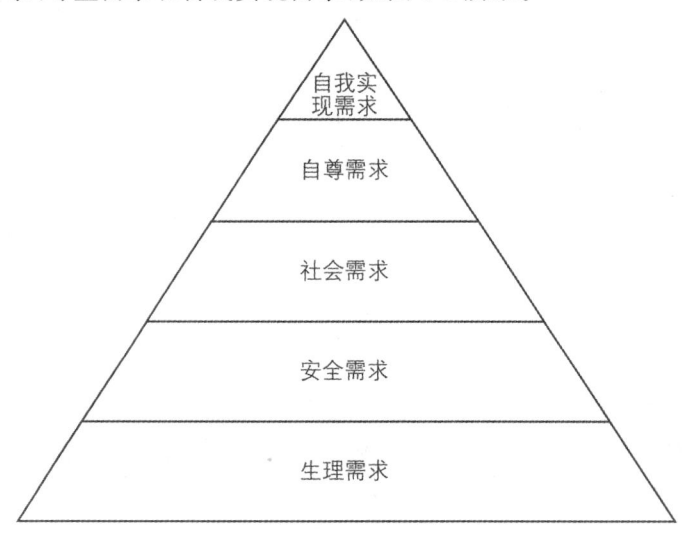

图 5-1　马斯洛需求层次理论

人在满足需求的过程中,先满足低级需求,再满足高级需求。由此可知,虽然消费者的需求多种多样,但由于各种主客观条件的限制,这些需求不会同时获得满足。消费者会依据自己的收入状况、支付能力以及主观偏好等来逐步满足各种消费需求。随着消费信贷和移动支付的发展,消费者对不同需求层次的满足有了新的变化,比如,超前消费、分期付款等。但总的来说,消费者需求的满足依然遵循层次性这一规律。

三、消费者市场购买对象分类

1. 依据产品的耐用性进行分类

(1) 耐用品。耐用品是指使用年限较长的产品,他们不会被一次性消费完,往往具有较长时间跨度的折旧年限,该类产品一般具有周转期长、售后服务水平要求高等特点。例如,生活中常见的汽车、电视、冰箱、音响、电脑等就属于耐用品,消费者在购买这类商品时,消费者往往都比较重视。

(2) 非耐用品。与耐用品对应,非耐用品是指使用年限较短、消费者一般会经常购买的商品,这类商品具有周转期短、售后服务水平要求不高等特点。比如,生活中常见的食品、洗发水等都属于非耐用品,消费者在购买该类商品时,非计划性冲动性购买更明显。

2. 依据消费者购买习惯进行分类

（1）便利品。便利品是指消费者日常生活所需、需要重复购买、无须费时费力就能直接购买的商品，比如牙膏、饮品等。消费者在购买该类商品的时候，一般不愿花费很多的时间和精力去比较价格和质量，购买行为体现出较大的规律性，如果购买当时没有现货，消费者愿意接受其他代用品，并且喜欢就近购买。所以，对于便利品，企业通常需要使用宽分销渠道，即分销的广泛性和经销网店的合理分布，以匹配消费者对便利品的购买习惯。

（2）选购品。选购品价格比便利品要高，消费者购买时愿意花费较多时间对许多同类产品进行比较之后才决定购买的商品，比如服装、家电等。在购买选购品时，消费者常常愿意投入精力，会对不同品牌或商店进行款式、适用性、价格以及生活方式等进行比较，以期望购得自己满意的商品。选购品一般包括两类：同质品和异质品。同质品是指质量、功能等基本相似的产品，但价格上有比较明显的差距；异质品是指质量、功能等就有较大差异性的产品，该类商品会促使消费者进行更为复杂的信息搜寻和决策处理。

（3）特殊品。特殊品是指消费者对其有特殊偏好并愿意花费较多时间和精力去购买的消费品，如珠宝、古玩、高档家具等。一般来说，消费者愿意广泛寻求某种特殊商品而不愿意接受其他替代品，特殊品不涉及购买者对商品的比较，反而对于特殊品的购买，消费者愿意投入更多时间和精力寻找商品的经销商。特殊品的经销商经常运用能突出其地位感的精选广告来表现商品的特有形象，同时，品牌定位和服务质量在特殊品的销售中发挥非常重要的作用。

（4）非渴求物品。非渴求物品是指消费者不了解或者即使了解也没有购买意愿的消费品，比如人寿保险、百科全书等。该类商品由于不被消费者主动寻找，所以需要有经验的销售人员去开展促销活动，因此非渴求物品经常采用人员推销的方式，尽力接近潜在的消费者。数字技术和互联网平台的发展为非渴求品开拓了市场，创造了利润空间。

第二节　消费者购买行为与决策

一、消费者行为的含义

消费者行为是指消费者为获取、使用、处置消费商品或服务所采取的各种行动，包括选用和决定这些行动的决策过程。研究消费者行为包括消费者在获取产品和服务之前搜寻信息、评价、选择和实际购买的行为，还包括获取商品后的使用、保养、维修、处置等活动。研究消费者行为可以与消费者建立和发展长期的交换关系。

消费行为是复杂多样的，具有相同需求的消费者的购买行为会有不同。因为众多的消费者在需求、消费偏好以及商品选购等方面会有较大的差异。消费行为是动态发展的，从马斯洛需求层次理论可知，人们的需求是有层次的，低级需求满足之后，会自然产生高级需求。尽管如此,消费行为是可以认知的,因为消费行为终归要受到需要、欲望和需求的支配,通过科学的调研方法,运用消费者行为学理论体系,最终能够找到规律性答案。

二、消费者购买行为类型

根据购买参与程度和品牌差异程度,消费者购买行为可以划分为四种类型。品牌差异程度是指同类但是品牌不同的产品在品质、价格、知名度、美誉度等方面存在的差别;购买介入程度是指消费者对购买活动的关注程度和感知的风险程度,一般通过谨慎程度、信息搜集和参与决策的人数多少来衡量。如表 5-1 所示:

表 5-1 消费者购买行为类型

品牌差异程度	购买介入程度	
	高	低
大	复杂型购买行为	多样化购买行为
小	减少失调感购买行为	习惯性购买行为

1. 习惯型购买行为

习惯型购买行为是指对于价格低廉、经常购买、品牌差异小的产品,消费者不需要花时间选择,也不需要经过收集信息、评价产品特点等复杂过程,属于最简单的购买行为类型。事实上,许多商品都是在习惯性购买的情况下完成决策的。消费者对于比较熟悉的产品,经常购买的产品,就会采用习惯性重复性的购买行为,如常用的清洁品类、厨房用品等日用消耗品。如果没有特殊事件,比如富有吸引力的价格优惠或新品牌出现,消费者一般不会轻易改变自己已经习惯的消费购买行为,所以习惯型购买行为具有较高的品牌忠诚度。

2. 复杂型购买行为

复杂型购买行为是指消费者面临品牌差异大的产品时,会广泛收集相关信息,慎重选择,仔细比较后才购买,以求降低风险的购买行为类型。复杂购买行为下,消费者会经历购买决策过程的所有重要环节,即使在购买后的使用过程中还会对所购商品进行评价。该类商品一般消费者的认知度较低、价格较高、购买频率较低,比如商品房、大型家电、电脑、汽车等。因为对商品的专业性较差,成本带来的风险较大,所以消费者会花费大量的时间来收集信息,还要花费较长的时间进行对比选择,有的产品从需求产生到决定购买会花费几年的时间。

3. 减少失调购买行为

减少失调感购买行为,又称为协调型购买行为,指消费者面对品牌差异小而购买风险大的产品,花费大量时间和精力去选购,购后又出现不满意、不平衡的心理,为寻求协调平衡,而在使用过程中继续学习更多的产品信息来减轻心理压力的购买行为类型。这类商品品牌差异不大,消费者又是偶尔购买,消费者为了对产品有较深的了解一般有较高的介入度,购买时显得比较谨慎。对于该类商品,营销者要完善售后服务,增加顾客的满意度。比如手机,房子,家具。

4. 多样性购买行为

多样性购买行为是指对于品牌差异明显的产品,消费者不愿花长时间来选择和估价,而是不断变换所有产品的品牌的购买行为类型。多样化购买行为随意性比较大,一方面是因为消费者总是有求新求异的消费心理需求,比如对新产品、新品牌、新口味等抱有好奇心;另一方面是因为消费者不愿花长时间,即使购买的商品不如意,以后不再购买就是了,反正风险很低损失不大。所以,需要注意的是,多样化购买行为并不意味着购买一定是不满意才发生。多样性购买行为属于低介入度购买行为。比如口红,粉底液等化妆用品。

(三)消费者购买角色

在许多情况下,消费者购买决策过程不止有一个参与者,换句话说,很多消费决策不是一个人独自做出来的,是一个多人或群体决策过程。购买决策过程的参与者扮演着不同的角色,包括:

1. 发起者,即首先提出购买某种产品或服务倡议的人。
2. 影响者,即对购买倡议提出看法或建议,对最终决策有影响的人。
3. 决策者,即对是否购买、如何购买、何处买等有权做出最终决定的人。
4. 购买者,即具体执行购买任务的采购者,可能会对所购商品的价格、质量、购买地点等进行比较和选择。
5. 使用者,即实际消费或使用产品或服务的人。使用者对商品的好与不好最有发言权,使用者的满意度会影响到后续的重购行为。

在消费者购买决策过程中,发起者、影响者、决策者、购买者以及使用者发挥着不同的作用,可能不同的角色由不同的人担任,也可能一个人担任了所有的角色。比如,购买一支牙膏,对成年人来讲,从发起者到使用者极有可能是一个人担任所有角色,对儿童而言,发起者到使用者就可能是不同的角色不同的人担任。

第三节 消费者购买行为的影响因素

消费者的购买行为受文化、社会、个人和心理因素的影响,文化因素和社会因素是影响消费行为的外部客观因素,个人因素和心理因素是影响消费行为的内部主观因素。如表5-2所示:

表5-2 消费者购买行为的影响因素

外部客观因素		内部主观因素	
文化因素	社会因素	个人因素	心理因素
文化 亚文化 社会阶层	参照群体 家庭 社会角色	性别 年龄 个性 生活方式 自我概念	动机 知觉 学习 信念 态度

(一)文化因素

1. 文化

文化是知识、信念、艺术、法律、伦理、风俗等由一个社会的大多数成员所共有的习惯、能力等构成的复合体。文化是区分一个社会群体和另一个社会群体的主要因素，是人类欲望和行为最基本的决定因素。文化对行为的约束没有十分明确的规定，它对人们的影响是潜移默化的，有点润物细无声的感觉。不同国度或民族在文化上存在显著差异，该差异对消费者行为的影响，不仅仅体现在对特定商品的购买方面，还体现在消费者信息收集和价值判断。比如，结婚礼服，西方喜欢白色婚纱，东方喜欢凤冠霞帔。

2. 亚文化

亚文化是主体文化的分支，即亚文化是在较大文化内与其他群体共存的一个群体。亚文化群体的成员基于共同的文化体验、文化传统和环境，其成员具有共同的信仰、价值观和消费模式，所以，不同亚文化群体在价值观、偏好和行为等方面有显著差异。但亚文化群体的行为和信念无不打上主流文化的烙印。站在营销的角度，主要的亚文化包括民族亚文化、宗教亚文化、年龄亚文化和地理区域亚文化。对企业开展营销活动而言，"本土化"营销其实就是亚文化营销的一种表现。

3. 社会阶层

社会阶层是指一个社会中具有相对同质性和持久性的群体，他们是按照某种标准划分为高低不同的等级进行排列的。每一个阶层的成员具有类似的价值观、兴趣爱好和行为规范，同一阶层的成员之间交往互动频繁，会强化共有的规范和价值观，需求的产品种类和档次相似性更为突出。不同阶层之间，在价值观、生活态度和消费习惯等方面存在显著差异，比如会显示出不同的产品偏好和品牌偏好，所选择的新闻媒体和使用的语言也有差别。企业营销活动也往往会把产品的品牌和服务与特定的社会阶层联系起来，许多产品也是针对特定社会阶层而设计的。需要注意的是，社会阶层的界限并不是固定不变的，产生社会阶层变动的原因是个体获得社会资源的能力和机会上的差别。

（二）社会因素

1. 参照群体

参照群体又称相关群体，是指个人在形成购买或消费决策时用以参照、比较的个人或群体。根据心理学观点，人的爱好、习惯和思想行为准则等不是天生就有的，而是在后天习得的，参照群体的看法和价值观被个人作为当前行为的基础。参照群体分为直接参照群体和间接参照群体，直接参照群体又称成员群体，即某人所属的群体或与其有直接关系的群体。间接参照群体是指某人的非成员群体，即此人不属于其中的成员，但又受其影响的群体。如表5-3所示：

表5-3 参照群体分类

参照群体			
直接参照群体		间接参照群体	
首要群体	次要群体	向往群体	厌恶群体

直接参照群体又分为首要群体和次要群体两种，首要群体是指与某人直接、经常接触的一群人，一般是非正式群体，如家庭成员、亲戚朋友、同事、邻居等。次要群体是对其成员影响并不很频繁但一般较为正式的群体，如职业协会、宗教组织等。间接参照群体又分为向往群体和厌恶群体。向往群体是指某人推崇的一些人或希望加入的群体，比如各种明星就是其崇拜者的向往群体。厌恶群体是指某人讨厌或反对的群体。一个人总是希望

能与不喜欢的群体保持一定的距离,不愿意与之发生任何联系。

在粉丝经济、互联网直播平台等迅速发展的背景下,参照群体呈现出新的特征。在线社交网络就从时间和空间上根本改变了传统的社会交往和人际沟通的方式,形成了许多独特的观念或准则,比如,供人们社会交往或者交换信息和意见的朋友圈、微信、抖音等。

参照群体对其成员的影响体现在三个方面:信息性影响、规范性影响和认同性影响。信息影响是指消费者将参照群体的某些行为作为有价值的信息加以参考并做出相关决策。来自参照群体的相关信息被认为能够增加消费者对有关消费情境的认识,或提升消费者处理消费问题的实际能力。信息性影响程度取决于被影响者与群体成员的相似性以及施加影响的群体成员的专长。比如,消费者确实会受到短视频平台的带货主播的影响,从而对产品产生认知,甚至产生消费需求,但是受到的影响程度又取决于消费者对主播个人的认同度。

规范性影响,又称为功利性影响,是指个体会为了满足群体的期望而做出获得赞赏或避免惩罚的行为。具体而言,如果消费者感觉到某种行为会引起他人的奖励或惩罚,且这种结果被他们认为是重要的,消费者就会去迎合参照群体的预期。群体与个人之间的联系越紧密、产品越受到社会关注,规范性影响就越强。比如,一消费者发现自己的朋友都喜欢喝某个品牌的啤酒,尽管该消费者喝不出这个品牌和其他品牌之间的区别,但是这个消费者也会在聚会时购买这个品牌的啤酒。

认同性影响,又称为价值表现影响,是把群体价值观和群体的规范完全内化,在不需要任何外力因素的作用下,会按照某种行为方式和价值观行事或者做出决策,该影响和奖惩无关。在内化的前提下,个体就会依据群体观念和规范行事,群体的价值观实际上已经成了个体自身的价值观。比如,大学生临近毕业,找工作面试时,都特别喜欢穿比较保守的白色衬衣和深色西装,究其原因,大家固化地认为保守的形象能够凸显个人的严谨性,与工作这个严肃的场景是吻合的。

2. 家庭

家庭是指以婚姻关系、血缘关系以及收养关系为纽带结成的拥有共同生活的社会基本单元。家庭是社会的基本单位,也是社会中最重要的消费者购买组织。家庭承担了许多基本功能,比如经济功能、情感交流功能、抚养与赡养功能和教育功能等,所以家庭强烈地影响着消费者的价值观、生活方式和消费者观念等。家庭对消费者购买行为的影响主要体现在两个方面:家庭权威中心和家庭生命周期阶段。

家庭权威中心表明在家庭中谁是权威的主体和重心。通常,家庭权威中心有四种类型:(1)各自做主型,即每个家庭成员可以对自己需要的商品独立做出购买决策,其他人不干涉;(2)丈夫支配型,即丈夫是家庭权威中心,家庭最终的购买决策权掌握在丈夫手中;(3)妻子支配型,即妻子是家庭权威中心,家庭最终的购买决策权掌握在妻子手中;(4)共同支配型,即家庭无固定的单一权威中心,其大部分购买决策由家庭成员共同协商做出。

家庭生命周期是指一个以户主为代表的家庭从产生到消亡的全过程。根据传统的家庭生命周期理论,它可以划分为五个阶段:单身阶段、新婚阶段、满巢阶段、空巢阶段和解体阶段。一个家庭在各阶段的财务收支、经济负担和购买商品的类别均有其规律性,如表5-4所示:

表 5-4　家庭生命周期的各阶段及需求购买特点

阶段		标志	需求及购买特点
单身		年轻,个人生活	与父母同住;几乎没有经济负担;时髦好娱乐导向
年轻夫妻		年轻,无子女	如果经济较紧,与父母共同生活,没有财务支出,储蓄以购买自己的住房;如果经济独立,住自己的房子。对耐用品购买力高,如汽车、冰箱、彩电等。虽然要储蓄以偿还抵押款,但度假也会参加
满巢	满巢1	6岁以下年幼子女	如果经济较紧,与父母共同生活,让父母照顾孩子。如果经济宽松,或者妻子不工作带孩子,或者请保姆照顾孩子。主要购买小孩用品
	满巢2	6岁以上子女	如果夫妻都工作,经济状况较好。关注教育费用、居家用品;较少购买耐用品
	满巢3	老夫妻,子女未独立	随着子女参加工作,经济状况很好,付清抵押贷款,积极储蓄,添加耐用品
空巢	空巢1	老夫妻,身边无子女	有自己的住宅,经济富裕,有储蓄,对旅游、家庭改善感兴趣,愿意资助已工作的子女
	空巢2	已退休,无子女同住	退休,赋闲在家,收入锐减;依靠储蓄或子女帮助生活;为了经济原因可能会换小房子住。购买有助于健康、睡眠和消化的医疗保健产品
鳏寡		老夫妻一方去世	因一方去世,退休金又少一份,经济拮据,支出缩减;或独居,或与子女同住;特别需要得到关注、情感和安全保障

3．社会角色

社会角色是指个体在群体、组织或社会中的地位与作用。每个个体生来就不是独立的,必然要与各种类型的群体打交道,从而形成不同类别的社会角色。一个人在其一生中会参加许多群体,如家庭、俱乐部以及其他各种类型的组织。社会角色会在不同程度上影响消费行为,换言之,消费行为能够体现个体的社会角色差异。消费者往往会购买与其身份地位相符的消费品。

(三) 个人因素

消费者购买决策也受到其个的多种特征密切相关,如性别、年龄、受教育程度、职业、所处经济环境、生活方式、个性以及自我概念等。

1．年龄与性别

性别和年龄是决定消费者购买决策的最为基本的个人因素,而且具有明显的共性特征。消费者的年龄通常是决定其需求的重要因素,处于不同年龄阶段的个人所关注的商品明显不同。比如,儿童关注食品和玩具,少年关注学习用品和电子用品,青年关注流行时尚产品,中年人关注居家产品,等等。同时不同的生活经历,每个消费者在价值观、审美观和消费理念上存在巨大差异,而产品和服务通常只吸引某个特定年龄段的人群。

在性别方面,男性和女性在生理上的先天差异导致了不同的心理和行为,使两性的消费产品及购买决策过程差异显著。男性消费者购物目的明确,决策比较理性,接受稳重可靠的商品,追求快捷、简单的购物过程;而女性消费者往往购物目的不明确,通过有更多的计划外、冲动性购物,决策更偏向于感性。男性和女性在购买内容上也有显著差异,女性对服装、化妆品、食品、日用品等比较关注,男性对家用电器、电脑、家具、轿车等更感兴趣。

2. 个性

个性是指使一个人或一群人区别于其他人或群体的独特心理特征,这些特征能使一个人对他所处的环境产生相对稳定和持久的反应。个性是个体在面临相似情况时做出特殊反应的倾向。动机会引发消费行为,而个性会使不同的消费者选择不同的行为去实现目标。比如,两个消费者可能有相同的缓解紧张的需要,由于个性不同,他们则会表现出不同的行为,一个选择购物,一个选择打游戏。

从营销学的角度看,绝大多数个性研究更多关注于消费者个性差异会对其购买行为产生怎样的影响。研究发现,当某个品牌的个性和消费者的个性保持一致时,这个品牌将会更受欢迎。同时,越来越多的消费者倾向于购买不同风格的产品来展示自己独特的个性,比如,消费者会通过不同的品牌选择、社群选择和创新选择来表达自己的个性。

消费者个性影响品牌选择。品牌个性是产品或品牌特性的传播以及在此基础上消费者对这些特性的感知。根据消费心理学的研究,人们可以从消费者所拥有的品牌、他们对不同产品品牌的态度以及品牌对他们的意义和重要性等方面来判断其个性。比如,通过判别分析法发现,汽车品牌个体特征能够准确地预测实际的汽车拥有者。

消费者个性影响社群选择。随着互联网平台的发展,各种不同的社交群体纷纷涌现,为与目标消费者建立较强的联系,社群都建立各自的标签和身份特征。消费者也往往喜欢与自己的价值观、生活习惯和消费喜欢相一致的群体互动。那么,不同产品也会选择能够体现产品特质的博主,从而通过个性特质一致性来提高消费者对产品的情感性、忠诚度。

3. 自我

自我是个体对自身一切的知觉、了解和感受的总和。通常情况下,自我回答的是"我是谁"和"我是什么样的人"等问题。

自我包括四种类型:社会的自我、个人的自我、实际的自我、理想的自我,如表5-5所示:

表5-5 自我类型

自我的维度	实际的自我	理想的自我
个人的自我	我实际上如何看待我自己	我希望如何看待自己
社会的自我	别人实际上如何看待我自己	我希望别人如何看待我

自我是理解消费者行为的一个很重要的概念,贝尔克在他的研究中提出了延伸自我的概念,认为延伸自我由自我和拥有物两部分构成,人们总是购买有助于强化自我意识的品牌和产品。例如,青春期的男孩可能会使用汽车或香烟等有男性气概的产品以显示其正在形成的男性魅力。一般来说,消费者总是会选择那些与自我概念一致的产品或服务,避免选择那些与自我概念相违背的产品或服务。某些产品对其所有者来说之所以意义重大,是因为他们能够向他人传递关于自我的重要信息。

4. 生活方式

生活方式(lifestyle)是个人认知在一定的社会、文化条件下显现的外在形态,代表某个群体或社会阶层的生活模式。在一定文化和社会背景下,消费者总是会通过追求自己的生活方式展现自我个性,所以根据消费者的生活方式,可以预测消费者的行为。换言之,对生活方式的追求影响消费者的需求、欲望,进而影响消费者的购买决策和使用行为。例如,一个有环保意识、更热爱自然的生活方式的人,更可能成为一个素食餐厅的重要顾客。

细分生活方式的方法有 AIO 模式和 VALS 方法两种。AIO 模式通过描述消费者的活动、兴趣和意见来度量生活方式的实际形式,而 VALS 方法是 SRI 公司于 20 世纪 70 年代开发的一种关于生活方式的细分方法,按照自我导向和资源两个维度,定义了八个类别的生活方式:现实者、满足者、信念者、成就者、奋斗者、经历者、工作者和挣扎者。这八个类别是基于美国消费者的数据得出的,对于中国消费者行为的分析有指导意义,但不够精确。

(四) 心理因素

1. 动机

动机是决定人的行为的内在动力,代表的是一种表面上观察不到的内在力量,正是这种力量刺激和支配着行为反应,并决定了行为反应的具体发展方向。一般来说,动机是由需要引起的,消费者的购买动机又直接导致具体的购买行为。需要、动机和行为之间的关系如图 5-2 所示。

图 5-2　需要、动机和行为的关系

依据弗洛伊德的假定,形成人们行为的心理因素大多是无意识的,并且一个人可能并不完全清楚自己的动机。企业不仅要注意发现消费者表明的需要,还必须注意探寻消费者尚未表明的潜在需要。比如,购车者表明了的需要是想购买一辆不贵的汽车,其真正的需要不仅包括购买价格不高,可能还包括汽车的低运营成本。消费者动机包括五种类型:求实动机、求新动机、求名动机、求廉动机和求易动机。

求实动机,消费者侧重追求商品或服务的使用价值,重视商品的质量和效能。求新动机,消费者更侧重商品的时尚性、新颖性及奇特性,重视商品的款式、颜色及外观等,对适用性和价格等因素考虑得较少。求名动机,消费者看重商品或服务的品牌与档次,主要目的在于显示其身份和地位,在奢侈品消费中社会导向的炫耀性动机就是该动机。求廉动机,消费者侧重商品或服务的低廉价格,消费者对商家降价、折扣和折让等活动感兴趣,会多花一些体力和精力来单方面了解和比较商品的价格差异。求易动机,消费者看重追求商品和使用商品过程中省时和便利等购买动机,重视购买效率。

2. 学习

学习是指在社会生活中,个体因为经验而产生的行为或行为潜能的比较长久的变化。通过学习活动,消费者可以形成对某种产品或服务的信念和态度,并影响自身的购后评价。人类行为大都来源于学习或受后天经验影响,在后天经验理论中,应用比较普遍的是"刺激-反应"理论,简称为"S-R"模式,该理论认为,消费者的购买动机是下列五种要素互相作用的结果,如图5-3所示。

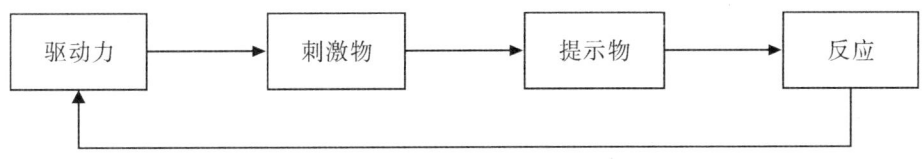

图5-3 "S-R"模式

消费者学习的理论主要包括经典条件反射理论、操作性条件反射理论和认知学习理论。

经典条件反射理论由生理学家伊万·巴甫洛夫(Ivan Pavlov)提出,该学习理论强调借助某种刺激与某个反应之间的已有联系,经由练习可以建立起另一种中性刺激与相通反应之间的联系。假如希望消费者能够对钢笔产生正面的感觉,首先运用某个刺激(音乐)和反应(愉快的感觉)之间的既定关系,使人学会对于另外的刺激(品牌)做出相同反应的过程。如图5-4所示:

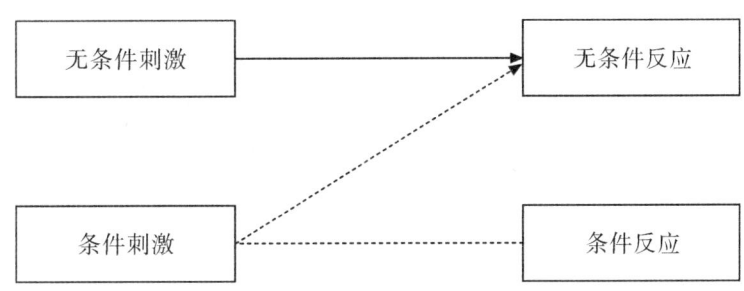

图5-4 经典条件反射下的消费者学习

上图表明,流行音乐(无条件刺激)能引发人的正面情绪(无条件反应),如果这种音乐总是与某种品牌的钢笔或其他产品(条件刺激)同时出现,该品牌本身也能引发正面情绪(条件反应)。经典性条件反射在现实营销中处处可见,比如,在令人兴奋的体育节目中不断宣传某种产品,会导致该产品本身令人兴奋;超市内播放的音乐会激发给予和分享的情绪,从而增加消费者的购买意向。

操作性条件反射由心理学家斯金纳(B. F. Skinner)提出,该学习理论认为学习是一种反应概率的变化,而强化则是提高反应概率的手段。一旦某个操作或者自发反应出现,若存在强化物或强化刺激,该反应出现的概率就会提高;对于经由条件作用强化的反应,如果出现后不再有强化刺激,该反应出现的概率就会降低,直到不再出现。比如,想促使爆米花产品大卖,操作性条件反射的做法首先通过邮寄或在购物中心、商店大量派发免费的品尝品,然后会发现许多消费者会尝试(期望的行为),如果爆米花的味道确实不错(起到强化作用的正向结果),消费者进一步购买的可能性便会增大。如图5-5所示。

经典性条件反射中消费者自发地产生联想,操作性条件反射首先是要诱导消费者做出某种期望的反应行为,再次让消费者能逐渐感受到这种行为带来的好处,比如各种正面的结果,从而对上述行为的反应进行强化。操作性条件反射,通常影响消费者购买某种特

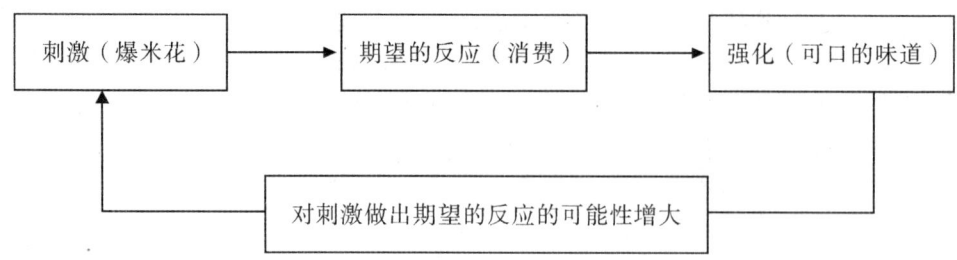

图 5-5 操作性条件反射下消费者的学习

定品牌或产品（期望的反应），因此，大量的营销策略要确保第一次尝试的发生。免费试用、新产品的特价折扣以及有奖活动都是对消费者尝试某种产品或品牌而给予的奖励。如果他们尝试并喜欢这种产品或品牌（强化），将来就很有可能进一步购买。

认知学习理论强调诸如思维、联想、推理等心理活动在解决问题和适应环境中的作用，认为学习并不是在外界环境支配下被动地形成刺激与反应之间的联结，而是主动地在头脑中构造定型和形成认知结构。认知学习的范围从很简单的信息获取（如图标式机械学习）到复杂、创造性的问题解决（如分析性推理）。学习主体在学习过程中将新信息归入已有的相关认知结构，或是在吸收新信息后，使原有的认知结构发生某种改变，而这种认知结构又在很大程度上支配着人的预期和行为。

3. 知觉

知觉是人脑对直接作用于感觉器官的客观事物的各个部分及属性的整体反映，感觉是人脑对直接作用于感觉器官的事物的个别属性的反映，消费者的感觉和知觉是消费者认知过程的两个阶段。感觉是一切心理活动的基础，事物被感觉后才能在这个基础上被知觉、思维，感觉与知觉及其他一切心理活动是不可分割地联系着的。

知觉是对感觉属性的概括，是对不同感觉通道的信息进行综合加工的结果，所以知觉是一种概括过程。知觉反映的是事物的意义，知觉的目的是解释作用于我们感官的事物是什么，并尝试着用词去标志它，所以知觉是一种对事物进行解释的过程。知觉包含思维的因素，它是根据感觉信息和个体主观状态所提供的补充经验来共同决定反映的结果。

消费者知觉的性质包括整体性和选择性两个方面。整体性是指知觉能够根据个体的知识和经验，将直接作用于感官的客观事物的多种属性整合为同一体，以便全面、整体地把握该事物。知觉的选择性是指知觉对外来刺激有选择地反映或组织加工的过程，包括选择性注意、选择性扭曲和选择性保留。选择性注意是指面对外界的大量刺激，人们的知觉只能对其中部分刺激的某些方面做出反应。选择性扭曲是指人们有选择地将某些信息加以扭曲，使之符合自己的意向。选择性保留是指人们倾向于保留那些与自己态度和信念相符合的信息。

4. 态度

态度是消费者个体对所处环境的某些方面的动机、情感、知觉和认识过程的持久的体系，是对一种给定事物喜欢或不喜欢的反应倾向。态度是上述各种因素所形成的结果，对消费者的生活方式有重要的影响。比如，态度就是我们对所处环境的某些方面如零售店、电视节目或产品的想法、感觉或行动倾向。态度一般由三个部分组成，情感、认知和行为。

认知由消费者关于某一客体的信念构成,信念是对拥有或使用一件产品的客观特征的情感利益。对于大多数态度客体,人们都会有一系列信念。例如,对"梦祥银"可能会具有如下信念:白银首饰的领头羊、传统文化的传播者、免费更换的坚守者、行业隐形冠军。有时,有关产品属性的评价就是信念的表现,例如梦祥银的镯子,漂亮、美观、时尚就是对产品的特征信念,穿戴该产品能够凸显青春是该产品特征带来的利益。一个品牌与越多的正面信念相联系,每种信念的正面程度越高,个体就越容易回忆起该品牌。

情感是消费者对某个事物的感情或情绪反应。宣称"我喜欢怡宝矿泉水"或"怡宝矿泉水不是我的首选"所表达的就是关于该产品的情感性评价。情感性评价既可能是在对产品各属性有了充分了解之后产生,也可能是在缺乏关于产品的认知信息下发展起来的一种模糊的、大致的感觉。情感往往和评价紧密相连,某些评价隐含着对产品某些方面的情感反应,比如,"某某产品口味不好"和"某某产品对健康没有好处"这些负面情感反应,与关于其他属性的情感相结合,将决定消费者对于该产品的整体反应。

行为是指消费者对于某事物或某活动做出特定反应的倾向。购买或不购买某品牌,是否向朋友推荐该品牌等一系列决定,都能反映出态度的行为成分。在现实营销环境下,消费者寻找柜台中品牌或品牌信息的倾向就代表了态度中的行为成分。在实现生活中,行为倾向会随着行为发生的情景的变化而发生变化。

第四节 消费者购买决策过程

消费者的购买决策是一个系统过程,由单个购买的各个阶段组成。目前,学界比较认可的是消费者购买决策过程的五阶段模式,如图 5-6 所示。

图 5-6 消费者购买决策过程的五阶段模式

(一) 问题认知

问题认知是指消费者的理想状态和实际状态之间存在差距,消费者明确知道自己需要的是什么,并想要采取进一步的行动。因此,问题认知和确定对于购买决策过程的意义重大。问题认知过程如图 5-7 所示。

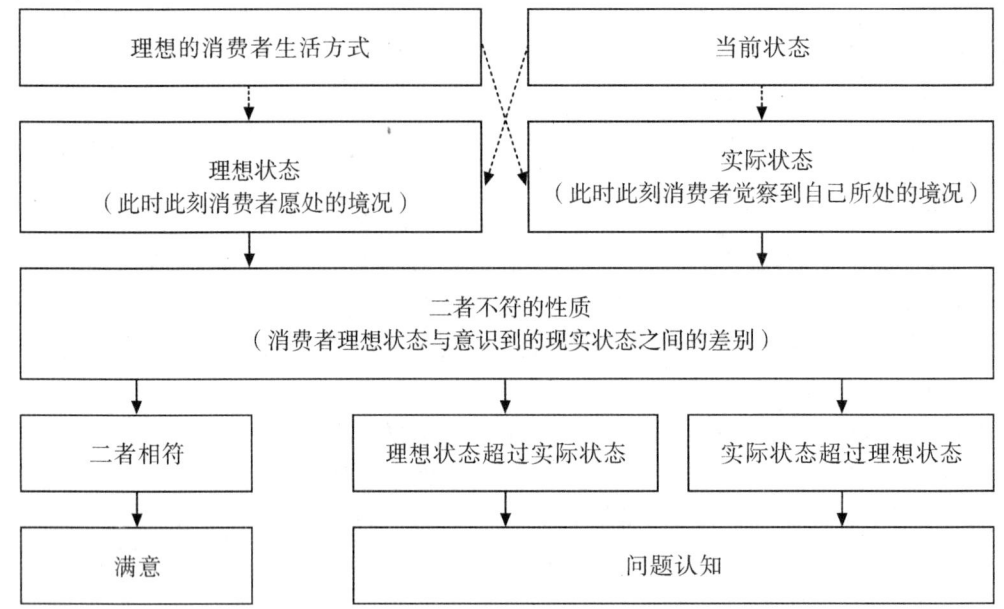

图 5-7　问题认知过程

需要可由内在原因或外在刺激引起,也可以是两者相互作用的结果。内在原因,可能是由人体内在机能的感受所引起的。一个人的正常需要,如饥饿、干渴、寒冷等上升到某一界限,就成为一种驱动力,该内驱力就会激励自己购买所知道的能满足这种需要的某一产品。例如,当人们感到饥饿、干渴、寒冷时,会意识到对食物、饮料、衣服、住房等的需求。

消费者的某种需要也可能由外在刺激引起,比如收入增加、企业促销力度较大或消费者的所见等。例如,看到新出炉的面包产生食欲,动人的新车广告引发购买汽车的想法、朋友买了一套高级组合音响,或者商家促销有多项优惠等都会促使消费者产生购买音响的想法。营销人员应该深入理解消费者产生某种需要的环境,找到引发这种需要的内在动因和外在刺激因素,从而运用多种营销手段,促使消费者与刺激因素频繁接触,并强化刺激因素与该需要之间的必然联系。

(二) 信息搜集

当唤起的需求动机很强烈,消费者处于一种高度警觉的状态,会着手收集满足需要的有关信息。在信息收集阶段,消费者会通过各种可能途径来收集与商品有关的信息。消费者获取商品信息的途径多种多样,比如购买一部手机,可以咨询商场的售货员,可以查阅相关专业的杂志或广告,可以询问拥有这部手机的朋友,互联网和数字营销背景下的在线评论也是消费者判断产品信息和质量的重要依据。通常情况下,信息来源主要分为两类:内部信息和外部信息。如图 5-8 所示。

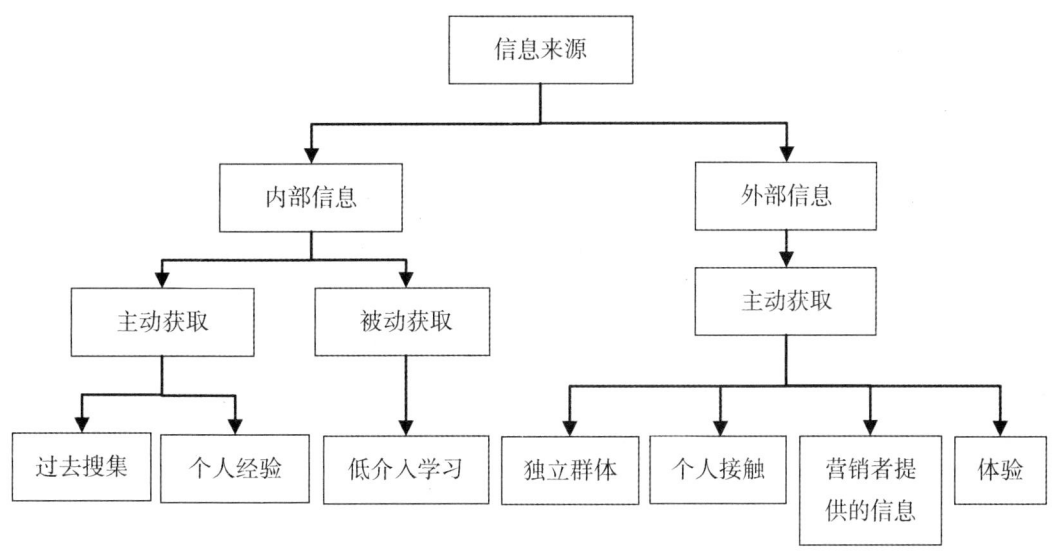

图 5-8 消费者购买商品的信息来源

由图 5-8 可知,信息来源主要有五种:记忆来源、个人来源、大众来源、商业来源和经验来源。记忆来源是指通过消费者过去的信息收集活动、个人经验及低介入度学习形成的信息来源。个人来源是指亲戚、朋友、同事及家人提供的信息来源。大众来源是指大众媒体、政府机构及消费者组织、网络在线平台等信息来源。商业来源是指广告、店内信息、宣传手册以及推销人员介绍等信息来源。这些信息来源的相对影响力并不相同。总的来看,在服务的购买上最有影响力的来源是个人来源,商业来源一般只是将信息告知购买者,而个人来源能为消费者提供对产品的评价。

（三）方案评估

消费者在通过各种渠道获得有关产品的信息后,需要分析和处理所得信息,逐渐对市场上各种品牌的产品形成不同评估,最后决定购买。消费者对产品的评估内容一般集中在产品属性上。产品属性是指产品能够满足消费者某种需要的特性,消费者的需要不同,看重的产品属性也不相同。在现实生活中,每一件产品的所有属性并非都是最优的,消费者也不会将产品的众多属性看得同等重要。消费者常用的评估可选方案的方法有四种:

1. 单因素独立评价,即消费者只用一个评估因素作为依据来挑选商品或品牌。比如消费者就依据价格高低作为购买商品的唯一评估标准,在所有同类商品中购买最便宜的一种。该方法是一种绝对的形式,实践中并不多见。

2. 多因素联合评价,即消费者会同时考虑多种产品属性,并为各种属性制定最低标准。比如消费者在购买住房时,会考虑价格、位置、户型结构、面积、周边配套设施等方面。且一旦某个或某些属性低于标准下限,即使其他某些方面的属性获得较高的评价,也会被其排除在外。

3. 排除式评价,即消费者在选购商品时逐步排除那些不具备最低要求的品牌。比如,在购买汽车时,首先会考虑品牌,其次会考虑价格,超出价格区间的不予考虑,再者会考虑样式等,直到满意为止。采用这种方法,经常会出现没有绝对满意的产品的结果。

4. 互补式评价,即综合商品的各个特性,取长补短,综合利用,换言之,不是依赖于某一个因素做判断和取舍。由于该方法弥补了上述三种方法的缺点,不是按照最低标准决定取舍,也不是根据几个因素决定取舍,所以是现实生活中最常用的一个方法。

(四)购买决策

购买决策是消费者购买行为过程中的关键性阶段,只有做出购买决策,才会产生实际的购买行动。消费者经过分析比较和评价以后,便产生了购买意图。从购买意图到购买决策,还会受到其他因素的影响,如他人态度、非预期因素等。

他人态度对消费者的购买决策的影响取决于两个方面:一是他人对该决策的态度的强烈程度,二是他人和消费者之间的关系亲密程度。如果他人秉持的否定态度越强烈,关系亲密程度越近,消费者就越可能听取其意见而修改自己的购买意图。当然,反言之,亲近的人持有正向积极态度时,会增加购买的概率。

非预期因素是指某些突发事件,该因素会导致消费者修正、推迟或回避做出某一购买决定。比如,消费者突然意识到产品的性能可能不好或没有其他的产品好,消费者所处的参考群体的成员认为该产品不适合消费者的身份,或者新的产品即将产生等。

(五)购后行为

购买后会伴随一系列活动,包括使用、评价,有些情况下还涉及顾客满意以及由此带来的顾客响应,如再购意愿、正面口碑、顾客忠诚等。顾客评价还可能导致不满意,不满意有时会伴随抱怨、忠诚度下降、品牌转换和负面口碑。各种各样的购后行为及相互关系如图5-9所示。

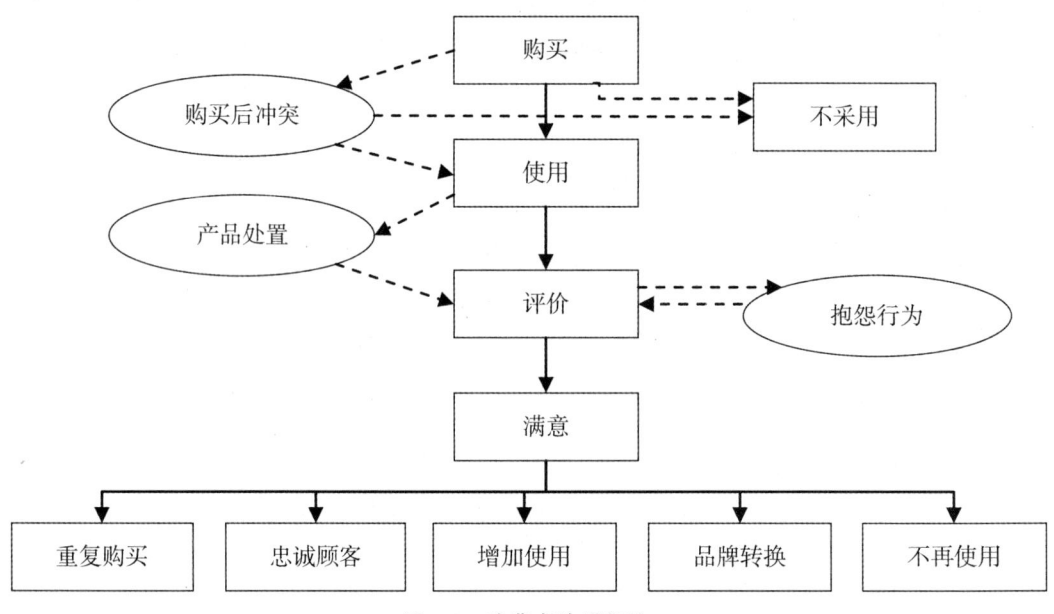

图5-9 消费者购后行为

购后评价是指消费者购买了商品并不意味着购买决策过程终结,消费者往往通过使用产品,与他人交流,形成对所购买产品的满意程度评价。消费者的满意度(S)是一种主观状态,是消费者对产品的期望水平(E)和对产品的感知水平(P)比较的结果,即

$S = f(E, P)$

若 E=P,消费者会满意;若 E>P,消费者会不满意;若 E<P,消费者会非常满意。消费者满意与不满意的形成过程如图 5-10 所示。

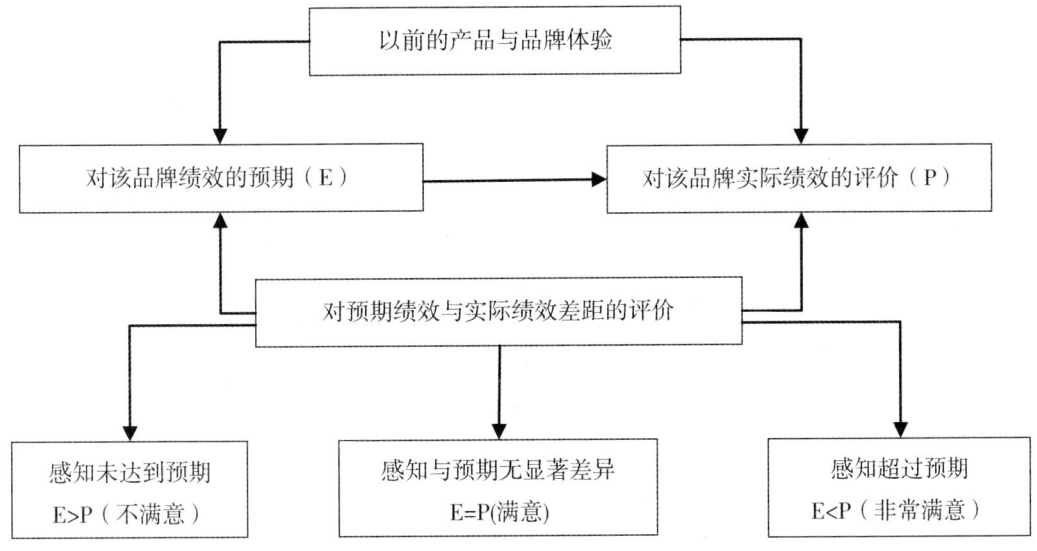

图 5-10 消费者满意与不满意的形成过程

消费者对所购买的商品是否满意,以及会采取怎样的行动,对企业目前和以后的营销活动都会产生很大的影响。

1. 消费者满意的结果

消费者满意会带来重复购买。重复购买可以分为习惯型重复购买与忠诚型重复购买。习惯型重复购买是指因习惯形成的重复购买,比如,消费者习惯因为产品质量而使用心心相印的纸巾,每次购买的时候不假思索选择该纸巾。

忠诚型重复购买是指消费者对某种产品或品牌产生特别偏好,甚至形成情感依赖,从而在相当长的时期内重复选择该产品或品牌的行为,比如,在选择运动品牌的时候,安踏、李宁等品牌会成为首选品牌。显然,对企业而言,忠诚型重复购买比习惯型重复购买更有利可图。

消费满意会产生积极的口碑传播。口碑传播是指具有感知信息的非商业传播者和接受者关于一个产品、品牌、组织和服务的非正式的人际传播。满意的消费者自己会与企业建立良好的信赖关系,倾向于对产品进行积极的评价,而且还会努力地向他人宣传和推荐,帮助企业吸引更多的顾客,从而使企业从消费者的评价中受益。

2. 消费者不满意的结果

消费者不满意会产生失望的情绪,会改变对该品牌的态度,并且采取一系列行为。自认倒霉,不表现出任何抱怨行为。采取私下行动,比如将自己的不满告诉别人或不再购买该类产品等,在互联网时代表现为负面的在线评论。向商家或售后部门抱怨,要求给予相应补偿。特别不满意的话,还会要求第三方介入,比如向新闻媒体或行业协会,甚至诉诸法律。

重要概念

消费行为 知觉 学习 动机 文化 参照群体

思考题

1. 什么是消费行为？为什么要研究消费行为？
2. 消费者市场需求的特点有哪些？
3. 依据消费购买习惯产品有哪些分类？
4. 试阐述企业产品的组合战略。
5. 消费者购买行为有哪些类型？
6. 消费者购买角色有哪些？
7. 影响消费者购买行为的外部客观因素有哪些？
8. 影响消费者购买行为的内部主观因素有哪些？
9. 消费者购买决策过程五阶段模式是什么？

案例分析

武汉文化与消费者行为

文化对消费者及其行为的影响可谓广泛且深刻。在中国，城市文化作为文化的一种，对消费者的影响不容忽视。以武汉为例，矛盾复杂的武汉文化融入百姓生活，影响着每个居民的一言一行，当然也包括消费行为。

武汉地处华中，是中国水陆交通的枢纽，素有"九省通衢"之称，这种地理优势使武汉自古以来一直都是商贸中心和贸易港口，塑造了其典型的码头文化。再者，湖北省是荆楚文化的发源地，传统文化以其海纳百川的底蕴影响着武汉人的生活。武汉人既可以看到古旧城墙、市井烟火和具有异域风情的洋楼、教堂彼此交融，也能看到科技堆积的现代交通与港口、船舶相融合。

武汉分为武昌、汉口和汉阳三部分，这三个区域的文化气质迥然不同。可以说，武汉的地域文化是一个异常矛盾的混合体。作为长江流域的文化重镇，武昌具有十分明显的地域文化传承。它不仅拥有众多的历史文化古迹，而且高校林立，对外来文化具有极强的包容性。汉口从明代起就是著名的商业中心，形成了独特的商业文化氛围，时至今日仍是市民消费购物的首选之地。相比之下，汉阳的历史文化更为悠久，自汉末以来就是风景胜地，同时也是中国近代工业的发祥地之一。这三个区域各具特色，总体来看，武汉文化以商业文化为代表。市场经济的不断发展为商业文化的传播与发展提供了良好的外部环境，同时，移动互联网、大数据、人工智能等技术的兴起也为武汉的商业文化注入了新的活力。

具体来说，商业文化对武汉消费行为的影响主要表现在两个方面。

(1) 对商品价格异常敏感。武汉消费者对价格异常敏感，坚信总是能够以最低的价格买到需要的商品，这种特性提升了武汉商家价格战的全国知名度。另外，对价格的追求容易使消费者忽视商品的质量，进而为价格便宜、质量不佳的"水货"创造了市场，如武汉汉正街曾是著名的"水货"商业街。尽管武汉消费者的收入水平不断提升，消费购物更趋理性，但他们还保留着对价格的敏感性，关注名牌商品的打折信息等。

(2) 拥有求新求快的消费观念。武汉的商贸往来具有明显的码头特质。武汉自古以来就是个水陆大码头,水道纵横、交通便捷,人员往来和信息传播的速度非常快,这种独特的地理位置造就了武汉的码头文化,也使得深受熏陶的武汉消费者更加开放包容,对新鲜事物的接受度较高。在消费行为上,武汉消费者追求更新、更快的消费体验,如肯德基、麦当劳等西式快餐以及西餐厅、西式咖啡厅在武汉备受欢迎。求新、求快的消费观念使武汉消费者对品牌文化内涵的关注度较低,更看重商品是不是新款、符不符合流行趋势。

这种包容开放的特性推动着武汉商业文化的不断发展。近年来,武汉商业先后经历了百货、连锁商业、购物中心、体验商业和目前的城市旅游文化商业等形式,如武汉极力打造的楚河汉街就是最有传统特色的商业街之一,经过多年的调整,楚河汉街不断融入新的元素,更具本土特色,实现了品牌与文化旅游的契合。可以说,在经济发展和消费升级的背景下,武汉的商业将朝着更多元、更创新的方向发展。

资料来源:蔡雅萍.武汉文化和消费行为初探.商业研究,2002(6).

1. 文化对消费行为的影响如何体现?
2. 如何利用地域亚文化制定营销策略?

参考文献

[1] 王永贵.市场营销[M].北京:中国人民大学出版社,2019.

[2] 吴建安.市场营销学[M].北京:清华大学出版社,2018.

[3] 吴涛.市场营销学教程[M].北京:中国发展出版社,2014.

[4] 菲利普·科特勒,凯文·莱恩·凯勒.营销原理(全球版)[M].王永贵,等,译.14版.北京:中国人民大学出版社,2012.

[5] 迈克尔·埃特泽尔,布鲁斯·沃克,译.市场营销[M].14版.南京:南京大学出版,.2009.

[6] 吴晓云.市场营销管理[M].北京:高等教育出版社,2009.

[7] 王永贵.产品开发与管理[M].北京:清华大学出版社,2007.

[8] 德尔 I·霍金斯,戴维 L·马瑟斯博.消费者行为学[M].符园群,等,译.北京:机械工业出版社,2011.

[9] 菲利普·科特勒,加里·阿姆斯特朗.市场营销原理与实践[M].楼尊,译.17版.北京:中国人民大学出版社,2020.

[10] 菲利普·科特勒,凯文·莱恩·凯勒.营销管理(精要版)[M].王永贵,华迎,译.6版.清华大学出版社,2017.

[11] 吴健安,钟育赣,胡其辉.市场营销学[M].6版.北京:清华大学出版社,2018.

第六章　目标市场营销战略

学习目标

1. 掌握目标市场营销的概念。
2. 重点掌握制定STP战略的流程。
3. 熟练掌握市场细分的概念、细分变量和细分市场描述的方法。
4. 重点掌握细分市场的评估方法。
5. 掌握选择目标市场的战略模式。
6. 熟练掌握定位的概念，重点掌握定位方式。

案例导入

梦祥精准定位谋发展

"梦祥银"是河南梦祥纯银制品有限公司的主打品牌，是传递中国高雅银文化的吉祥银饰品牌。从创立之初，这个品牌就肩负着传播中国高雅银文化的使命，博大精深的中华文化渗透在梦祥的每一件产品里，传递着浓浓的中国情。梦祥银作为中国风银饰品牌领导者，选用杨丽萍女士作为代言人更加深化。

"盈祥银饰"是河南梦祥纯银制品有限公司的年轻品牌，该品牌将中华传统的银饰文化和流行时尚元素完美融合，目标对象是年轻消费者。该品牌通过个性化的原创设计，新颖的产品样式，精美的制作工艺，百元的市场定价，新颖的线上平台销售方式，确立了该品牌轻时尚、新主张，注重装饰美感的市场定位。该品牌上市就获得目标市场的青睐，迅速占领了市场。

"金梦祥"是河南梦祥纯银制品有限公司以黄金为产品特色的婚嫁珠宝品牌，该品牌立足于婚嫁市场，专注金饰传承。"金梦祥"的目标顾客定位于18—38岁准备成家立业的人群，该品牌秉持着"爱如金坚，情似金纯"的核心设计理念，将"传统爱情观"与"黄金文化"完美融合，将每个爱情故事升华至臻，将每份感动凝结成物，用心打造，用心守护。

"梦祥盛世"和"九龙银象"这两个品牌，是梦祥公司打造的高端品牌。"梦祥盛世"是梦祥公司打造的"高端养生银器"礼品品牌，倡导"银养生"的全新健康概念，目标顾客主要是39—58岁的人群，"梦祥盛世"品牌彰显消费者独特的个性，品位高，打造健康私享的生活方式。"九龙银象"是梦祥集团旗下以"中国宫廷文化"为特色的银器品牌，目标对象为59—78岁人群，定位为高端国礼——国之重器，世所珍藏。

河南梦祥纯银制品有限公司作为中国风银饰品牌领导者，经历了二十多年的精心塑造,坚持将人们对中国风、民族风的信仰和追求诉诸千年银文化,以"传递吉祥好运"为永恒的追求,推崇和倡导中国纯银文化。

目标市场营销是指企业识别各个不同的购买者群体,选择其中一个或几个作为目标市场,运用适当的市场营销组合,集中力量为目标市场服务,满足目标市场的需要。目标市场营销(STP)由三个步骤组成:市场细分、目标市场选择和市场定位。

第一节　市场细分

一、市场细分的产生

随着技术的发展,市场营销战略经历了三个阶段,分别是大量市场营销阶段、差异化市场营销阶段和目标市场营销阶段。

(一) 大量市场营销阶段

大量营销,也称为广泛营销,是指营销者以相同的方式向市场上所有的消费者提供相同的产品和进行信息沟通,即大量生产、大量分销和大量促销。早在19世纪末20世纪初,即资本主义工业革命阶段,整个社会经济发展的中心和特点是速度和规模。在这个阶段,企业追求的是生产的效率提升和单位产品成本下降。

大量市场营销以市场的共性为基础,力图以标准化的产品和分销影响最广泛的市场范围,从而获得最低的生产和营销成本,得到较低的价格,或者较高的利润。在商品不充足、消费个性不突出或产品需求同质性高的情况下,广泛市场营销能够有效地实现规模经济,为企业所推崇。

(二) 产品差异化营销阶段

20世纪30年代前后,现代工业的发展推动了企业生产能力的进一步提高,商品日益丰富,市场由供不应求逐渐变为供大于求,市场由卖方市场向买方市场转移。消费者的需求水平和需求层次都有所提高,并且越来越要求个性化的服务,尽管人们可能都需要服装,但在款式、面料、风格上要求却大不相同。

市场需求的变化和市场中的企业竞争,迫使企业转变经营观念。单一的营销组合显然已经无法适应差异化日益明显的消费需求和购买行为,企业必须向市场推出许多与竞争者产品在质量、外观、性能和品种等各个方面不同的产品,即营销方式从大量营销产品向差异化营销转变。

(三) 目标市场营销阶段

20世纪50年代以后,在科学技术革命的推动下,生产力水平大幅度提高,产品日新月异,生产与消费的矛盾日益尖锐,以产品为中心的推销体制远远不能解决企业所面临的市场问题。越来越多的企业开始了目标市场营销实践,他们仔细区分不同的消费需求,尽力寻找最适合自己的消费者群体,集中优势资源为之提供针对性的服务和建立稳固的关系。

大多数企业对自己力图满足的消费者有了更清楚的选择,从分散地使用营销资源,到将资源集中于最有潜力的消费者群体(目标市场),转变为"有所为、有所不为"的目标营销(Target marketing),即企业识别各个不同的购买者群体的差别,有选择性地确认一个或几个消费者群体作为自己的目标市场,发挥自己的资源优势,满足其全部或部分的需要。

二、市场细分的含义

(一) 市场细分定义

市场细分,是指根据整体市场上顾客需求的差异性,以影响顾客需求和欲望的某些因素为依据,将一个整体市场划分为两个或两个以上的顾客群体,每一个需求特点相类似的顾客群就构成一个细分市场或子市场。在各个不同的细分市场上,顾客的需求有较明显的差异,而在同一细分市场上需求基本相似。市场细分理论是由美国著名市场学家温德尔·斯密(Wendell. Smith)在20世纪50年代中期提出来的。

(二) 市场细分的基础

1. 需求的差异性

顾客需求的差异性是指不同的顾客之间的需求是不一样的。消费者由于所处的社会、经济、自然条件等因素的不同,以及消费者的性别、年龄、文化、职业、爱好、经济条件、价值观念的不同,他们的需求、欲望、购买行为具有明显的差异,该差异是市场细分的重要依据。根据消费者需求的差异性可以把市场分为"同质性需求"和"异质性需求"两大类。

2. 需求的相似性

顾客需求的相似性是指在同一地理条件、社会环境和文化背景下的人形成有相对类似的人生观、价值观的亚文化群,他们需求特点和消费习惯大致相同。正是因为消费需求在某些方面的相对同质,市场上绝对差异的消费者才能按一定标准聚合成不同的群体。所以市场细分是一个存大异、求小同的过程,又是一个集合分散和集聚相统一的过程。

3. 企业资源的有限性

消费者需求的绝对差异造成了市场细分的必要性,消费需求的相对同质性则使市场细分有了实现的可能性。同时,现代企业由于受到自身实力的限制,不可能向市场提供能够满足一切需求的产品和服务。为了有效地进行竞争,企业必须进行市场细分,选择最有利可图的目标细分市场,集中企业的资源,制定有效的竞争策略,以取得并增加竞争优势。

三、市场细分的作用

(一) 有利于企业发掘和开拓新的市场机会

通过细分市场,企业可以对每一个细分市场的购买潜力、满足程度、竞争情况等进行分析对比,发现哪些市场需求已得到满足,哪些只满足了一部分,哪些仍是潜在需求。探索出有利于本企业的市场机会,使企业及时做出投产等决策或根据本企业的生产技术条件编制新产品开拓计划,进行必要的产品技术储备,掌握产品更新换代的主动权,开拓新市场,以便更好适应市场的需要。

（二）有利于企业将各种资源合理利用到目标市场

任何一个企业的资源、人力、物力、资金都是有限的。通过细分市场,选择了适合自己的目标市场,企业可以集中人、财、物及资源,去争取局部市场上的优势,然后再占领自己的目标市场。不进行市场细分,企业选择目标市场必定是盲目的,不认真地鉴别各个细分市场的需求特点,就不能进行有针对性的市场营销。

（三）有利于企业制定适用的市场营销策略

市场营销策略是企业综合考虑产品、价格、促销形式和销售渠道等各种因素而制订的市场营销方案。就每一个企业特定的市场而言,只有一种最佳的组合形式,而这种最佳组合只能是进行市场细分的结果。市场细分后的子市场比较具体,市场需求信息容易了解和反馈,企业可以根据自己的服务对象,制定有针对性的营销策略,以适应市场需求的变化,提高企业的应变能力和竞争力。

（四）有利于企业提高经济效益

通过市场细分,企业可以面对自己的目标市场,生产出适销对路的产品,既能满足市场需要,又可增加企业的收入;产品适销对路可以加速商品流转,加大生产批量,降低企业的生产销售成本,提高生产工人的劳动熟练程度,提高产品质量,全面提高企业的经济效益。

四、消费者市场细分的依据

细分消费者市场的变量主要有四类,即地理变量、人口变量、心理变量和行为变量。

（一）地理变量

地理细分变量是指不同国家、地区、城市规模、气候、人口密度、地形地貌等方面的差异会导致消费者对于同一类产品往往有不同的需求与偏好。比如,在我国南方沿海一些省份,某些海产品被视为上等佳肴,而内地的许多消费者则觉得味道平常。但处于同一地理位置的消费者需求仍会有很大差异,简单地以某一地理特征区分市场,不一定能真实地反映消费者的需求共性与差异,企业在选择目标市场时,还需结合其他细分变量予以综合考虑。比如,在我国的一些大城市,如北京、上海,流动人口逾百万,这些流动人口有许多不同于常住人口市场的需求特点。

（二）人口变量

人口统计变量,包括年龄、性别、家庭规模、家庭生命周期、收入、职业、教育程度、宗教、种族、国籍等。消费者需求、偏好与人口统计变量有很密切的关系,比如,只有收入水平很高的消费者才可能成为高档服装、名贵化妆品、高级珠宝等物品的经常买主。人口统计变量比较容易衡量,有关数据相对容易获取,由此构成了企业经常以此作为市场细分依据的重要原因。

（三）心理变量

心理细分变量包括购买者所处的社会阶层、生活方式、个性特点等。社会阶层是指在某一社会中具有相对同质性和持久性的群体。处于同一阶层的成员具有类似的价值观、兴趣爱好和行为方式,不同阶层的成员则在上述方面存在较大的差异。生活方式是指一个人怎样生活,人们追求的生活方式各不相同,对商品的需求就不同,"简朴的妇女"与

"时髦的妇女"生活方式不同,需求就会有差异。个性是指一个人比较稳定的心理倾向与心理特征,该特征也会在商品中体现。比如,强调商务个性的品牌隶属奔驰,强调实在个性的品牌隶属大众。

(四) 行为变量

行为细分变量是购买者对产品的了解程度、态度、使用情况及反应等。行为变量包括购买动机、追求利益和使用者情况。购买时机是消费者提出需要、购买和使用产品的不同时机。比如,城市公共汽车运输公司可根据上班高峰时期和非高峰时期乘客的需求特点划分不同的细分市场并制定不同的营销策略。利益细分是消费者购买某种产品总是为了解决某类问题,满足某种需要。比如,有的消费者购买手表追求的是时间工具,有的则偏向于显示出社会地位。使用者情况是指根据顾客是否使用和使用程度,分为经常购买者、首次购买者、潜在购买者、非购买者。

五、市场细分的方法

在进行市场细分时,并不是每种商品都需要按照所有市场细分的依据来进行市场细化,而只需根据商品的特点采用一些有实际意义的依据来细分市场。市场细分的方法一般可分为单一变数法和综合变数法。

(一) 单一变量细分法

单一变量法,是指根据市场营销调研结果,把选择影响消费者或用户需求最主要的因素作为细分变量。比如,按性别细分化妆品市场,按年龄细分服装市场。这种细分法以公司的经营实践、行业经验和对组织客户的了解为基础,在宏观变量或微观变量间,找到一种能有效区分客户并使公司的营销组合产生有效对应的变量而进行的细分。但是,这种方法简便易行,但难以反映复杂多变的顾客需求。

(二) 综合变量细分法

综合变数法是根据影响消费需求的两种或两种以上的因素进行综合市场细分。当细分市场所涉及的因素是多项的,可由粗到细、由浅入深,逐步进行细分。例如,对女性服装市场,可以从生活方式、收入水平、年龄三个因素进行细分,可划分为不同的细分市场,比如,细分市场可以分为中年高收入职业女性、老年退休稳定收入女性等。相比单一变量细分法,综合变量细分法能够把市场细分得更具体、更精准,在分析消费者行为的时候能和企业的资源衔接更融洽。

五、细分市场有效性条件

(一) 可衡量性

可衡量性是指细分市场的规模、购买力等是可以衡量的。换言之,为了将购买者分门别类,划为不同的群体,公司必须能对购买者的特点和需求予以衡量。凡是企业难以识别、难以测量的因素或特征,都不能作为细分市场的依据。否则,细分市场将会因无法界定和度量而难以描述,市场细分也就失去了意义。

一些带客观性的变量都易于确定,如年龄、性别、收入、受教育程度、地理位置、民族和种族等,并且有关它们的信息和统计数字,通过各级统计部门是比较容易获得的。相反,一些带主观性的变量,如心理、个性、生活方式等,就比较难断定。

(二) 规模性

规模性,也称为足量性,受细分市场的数量影响,从细分维度看,细分维度的具体水平数量决定细分市场的数量,如采用性别维度,就有男和女两个维度,因此也可细分为两个市场,如果用产品态度和利益追求细分,往往可以分为追求性能、追求方便、追求价廉、追求品牌4个维度或更多的细分市场。由于维度与维度之间具有可合并性,因此在一个维度下,细分市场的数量是可以调整的。

在进行市场细分时,企业要考虑细分市场的市场规模必须能足以使企业实现市场营销目标,包括产生一定的销售额,有可拓展的潜力,保证按计划能获得理想的经济效益和社会服务效益等。比如,一个普通大学的餐馆,如果要满足极少数酷爱西餐的师生的要求,专门开设一个西餐部,可能就会由于这个细分市场太小而无法持续经营。但是,在规模性的条件下,如果考虑是否开设一个回族饭菜供应部,即使市场规模很小,但是为了体现尊重学生的民族生活喜欢,也是必须开设的。

(三) 可进入性

可进入性是指细分市场应是企业营销活动能够通达的市场,即企业对细分市场能进行有效促销和分销。对于可达到性,地理人口特征和心理特征及生活方式的细分维度相对有效。职业、性别、年龄等特征使企业能够容易地界定消费者,并通过其聚集的地点或经常接触的媒体与之交流。心理特征和生活方式包含了生活习惯、业余兴趣以及所属文化亚群体,也能比较容易地发现其移动轨迹和媒体特征,从而有针对性地开展营销活动。产品态度和利益追求维度、行为和价值维度,不属于消费者的外露特征,对他们追溯和识别也存在一定的难度。

可进入性取决于市场和企业两个方面,首先,企业是否具有进入这些细分市场的资源条件和竞争实力。比如,企业能够通过一定的广告媒体把产品信息传递给该市场的众多消费者,或者产品能够通过一定的销售渠道抵达细分市场。其次,细分市场的消费者是否易于接触和沟通。比如,如果这些细分的成员在地理上是较集中的,他们在同一商业区购物或经常接触同一广告媒体,这样公司便可经济而有效地向他们推销。考虑细分市场的可进入性,实际上就是考虑企业营销活动的可行性。显然,对于不能进入或难以进入的市场进行细分是没有意义的。

(四) 差异性

差异性是从细分效果角度对细分标准的衡量。对于差异性要求,采用行为和价值维度、产品态度和利益追求维度相对有效。行为和价值维度本身就是一个体现需求差异的方面,产品态度和利益追求维度则与需求差异紧密相关,是最靠近需求差异的内在因素。其他两类细分标准,只是影响需求差异的可能因素,需要通过分析其与需求的关系才能确定细分效果的有效性。

需要注意的是,细分市场需求的差异性一定是真实的差异性,避免出现假性差异。比如,按照客观年龄划分的中年市场和老年市场的需求差异可能就是假性差异,按照心理年龄划分的需求差异可能就是真实差异。对于差异性要求,采用行为和价值维度、产品态度和利益追求维度相对有效。行为和价值维度本身就是一个体现需求差异的方面,产品态度和利益追求维度则与需求差异紧密相关,是最靠近需求差异的内在因素。

市场细分的标准是随社会生产和消费需求的变化而不断变化的。由于消费者价值观念、购买行为和动机不断变化,企业细分市场采用的标准也会随之变化。如轿车原来只需用"收入"指标来细分,而今天消费者购车除了考虑经济承担力外,还追求轿车的性能等方面。市场细分是一项创造性的工作。由于消费者需求的特征和企业营销活动是多种多样的,市场细分标准的确定和选择不可能完全拘泥于书本知识。在实践中,应在深刻理解市场细分原理的基础上,创造新的有效的标准。

第二节 目标市场选择

目标市场(target market)是在市场细分之后的若干"子市场"中,企业准备以相应的产品和服务满足其需要的一个或几个子市场。即在市场细分的基础上,企业根据自身优势,从细分市场中选择一个或若干个子市场作为自己的目标市场,并针对目标市场的特点展开营销活动。

一、评估细分市场

企业一般从两个方面评估各个细分市场,一是细分市场的吸引力,二是企业的目标和资源,前者是外在条件,后者是内在条件。

(一) 评估细分市场的吸引力

企业必须弄清楚细分市场对公司是否有吸引力,衡量细分市场的吸引力评价指标如表 6-1 所示。

表 6-1 细分市场的吸引力评价

评价因子	得分	评价因子	得分
市场规模		与公司形象的适应性	
市场增长率		与公司目标的匹配程度	
竞争者实力		与公司资源的匹配程度	
消费者对现有产品满意度		分销渠道的可获性	
消费者的支付能力		需要的投资额	
市场的稳定性和可预测性		成本	
风险		获得持续竞争优势的可能性	
其他		营销沟通的可达性	

评估细分市场吸引力重点要注意市场规模和发展潜力,即要看它现有规模和未来可能的发展变化。对于市场规模,如果所选择的细分市场过于狭窄,公司就可能达不到它所

期望的销售额和利润;如果所选择的细分市场过于广阔,公司就会使自己的市场营销力量铺得过宽而显得单薄。

发展潜力是评估一个细分市场可能发展变化的动态面,有的市场现在虽然规模不大,但未来可能会迅速增长,或预计会有所增长。所以,细分市场的预计规模是评估一个细分市场的重要因素,但"适当规模和成长性"是一个相对的概念。

(二) 企业自身的目标与资源

考虑企业自身的目标和资源,是要考虑企业与市场机会的匹配程度,即企业在对各个细分市场的规模、增长程度、结构吸引力做出评估之后,还应逐一地将企业的目标和资源背景作对比检查,看细分市场与公司的长期目标之间的一致程度如何。企业资源包括人才、技术、资金、管理能力、营销能力等,甚至包括企业的行业经验。

一个似乎有吸引力的细分市场,如果它不能大力推动公司朝既定的长期目标前进,或者细分市场与公司的长远目标相吻合,但是企业不具备有效生产经营所需的技术力量、物质资源及责任承担能力,或者衡量获得这些资源需要付出的时间成本、精力成本和金钱成本代价过高时,进入这些细分市场就没有多少策略性价值。企业进入市场的最终目标是培育核心竞争力,所以符合外在条件,又与企业能力相匹配的细分市场是企业机会。

二、目标市场选择模式

通常,企业在选择目标市场时,目标市场选择模式有市场集中化、产品专业化、市场专业化、选择专业化和市场全面覆盖五种模式,如图 6-1 所示。

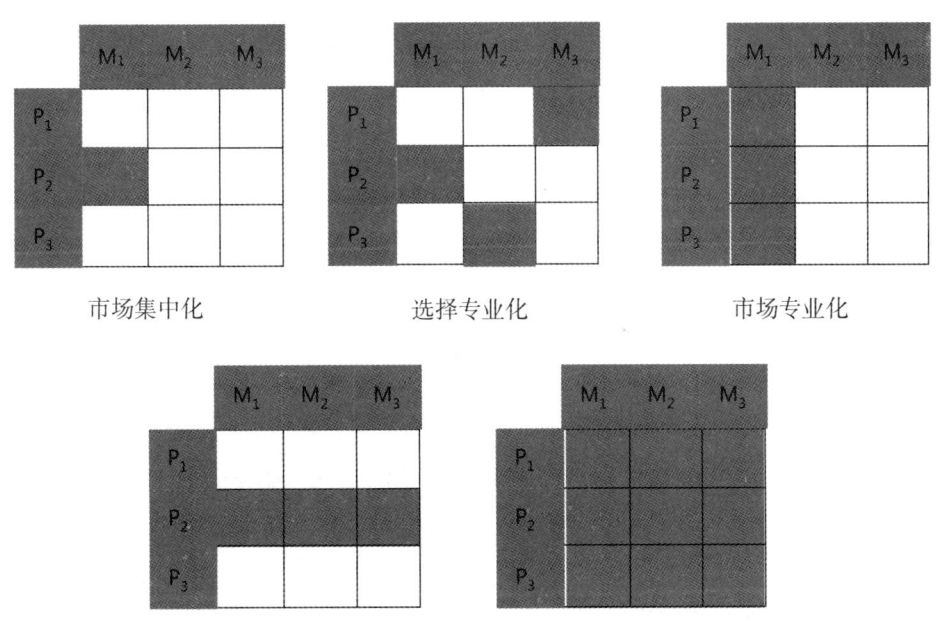

图 6-1 目标市场选择模式

(一) 市场集中化

市场集中化又称为密集单一市场,是企业仅仅集中生产一种产品,并向某单一市场销售这种产品。企业通过密集营销,一方面会更加了解本细分市场的真实需要,相应会建立独有的信誉,从而在细分市场上赢得更加稳固的地位;另一方面,企业通过生产、销售和促销的专业化分工,也可获得较好的经济效益。但是,市场集中化的营销活动可能比其他营销活动具有更大的风险,如果单个细分市场出现不景气的情况,或者,当有强大的竞争者决定进入某细分市场时,在该细分市场上经营的企业就会遇到很大的挑战和麻烦。

(二) 选择专业化

选择专业化是指企业选择若干个具有良好的盈利潜力和结构吸引力、符合企业目标和资源条件的细分市场作为目标市场,并且这些细分市场相互之间联系较小。选择专业化的优点在于可以有效分散经营风险,即某细分市场的盈利状况如果不佳,可以获得其他细分市场盈利的弥补。但是,选择专业化对企业的资源实力要求比较高。例如,在任何一个细分市场上,都有若干家企业相互竞争,该竞争都是对企业资源实力的考验。

(三) 产品专业化

产品专业化是指企业选择几个细分市场,对该些细分市场只供应同一种产品。比如,生产显微镜的生产商向大学实验室、政府实验室和工商企业实验室销售同样的产品。产品专业化模式的优点是企业专注于某一种或某一类的产品生产,有利于形成和发展生产和技术上的优势,降低成本,尤其随着技术的发展,企业很容易形成规模成本效应。产品专业化模式的局限性是当该领域被一种全新的技术与产品所替代时,或者消费者的偏好发生转移时,企业会面临巨大的威胁。

(四) 市场专业化

市场专业化是指企业针对某一类顾客群体提供各种产品,这些产品的性能有所区别。例如,企业提供针对婴幼儿的各类产品,包括奶瓶、奶粉、纸尿裤、服装等。通过市场专业化,企业可以获得良好的声誉,但一旦这个群体的需求潜力和特点突然发生变化,企业会面临相应的危机。比如,针对婴幼儿,随着年龄变化,这个目标群体的需求发生转变,那么该目标群体就会逐渐转变成非目标群体。

(五) 完全市场覆盖

完全市场覆盖是指企业决定全方位进入各个细分市场,为所有顾客群提供他们各自需要的有差异的产品。这是大企业为在市场占据领导地位或力图垄断全部市场时采取的目标市场策略。比如,可口可乐在饮料市场开发众多的产品,满足各种消费者的需求。

三、目标市场选择的战略

市场细分后,企业一般有三种目标市场营销战略,如图 6-2 所示。

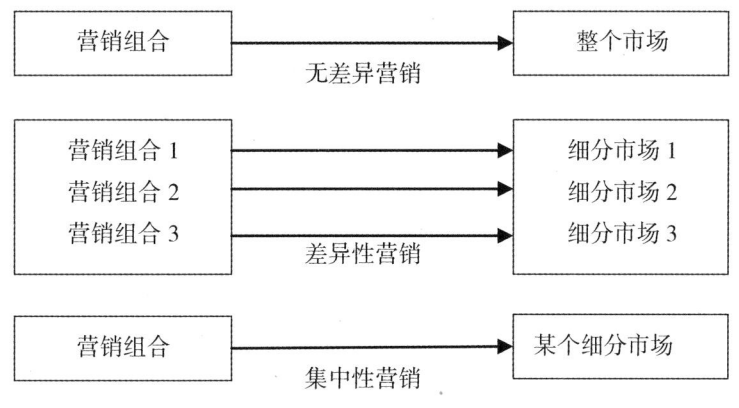

图 6-2 目标市场营销战略

(一)无差异性营销

无差异性营销的核心思想是致力于顾客需求的相同之处,不考虑细分市场之间需求的差异性。采用此种策略时,企业仅推出一种顾客普遍需要的产品,以单一的营销策略,试图吸引尽可能多的顾客。在无差异性营销战略下,企业希望凭借大众化的分销渠道、大量的广告媒体以及相同的主题,在大多数消费者心目中树立产品形象。例如,某汽车厂生产 4 吨载重汽车,以一种车型、一种颜色、一个价格行销全国,无论企业或机关、城市或农村都无例外。

无差异性营销的基础是成本的经济性,即低成本和大批量。标准化下的大批量生产能够降低成本,单一品牌产品的促销能因广告类型和市场研究的简单化节约促销费用。采用这一策略的企业,一般都针对最大的细分市场发展单一的产品与营销计划,容易引起在此领域内的竞争过度,而较小的细分市场又被忽视,致使企业丧失机会,这就是"多数谬误"。所以,用一种产品来满足所有消费者的无差异营销,在绝大多数情况下是不可能持久的。

(二)差异性营销

差异性营销是指企业在市场细分的基础上,选择其中两个或两个以上的细分市场作为目标市场,为各目标市场开发与之适应的营销组合。换言之,针对被选作目标市场的每个细分市场,按照其各自的需求特点,分别为之开发产品并制定相应的营销策略。差异性市场营销能满足各顾客群的不同需要,会提高顾客对产品的信赖程度和购买频率,所以可以占领每一个细分市场,从而获得大销量。

差异性市场营销,企业试图以多产品、多渠道和多种推广方式,满足不同细分市场消费者的需求。近年来,大市场的竞争者增多,越来越多的企业都实行差异性市场策略,力求增强企业在这些细分市场中的地位和顾客对该类产品的认同。例如,可口可乐公司现已采用各种大小不同的瓶装。美国雪佛兰汽车改变了以往只是单一规格型号的产品,现已有多种形式、多样车体及一系列新型品种。

尽管差异性市场营销能更好地满足不同消费者群体的需要,并给予次要的细分市场以足够的注意,能够增加企业总销售量。但是,差异化营销必然导致产品的多品种和小批量,企业资源将被分散用于各个细分市场,企业产品的变动成本、生产成本、管理费用、存货成本和营销费用,势必随之增加。

(三)集中性营销

集中性营销是指选择一个或少数几个细分市场作为目标市场,并只开发一种营销组合。差异性营销和无差异性营销是两种极端的策略,而集中化营销则较为中庸。对比差异性营销,集中性营销可以使企业集中全力于一个或少数几个细分市场,不会分散企业有限的人力、财力、物力,提高企业与产品的知名度,迅速扩大市场,可以在一个或几个细分市场占据优势地位。

集中性营销的思想是"大中求小,小中求大",即在部分市场拥有较高的占有率,远胜于在所有市场都获得微不足道的份额。企业应该在大市场中选择一个有利可图的小市场,并集中自己的资源和优势,在小市场中占有较大的市场份额。采用密集性营销,企业能够透彻地了解目标市场的需求、提供较佳的服务、生产精益求精的产品。

密集性市场策略也有较大的风险性,若企业的目标市场遭遇不景气,则企业将受到很大的影响,甚至大伤元气。即使在市场景气时,若有有力的竞争者进入同一目标市场,致使在总需求增长不变或不快的情况下,使原企业的盈利大幅度降低。因此,多数企业在采取密集性市场营销的同时,仍然愿意局部采用差异性市场策略,将目标分散于几个细分市场中,以便获得回旋的余地。

第三节 市场定位

一、定位与市场定位的概念

(一)定位的概念

消费者头脑中存在一级级的台阶,他们将产品或品牌按某种或多种标准在这心理阶梯上排序。1969年,阿尔·里斯(Al Rise)和杰克·特劳特(Jack Trout)指出定位是通过对目标受众深入研究,针对潜在顾客的心理采取行动,使产品或品牌与竞争产品或品牌相比,在消费者心目中占据一个适当的位置。

定位的概念适用于产品、品牌、组织,甚至个人,通常产品定位、消费者定位、价格定位、广告定位、市场定位这几个概念经常会替换使用,本质上它们是同一问题的不同方面。从结果来看,定位就是使品牌能够成为购买的首选,以先入为主的效果实现营销的目标。

(二)市场定位的概念

市场定位就是对企业的产品或形象进行设计,从而使其能在目标顾客心中占据一个独特位置的一种行动。换言之,市场定位是企业根据竞争对手产品在市场上所处的位置,针对顾客对某产品的重视程度和需求状况,结合企业现有条件与产品在市场上所处的位置,塑造本企业产品与众不同的个性或形象,进而通过特定的营销模式让顾客接受产品,以确定本企业及其产品在目标市场上的位置。

市场定位不一定是产品实际的功能性利益,关键是要能够凸显与竞争品牌的区别或不同点。市场定位是企业制定营销组合策略的基础,市场定位决定了企业营销系统的内在一致性,有利于提高企业营销活动的效率和效果,有利于促进产品和企业形象的塑造及无形资产的积累。市场定位是树立企业形象、品牌形象、产品形象的基础。

差异定位一旦确立,当消费者产生了与这种产品或品牌的相关需要或购买欲望时,消费者就会想到这一品牌或这一产品,进而影响其购买行为。比如,沃尔沃定位于较高的安全性能、丰田定位于经济适用、奔驰定位于舒适豪华。

二、市场定位的方式

(一)避强定位

避强定位是指企业主动回避与目标市场上的竞争对手的直接对抗,将自身的位置定在市场上的空白点,使自己的产品在某些特征或属性方面与最强或较强的对手有比较显著的区别。避强定位可以迅速地在市场上站稳脚跟,并在消费者心中树立企业与产品形象,市场风险比较小,成功率较高。但是,避强定位往往也意味着企业必须放弃某个最佳的市场位置,很可能使企业处于最差的市场位置。比如,对比"高质高价"的"和路雪""雀巢"雪糕,"伊利"雪糕正是得益于"低廉的价格、较高的品质"这一避强定位策略,赢得了众多消费者的青睐。

(二)对抗定位

对抗定位是指企业根据自身的实力,为占据较佳的市场位置,不惜与市场上占支配地位的、实力最强或较强的竞争对手发生正面竞争,使自己的产品进入与对手相同的市场位置。采用该定位策略的企业由于选择靠近现有竞争者或与现有竞争者完全重合的市场位置,争夺同样的顾客,所以企业在产品、价格、分销及促销等方面的差别不大。比如,"百事可乐"进入市场时就采取的是与"可口可乐"面对面的较量:"你是可乐,我也是可乐。"

实行对抗定位,企业必须做到知己知彼,应该了解自己是否拥有对应的资源和能力,可以比竞争者做得更好。实行对抗定位竞争过程中往往相当惹人注目,从积极的角度看,企业及其产品可以较快地被消费者或用户所了解,易于达到树立市场形象的目的。从消极的角度看,与在市场上居支配地位的竞争对手"对着干",可能会成为一种非常危险的战术,将企业引入歧途。

为了很好地理解避强定位和对抗定位,可以使用认知图或感知图(perceptual mapping),该工具常常被用来测量市场上每个产品或品牌的定位状况和设计定位,是通过二维或多维坐标图标出在消费者心目中产品或品牌的位置,如图6-3部分汽车品牌的认知所示。

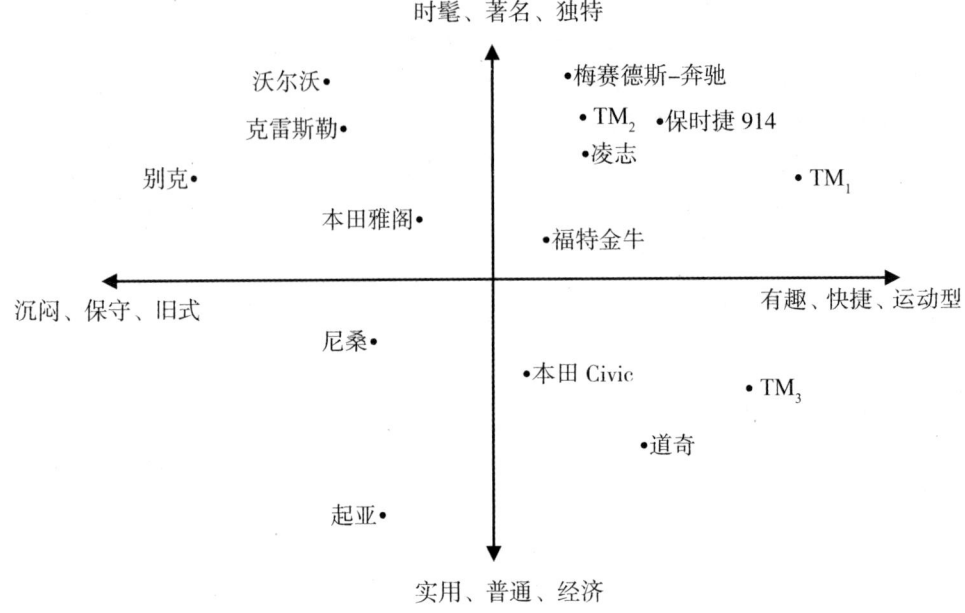

图 6-3 部分汽车品牌的认知

图中 TM1 就是一个很好的避强定位，附近没有竞争品牌；二 TM2 则是挑战奔驰、凌志的定位；TM3 也是一个比较理想的位置，竞争品牌不多。如果要取得和本田雅阁相同的定位，即是对抗性定位，这样势必形成直接竞争，并可能导致冲突升级。

（三）重新定位

重新定位是指企业变更产品特色，改变目标消费者对其原有印象，从而使他们对原有产品形象有个重新认识的过程。企业在选定了市场定位目标后，随着时间的推移，市场情况发生变化时，比如，出现更强大的竞争者、技术进步、需求偏好转移时，就应考虑重新定位。重新定位是以退为进的策略，目的是实施更有效的定位。比如，王老吉通过将凉茶重新定位为可以预防上火的功能性饮料，"怕上火，喝王老吉"成功打入消费者心目中。

重新定位不会像在认知图上轻轻一点那么简单。它不仅需要投入大量资金用于产品本身的完善，借助卓有成效的广告传播定位信息，而且使消费者认知、接受、偏好和购买也需要花费较长的时间。因此，重新定位是十分慎重的决策，在没有进行充分而细致的研究之前要慎之又慎。

三、市场定位的依据

（一）竞争者相关定位

竞争者相关定位就是直接针对竞争对手进行定位，也称为取代定位，是一种竞争性最强的定位。这种定位适用于那些已经取得稳定性差异化优势，且想巩固该优势的企业。比如，英特尔公司为对抗其他微处理器生产企业，曾利用"内置英特尔芯片"的宣传语和长期的广告活动，使其购买者相信其产品优于竞争对手的产品。

（二）产品差别化定位

产品差别化定位是指企业采取各种手段，比如通过技术创新、管理创新和组织创新等,生产在质量和性能上明显优于同类企业的产品,从而在市场竞争中占据有利位置。换句话说,具有创新性的产品是实现产品差别化的源泉。实现产品差异化定位,能够提高顾客的忠诚度,从而形成提高进入障碍。产品差别定位包括产品情感形象定位、产品消费感受定位、产品等级或属性定位、产品价格或质量定位和产品形式行为等。比如,浙江嘉兴的名不见经传的羽绒服品牌Orolay,就是通过多口袋、多拉链设计款式,一举成为亚马逊服装类全美销售冠军。

(三) 服务差别化定位

服务差别化定位是指提供与竞争对手有差异性的优质服务的定位。由于服务固有的特征,服务差别化定位能够很好地提高顾客的总价值,建立与顾客的良好关系。研究发现,通过服务差异不仅能带来良好的客户关系管理,而且有助于提高总收益。服务差别化定位的适用范围很广,尤其适用于需求饱和的市场。比如,在白色家电竞争极其激烈的时候,海尔推出了五星级售后服务的营销策略,从此树立了海尔的品牌形象。海里捞也是通过服务差异化,使其一鸣惊人。

(四) 人员差别化定位

人员差别化定位是指通过录用、培训与培养比竞争对手更优秀的员工以获得差异化优势的定位。人是企业实现竞争优势的重要载体,通过人员差别化定位能够提升企业的竞争优势。人员差异化定位可以通过人员的知识和能力、诚信、可靠度等。比如,在"北京—东京—夏威夷"这条航线上,日本航空公司通过"入关—空中—出关"全过程的优良服务赢得了顾客的赞美与肯定,该高质量的过程的关键在于高素质的员工队伍。

(五) 形象差别化定位

形象差别定位是指在产品的核心部分与竞争对手产品的核心内容趋同的情况下,企业通过塑造产品与众不同的形象获取差异化竞争优势。形象差异化定位一般通过知名度、美誉度、信誉度等体现,很多企业愿意在品牌塑造上投入较大和较多的精力就是基于此。比如,一看到金黄色的"M",消费者就会想到整洁的就餐环境、热情优质的服务以及美味可口的汉堡和薯条等。

思考题

1. 什么是市场细分？市场细分的变量有哪些？
2. 有效的市场细分标准是什么？
3. 市场细分对企业的营销活动有什么意义？
4. 目标市场选择的模式有哪些？分别有什么特点？
5. 什么是市场定位？市场定位的方式有哪些？
6. 消费者行为分析与目标市场营销战略之间的关系是什么？

案例分析

农夫山泉的品牌定位

1997年6月,农夫山泉在上海、浙江的重点城市上市,以"有点甜"为销售卖点,实施差异化营销策略,农夫山泉的差异化不仅体现在包装及品牌运作上,还体现在价格上,并以此差异化的营销策略、独特的品牌定位迅速奠定了农夫山泉在瓶装水市场上的高档、高质的形象。

1998年4月,中央电视台一句"农夫山泉有点儿甜"的广告语引起了消费者的普遍关注。当时农夫山泉产品还没有在全国上市,这一版广告作为农夫山泉系列电视广告的开山之作,在短时间内就使农夫山泉的品牌知名度,从一个区域新品牌一下子跃升为全国的知名品牌。该品牌用独特的广告诉求——"有点儿甜"占据消费者心智资源。

当时,在中国市场上绝大多数品牌的饮用水,有一些品牌的广告也深入人心,比如,娃哈哈的"我的眼里只有你"、乐百氏的"27层净化",等等。从营销传播的角度讲,这种广告对品牌知名度的贡献是很有帮助的,但是从销售效果来看,对消费者尝试购买率却作用不大。但当我们听到"农夫山泉有点甜"这样的广告时,想尝试一下的消费者绝对不在少数。

1999年,农夫山泉的广告传播侧重点逐渐从"农夫山泉有点甜"转化为"好水喝出健康来",一方面更加突出了水源品质,同时也有力证明农夫山泉之所以甘甜的根本原因。从广告诉求角度看,农夫山泉通过各种创意表现形式,力现农夫山泉的水源——千岛湖的源头活水,使消费者认识到农夫山泉使用的是千岛湖地下的源头活水,是真正的"健康水"。

2000年,公司宣布全部生产天然水,停止生产纯净水。在中央电视台的"水仙花生长对比实验"广告上,养生堂宣布:停止生产纯净水,全部生产天然水。与其说这是农夫山泉对所有纯净水竞争对手下的挑战书,还不如说这是对公司品牌定位、产品定位的颠覆式的改变,继续在产品差异化、品牌差异的路上前行。引领消费者回归自然,回归天然。

2008年,农夫山泉的广告语悄然换成了"我们不生产水,我们只是大自然的搬运工",这个广告宣传继续着农夫山泉品牌定位的神奇,紧紧扣住健康的理念,告诉消费者我们的水不是生产加工来的,不是后续添加矿物质生产出来的。"大自然的搬运工""水源地建厂,水源地罐装"把自然的精华天然水呈现在消费者的面前,将竞争对手越甩越远。2008年,"农夫山泉"被美国《读者文摘》评选为中国瓶装水中唯一的"白金品牌"。

1. 结合农夫山泉说明如何进行市场细分。
2. 农夫山泉是如何进行品牌定位的?

参考文献

[1] 王永贵.市场营销[M].北京:中国人民大学出版社,2019.

[2] 吴建安.市场营销学[M].北京:清华大学出版社,2018.

[3] 吴涛.市场营销学教程[M].北京:中国发展出版社,2014.

[4] 菲利普·科特勒,凯文·莱恩·凯勒.营销原理(全球版)[M].王永贵,等,译.14版.北京:中国人民大学出版社,2012.

[5] 迈克尔·埃特泽尔,布鲁斯·沃克.市场营销[M].王永贵,等.译.14版.南京:南京大学出版社,2009.

[6] 吴晓云.市场营销管理[M].北京:高等教育出版社,2009.

[7] 王永贵.产品开发与管理[M].北京:清华大学出版社,2007.

第四篇　市场价值创造

第七章　产品策略

学习目标

1. 掌握产品的内涵和产品的五个层次。
2. 了解消费品和工业品的分类。
3. 熟悉产品组合及其管理。
4. 熟悉产品生命周期的内涵。
5. 掌握产品各个生命周期的特征及营销策略。
6. 了解新产品概念及类型。
7. 熟悉新产品的开发流程和采用过程。

案例导入

雪莲牌羊绒衫的产品整体概念

北京羊绒衫厂(以下简称"京绒")建于1963年,经过多年的发展,京绒已成为中国羊绒衫生产和出口的重要企业之一。京绒生产的"雪莲"牌羊绒衫曾获中国"银质奖",在国内外具有一定的声望,不少客户和消费者都竞相订货或购买。京绒的产品发展过程主要表现在以下几个方面。

1. 不断提高产品的内在质量

羊绒衫是服装中的高档商品,具有轻薄、柔软、滑爽、舒适的特点,外加做工精细、款式讲究,因而在质量上要求比较严格。国际羊毛局对羊绒衫制定了一套质量指标,与国际羊毛局规定指标相比,京绒羊绒衫还有一定的差距,对此,京绒在以下几个方面对产品进行了改进。

(1) 京绒为了解决容易变形和增加产品柔软、滑爽程度的问题,从意大利进口了一批干洗机,用干洗缩毛代替传统的水洗缩毛工艺,不仅增强了羊绒衫柔软、滑爽、手感好等特点,还解决了容易变形的难题,同时也解决了羊绒衫容易腐烂的问题。

(2) 防虫蛀是顾客最关心的问题之一。为了解决不能防蛀的问题,京绒进行了反复研究,多次试验。终于解决了这一问题,并已经做到了大批量生产。

(3) 为了提高毛纱条干的均匀度,京绒着重对工人进行技术培训,对青年车工进行技术考核,即使在原料较差的条件下也能纺出高档纱,使羊绒衫的外观大大改善。

(4) 科研单位合力攻关,提高分梳绒制成率。经过两年的研究,取得重大突破。

经过以上几个方面的改进,京绒羊绒衫的质量有了显著的改进,按国际羊毛局质量指标检验,京绒一等品合格率从94%提高到了96.5%。

2. 不断增加新品种、新款式

服装的产品寿命周期很短,要想使企业获得长足发展,就必须经常增加新品种,设计新款式。因此,京绒设立了专门的新产品设计试制组,设计试制组的成员有 25 人,由副总工程师亲自管理。经过努力他们设计出了 400 个新品种、新款式,绝大多数受到了顾客的喜爱。例如,他们根据国外流行式样设计的蝙蝠衫,不仅穿着舒适,而且款式大方、有特色,香港的一位客户一次就订货 20000 件。当世界流行细纱羊绒衫时,他们就抓紧试制,纺出了 26 支和 32 支纱线,做成旗袍、连衣裙、两件套、三件套等夏令服装。美国的一位客户一次就订购 26 支 V 领男套衫 80000 件。京绒首先开创了以羊绒原料做夏令服装的新领域,走在了同行业的前列。

京绒为了增加新品种,还成功试制了以羊仔毛、驼绒、牦牛毛、兔毛与羊绒混纺的产品,既保持了高档产品的特色,又使价格降低了 30% 以上,受到了国内消费者的欢迎。

3. 改进染色工艺,增加产品花色

羊绒衫讲究"流行色"。京绒的羊绒衫过去只有灰、米、驼、蓝等几种颜色,近年来增加了豆绿、米橙、米黄、紫等鲜艳而雅致的颜色。同时,京绒还把过去纺成纱后染色的工艺改为散毛染色工艺,使羊绒衫的颜色既丰满又自然,同时降低了染花率,提高了产品的外观质量。

4. 改进包装

京绒羊绒衫的包装,原来是一件装一个塑料袋,塑料袋上印有雪莲图案,每十件装在一个大纸盒内。这种包装显然与羊绒衫的高档特点很不相称。后来他们对包装进行了改进,用比较精致的长方形浅绿色纸盒包装,盒上有凸出来的金色雪莲花,上半部开一"大窗",透过玻璃纸可以清楚地看到羊绒衫的颜色和商标。"雪莲"牌羊绒衫荣获全国"金质奖"之后,又在每件羊绒衫上挂了一个金属吊牌,上面标有"金奖"等字,更衬托出羊绒衫的高贵。

5. 扩大"雪莲"的知名度

"雪莲"象征纯洁、高雅,是一个好牌子。为了扩大"雪莲"的知名度,京绒除在国内设立一些广告牌和进行电视广告宣传以外,还利用外商在国外进行宣传。日本富士电视台两次来京,拍了"羊绒衫生产和产品"以及"驼绒产品"纪录片,在日本放映后效果很好,订货量达到 10 多万件。

6. 及时交货

羊绒衫是季节性很强的商品,能不能按时、按质、按量交货,对商家信誉和商品价格都会产生很大影响。多年以来,京绒一直很重视研究出口国家的气候、当地人的穿着习惯等情况,并且能够做到及时交货,客户对此比较满意。

7. 提供售后服务

羊绒衫价格较高,提供适当的售后服务是必要的。京绒开展这项服务的内容包括每件羊绒衫上附有一小支本色纱和一枚纽扣,以便修理或换用;由于个人保存、穿着不当造成的破损,工厂给予无偿修补、整理。出口产品如有问题,可按合同规定退货和提供索赔,但至今尚未发生此类问题。

由于京绒紧紧抓住了以上 7 个构成产品质量和产品形象的关键因素,不断进行改进和改革,使羊绒衫的质量不断提高,产量稳步提升,市场进一步扩大,销量不断增加,最终使得利润大幅度增长。

资料来源:陈阳.市场营销学[M].3 版.北京:北京大学出版社,2016:141-142.

第一节 产品及产品组合

一、产品的内涵

产品是指营销人员提供给市场用以满足需要和欲望的任何东西。产品可以是一种实体产品（如电视机），也可以是一项无形服务（如金融服务）、一种体验（如蹦极）、一个地方（如迪士尼乐园）、一个组织（被收购的企业）、一些信息（如有关竞争对手的信息）或一个想法（如某个创意），甚至可以是一项活动或一个事件（如展销会）等。

市场营销学不是狭义地将产品理解为看得见、摸得着、具有某种特定物质形状和用途的物品，而是将人们通过购买而获得的能够满足某种需求和欲望的物品的总和视为产品，它既包括具有物质形态的产品实体，又包括非物质形态的利益。产品是指能够向市场提供的旨在引起注意、购买、使用或消费的任何东西，是包括产品质量、产品的物理特征、价格、品牌、包装等在内的一系列有形属性和无形属性的集合。所以，顾客购买产品的时候绝不仅仅是在购买一系列属性，他们所购买的往往是依托产品存在的能够满足其需求的一系列利益。可见，就实质而言，产品仅仅是某些利益或价值的载体。

二、产品的五个层次模型（见图7-1）

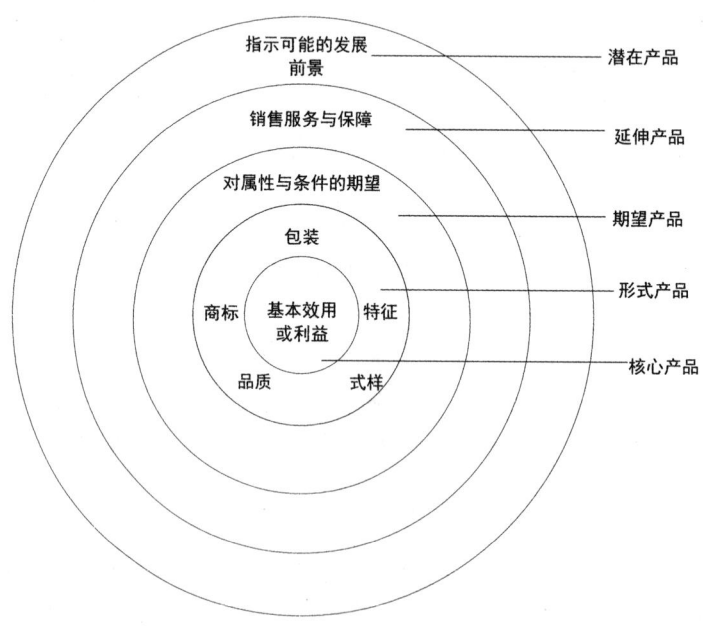

图 7-1　产品整体概念的五个层次

资料来源：吴建安.市场营销学[M].北京.清华大学出版社,2018:224.

(一) 核心产品

核心产品是顾客真正购买的基本效用或利益。从根本上说,每一种产品实质上都是为解决问题而提供的服务。例如,人们购买空调不是为了获取装有某些电器零部件的物体,而是为了在炎热的夏季能够"享受凉爽和舒适"。这种核心的需求即核心产品,也是生产者和营销者要提供给消费者的核心利益。因此,营销人员向顾客销售的任何产品,都必须具有反映顾客核心需求的基本效用或利益。

(二) 形式产品

形式产品是指核心产品借以实现的形式,即向市场提供的实体和服务的形象,由五个特征构成,即品质、式样、特征、商标及包装。即使是纯粹的服务,也具有类似的、形式上的特点。产品的基本效用,必须通过某些具体的形式才能实现。市场营销者应首先着眼于顾客购买产品时所追求的利益,以求更完美地满足顾客需要,从这一点出发再去寻求利益得以实现的形式,进行产品设计。

(三) 期望产品

期望产品指购买者在购买产品时,期望得到的与产品密切相关的一组产品属性和条件。通常顾客在购买某种产品时,会根据以往的消费经验和企业的营销宣传,对所要购买的产品形成一种期望,比如旅馆的客人期望得到安全和相对安静的环境、洁净的床位、饮用水和洗浴热水等服务。顾客所得到的,是购买产品所应该得到的,也是企业在提供产品时应该提供给顾客的。

(四) 延伸产品

延伸产品是顾客购买形式产品和期望产品时,获得附带的各种利益的总和,包括产品说明书、保证、安装、维修、送货、技术培训等。国内外许多企业的成功,在一定程度上应归功于它们更好地认识到了服务在产品整体概念中所占的重要地位。许多研究表明,新的竞争并非凭借企业在其工厂中生产的产品,而是依靠附加在产品上的包装、服务、广告、顾客咨询、资金融通、配送仓储及其他具有价值的形式。

(五) 潜在产品

潜在产品是指现有产品包括所有延伸产品在内的,可能发展成为未来最终产品的潜在状态的产品。潜在产品指出了现有产品可能的演变趋势和前景,如彩色电视机可发展为网络终端机等。潜在产品要求企业不断寻求满足顾客的新方法,不断将潜在产品变成现实的产品,这样才能使顾客得到更多的意外惊喜,更好地满足顾客的需要。

整体产品概念的五个层次清晰地体现了以顾客为中心的现代营销观念。这一概念的内涵和外延,都是以消费者需求为标准的,由消费者的需求来决定的。可以说,产品整体概念是建立在"需求=产品"这样一个等式基础之上的。没有产品整体概念,就不可能真正贯彻现代营销观念。

三、产品的分类

为了设计有效的营销方案,企业必须知道它们向潜在消费者提供的是什么类型的产品。因此,对产品类型进行划分对企业的营销决策很有帮助。例如,根据销售的目标对象以及产品的用途,可以把产品分成消费品和工业品两大类。

(一)消费品及其分类

消费品是指以消费者个人为销售对象、用于消费者个人或家庭消费的产品。但是,这种消费品的概念过于宽泛,不利于在营销管理中使用。因此,需要按照一定的标准加以细化。消费品进一步细分为便利品、选购品、特殊品和非渴求品。这样的分类基于消费者购买某一特定产品的方式。根据不同消费者的购买行为,可以把产品归入上述四种类别中的某个。(见表7-1)

表7-1 消费品的分类、主要特征与营销策略

		便利品	选购品	特殊品
	消费品示例	水果罐头	家具	贵重衣服
主要特征	消费者购买时间和精力	非常少	相当多	尽量花时间寻找合适的品牌
	计划购买所花费的时间	非常少	相当多	相当多
	满足需求的速度	立刻	相对较慢	相对较慢
	是否比较价格和质量	否	是	否
	价格	通常很低	通常较高	通常较高
	购买频率	频繁	不频繁	不频繁
营销策略	渠道的长度	长	短	非常短
	零售商	相对不重要	重要	很重要
	店铺数量	越多越好	少	少,通常一个市场一家
	存货周转率	高	低	低
	总利润	低	高	高
	广告责任	生产商	共同责任	共同责任
	购买点的展示	很重要	较不重要	较不重要
	品牌/商店名称	品牌	商店名称	两者
	包装	很重要	较不重要	较不重要

注:表中未列出非渴求品,有关内容参见正文中的解释.
资料来源:郭贤达,蒋炯文.战略市场营销[M].王永贵,董伊人,译.北京:北京大学出版社,2006.

1. 便利品

便利品是指消费者购买频繁,希望在需要时即可买到,并且只花最少精力和最少时间去比较品牌、价格的消费品。例如,香烟、报纸等。便利品通常单价较低、体积较小,较少受到时尚和潮流的影响,而且消费者倾向于频繁购买这类产品。消费者对便利品产生需求的时候,希望马上获得。因此,制造商必须尽量广泛迅速地对便利品进行分销。但是,因为大多数零售商仅仅销售某种便利品中的一小部分,所以制造商往往依靠总分销商来选择一些零售商进行销售。与此同时,考虑到消费者可能具有品牌偏好,零售商通常会同时销售几个品牌的同类便利品。

2. 选购品

选购品是指消费者为了物色适当的物品,在购买前往往要去许多家零售商店了解和比较商品的样式、质量、价格等的消费品。例如，儿童衣料、女装、家具等都是选购品。由于消费者在购买之前会多方比较，并对选定的零售店形成较大程度的依赖，所以制造商只需要较少的零售店。而且，为了方便消费者的比较与购买，制造商通常会把产品投放到出售同类竞争产品的店铺附近。同时，制造商也会与零售商紧密合作，以开展选购品的营销。一般而言，对于选购品的消费者来说，商店的声誉往往比制造商的形象更加重要。

3. 特殊品

特殊品是指消费者能识别哪些牌子的商品物美价廉，哪些牌子的商品质次价高，而且许多消费者习惯上愿意多花时间和精力去购买的消费品。例如，特殊品牌和造型的奢侈品名牌男服、供收藏的特殊邮票和钱币等。此时，品牌及其形象对消费者的购买决策具有十分重要的影响。如果消费者偏好某一特定的品牌并愿意花费相当多的时间和精力去寻找该品牌，制造商可以利用较少的零售商来销售产品。此外，由于存在较少的零售商和制造商，品牌对购买者的重要性凸显出来，制造商和零售商均会围绕产品进行大量的广告宣传。

4. 非渴求品

非渴求品是指顾客不知道的物品，或者虽然知道却没有兴趣购买的物品。例如，刚上市的新产品、人寿保险、百科全书等。非渴求物品的性质，决定了企业必须加强广告、推销工作，使消费者对这些物品有所了解，产生兴趣。企业要千方百计地吸引潜在顾客，扩大销售。

（二）工业品及其分类

工业品是指用于再出售或者制造其他产品的产品，或是为其他组织提供服务的产品。在市场营销中，一般按照产品的用途来划分工业品的类型，按照这一标准可以把工业品划分为原材料、加工材料和零部件、安装设备、辅助设备以及运营供应品。

1. 原材料

原材料主要指原始形态的材料和农畜产品。由于这些原材料具有不同的特征，所以通常采取不同的营销方式。例如，对于原始形态的材料而言，其供应是有限的，一般无法显著增加其供应量，它们通常由仅有的几家大型生产商提供。这些产品具有商品的性质，必须小心地加以分类，且往往是高度标准化的。与之相比，一些农畜产品的生产商却通过建立品牌成功地实现了差异化，如"咯咯嗒鸡蛋"。比较而言，农畜产品一般由一些小型生产商以及大型农场供应，其产地和市场通常相距较远，而且农畜产品的生产商往往可以控制产品的供应，但是想迅速增加或减少供应是很困难的。同时，由于许多农畜产品的生产商规模较小、数量众多且市场分散，所以中间商在农畜产品的营销过程中非常重要，运输和仓储也会对农畜产品的分销效果和效率产生很大影响。

2. 加工材料和零部件

通常，加工材料和零部件的购买量很大，购买者主要考虑的是产品价格和卖方所提供的服务。为了按时、按量地获得足够的供应，购买者可能会提前一年甚至是更早就发出订单。由于购买者关心的是价格、服务和可靠的供应，所以多数加工材料和零部件由生产商直接对组织顾客进行营销。总体上讲，品牌对于加工材料和零部件来说并不是最重要的。

3. 安装设备

安装设备区别于其他企业产品的特征是会直接影响企业生产产品和提供服务的能

力。例如,一家航空公司增加 12 个机舱座位,不会对公司的运营产生影响,而增加 12 架波音 777 客机的影响却是巨大的。如此来看,这 12 架波音 777 客机就属于安装设备,而机舱座位则不是。由于单位产品的价格非常高,所以安装设备的营销工作是一项艰巨的任务。通常,卖方会按照买方的要求为其特别定制,而且会提供大量必需的售前和售后服务。例如,电梯的销售通常涉及安装、维护以及不可或缺的维修服务。

4. 辅助设备

辅助设备的营销很难从总体上概括。某些辅助设备适合由生产商直接向最终用户销售,如铲车。在订单比较大、产品单位售价比较高的时候,情况更是如此。然而,在许多情况下,辅助设备的生产商需要通过中间商来销售自己的产品,如办公桌这样的辅助设备。这类产品的市场相对比较分散,潜在顾客的需求存在差异,而且订单比较小。

5. 运营供应品

由于顾客在购买运营供应品的时候往往要求便利性,所以运营供应品可看作工业品中的便利品。与其他种类的工业品类似,运营供应品的特征也会对营销方式产生影响。由于单位价值较低、用户比较分散,运营供应品往往需要进行广泛的分销,营销过程中也会大量使用中间商。同时,由于竞争产品的同质化,价格竞争往往表现得比较激烈。

这里需要指出的是,在实践中,有时很难把某个产品绝对地归为消费品或工业品。以南方航空公司从北京到南京的航班座位为例,如果卖给了度假的学生或个体消费者,这些座位就是消费品,如果由某家公司的销售代表购买则属于工业品。因此,为不同的市场开发不同的营销方案就成为这类企业面临的最大挑战。

四、产品组合战略

(一)产品组合、产品线、产品项目的内涵

产品组合是指企业提供给市场的全部产品线和产品项目的组合或结构,即企业的业务经营范围。企业为了实现营销目标,充分有效地满足目标市场,必须设计一个优化的产品组合。产品线是指产品组合中的某一产品大类,是一组密切相关的产品。比如,以类似的方式发挥功能、售给相同的顾客群、通过同一销售渠道出售、属于同一价格范畴等。产品项目是衡量产品组合各种变量的一个基本单位,指产品线内的不同品种及同一品种的不同品牌。例如,某自选采购中心经营家电、百货、鞋帽、文教用品等,这就是产品组合;而其中"家电"或"鞋帽"等大类就是产品线;每一大类里包括的具体品种、品牌为产品项目。

(二)产品组合的宽度、长度、深度和相关性

产品组合包括四个参数:宽度、长度、深度和相关性。产品组合的宽度是指一个公司的产品组合中所拥有的产品线的数目。如表 7-2 所示,宝洁公司在中国市场的产品组合宽度为 4(当然,宝洁公司还有其他的产品线)。产品组合的长度是指一个公司的产品组合中产品项目的总数。以产品项目总数除以产品线数目即可得到产品线的平均长度。表 8-2 所显示的产品项目的总和,即产品组合的总长度为 11,则每条产品线的平均长度为 11÷4=2.75。产品组合的深度是指一个公司产品线中的每一产品项目有多少个品种。例如,如果某个品牌的洗衣粉有两种香型、两种形式(液体/粉末)、两种添加剂(有/无漂白剂),其深度就是 8。通过统计每一产品项目的不同花色、规格、质量产品的总数目,除以

项目总数,即为公司产品组合的平均深度。产品组合的相关性是指各条产品线在最终用途、生产条件、分配渠道或其他方面相互关联的程度。例如,某家用电器公司拥有电视机、收录机等多条产品线,但每条产品线都与电器有关,这一产品组合具有较强的相关性。相反,实行多角化经营的公司,其产品线间的相关性则小,或毫无相关性。

表7-2 宝洁公司的产品组合宽度和产品线长度

	产品组合宽度			
	洗发水	洗衣粉	肥皂	纸尿裤
产品线长度	飘柔	汰渍	舒肤佳	帮宝适
	潘婷	碧浪	玉兰油	
	海飞丝		激爽	
	沙宣			
	伊卡璐			

资料来源:根据宝洁公司网站 www.pg.com.cn

上述产品组合的四种尺度,为公司产品组合决策提供了依据。公司可以据此采用四种方法发展其业务组合:

(1)加大产品组合的宽度,可扩展公司的经营领域,实行多角化经营,分散投资风险。如百事的产品组合就远比可口可乐丰富,除软饮料以外,还涉足运动产品、食品等,大大分散了公司的经营风险。

(2)增加产品组合的长度、使产品线更为丰满。例如,在冲泡果汁市场有着"第一品牌"之称的"果珍"已经出击即饮果汁市场,进一步拓展了自身产品组合的长度。

(3)加强产品组合的深度,可以占领同类产品的更多细分市场,满足更广泛的市场需求,同时,可增强行业竞争力。如康师傅方便面为迎合不同地区、不同口味的顾客要求,推出红烧牛肉、香辣牛肉、麻辣排骨等众多口味的产品。

(4)加强产品组合的一致性,可以使公司在某一特定的市场领域内加强竞争赢得良好的声誉。例如,联想公司向市场推出的产品组合由关联性较强的笔记本电脑、家用台式、商用台式及服务器存储、外设数码等产品构成。

因此,对产品组合的决策,就是公司根据市场需求、竞争形势和公司自身能力在产品组合的广度、长度、深度和相关性方面做出的决策。

(三)产品组合决策

1. 扩大产品组合决策

扩大产品组合决策包括拓展产品组合的宽度和增强产品组合的深度。前者是在原产品组合中增加产品线、扩大经营范围;后者是在原有产品线内增加新的产品项目。当企业预测现有产品大类的销售额和利润额在未来一段时间内有可能下降时,就应考虑在现行产品组合中增加新的产品大类或加强其中有发展潜力的产品大类。当企业打算增加产品特色或为更多的细分市场提供产品时,则可选择在原有产品大类内增加新的产品项目。一般而言,扩大产品组合,可使企业充分地利用人、财、物资源,分散风险,增强竞争能力。

2. 缩减产品组合决策

在市场繁荣时期，较长、较宽的产品组合会为公司带来更多的盈利机会。但在市场不景气或原料、能源供应紧张的时期，实施缩减产品线组合决策反而会使总利润上升。原因在于，从产品组合中剔除了那些获利小甚至亏损的产品线或产品项目，公司便可集中力量发展获利多的产品线和产品项目。例如，日本 PC 业先驱之一的日立公司，面对日本 PC 制造商在全球竞争中纷纷被戴尔、惠普及联想等国际厂商所击败的状况，将"Prius"以外的 PC 品牌的生产业务外包给惠普公司，并做出了停产家用 PC 的决定。

3. 产品线延伸决策

每一个公司的产品都有其独特的市场定位，如"林肯"牌汽车定位在高档汽车市场，"雪佛兰"定位在中档汽车市场，而"斑马"则定位于低档车市场。产品线延伸策略是指全部或部分地增加其产品线长度从而改变原有产品的市场定位。具体有向下延伸、向上延伸和双向延伸三种实现方式。

(1) 向下延伸

向下延伸指原来生产高档产品，后来决定增加低档产品。这种策略需具备以下市场条件：第一，利用高档名牌产品的声誉，吸引购买力水平较低的顾客慕名购买此产品线中的廉价产品。第二，高档产品销售增长缓慢，资源设备没有得到充分利用，为赢得更多的顾客，将产品线向下伸展。第三，公司最初进入高档产品市场的目的是建立厂牌信誉，然后再进入中、低档市场，以扩大市场占有率和销售增长率。第四，补充现有产品线的空白。但实行这种策略也有一定的风险，如处理不慎，会影响公司原有产品的市场形象，特别是名牌产品。同时，这种策略必须辅之以一套相应的营销组合策略，例如对销售系统的重新设置等。

(2) 向上延伸

这是指原来定位于低档产品市场的公司，在原有的产品线内增加高档产品项目，使公司进入高档产品的市场。实行这一策略的主要目的是：第一，高档产品市场具有较大的成长空间和较高的利润率。第二，公司的技术设备和营销能力已具备加入高档产品市场的条件。第三，公司要重新进行产品线定位。采用这一策略也要承担一定的风险，因为要改变产品在顾客心目中的地位是相当困难的，处理不当，还会影响原有产品的市场声誉。

(3) 双向延伸

双向延伸是指原定位于中档产品市场的企业掌握了市场优势以后，决定向产品大类的上下两个方向延伸，一方面增加高档产品，另一方面增加低档产品，扩大市场阵地。

第二节 产品生命周期

一、产品生命周期内涵

产品在市场上的销售情况及其获利能力会随着时间的推移而变化。这种变化的规律就同人和其他生物的生命一样,有一个诞生、成长到成熟,并最终衰亡的过程。产品生命周期(或称产品市场生命周期)是指产品从研制成功投入市场开始,经过导入期、成长期、成熟期和衰退期,最终被市场淘汰的过程。

产品生命周期特指产品的市场寿命,而不是产品的自然生命或使用寿命。产品经研发、试销然后进入市场,其市场生命周期就开始了。产品被拒绝或淘汰并退出市场,则标志着产品生命周期的结束(见图 7-2)。

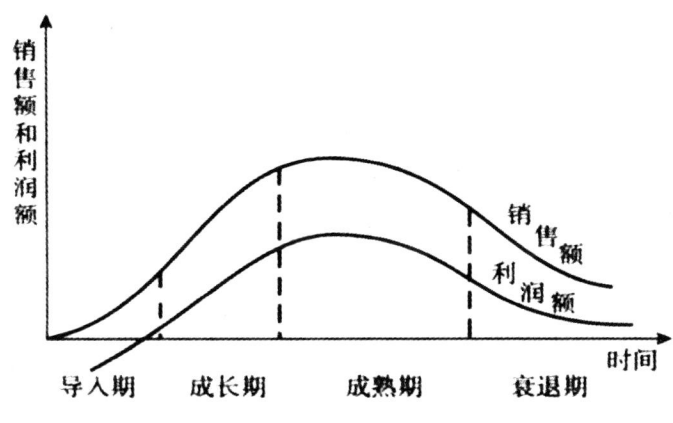

图 7-2 典型的生命周期

资料来源:吴建安.市场营销学[M].北京:清华大学出版社,2018:233.

典型的产品生命周期,一般可分为四个阶段:

(1) 导入期。新产品投入市场,便进入导入期。此时顾客对产品还不了解,只有少数追求新奇的顾客可能购买,销售量很低。为了扩展销路,需要大量的促销费用,对产品进行宣传。在这一阶段,由于技术方面的原因,产品不能大批量生产,因而成本高,销售额增长缓慢,企业不但得不到利润,反而可能亏损。

(2) 成长期。产品在导入期的销售取得成功以后,便进入成长期。这时顾客对产品已经熟悉,大量的新顾客开始购买,市场逐步扩大。产品已具备大批量生产的条件,生产成本相对降低,企业的销售额迅速上升,利润也迅速增长。在这一阶段,竞争者看到有利可图,将纷纷进入市场参与竞争,使同类产品供给量增加,价格随之下降,企业利润增长速度逐步减慢,最后达到生命周期利润的最高点。

(3) 成熟期。经过成长期以后,市场需求开始趋向饱和,潜在顾客已经很少,销售额增长缓慢直至转而下降,标志着产品进入成熟期。在这一阶段,竞争逐渐加剧,产品售价降低,促销费用增加,企业利润下降。

(4) 衰退期。随着科学技术的发展,新产品或新的替代品出现,将使顾客的消费习惯发生改变,转向其他产品。从而使原来产品的销售额和利润额迅速下降。于是,产品进入了衰退期。

二、产品生命周期各阶段的市场特征及营销策略

(一) 导入阶段的市场特征及营销策略

1. 市场特征

导入期始于新产品首次在市场上普遍销售之时。新产品进入导入期之前,需要经历开发、研制、试销等过程。进入导入期产品的市场特点是销量少,促销费用高,制造成本高,销售利润常常很低甚至为负值。在这一阶段,促销费用一般很高,主要用于建立完善的分销渠道。促销活动的主要目的是介绍产品,吸引消费者试用。

2. 营销策略

在产品的导入期,一般可由价格、促销、地点等因素组合成各种不同的市场营销策略。若仅考虑促销、价格因素,可有以下四种选择。

	促销水平	
价格	高	低
高	快速撇脂策略	缓慢撇脂策略
低	快速渗透策略	缓慢渗透策略

图 7-3 导入期可选择的市场策略

资料来源:吴晓云.市场营销管理[M].北京:高等教育出版社,2009:269.

(1) 快速撇脂策略

即以高价格和促销推出新产品。其目的是攫取较大利润和尽快回收新产品研发的投资。实行高价格是为了获取较大的利润,高促销费用是为了引起目标市场的注意,加快市场渗透率尽快地占领市场。实施该策略的市场条件是:首先,市场上有较大的需求潜力;其次,目标顾客具有求新心理,急于购买新产品,并愿意为此付出高价;再次,公司面临潜在竞争者的威胁,需要及早树立品牌。

(2) 缓慢撇脂策略

即以高价格低促销费用将新产品推入市场。高价格和低促销水平结合可以使公司获得更多利润。实施该策略的市场条件是:市场规模相对较小,竞争威胁不大;市场上大多数用户对该产品没有过多疑虑;适当的高价能为市场所接受。

(3) 快速渗透策略

即以低价格和高促销费用推出新产品。目的在于先发制人,以最快的速度打入市场。该策略可以给公司带来最快的市场渗透率和最高的市场占有率。实施这一策略的条件是:产品市场容量很大;潜在消费者对产品不了解,且对价格十分敏感;潜在竞争比较激烈;产品的单位制造成本可随生产规模和销售量的扩大迅速下降。

(4) 缓慢渗透策略

即公司以低价格和低促销费用推出新产品。低价格是为了促使市场迅速地接受新产

品,低促销费用则可以实现更多的盈利。公司坚信该市场需求价格弹性较高,而促销弹性较小。实施这一策略的基本条件是:市场容量较大;潜在顾客易于或已经了解此项新产品且对价格十分敏感;潜在竞争者不是很强大,但正准备加入竞争。

(二)成长阶段的市场特征及营销策略

1. 市场特征

消费者对新产品已经熟悉,销售量增长很快;有大规模的生产和丰厚的利润机会,吸引大批竞争者加入,市场竞争加剧;产品技术、工艺比较成熟;建立了比较理想的营销渠道;市场价格趋于下降;为了适应竞争和市场扩张的需要,公司的促销费用水平基本稳定或略有提高,但占销售额的比率下降;一方面促销费用分摊到更多销量上,另一方面生产效率的提升使得单位生产成本的下降快于价格下降,因此,在这一阶段公司利润会快速增长。

2. 营销策略

针对成长期的特点,企业为维持其市场增长率,使获取最大利润的时间得以延长,可考虑以下几种策略:

(1)改善产品品质。如增加新的功能,改变产品款式等。对产品进行改进,可以提高产品的竞争能力,满足顾客更广泛的需求,吸引更多的顾客。

(2)寻找新的细分市场。通过市场细分,找到新的尚未满足的或更小的细分市场,根据其需要组织生产,迅速进入这一新市场。

(3)改变广告宣传重点。把广告宣传的重心从介绍产品转到建立产品形象上,维系老顾客,吸引新顾客,使产品、品牌形象深入顾客心中。

(4)在适当的时机可采取降价策略。以激发那些对价格敏感的消费者产生购买动机,采取购买行动。

公司采用上述部分或全部市场扩张策略,将会大大加强产品的竞争能力,但相应地会加大营销成本。因此,在成长阶段,公司将面临高市场占有率或高利润率的选择。一般来说,实施市场扩张策略会减少眼前利润,但加强了公司的市场地位和竞争能力,有利于维持和扩大公司的市场占有率。从长期利润观点看,这样做有利于公司发展。因为随着销量的增长,产品单位营销成本必然下降,从长远看,公司能够赢得更多利润。

(三)成熟阶段的市场特征及营销策略

1. 市场特征

经过成长期以后,产品销售量的增长会缓慢下降,利润也开始缓慢下降,表明产品已开始进入成熟期。通常是销售量的增长缓慢,逐步达到最高峰,然后缓慢下降;销售利润也从成长期的最高点开始下降;竞争非常激烈,各种品牌、各种款式的同类产品不断出现。

2. 营销策略

在产品成熟期可考虑主动出击,以使成熟期得以延长或产品生命周期出现再循环。例如:

(1)调整市场。这种策略不是调整产品本身,而是发现产品的新用途或改变推销方式等,使销售量得以扩大。

(2)调整产品。这种策略以调整产品自身来满足顾客的不同需要,吸引有不同需求的顾客。整体产品概念任何层次的调整,都可视为产品再推出。

(3) 调整市场营销组合。即通过对产品、定价、渠道、促销等因素的综合调整,刺激销售量回升。例如,在提高产品质量、改变产品性能或增加花色品种的同时,通过特价、早期购买折扣、补贴运费、延期付款等方法降价让利;扩展分销渠道,广设分销网点,调整广告媒体组合,变换广告时间和频率,增加人员推销、公共关系等、"多管"齐下进行市场渗透,扩大企业影响,争取更多顾客。

(四) 衰退阶段的市场特征及营销策略

1. 市场特征

产品销售量从缓慢增加达到顶峰后,会发展为缓慢下降。在一般情况下,如果销售量的下降速度开始加剧,利润水平很低,就可以认为产品已经进入生命周期的衰退期。衰退期的主要特点是产品销售量急剧下降;企业从这种产品获得的利润很低,甚至为零;大量竞争者退出市场;消费者的消费习惯发生转变等。

2. 营销策略

面对衰退期的产品,企业需要认真研究分析,决定采取什么策略、在什么时间退出市场。通常有以下几种策略可供选择:

(1) 继续策略。继续沿用过去的策略。仍按照原来的细分市场,使用相同的分销渠道、定价及促销方式,直到这种产品完全退出市场为止。

(2) 集中策略。把企业能力和资源集中在最有利的细分市场和分销渠道,从中获取利润。这样有利于延长产品退出市场的时间,同时又能为企业创造更多的利润。

(3) 收缩策略。大幅度降低促销水平,尽量降低促销费用以增加目前的利润。这样可能导致产品在市场上的衰退加速,但又能从忠实于这种产品的顾客中得到利润。

(4) 放弃策略。对于衰落比较快速的产品,应当机立断,放弃经营。可采取完全放弃的形式,如把产品完全转移出去或立即停止生产;也可采取逐步放弃的方式,使其所占用的资源逐步转向其他的产品。

如果公司决定停止经营衰退期的产品,应在立即停产还是逐步停产问题上慎重决策,并应处理好善后事宜,使公司有秩序地转向新产品经营。

第三节 新产品开发与管理

一、新产品的概念及类型

(一) 新产品的概念

实际上,新产品的界定很大程度上取决于评价者的视角及其对产品新度的把握。从狭义上讲,新产品是从未在市场上出现过的产品。从广义上讲,新产品包括采用新技术原理、新构思、新设计、新材料、新功能和新结构,技术含量达到先进水平,经营生产性能可靠,有经济效益的产品,其中最为重要的一点是其能够满足社会不断增长的新需求,具有比老产品更高的使用价值。

(二) 新产品的分类

1. 基于新度的新产品分类

按照产品的新度,可以把新产品分成创新型新产品、换代型新产品、改革型新产品和模仿型新产品四类。

(1) 创新型新产品指利用新原理、新技术、新材料研制出来的市场上从未出现过的产品,其主要特点是创新时间长、成本高、难度大,开发成功后的收益高。

(2) 换代型新产品指采用新材料、新元件、新技术,使原有的产品性能有飞跃性提高的产品,这种新产品的主要特点是开发相对容易,能快速取得好的收益。

(3) 改革型新产品指从不同侧面对原有产品进行改革创新而制成的产品,这种新产品的主要特点是开发成本较低、速度比较快。

(4) 模仿型新产品指利用市场上已有的产品,经模仿制造出来的产品,其主要特点是有利于企业寻找市场空间,能快速提高企业竞争实力和增加销售收入。

2. 基于消费者视角的新产品分类

从消费者的视角来看,新产品可以分为连续性革新产品、间断性革新产品和跳跃性革新产品。

(1) 连续性革新产品。连续性革新产品指在产品组成中仅发生次要变化,对已经形成消费习惯的消费行为影响很小的新产品。例如,市场上轿车的色调、式样每年都在变化,但它们对使用者消费行为的影响很小。消费者在接受这类新产品时,基本上沿用针对老产品的消费行为。因此,开发这类新产品的企业无须进行大量的消费指导服务。这类新产品促销的重点在于使现有顾客和潜在顾客了解所开发的新产品,了解新消费利益。

(2) 间断性革新产品。间断性革新产品指在产品组成中发生某些突变的新产品,如工业品市场上的各类新式制造设备等。开发间断性革新产品的企业要认真研究新产品的性能究竟为消费者增加了哪些消费利益,确保使用者更快适应产品革新所要求的消费行为改变,努力缩短顾客从试用到最后接受的时间,加速新产品在市场上的扩散。

(3) 跳跃性革新产品。跳跃性革新产品指在功能相近的同类产品中产生实质性变化的新产品。这类新产品的产生一般以某行业技术或若干行业综合技术的进步为先导。因此,跳跃性革新产品的使用一般要求消费者改变过去的使用习惯和消费方式,形成全新的消费行为。

3. 基于企业观点的新产品分类

凡是企业第一次生产经营的产品,对企业来说都是新产品。如果把产品新度同企业的开发策略联系起来,可以从是否应用新技术和是否开拓新市场两个方面进行分析。在图7-4中,除Ⅰ区域外,其他三个区域对于企业来说都是新产品。

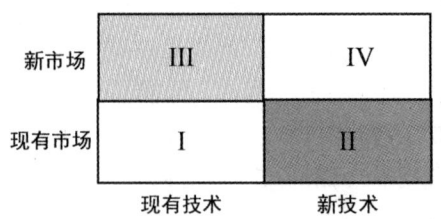

图 7-4 企业产品的分类

资料来源:王永贵.市场营销[M].北京:中国人民大学出版社,2019:227.

二、新产品开发的程序

(一) 新产品创意

所谓新产品创意,就是为满足一种新需求而提出的设想。在产品创意阶段,营销部门的主要责任是:①寻找。积极地在不同环境中寻找好的产品创意。②激励。积极地鼓励公司内外人员发展产品创意。③提高。将所汇集的产品创意转送公司内部有关部门,征求修正意见,使其内容更加充实。

营销人员寻找和收集新产品创意的主要方法有如下几种:①产品属性排列法。将现有产品的属性一一排列出来,然后探讨、尝试改良每一种属性的方法,在此基础上形成新的产品创意。②强行关系法。先列举若干不同的产品,然后把某一产品与另一产品或几种产品强行结合起来,产生一种新的产品创意。例如,组合家具的最初构想就是把衣柜、写字台、装饰柜的不同特点及不同用途相结合,设计生产出既美观又较实用的组合型家具。③多角分析法。这种方法首先将产品的重要因素抽象出来,然后具体地分析每一种特性,再形成新的创意。例如,洗衣粉最重要的属性是其溶解的水温、使用方法和包装,根据这三个因素所提供的不同标准,便可以建立不同的新产品创意。④头脑风暴创新法。将若干名有见解的专业人员或发明家集合在一起(一般以不超过 10 人为宜),开讨论会前提出若干问题并给予其时间准备,参加人员畅所欲言,彼此激励,相互启发,提出种种设想和建议,经分析归纳,便可形成新产品创意。⑤征集意见法。这是指产品设计人员通过问卷调查、召开座谈会等方式了解消费者的需求,征求科技人员意见,询问技术发明人、专利代理人、大学或公司的实验室、广告代理商等的意见,并且长期坚持,形成制度。

(二) 筛选创意

筛选创意的主要目的是选出那些符合本公司发展目标和长远利益,并与公司资源相协调的产品创意,放弃那些可行性小或获利较少的产品创意。筛选应遵循几个标准:①市场成功的条件。包括产品的潜在市场成长率、竞争程度及前景,公司能否获得较高的收益。②公司内部条件。主要衡量公司的人、财、物资源及公司的技术条件、管理水平是否适合生产这种产品。③销售条件。公司现有的销售结构是否适合销售这种产品。④利润收益条件。产品是否符合公司的营销目标,其获利水平及新产品对公司原有产品销售的影响。这一阶段的任务是剔除那些明显不适当的产品创意。

对于通过初步筛选后保留下来的产品创意,还应当进一步进行更为系统的审查,一般通过新产品创意评审表进行评判,划分出等级,然后再决定取舍。

在筛选阶段,应力求避免两种偏差:一种是漏选良好产品创意,对其潜在价值估价不足,草率剔除,失去发展机会;另一种是采纳了错误的产品创意,仓促投产、造成失败。

(三) 产品概念的形成与测试

经过甄别保留下来的产品创意,要进一步发展成产品概念。在这里,应当明确产品创意、产品概念和产品形象之间的区别。所谓产品创意,是企业从自己的角度考虑的,能够向市场提供的可能的产品的构想;所谓产品概念,是企业从消费者的角度,对这种创意所做的详尽描述;产品形象则是消费者对某种现实产品或潜在产品所形成的特定形象。例如一块手表,从企业的角度看,主要是这样一些因素:齿轮、轴心,表壳,制造过程,管理方法(市场、人事方面的条件)及成本(财务情况)等。但在消费者心目中并不会出现上述的因素,他们只考虑手表外形、价格、准确性、是否保修、适合什么样的人使用等。企业必须根据消费者在上述方面的要求,把产品创意发展为产品概念。

每一个产品概念都要进行定位。为了成功对其定位,公司要了解同类产品的竞争状况,优选最佳的产品概念。选择的依据,可以根据未来市场的潜在容量、投资收益率、销售成长率、生产能力以及对公司设备、资源的充分利用等标准进行权衡,衡量每个产品概念的潜在价值。为优选产品概念,可采取问卷方式将产品概念提交给目标市场有代表性的消费者进行测试、评估。

(四) 制定营销战略

公司选择了最佳的产品概念之后,必须制订把这种产品引入市场的初步市场营销战略计划,并在未来的发展阶段中不断完善。初拟的营销战略计划包括三个部分:

(1) 描述目标市场的规模、结构、消费者的购买行为、产品的市场定位以及短期(如三个月)的销售量、市场占有率、利润率预期等。

(2) 概述产品预期价格、分配渠道及第一年的营销预算。

(3) 分别阐述较长期(如3—5年)的销售额和投资收益率,以及不同时期的市场营销组合等。

(五) 商业分析

商业分析实际上是进行经济效益分析,即对新产品概念从财务上进一步判断它是否符合公司目标。它包括两个具体步骤:预测销售额和推算成本与利润。

(六) 新产品研制

新产品研制主要是将通过商业分析后的新产品概念交送研究开发部门或技术工艺部门试制成为产品模型或样品,同时进行包装和品牌的设计。这是新产品开发的一个重要步骤。只有通过产品试制,投入资金、设备和劳力,才能使产品概念实体化,才能发现产品概念的不足与问题,继续改进设计,也才能证明这种产品概念在技术、商业上的可行性如何。这里应该注意的是,新产品研制必须使模型或样品具有产品概念所规定的所有特征。

(七) 市场试销

新产品市场试销应对以下问题做出决策:

(1) 试销的地区范围。试销市场应是公司目标市场的缩影。

(2) 试销时间。试销时间的长短一般应根据该品的平均重复购买率决定。再购率高的新产品,试销的时间应当长一些,因为只有重复购买才能真正说明消费者喜欢新产品。

(3) 试销中所要取得的资料。一般应了解首次购买情况(试用率)和重复购买情况(再购率)。

(4) 试销所需要的费用开支。

(5) 试销的营销策略及试销成功后应进一步采取的战略行动。

(八) 商业化

新产品试销成功后,就可以正式批量生产,全面推向市场,即实现商业化。这时,公司就要动用大量资金,支付大量费用,而新产品投放市场的初期往往利润微小,甚至亏损。因此,公司在此阶段应对产品投放市场的时机、区域、目标市场的选择和导入的营销组合等方面做出慎重决策。

1. 何时推出新产品

即决定在什么时间将新产品投放市场更为适宜。例如,某种新产品是用来替代老产品的,就可能要等老产品的存货被处理掉,再将新产品投放市场,以免冲击老产品的销售;如果新产品的需求有高度的季节性,就应在销售季节来临后再将新产品投放市场;如果新产品还存在可改进之处,一般也不必仓促上市,等到完善之后再投放市场。

2. 何地推出新产品

指决定在什么地方(某一地区、某些地区、全国或国际市场)推出新产品更为适宜。能够一次就把新产品在全国市场推出的企业不多。一般是先在主要地区的市场推出,取得立足点,再扩大到其他地区。因此,企业需要制订一个市场投放计划,确定投放顺序,尤其是应当找出当中最有吸引力的市场。

选择这一市场,通常考察这样一些方面:

(1) 市场潜力。

(2) 企业在该地区的声誉。

(3) 投放成本。

(4) 该地区调研资料的质量高低。

(5) 对其他地区的影响力及竞争渗透能力。

此外,竞争情况也十分重要,它同样可影响到新产品商业化的成功。

3. 向谁推出新产品

企业要把分销和促销目标明确指向最优秀的顾客群。这样做的目的是利用最优秀的顾客群带动一般顾客群,以最快的速度、最少的费用,扩大新产品的市场占有率。可以根据市场试验的结果,寻找、发现最优秀的顾客群。

对新上市的消费品来讲,最优秀的顾客群一般具备以下特征:

(1) 他们是早期采用者。

(2) 他们是大量使用者。

(3) 他们是观念倡导者或舆论领袖,并能为该产品做正面宣传。

(4) 接近这一市场的费用相对要低。

当然,完全具备这几个特征的顾客群很少。企业可以根据这些标准,对不同的顾客群打分,从而寻找更合适的顾客群。

4. 如何推出新产品

企业要制定开始投放市场的营销策略。这里,首先要对各项营销活动分配预算,然后规定各种活动的先后顺序,从而有计划地开展营销管理。

三、新产品采用

(一) 新产品采用过程

所谓新产品采用过程,是指消费者个人由接受创新到重复购买者的各个心理阶段。美国学者埃弗雷特·罗杰斯(Everett M. Rogers)在1962年出版的《创新扩散》一书中把采用过程看作创新决策过程,并据此建立了创新决策过程模型。他认为创新决策过程包括五个阶段,即认识阶段、说服阶段、决策阶段、实施阶段和证实阶段。这五个阶段受到一系列变量的影响,不同程度地促进或延缓了创新决策过程,呈现出各阶段的不同特点。

1. 认识阶段

在认识阶段,消费者要受个人因素(如个人的性格特征、社会地位、经济收入、性别年龄、文化水平等)、社会因素(如文化、经济、社会、政治、科技等)和沟通行为等因素的影响。他们逐步认识到创新产品,并学会使用这种产品,掌握其新的功能。研究表明,较早意识到创新的消费者,同较晚意识到创新的消费者有明显区别,一般前者较后者有更高的教育程度、文化水平和社会地位,广泛参与社交活动,能及时、迅速地收集到有关新产品的信息资料。

2. 说服阶段

有时消费者尽管认识到创新产品,并知道如何使用,但一直没有产生喜爱和占有该产品的愿望。一旦产生这种愿望,决策行为就进入了说服阶段。消费者常常亲自操作新产品,以避免购买风险。不过,即使如此也并不能促使消费者立即购买,除非营销部门能让消费者充分认识到创新产品的特性。包括以下几点。

(1) 相对优越性

创新产品被认为比原有产品要好,创新产品相对优越性越多,如功能性、可靠性、便利性、新颖性等方面比原有产品优势越大,越容易让消费者采用。应该指出的是,相对优越性是指消费者个人对创新产品的认识程度,而不是产品的实际状况。在某些情况下,一个确实属于创新的产品若不被消费者所认识,便会失去其相对优越性。

(2) 适用性

创新产品与消费者行为及观念的吻合程度。当创新产品与消费者的需求结构、价值观、信仰较为接近,就容易被迅速采用。

(3) 复杂性

复杂性指的是认识创新产品的困难程度。创新产品越是难以理解和使用,其采用率就越低。因此企业在新产品设计、整体结构、使用维修和保养方法等方面,要注意与目标市场的认知程度相接近,尽可能设计出简单易懂、方便使用的产品。

(4) 可试性

创新产品在一定的条件下可以试用。汽车的测试、免费赠送样品等,都是为了方便消费者对新产品的试用,减少购买风险,提高采用率。

(5) 明确性

明确性指创新产品在使用时,是否容易被人们观察和描述,是否容易被说明和示范。创新产品的消费行为越容易被感知,其明确性就越强,采用率也就越高。

总之,在说服阶段,消费者对创新产品将有确定性认识。会多次在脑海中"尝试"使用创新产品,看看它究竟是否适合自己。企业使用广告和人员促销,将提高消费者对产品的认知程度。

3. 决策阶段

通过对产品特性的分析和认识,消费者开始决策,决定采用还是拒绝该创新产品。可能拒绝采用,此时有两种可能:一是以后改变了态度,接受了这种创新产品;二是继续拒绝采用。消费者或用户也可能决定采用,此时也有两种可能:一是使用之后觉得效果不错,继续使用;二是使用之后发现令人失望,中断使用,可能改用别的品牌,也可能干脆不再使用这类产品。

4. 实施阶段

消费者开始使用创新产品,就进入了实施阶段。决策阶段消费者只是心里盘算,究竟是使用该产品还是仅仅试用一下,并没有完全确定。到了实施阶段,消费者就要考虑以下问题:怎样使用该产品以及如何解决操作难题。市场营销人员要积极主动地向消费者介绍和示范,并提出自己的建议。

5. 证实阶段

人类行为的一个显著特征是做出某项重要决策之后,总要寻找额外的信息,以证明自己决策的英明果断。消费者购买决策也不例外。为了说明问题,这里借用一下"认识不和谐"的概念。

认识不和谐,是指两种或两种以上的认识互不一致或其中的某种认识与一个人的行为相抵触,因此所产生的紧张不安的心理状态。这些认识包括人们对周围事物所持的观念、情感和价值取向等。只要这些认识相互不一致,或者某种认识与一个人的行为不吻合,不和谐就产生了。不和谐是一种心理不平衡状态,它造成心理紧张,心理紧张又驱使人们努力消除这种紧张,使心理状态由不平衡或不和谐转向平衡或和谐。

在创新决策之后存在的不和谐,称为决策后不和谐。由于消费者面临多种选择方案,每一种方案又都有其优点缺点,所以只要选择其中一个方案,不和谐就会发生。决策之后,消费者总是要评价其选择行为的正确与否。在决策后的最初一段时间,消费者常常觉得有些后悔,会发现所选方案存在很多缺陷,认为未选方案有不少优点。如果再给一次机会,他可能选择其他方案。不过后悔阶段持续时间不长,便会被不和谐减弱阶段所代替。此时,消费者会认为已选方案仍然较为适宜。

在整个创新决策过程中,证实阶段包括了决策后不和谐、后悔和不和谐减弱等三种情况。消费者往往会告诉朋友自己采用创新产品的明智之处,倘若他无法说明采用决策是正确的,那么就可能中断采用。

(二)新产品的采用者

在新产品的市场扩散过程中,由于个人性格、文化背景、受教育程度和社会地位等因素的影响,不同消费者对新产品接受的快慢不同。根据这种快慢差异,我们可以将采用者划分成五种，即领先采用者、早期采用者、早期大众、晚期大众、落后采用者五种类型。

1. 领先采用者

任何新产品都是由少数领先采用者率先使用的，领先采用者一般具备如下的特征：

(1) 极富冒险精神。

(2) 收入水平、社会地位和受教育程度较高。

(3) 一般是年轻人，交际广泛而且信息灵通。

市场营销人员在向市场推出新产品时，应把促销和传播集中于领先采用者。如果他们采用效果好，就会扩大宣传，影响到后面的各种使用者。不过，要找出领先采用者并非易事。因为很多领先采用者虽然在某些方面倾向于创新，但在其他方面可能又是落后采用者。

2. 早期采用者

早期采用者是第二类采用创新的群体。他们大多是某个群体中具有较高威望的人士，也受到周围人群、朋友的拥护爱戴。正因为如此，他们常常去收集有关新产品的各种信息资料，成为某些领域的舆论领袖。这类采用者多在产品生命周期的导入期和成长期开始采用新产品，并对后面的采用者影响较大，所以对创新扩散有决定性影响。

3. 早期大众

这类的采用者采用时间较平均采用时间要早。在消费过程中比较依赖广告、销售人员以及同早期采用者的交流。其特征是：

(1) 深思熟虑，态度谨慎。

(2) 决策时间较长。

(3) 受过一定教育。

(4) 有较好的工作环境和固定收入。

(5) 对舆论领袖的消费行为有较强的模仿心理。

4. 晚期大众

晚期大众基本特征是多疑。他们的信息多来自周围同事或朋友，很少借助媒体等收集所需信息，受教育程度和收入状况相对较低，所以从不主动采用或接受新产品，直到多数人采用且反映良好才会行动。显然，对这类采用者进行扩散是较为困难的。

5. 落后采用者

这类采用者是采用创新的落伍者，他们思想保守，拘泥于传统的消费行为模式。与其他的落后采用者关系密切，极少借助媒体收集信息，社会地位和收入水平很低。因此，他们在产品生命周期进入成熟期后期乃至衰退期才会采用。

比较社会经济地位、个人因素和沟通行为三个方面的差异，可为新产品扩散提供重要依据。对企业开展营销传播也具有指导意义。

重要概念

产品　产品组合　产品线　产品项目　产品生命周期　新产品

思考题

1. 什么是产品整体概念，研究产品整体概念有何营销意义？

2. 企业可以怎样调整其产品组合以争取竞争优势？
3. 研究产品组合的宽度、长度、深度和相关性对公司营销活动的意义是什么？
4. 试阐述企业产品的组合战略。
5. 什么是产品的生命周期？
6. 简述产品生命周期各阶段的特征与营销策略。
7. 产品生命周期理论对企业制定营销策略有什么帮助？
8. 什么是新产品？新产品有哪几种形态？
9. 新产品开发的程序是什么，每个阶段需要解决的主要问题是什么？

案例分析

宜家的产品策略

1. 宜家产品定位

从创建初期，IEKA一直倡导的经营理念就是"提供种类繁多、美观实用、老百姓买得起的家居用品"。可以看出，宜家的产品是定位于"低价格、精美、实用"的家居用品。成功的产品定位是宜家成功发展的一个重要因素。宜家宣扬一种"简约、自然、清新"的生活方式，重视塑造家的感觉。家是一个港湾，宜家家居就是要给人创造舒适的居住环境，坎普拉德经常告诫自己的员工："既要消费者买得起，又要保证他们买得好。"宜家家居提供设计精美、实用或价格低廉的产品、与家居用品消费者中的"大多数人"在一起，这就是宜家家居的大众化定位，也是宜家家居的经营理念之一。

同时，宜家源于北欧瑞典，所以宜家家居秉承了北欧风格，融朴实无华、大方、简洁、耐用等特点于一体，使人倍感家庭的温馨。为了每一个人的健康，宜家的另一个理念就是绿色家居理念。宜家家居的产品定位也十分注重健康和环保，尽量使用天然原材料，减少环境污染。为了贯彻绿色家居理念，宜家还率先通过了ISO14000环境标准体系认证，这也标志着绿色环保意识已深入宜家生产销售的各个环节。另外，宜家也通过了"森林认证"，这是一种国际上流行的生态环保认证，以证明森林的经营方式良好，具有可持续性，确保经销商们所销售的林产品不会对森林造成破坏。

宜家家居深受广大消费者的青睐，尤其是青年夫妇和知识家庭，但宜家没有满足于此，它认为，宜家家居应该始终为全家提供家居用品，所以，宜家把目光聚焦到家庭的焦点人物——孩子身上。孩子是最能给人以希望的，任何国家对孩子都是极其关注的，因此宜家提出了儿童家居定位，而且这个领域的竞争并不十分激烈。于是，宜家开始开发儿童家居用品，最终形成了覆盖儿童一切活动的配套家居用品，如今，儿童家居用品已经成为宜家系列产品中一根不可缺少的支柱。

宜家在产品定位上也经常根据国家和地区的不同做出调整。例如，在欧美等发达国家，宜家产品定位为"大众化"的产品，其产品物美价廉、款式新、服务好等特点，深受广大中低收入家庭的欢迎；在中国定位为"中高档、时尚"目标群体是大城市相对比较富裕的白领阶层。

2. 宜家产品设计

产品设计的好坏直接关系到产品的形象和企业的形象。宜家家居在产品的设计方面,始终站在消费者的角度,以消费者的使用习惯来指导产品的设计。宜家拥有全球最出色的设计师,他们不但自身经验丰富,而且能与经验丰富的生产商、供应商紧密合作,经过非常深入的市场调查后,才确定一个产品是否能满足消费者的需求。宜家的设计师,不仅设计出了简约、实用、时尚的家居,更将视野投入顾客的家中,关注每一个角落。

宜家家居用品的风格是瑞典家居设计文化的凝聚。19世纪末,艺术家Carl和Krin-larsson将古典风格与瑞典的民间格调相结合,创造了瑞典家居设计的典范,流传至今仍享誉世界。宜家家居秉承了瑞典文化的传统:现代而不追赶时髦,实用而不乏新颖,注重以人为本。

宜家在产品设计上非常注重产品的人性化设计,不仅考虑到使用的方便性还具有奇特的创意。比如,宜家的一种"四季被",属三被合一,一层是温良舒适的夏季被,一层是中暖度的春秋被,你也可以把两层放在一起,那就是暖和的冬季被。顾问设计师玛瑞安·格设计的一种MTP书柜既现代又经典,且美观实用,其人性化的设计吸引了众多顾客,堪称宜家设计的典范,为宜家带来了巨大的利润,也因此多年来被众多厂家纷纷模仿。还有一个例子,就是宜家总部材料设计师在设计纺织品的时候,使用的填充物是旗帜,外表使用的是同事的头像照片,地毯的图案是重新排列的地球各大洲,让美国与中东成了邻居,这个产品传达的就是一种和平的信息。在以消费者为导向的设计理念下,宜家通过人性化的设计,所带给世人的产品,不仅仅是一种家居,而且是一种精神,一种神秘的文化。

另外,宜家低成本的设计理念贯穿于产品设计的始终。在宜家有一种说法:"宜家最先设计的是价签。"设计师在设计产品之前,就已经为产品设定了比较低的销售价格及成本,然后在这个成本之内,尽量做到产品的精美与实用。

宜家在自主设计过程中,主要通过三种方法控制成本:

(1)宜家鼓励设计师之间展开竞争,竞争集中在"同价格的产品,比谁的设计成本更低"。

(2)注重团队之间的合作。设计师的背后是一个研发团队,包括设计师、产品开发人员、采购人员等,他们一起讨论产品所用的材料,并共同决定选择合适的供应商。

(3)注重节约,杜绝浪费。宜家创始人坎普拉德如今家财万贯,但一直推崇节俭。节俭的意识一直根植在宜家的观念之中,已成为宜家引以为荣的生意经,成为宜家企业文化的组成部分。宜家在设计过程中也十分注重节约、杜绝浪费。从设计室到仓库,宜家的员工经常说的一句话是:"我们不想花钱运空气。"比如,宜家利用平板包装来最大限度地利用集装箱内的空间,降低运输成本。

在产品包装上,宜家要求包装材料可以回收利用。此外,宜家还关注产品的单位包装数量。以豪特壶为例,宜家利用产品外形,将其中几个茶壶倒转放置,使一个包装可以容纳10件产品,比之前多容纳4件,提高了产品单位包装数量,节省了成本。

3. 宜家产品组合

宜家产品之所以能够畅销全球,与其丰富的产品组合有密切的关系。宜家的产品有2万多种,其产品组合可分为三条产品线:宜家办公、家庭储物、儿童宜家。消费者无须往返于不同的专卖店去购买家居用品,因为在宜家的任何一家商场都可以找到自己所需要的家居用品。宜家家居包括了装饰物、浴室用品、床、椅子和座凳、儿童用品、厨具餐具、书桌和工作台、厨房用品、灯、地毯、储物配件、储物家具、桌子、纺织品、沙发等十几大类产品项目。在宜家品牌的强势支撑下,2万多种产品均建立了自己的品牌。从桑德蒙沙发到埃克佩迪书柜,从法克图橱柜到莫门特餐桌,构建了宜家卓越的产品线。在宜家,只要对产品合理组合,就可以实现自己想要的功能和风格。例如,在宜家的产品组合中,有客厅组合陈列、餐厅组合陈列等一系列产品组合。客厅组合陈列中包括藤器(藤篮、卷帘、藤椅、洗衣篮)、沙发(真皮沙发、帆布沙发和沙发床等)、扶手椅、茶几、电视机柜、录像机柜等;餐厅组合陈列中包括储物柜、餐椅、餐桌、椅子、折叠椅、折叠凳、瓷器、玻璃器皿等。

宜家的产品组合功能实用、使用方便、安装简单,因此深得消费者的青睐。这种设计不仅方便顾客选购,还能刺激消费者购买,促进销售。

案例来源:王天春.市场营销案例评析[M].大连:东北财经大学出版社,2016.

1. 分析宜家是从哪几个方面进行产品定位的?
2. 利用产品组合决策的知识,分析宜家在产品组合方面的特点?

参考文献

[1] 王永贵.市场营销[M].北京:中国人民大学出版社,2019.

[2] 吴建安.市场营销学[M].北京:清华大学出版社,2018.

[3] 王永贵.产品开发与管理[M].北京:北京大学出版社,2007.

[4] 菲利普·科特勒,凯文·莱恩·凯勒.营销原理(全球版)[M].王永贵,等,译.14版.北京:中国人民大学出版社,2012.

[5] 迈克尔·埃特泽尔,布鲁斯·沃克,威廉·斯坦顿.市场营销[M].14版.王永贵,等,译.南京:南京大学出版社,2009.

[6] 吴晓云.市场营销管理[M].北京:高等教育出版社,2009.

[7] 王永贵.产品开发与管理[M].北京:清华大学出版社,2007.

第八章　服务策略

学习目标

1. 掌握服务的含义和特征。
2. 重点掌握服务营销特征及营销组合。
3. 掌握服务利润链模型。
4. 掌握顾客感知价值。
5. 掌握服务质量差距模型。

案例导入

麦当劳的"QSCV"

麦当劳(McDonald's)是全球大型跨国连锁餐厅,1955年创立于美国芝加哥,在世界上大约拥有3万间分店。主要售卖汉堡包、薯条、炸鸡、汽水、冰品、沙拉、水果等快餐食品。2020年,麦当劳名列福布斯2020全球品牌价值100强第10位。麦当劳一直秉承"QSCV"经营原则,即质量(Quality)、服务(Service)、清洁(Cleanliness)和价值(Value)。

Quality是指麦当劳为保障食品品质制定了极其严格的标准。例如,牛肉食品要经过40多项品质检查;食品制作后超过一定期限(汉堡包的时限是20—30分钟、炸薯条是7分钟)便丢弃不卖;规定肉饼必须由83%的肩肉与17%的上选五花肉混制等。严格的标准使顾客在任何时间、任何地点所品尝的麦当劳食品都是同一品质的。

Service是指按照细心、关心和爱心的原则,提供热情、周到、快捷的服务。例如,顾客排队购买食品时,等待时间不超过2分钟,要求员工必须快捷准确地工作;服务员必须按柜台服务"六步曲"为顾客服务,当顾客点完所需要的食品后,服务员必须在1分钟以内将食品送到顾客手中;顾客用餐时不得受到干扰,即使吃完以后也不能"赶走"顾客;为小顾客专门准备了漂亮的高脚椅、精美的小礼物,免费赠送。

Cleanliness是指麦当劳制定了必须严格遵守的清洁工作标准。店铺必须做到窗明几净,工作人员不能留长发,女职工必须戴上发网,器具必须全部用不锈钢制作,顾客一旦在店铺内丢落纸,员工必须马上捡起来。

Value代表价值。就是麦当劳的食品不仅质量优越,而且所有的食品所包含的营养成分也是在经过严格的科学计算之后,根据一定的比例配制的。这些食品不仅营养均衡丰富,而且价格公道合理。

资料来源:马勇.服务营销管理[M].郑州:河南大学出版社,2022.

第一节 服务概述

一、服务及其特性

(一) 服务

1998年,美国西北大学的菲利普·科特勒(Philip Kotler)给服务的定义是:"服务是一种本质为无形的行动或演示,在一方提供给另一方时,不会导致所有权转移,它的生产可维系于或不维系于一种有形产品。"比如,茶杯这个物品和课堂教学服务之间的区别:茶杯是有形的、看得见、摸得着的东西,教学则是传授文化、思想、知识、技能等这种无形的东西;你拿钱买茶杯,茶杯的所有权就归你了,你听课,不存在所有权的转移;课堂教学需要教室、座椅、投影这些有形的东西配合完成,但即使没有这些有形的东西,也可以完成思想、知识和技能的传授。

服务的本质特征是无形性,如图 8-1 所示,在最左端是食盐,消费者购买时基本不需要服务;中间的快餐基本上一半是有形的食品和服务场景,一半则是无形的服务态度和服务技能;最右边的则是教育,其核心在于传授无形的文化、思想、知识和技能。

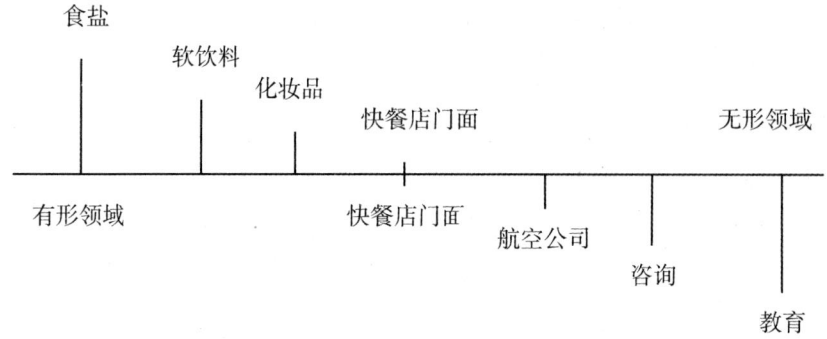

图 8-1 从有形或到无形的幅度

(二) 服务特性

服务营销存在无形性、不可分性、异质性、易逝性特征,这四个特性使服务营销不同于传统的商品营销。

1. **无形性**

无形性是指和有形的商品相比较,服务不具有明显的可触摸属性。对于有形商品,顾客往往是根据可触摸的质量特征判断商品价格,相反,服务很难根据可触摸的属性判断,顾客感知服务质量高低相当困难,顾客往往根据价格高低、有形的服务环境、服务设施、服务设备等来判断服务质量。比如,一个五星级宾馆通常用宽敞豪华的大堂、布满名人字画和精美玉器的走廊来引导顾客感知其服务质量档次。

2. 不可分性

不可分性是指服务的提供要由服务企业和顾客共同完成,即共同生产。区别于有形商品的生产往往是由企业单独完成的。由于服务质量是由服务企业和顾客共同决定的,对服务企业而言,目标顾客的选择以及服务生成过程中如何影响顾客参与也是企业营销的一部分。尤其是在服务过程中,一个顾客接受的服务与服务场境下其他顾客接受服务之间也存在"不可分性",顾客之间相互影响既可能提升也可能降低服务质量。

3. 异质性

异质性是指和有形商品相比较,服务质量的标准化非常困难。有形商品的质量主要是由生产设备和原材料的质量决定的,服务的质量则主要是由服务人员决定的。不同的人提供的服务差异可能非常大,不同的员工提供的服务不同,同一员工也可能因为情绪好坏影响提供的服务质量,保持住服务质量的稳定性非常难。同时,服务质量与顾客感知有关,顾客感知又与顾客期望有关,偏离顾客期望的服务可能提升也可能降低顾客感知的质量。在现实生活中,一些过分热情的服务员也有可能引起顾客的反感,因为他的热情大大超出了顾客的心理预期。

4. 易逝性

和有形的商品比较,服务不能够储存。首先,服务是由人而不是生产线提供的,无法储存以备后用,所以服务很难进行大规模生产。例如,好的医疗资源和教育资源总是稀缺的。其次,服务的生产和消费在时间上不可分,服务的生产和消费在空间上也不可分,一个地方生产的服务无法及时调运到另一个地方去消费。例如,每年春运的巨大运输压力,就是服务供求不均衡造成的。

二、服务营销组合

1981年,亚利桑拉州立大学的教授比特纳(Bitner)等人在传统市场营销组合4P's的基础上,根据服务本身的特性提出了服务营销组合7P's策略(如图8-3所示),即在传统的产品(Product)、价格(Price)、促销(Promotion)、渠道(Place)的基础上,另加了有形展示(Physical evidence)、过程(Process)、参与者(Participants)。

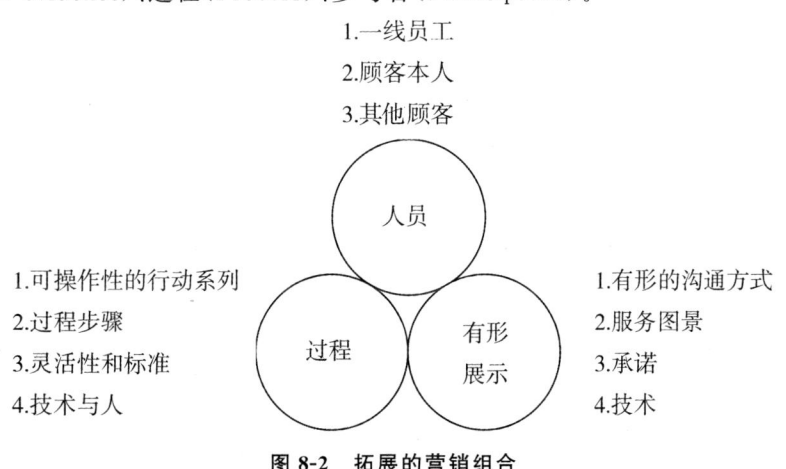

图 8-2 拓展的营销组合

(一) 有形展示

服务是无形性的,顾客很难通过一些可触摸的特征来判断服务质量的高低,但服务企业可以通过一些有形线索来暗示服务属性,比如,通过服务环境、服务设施、服务设备以及服务物件的风格、色调、材料来展示服务质量的定位。例如,一个五星级酒店通过宽敞明亮、装修豪华的前厅,廊道中置放的名人字画、名贵瓷器、玉器等来显示其高档的定位。相反,如果是一家家常菜的饭店,其店面装修就不能豪华,店内就餐的座椅就应朴实。

(二) 过程

顾客在购买有形商品时,他往往只在意眼前的这件物品本身而不在意这件物品的生产过程。顾客接受服务则不同,它不仅在意服务的结果而且还会在意服务的过程,甚至在有些服务中,他会更关注服务的过程。服务过程是服务传递的机制、流程以及手续,这些因素会影响服务传递的质量和效率,从而影响顾客感知质量。例如,一个大学生接受四年制的本科教育,他不只是想得到一个毕业证和学士学位证这个结果,他更主要是通过长达四年的学习过程,提升自己的素质、知识和能力。

(三) 参与者

商品是生产厂家在工厂中生产出来的,顾客并不参与商品的生产过程。而服务则不同,顾客不仅消费服务而且参与服务的生产过程,服务实际上是由服务企业和顾客共同生产出来的。因此,服务质量不仅取决于服务企业还取决于顾客。服务企业应对顾客进行教育和培训,以便他们更好地熟悉服务设备和服务流程。服务企业不仅可通过激励员工提升服务质量而且还可通过激励顾客提升服务质量。例如,学校教学质量的提升不仅可通过奖励老师而且还可通过奖学金激励学生努力学习来达到。

三、服务营销管理模型

(一) 服务营销管理三角模型

1990年,著名服务营销学教授格朗鲁斯(Grönroos)在其《服务管理与营销》一书中提出了服务营销三角模型(如图8-4所示)。该模型基于服务质量的经验性(即体验后才知道质量好坏)和异质性(质量好坏具有不稳定性)特征,提出服务营销管理相对于商品营销管理更主要体现为一种承诺的管理。即外部营销的做出承诺、内部营销的赋能承诺和互动营销的兑现承诺。2006年,格朗鲁斯在《营销理论》期刊上发表了《关于定义市场营销:发现一条新的营销路径》一文,该文从承诺的概念和承诺的管理角度对市场营销进行了定义,并对该定义引申的营销理论和实践内涵进行了分析。

1. 外部营销

外部营销是服务企业在服务开始之前针对顾客的各种营销沟通努力,即向顾客做出的各种承诺。和商品质量的先验性特征相比,服务质量是经验性的,即服务前顾客无法判断服务质量好坏,顾客付费只能依赖于企业的承诺,同时,由于服务质量的异质性,上次的服务质量并不能完全说明下次服务质量,服务失败随时可能发生,这也需要服务企业对顾客做出服务补救的承诺。服务企业为做好外部营销,应遵循以下承诺原则:①避免过度承诺。过度承诺将提高顾客的期望值,如果顾客感知的服务绩效达不到承诺标准,将会引发顾客不满。②保证承诺一致性。各个部门间应做好水平沟通,用同一个声音说话,避免一

第八章 服务策略

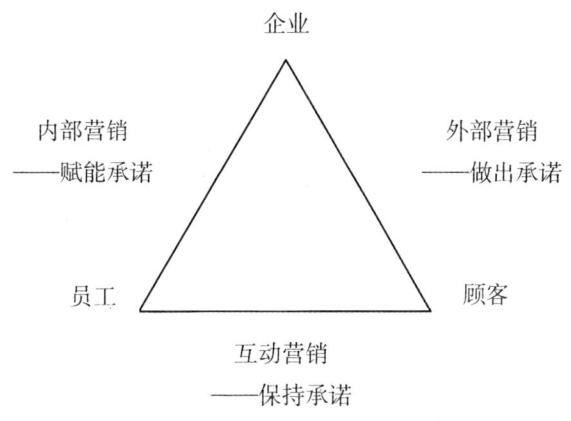

图 8-3 服务营销三角

个部门说不全,两个部门说的不一样的现象。③力求承诺的相关性。所做承诺应和目标市场顾客的价值诉求相一致,避免承诺背离顾客实际需要。

2. 内部营销

内部营销旨在使员工有能力向顾客提供所承诺的服务,它是把市场营销的观念用于员工管理,服务企业把自己的员工视作顾客,工作岗位视作满足内部顾客需要的产品,在市场营销中一切用于促进顾客满意的技术和手段同样可用于内部顾客,即员工。除非员工愿意并且有能力提供所承诺的服务,否则服务企业将不可能实现其承诺。内部营销的要求是:①遵循员工第一的信条。要想使顾客满意,必须首先使员工满意,内部营销是外部营销成功的前提。②对员工进行培训。服务承诺的实现需要员工能力的来做支撑,服务企业要对员工进行有效培训,以便其掌握兑现承诺的技能。③提供技术和设备支持。"巧妇难为无米之炊",没有相配套的服务技术和设备,员工兑现承诺的能力必将大大降低。

3. 互动营销

互动营销是指员工在顾客的有效配合下通过互动共同生产服务,它旨在兑现服务承诺。除非服务承诺得以实现,否则任何外部营销和内部营销都毫无用处。有效的互动营销要求:①员工必须严格遵守服务规范。服务企业要把外部营销对顾客的承诺有效地转化成服务标准和规范,对顾客承诺的兑现是员工严格遵守服务规范的必然结果。②员工对服务失败及时补救。服务质量不像商品质量具有相对稳定性,服务失败随时可能发生,服务失败意味着未能兑现对顾客的承诺。因此,及时有效的服务补救是互动营销的重要内容。③抓住服务接触这一"关键时刻"(Moment of truth)。员工和顾客的互动是一个过程,在这一过程中服务接触是关键,他直接决定着顾客对服务质量的感知。

服务营销三角模型表明:服务营销和商品营销不同,它是外部营销即类似传统的市场营销管理(MM)、内部营销即类似人力资源管理(HRM)和互动营销即类似运营管理(OM)三者的有机统一体。服务企业应设计让三者一体化运行的组织结构,例如,成立囊括营销、人力资源和运营的"跨职能"团队,或营销部门、人力资源部门和运营部门归属一个高级副总裁管理等。

(二) 服务营销管理金字塔模型

自 20 世纪 90 年代以来,技术对服务营销产生了巨大影响。1996 年,著名的服务营销学家美国迈阿密大学的帕拉苏拉曼(Parasuraman)教授对服务营销三角模型进行了改进,在原来公司、员工和顾客的基础上又加上了技术这个因素,即服务企业可利用技术手段进行外部营销、互动营销和内部营销,以提高服务营销管理的效率和效果。

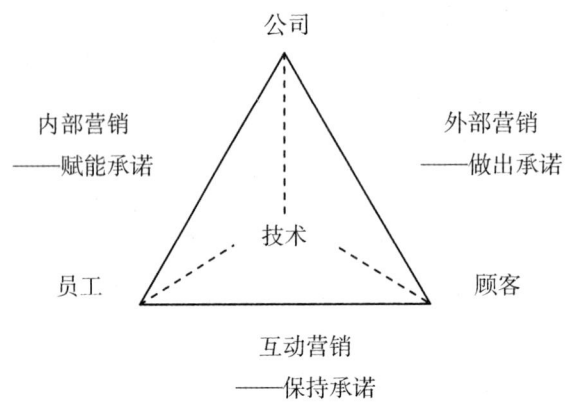

图 8-4 服务营销三角技术

1. 技术注入外部营销

技术在外部营销中的典型应用是精准营销,它使服务企业对顾客所做的承诺具有更强的针对性。所谓精准营销就是服务企业利用互联网和信息技术来捕捉、储存和分析顾客情景,并针对特定顾客情景提出个性化的价值主张,即在恰当的时间、以恰当的渠道传递恰当的信息给恰当的人。例如,一个烤鸭连锁店通过社交网络了解到一个顾客喜欢吃烤鸭和喝啤酒,一天中午的饭点时间,当这位顾客开车路过这家烤鸭店附近时,这个烤鸭店就会向这位顾客推送一条吃烤鸭送啤酒的个性化信息,从而引导顾客到店消费。当然,另一位顾客可能喜欢吃烤鸭喝饮料,烤鸭店推送的信息就是吃烤鸭送饮料的个性化信息。因此,由于技术的发展,营销由过去的大规模营销、目标市场营销已发展到今天的精准营销阶段。

2. 技术注入内部营销

技术注入内部营销的典型是视频监测和监控系统在员工管理中的应用,它大大地拓展了内部营销管理的技术手段。所谓视频监测和监控系统是服务企业使用视频传感器对员工活动进行持续的覆盖,需要时可对过去的行为进行录像回放。实际上,内部营销的主要目的是提高员工的责任心。当员工人数众多时,服务企业很难监视每一个员工的行为,这就会存在不负责任的"磨洋工"现象,这时一个切实可行的办法就是让员工满意,以便让员工更好地为顾客服务。随着监控技术的发展,管理者可很容易地监视每一个员工的行为,不再主要依赖于员工满意的管理手段。例如,课堂教学如果全程被视频监控,师生迟到和提前下课等行为就会相对减少一些。

3. 技术注入互动营销

技术注入互动营销的表现是在服务行业大量采用自助式服务技术。所谓自助式服务技术(Self-service technology)是允许顾客不依赖人员服务,而通过人机互动而产生服务的技术。它代替员工和顾客的面对面互动,在降低服务价格的同时使服务的质量更稳定、服务效率更高。由于劳动力成本的不断上升,自助式服务技术在服务行业的推广成为大势所趋。银行业普遍使用的手机银行业务,将会替代营业厅中面对面的柜台服务;大型石油零售公司正在加大自助式加油机的推广力度,高速公路也完成 ETC(Electronic Toll Collection)的技术改造。伴随着技术的飞速发展,技术将替代员工成为与顾客互动的主要方式。

第二节 服务利润链

一、服务利润链模型

(一) 服务利润链模型的含义

研究表明,服务企业的利润和增长不完全和企业市场份额成正相关,而是和服务企业的顾客忠诚度成正相关,即不是市场份额的"数量"而是企业市场份额"质量"直接决定了服务企业的利润。调查证实,顾客忠诚度上升5%,服务企业的利润将上涨25%—85%不等。

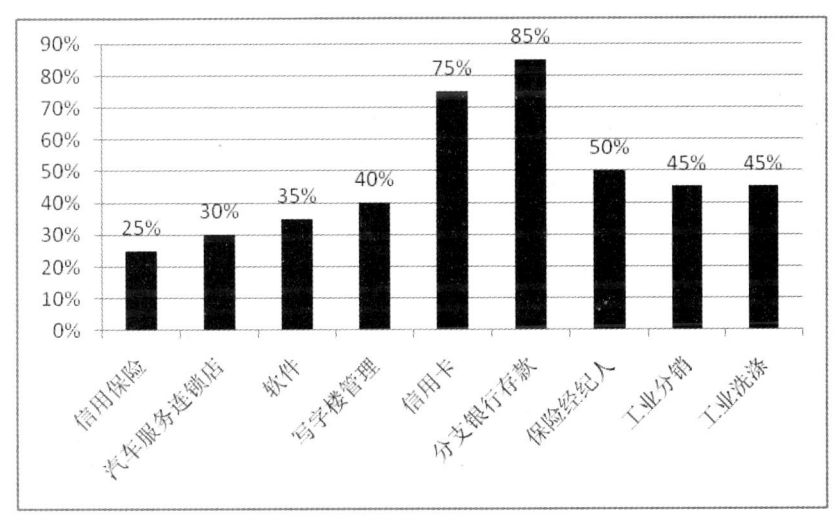

图 8-5 有关行业中顾客忠诚度上升 5 个百分点带来的利润增加

1996 年,哈佛商学院詹姆斯·赫斯克特(Heskett, J. L.)、厄尔·萨塞(Sasser, W. E.)等教授在《服务利润链》一书中提出了"服务利润链"模型。服务利润链可以形象地理解为一条将"服务企业的盈利和增长能力与顾客忠诚度、顾客满意度、顾客感知价值、员工产出效果、员工忠诚度、员工满意度和企业内部服务质量联系起来的纽带。它是一条循环作用的闭合链,其中每一个环节的实施质量都将直接决定其后面环节的质量,从而最终影响企业的盈利和增长。换句话说,服务企业盈利和增长是由顾客忠诚度决定的,顾客忠诚度依赖于顾客满意度,顾客满意度取决于顾客感知价值,顾客感知价值与员工产出效果密切相关,员工产出效果是由员工忠诚度决定的,员工忠诚度又和员工满意度相联系,员工满意度最终是由企业的内部服务质量决定的。

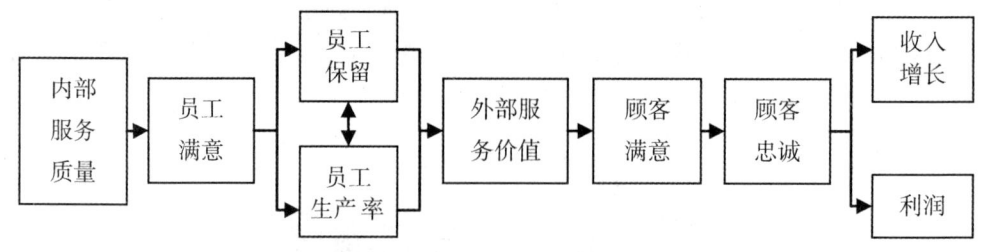

图8-6 服务利润链要素相互关系

(二) 服务利润链模型的逻辑

1. 增长和利润源于顾客重购

和商品销售不同,服务销售范围即服务企业的商圈半径相对较小。一个特定工厂生产的商品理论上可以销往世界各地,而一个特定服务企业传递的服务主要是在相对狭小的地理商圈内,它的利润和增长严重地依赖于该商圈内顾客的重购。没有顾客的重购,该服务企业的利润和持续成长就成了无源之水、无本之木。

2. 顾客重购源于顾客忠诚

顾客忠诚是由顾客从同一服务企业那里重复购买并对此企业持有积极态度的表现。衡量顾客忠诚有两个主要指标:一是顾客重复购买的次数,二是顾客传播"正口碑"的次数。这就是说,忠诚的顾客不仅自己重复购买而且还积极向其他顾客推荐。因此,服务企业通过提升顾客忠诚度就可以强化顾客重购行为。

3. 顾客忠诚源于顾客满意

顾客满意是顾客体验和顾客期望一致而使顾客产生一种心理上的愉悦感。顾客满意度和顾客忠诚度之间呈现出正相关关系,满意的顾客未必就一定忠诚,但忠诚的顾客一定是源于满意的顾客。美国施乐公司一项调查表明:在利克特量表(Likert scale)中对公司给出非常满意的顾客比给出满意的顾客,其重购比例高出6倍,换句话说,忠诚的顾客往往是非常满意的顾客。

4. 顾客满意源于顾客价值

顾客感知价值是顾客"所得"与"所舍"之间的对比,即"利益"与"牺牲"之间的对比。顾客"所得"主要是指顾客接受的服务质量,包括过程质量和结果质量。顾客"所舍"主要是顾客接受服务的货币成本、时间成本和精力成本。在服务质量一定的情况下,顾客接受服务的成本下降,顾客感知的价值就会提升;在服务成本一定的情况下,顾客感知的质量提高,顾客感知的价值也会提升。

5. 顾客价值源于员工生产率

员工生产率表现为员工在一定时间内的产出成果即产出质量和数量,它直接决定顾客感知价值。员工生产率高意味着在同样产出质量下其产出的数量比别人多或同样产出数量下其产出质量比别人高。一名医院的大夫在手术质量相同情况下,一天比别人多做一台手术,不仅会降低手术成本而且还会降低患者的等待时间和精力消耗,从而提升患者感知的价值。

6. 员工生产效率源于员工忠诚度

员工忠诚度是测量员工对于组织的心理归属感和行为指向,它有两个主要衡量指标:一是员工待在组织中的时间长短,二是员工的敬业程度。员工待在组织中的时间越长,其对业务流程和顾客的了解程度就越高,他的服务效率就越高。同时,员工的敬业度越高,其工作热情和专注度就会提高,他的服务效率也会大幅度提高。

7. 员工忠诚度源于员工满意度

员工满意度是员工对其工作的认知和情感估价,员工不满意将导致其对工作没兴趣、旷工和离职。员工满意度的测量有很多指标,主要有自主性、利益、职业发展、风气、沟通、提职发展、公司形象、补偿、创造性、工作满意、工作培训、管理风格、业绩评价、生产率、质量、赏识、性骚扰、监管、价值观、愿景、工作压力、工作关系、有形工作条件等。

8. 员工满意度源于内部服务质量

内部服务质量是指组织管理层为员工提供的服务政策和服务支持。服务政策主要使员工愿意干和有能力干,即有关员工的激励政策和教育培训政策;常言道,巧妇难为无米之炊,服务支持主要使员工可以干,即为员工工作提供恰当的设施、设备和材料。当组织的管理者使其员工不仅想干、能干而且可干时,内部服务质量就会提高,反之,当组织的管理者使员工越来越不愿意干、越来越不能干和越来越不可以干时,内部服务质量就会下降。

(三) 服务利润链模型的启示

1. 顾客感知价值是服务利润链核心

服务企业提升内部服务质量,进而提高员工满意度、员工忠诚度和员工产出效果,其目的在于提升顾客感知价值。同时,顾客之所以重购、忠诚和满意也是基于顾客感知价值。顾客感知价值是整个服务利润链的核心,服务企业一方面可以通过改进服务质量提升顾客感知价值;另一方面也可以通过降低服务价格,减少顾客等待时间和体力与精力消耗来提升顾客感知价值。

2. 顾客满意和忠诚与员工满意和忠诚是镜像关系

顾客满意和忠诚与员工满意和忠诚之间如同一面镜子,员工满意和忠诚基本可折射出顾客的满意和顾客忠诚。你怎样对待你的员工,员工就会怎样对待你的顾客。员工会把自己的情绪和情感通过互动传递到顾客身上,从而影响顾客感知的价值,因此,服务企业的营销不是顾客利益第一而是员工利益第一。这里的第一和第二不是"首要"与"次要"的重要性衡量,而是处理问题先后顺序的衡量。

3. 外部营销与内部营销以及互动营销三位一体

服务利润链模型实质上是由三个模块组成的,即内部营销、互动营销和外部营销,这三个模块是个相互联系的有机整体。外部营销即服务企业对顾客所做的承诺,它直接影响顾客期望值,进而影响顾客满意和顾客忠诚;内部营销即内部服务质量、员工满意和忠诚,它影响员工兑现企业对外承诺的潜在能力;互动营销即员工通过服务接触向顾客提供服务,它的质量直接影响外部营销所做承诺能否兑现。

二、顾客感知价值

(一) 顾客感知价值内涵

泽丝曼尔(Zeithaml)在1988年把顾客感知价值定义为顾客"所得"和顾客"所舍"之间的对比,即"利益"与"牺牲"之间的对比。因此,顾客感知价值可用如下等式来表达:

$$顾客感知价值 = \frac{为顾客创造的服务效用 + 服务过程质量}{服务的价格 + 获得服务的成本(时间和精力)}$$

等式的分子是顾客"所得"即获得的过程质量和结果质量,分母则是顾客"所舍"即服务价格、时间与精力消耗。当顾客支付的价格以及时间与精力消耗一定,顾客得到的过程质量和结果质量提升时,顾客感知的价值就会提高,反之,当顾客得到的过程和结果质量一定,顾客支付的价格、时间和精力降低时,顾客感知价值也会提升。因此,增加顾客感知价值的路径很多,服务企业既可以通过提升服务质量包括过程质量和结果质量来增加顾客价值,也可以通过降低服务价格提升服务价值,还可以通过降低顾客接受服务的时间和精力消耗来提升顾客价值。

顾客感知价值具有很强的主观性,它随着主体、时间、地点的不同而不同。换句话说,顾客感知价值具有很强的情境依赖性,随顾客价值观、需要、偏好、收入来源等不同而不同。例如,我祖父的椅子,对其他人来说只是一张具有使用价值的椅子而已,但对我来说,它不仅具有使用价值而且具有情感价值,我感知到的价值显然比其他人高。因此,对企业营销者而言,一件物品或一项服务本身是什么并不重要,重要的是顾客认为它是什么,即顾客的感知才是最重要的。

(二) 顾客感知质量

1982年,格罗鲁斯(Grönroos)认为顾客感知质量包括两个要素,技术/结果要素和功能/过程要素。技术/结果质量是顾客在服务过程结束后的"所得",即顾客从他们与企业的互动关系中所得到的东西,通常顾客对结果质量的衡量是比较客观的,显然对于他们如何评价服务质量显然会具有非常重要的意义。功能/过程质量是指服务结果传递给顾客的方式,对顾客感知服务质量也起到非常重要的作用。比如,自动提款机是否易于使用,网站是否容易进入都会对顾客服务印象的形成产生影响。与技术质量不同,功能/过程质量一般是不能用客观标准衡量的,顾客通常会采用主观的方式来感知功能服务质量。

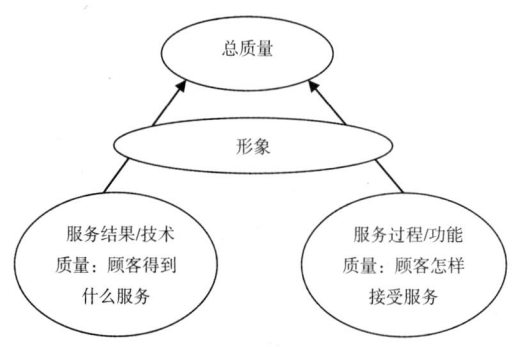

图 8-7 服务质量的两个构成要素

在功能质量和技术质量这两个要素中,技术质量对顾客感知质量的影响是决定性的。汽车修理师的友好态度永远无法弥补汽车修理失败之事实,餐厅中服务员的微笑也永远无法替代厨师的手艺。正如巴奴火锅店的广告词"服务不是巴奴的特色,毛肚才是"。但是,服务的技术质量是比较客观的,很容易被竞争对手所模仿,很难成为质量差异化的基础。相对于技术质量而言,功能质量具有主观性,它很难被竞争对手所模仿,它往往成为质量差异化相对稳定的来源。和巴奴火锅店不同,海底捞火锅店则更强调其特色的服务。

(三)顾客感知成本

顾客感知成本是顾客接受服务过程中感知到的一切付出,主要包括顾客感知的货币付出、时间付出和精力付出。

1. 顾客感知货币成本

贾科比(Jacoby)和奥尔森(Olson)早在1977年就区别了客观价格和感知价格。所谓感知价格就是客观价格被顾客进行重新编码,即顾客心目中认定的一种价格。顾客感知价格通常与个人收入、收入来源、支付方式、支付工具和参考价格密切相关。比如,一个农民工辛辛苦苦一年得到3万元收入,他不会轻易拿出500元请朋友到饭店吃饭,但是,如果他彩票中奖3万元,他倒是有可能拿500元请朋友吃饭。由于收入来源不同,这位农民工对500元价格的感知不一样,从而产生了不同的消费行为。再比如,顾客采用现金支付、卡支付以及"扫码"支付等方式接受服务,其对同样的货币支出感觉也不一样,现金支付感觉更贵。

2. 顾客感知时间成本

顾客感知时间不同于客观时间,客观时间是连续均匀的并能被钟表度量时间,而感知的时间是受心理因素影响的主观时间,它有时飞逝而有时又停滞。美国哈佛商学院的梅斯特(Maister)教授在1985年对顾客感知的等待时间研究表明:等待时无事可做比有事可做感觉时间更长;"过程前"的等待比"过程中"的等待时间更长;不确定的等待比已知、有限的等待时间更长;没有说明理由的等待比说明了理由的等待时间更长;不公平的等待比公平的等待时间更长;单个人等待比许多人一起等待感觉时间更长;服务的价值越高,人们愿意等待的时间就越长;焦虑使等待看起来更长。

3. 顾客感知精力成本

精力消耗不是客观的,它也是顾客的一种主观感受和判断,"痛并快乐"就是一种非常典型的心理。顾客感知的精力成本通常是一种隐性成本,它是顾客接受某种服务时,如何对服务企业进行抉择,如何有效到达服务场所,如何与该服务企业进行接触,在此过程中产生的类似后悔、害怕、沮丧等心理压力。它主要包括决策压力即决策不当可能产生的后悔,接近压力即到达服务场交通堵塞和停车困难引发的害怕,接触压力即对服务系统不熟练而产生的沮丧。这些心理都是一种负面情感,会给顾客带来大量的精力消耗。

三、顾客满意

(一)顾客满意内涵

科特勒(Kotler)认为顾客满意是指顾客对一个产品或服务的感知绩效与他之前对该产品或服务的期望值相比较后,所形成的一种愉悦或失望的心理状态。即满意水平是由顾客感知绩效与期望值之间的差决定的。如果感知绩效低于他的期望值,顾客就会失望;如果感知绩效与他的期望相匹配,顾客就满意;如果感知绩效超过他的期望值,顾客就会愉悦或欣喜。如图(8-8)所示,当顾客实际感知绩效在 Le 时,顾客处于满意状态;当顾客实际感知绩效处于 Lp1 时,顾客处于失望状态;当顾客实际感知绩效处于 Lp2 时,顾客处于愉悦状况。

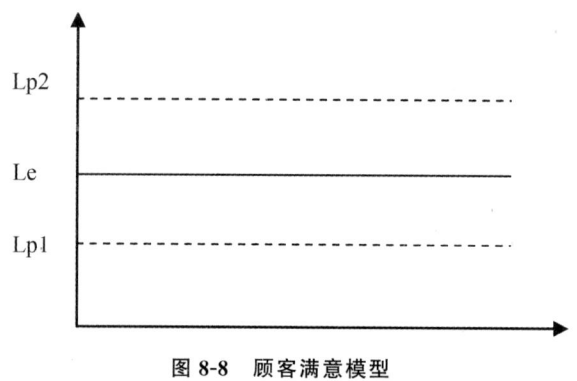

图 8-8　顾客满意模型

(二)顾客期望

顾客期望是指顾客期待企业提供能满足其需要的服务水平,它反应顾客想要或相信在接下来的服务过程中发生什么。

1. 顾客期望水平

顾客期望水平不是一个点而是一个区间,即处在理想的服务和适当的服务之间。理想的服务是顾客希望得到的服务,即顾客认为"可能是"与"应该是"的结合物。适当的服务是顾客可以接受的服务,即顾客可以接受服务绩效的最低水平。如图 8-9 所示,在适当的服务与理想的服务之间是顾客的容忍区间,即在这个区间范围内的服务绩效顾客都可以接受。特别强调的是不同的顾客往往具有不同的容忍区间,一些顾客的容忍区间可能较宽,另一些顾客的容忍区间可能较窄。对不同的服务维度,顾客的容忍区间也会不同,越是重要的服务维度,顾客的容忍区间就会越窄。

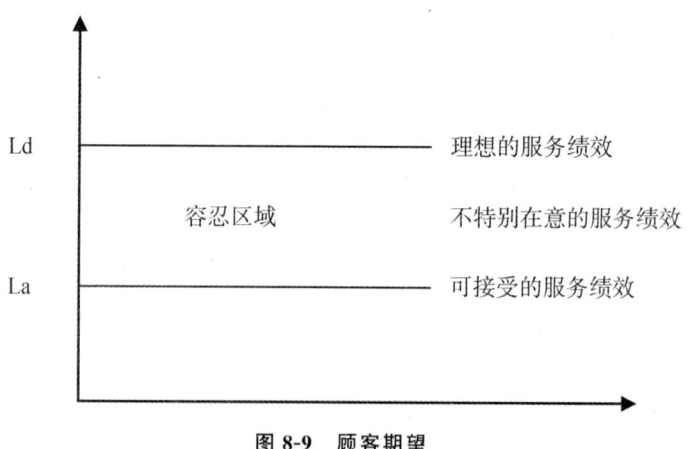

图 8-9　顾客期望

2. 影响顾客期望的因素

顾客满意是由顾客期望和顾客感知绩效决定的,顾客的期望从何而来呢?一般来说,影响顾客期望的因素主要有以下几方面:

第一,明确承诺会影响顾客期望。明确承诺是服务企业传递给顾客关于服务的个人和非个人说明。当这些说明由销售、服务或维修人员传递时,它是个人性质的;当该说明来自广告、小册子和其他出版物时,它是非个人性质的。明确的服务承诺是完全由服务企业控制的能影响顾客期望的少数几个因素之一。在现实服务中,服务企业和代表它的员工,经常故意过高承诺或在描述未来服务时只表达它们最好的估计,从而无意中使承诺过高。

第二,含蓄承诺会影响顾客期望。含蓄承诺不是明确的承诺,而是与服务承诺有关的暗示。服务价格和服务的有形展示通常对服务质量具有暗示作用。由于价格和有形展示是市场定位的信号,顾客通过其推断出服务应该是什么和将要是什么。一般来说,服务的相对价格越高,顾客对服务的期望值也会越高;服务的有形展示越高档,顾客的期望值也会越高。试想与一家装修较差的饭店相比,一位在豪华饭店用餐的顾客希望得到更好的服务。

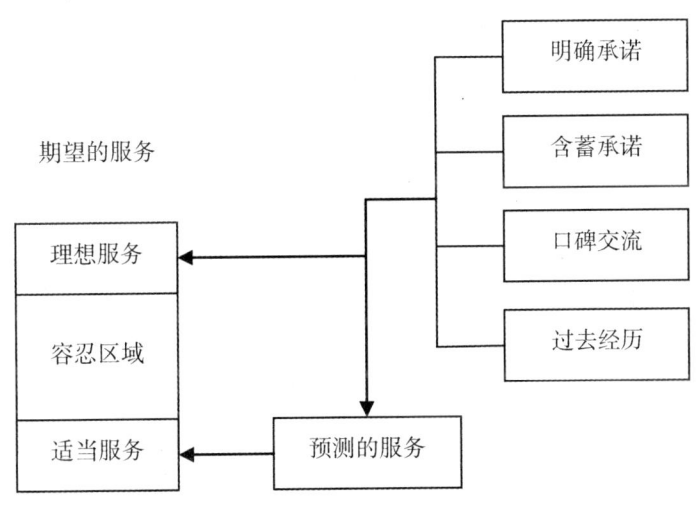

图 8-10 影响顾客对服务期望的因素

第三,口碑交流会影响顾客期望。口碑交流是由顾客而不是服务企业发表的个人及非个人的言论,向顾客传递服务将是什么样的信息。由于是来自第三方而不是当事人传递的信息,顾客通常认为它的偏见性较低,因而对它的信度较高。伴随网络和信息经济的发展,顾客与顾客之间通过网络的口碑传播将越来越多,它对顾客期望的影响也将越来越广和越来越深刻。

第四,过去经历会影响顾客期望。顾客过去经历即顾客过去的类似服务接触,这种已过去的服务接触印象往往成为顾客下一次期望的来源。当顾客接受过某项服务后,已接受的服务感知就构成顾客未来接受该服务的一个参照标准。顾客会拿过去的经历去想象或推断将要接受的服务质量。特别强调的是在顾客过去的所有经历中,最近的经历对顾客期望值的影响也最重要。

第五,预测的服务会影响顾客期望。顾客预测的服务是顾客对某一次具体的交易中将要接受服务的估计,而不是对服务企业的总体服务预估。就某一次具体的服务而言,由于受到比如天气好坏等各种非可控因素的影响,顾客可能要对将要发生的服务预期质量进行调整。例如,一直在大学城居住的居民通常认为,学生不在校园的暑假期间,餐厅应该提供更快的服务,这可能导致他们在暑期比开学期间对餐馆儿的服务有更高的要求。

四、顾客忠诚

(一)顾客忠诚的内涵

顾客忠诚是顾客对某种品牌或服务价值的高度认同而引发的积极态度和重复购买行为,即顾客忠诚的原因是顾客对其价值的高度认同,它的具体表现形式则是积极态度和重购行为。因此,顾客忠诚是在顾客认知基础上的顾客情感和顾客行为的集中体现。1995年,格瑞芬(Griffin)根据前人的研究,从态度倾向即相对态度是积极还是消极,行为倾向即惠顾频次是高还是低两个变量构建的顾客忠诚类型的矩阵。

	惠顾频次	
相对态度	频次低	频次高
积极	潜在忠诚	忠诚
消极	不忠诚	虚假忠诚

图8-11 基于情感和行为的顾客忠诚

一是忠诚顾客。他们是对服务企业持有好评并且经常到店消费的顾客群体,这类顾客的消费最为稳定,对服务商也最具价值。他们对服务系统和人员较为熟悉,服务成本相对较低;他们的消费频率较为稳定,避免了供求不平衡给服务商带来管理上的麻烦;他们经常会向其他顾客传递"正口碑",成为企业的义务推销员;他们还会购买服务商提供的其他相关服务,成为服务商利润新的来源;他们对服务价格不太敏感,使服务溢价成为可能。

二是潜在忠诚顾客。他们是对服务企业持有好评但很少到店里消费的顾客群体,这类顾客是服务企业拓展市场的主要对象,因为,他们对服务企业有好感。他们之所以很少到店消费,可能是目前的经济收入和服务企业的市场定位有差距,也可能是他们距离服务企业的距离太远,但是,一旦这些顾客的收入提高,或者服务企业在其工作和居住的场所开设有网点,这类顾客就会立即转化成忠诚顾客。

三是虚假忠诚顾客。他们是对服务企业持有"差评"却经常到店里消费的顾客群体,"差评"还经常到店里消费的原因是多方面的:一种原因是这种服务由于垄断或管制的原因,顾客没有替代品可以选择;另一种原因是顾客由于距离该服务商较近,为了节省时间或精力成本而选择到店消费;还有一种原因是顾客受到价格优惠或者是顾客忠诚计划带来的利益诱惑而不愿另换服务企业。

四是不忠诚顾客。他们是对服务企业持有"差评"且很少到店里消费的顾客群体,他们往往会向其他顾客传播服务企业的负口碑。通常情况下,服务企业一个满意的顾客只会对3个人说该服务商的好,而一个不满意的顾客则会对11个人说该服务企业的坏。正口碑和负口碑的传播面是不对称的,这也就是通常说的"好事不出部门,坏事传千里的"道理。

(二) 顾客忠诚与顾客满意关系

虽然顾客忠诚度与顾客满意度之间的关系是正向相关关系,但却不一定是线性正相关关系。哈特(Hart)和约翰逊(Johnson)通过对施乐公司的实证研究发现所谓的质量和满意度"不敏感区"的现象。他们的研究发现,那些宣称基本满意或满意的顾客忠诚度和"重购率"都是很低的。只有那些非常满意的顾客才表现出极高的重购率,并乐于为企业传播好的口碑。正如图8-12所示,顾客忠诚曲线在某个满意点上会突然上升。服务业和制造业的研究结果都证明了这一点。我们可以从此图中得出两个基本结论:

一是如果服务企业为顾客提供的服务质量正好落在服务质量不敏感区域,那么这个质量水平肯定是远远不够的。要想使顾客能够再次接受服务,服务质量必须使顾客感到非常满意。只有这样,才能强化顾客的忠诚感,才能提高顾客的重购率。

二是在研究顾客满意度和忠诚度时,必须将非常满意的顾客和满意顾客区分开来,这是非常重要的,这两类顾客的"重购率"以及对服务企业的口碑都是迥然不同的。企业通常的做法是将两类顾客混在一起,并称为满意或非常满意的顾客,这种做法会使企业失去与顾客保持长期关系的最重要的信息。

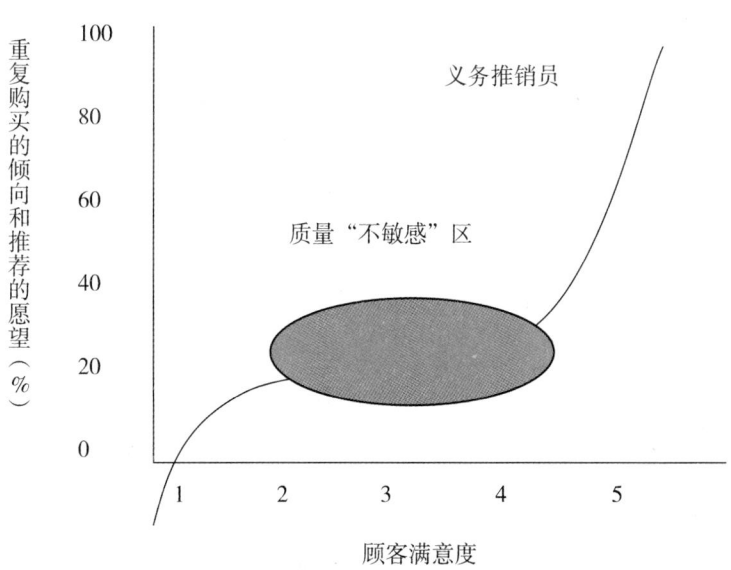

图 8-12 顾客满意度与顾客忠诚度之间的关系

哈特(Hart)和约翰逊(Johnson)认为,要想使顾客忠诚,服务企业必须超越通常认为的为顾客提供良好服务和"可接受"服务的做法,使顾客坚信服务企业在任何情况下都是可以信赖的。服务绩效的标准应当是信任零缺陷,而不是顾客所认为的服务质量零缺陷。服务企业必须小心翼翼,不要让平庸或者很差的服务接触来破坏顾客对服务企业的这种信任。对于服务企业来说,这是一种巨大的挑战,因为只有极少数的企业可以做到被顾客完全信任,但是如果能做到这一点,服务企业将从中获得巨大的经济利益,同时也将在竞争中占据主导地位。

从图 8-12 中还可以得出另一个结论即顾客满意度对顾客口碑的影响。只有那些对服务质量极其满意的顾客才会为服务企业传播好的口碑,从而成为义务推销员,另一方面,那些对服务质量非常不满意的顾客则会为服务企业传播坏的口碑,从而成为企业的破坏者,强烈地影响其他顾客对服务质量的感知,使潜在的新顾客对接受服务企业的服务望而却步。

五、员工满意度

(一) 员工满意度内涵

霍波克(Hoppock)认为员工满意度是员工在心理和生理两个方面对工作环境与工作本身的感受,影响员工满意度的要素包括疲劳、工作单调、工作条件和领导方式等。赫兹伯格(Herzberg)等人认为员工满意是员工工作的各个客观特征与员工个人动机相互作用的函数,工作客观特征要和员工主观动机相匹配。洛克(Locke)将员工满意度定义为来源于组织成员对其工作或工作经历评估的一种愉快或积极的情感陈述。

(二) 员工满意度影响因素

1. 员工期望水平

弗洛姆(Vroom)的研究证实员工满意度取决于个体对自身所抱期望与现状之间的差距。若实际情况优于期望值则满意,反之则不满意。这说明员工不满意既与员工所得不足有关系,也与员工过高的期望值有关系。要想提升员工满意度,一方面要提高员工的获得感,另一方面还要适当控制员工的期望,不能让其产生脱离实际的期望。正如成语"欲壑难填"所表达的意思,如果人贪得的欲望太大,就很难使其得到满足。

2. 员工感知的公平性

亚当斯(Adams)的公平理论认为员工会把自己对工作的投入和所得与他人的投入和所得进行比较,如果感觉到自己的投入所得比例不如他人时,就会感觉到自己受到了不公平的对待,从而感觉到内心的不安,满意度就会降低。公平理论说明不管组织给员工多好的待遇,只要员工感知到不公平他就会不安和不满意。正如《论语·季氏》第十六篇所说:"丘也闻有国有家者,不患寡而患不均,不患贫而患不安。"

3. 员工情感倾向

洛克(Locke)认为员工满意像一块钻石,它有很多切面,比如,员工自主权、职业发展、职务提升、薪水高低、组织形象、组织氛围、领导风格、工作场所等。不同的员工对上述某种因素或几种因素看重的程度不一样,正如俗语所说的"萝卜白菜各有所爱"。一个家庭收入较好的员工,可能更关注的是职业和职务发展,对薪水的高低敏感度不是太高。如果组织正好在员工在意的那个方面满足了该员工的要求,那么该员工的满意度就高。这就要求组织管理者要了解每一位员工的内心所求,然后采取针对性的激励措施,不然,就会出现激励偏差,提高了组织的人力资源成本,员工满意度也不会得到相应的改进。

4. 满意因素的类型

心理学家赫茨伯格的双因素理论(Two factor theory)把组织中有关影响员工满意的因素分为两种,即满意因素和不满意因素。满意因素是指可以使人得到满足和激励的因素。不满意因素是指容易产生意见和消极行为的因素。保健因素的内容包括组织的政策与管理、监督、工资、同事关系和工作条件等,这些因素都是工作以外的因素,如果满足这些因素,能消除不满情绪,但不能激励人们更积极的行为。激励因素与工作本身或工作内容有关,包括成就、赞赏、工作本身的意义及挑战性、责任感、晋升、发展等,这些因素如果得到满足,可以使人产生很大的激励。(见图 8-13)

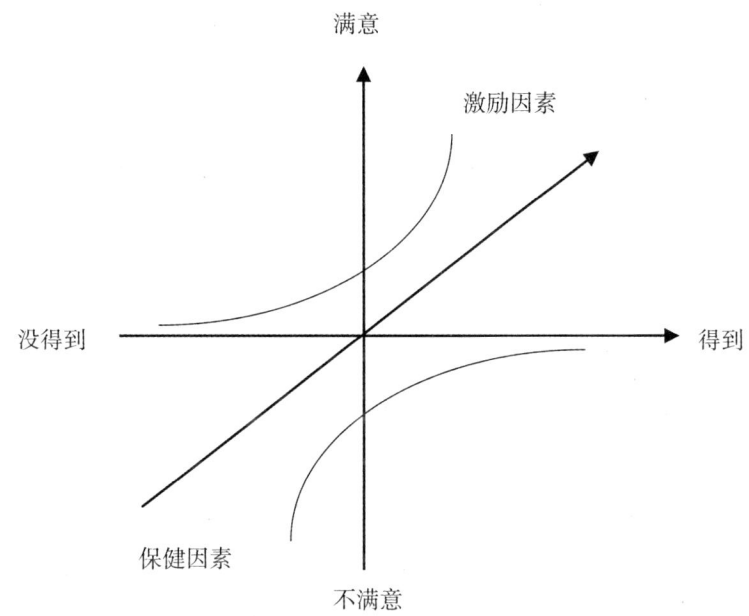

图 8-13 明兹伯格双因素理论

第三节 服务质量管理

一、服务质量概念

服务质量是消费者对一个公司总的长处和优势的一种判断。这个总的判断意思是所有的服务对象或一个服务对象时间段内所有的时间,这一点是和顾客满意这个概念相区别,顾客满意是对一个服务对象一个具体服务接触的判断。比如,您到银行办业务,办完业务后他往往让您对这次服务接触给个评价,满意、一般、不满意,当把所有人的评价进行加总时,就是对服务质量的一种评价。

和有形产品质量相比,服务质量相对来说更难以评价。在服务业中,消费者对服务质量的认识取决于他们实际所感受和事先对该服务心理预期的对比即感知的服务质量。而且,消费者对服务质量的评价不仅要考虑服务的结果,而且涉及服务的过程。

二、服务质量决定因素

派若索若曼(Parasuraman)、泽丝曼尔(Zeithamal)和拜瑞(Berry)把服务质量的决定要素归结为有形性、可靠性、安全性、移情性、响应性5个方面,在这5个方面中,又包含有22个小的指标。它们分别是:

(一) 有形性

有形性是指有形设施、设备、人员和沟通材料的外观。比如,一家医院的服务质量高低可能与其购买的一台先进的检测设备密切相关,一家五星级宾馆质量高低往往和其豪华的内外装饰有关。具体包括如下4个二级指标:

——现代化的设备

——富有视觉吸引力的设施

——整洁、职业化外观的员工

——有形设施的外观和服务提供的类型一致

(二) 可靠性

可靠性是指可靠地和准确地完成承诺服务的能力。比如,联邦快递承诺隔夜到达,第二天必须送到顾客手中;7—11点便利店,早7点开门营业晚11点关门,顾客只要在这个时间段来,必须正常营业。具体包括如下5个二级指标:

——按承诺时间段提供服务

——体谅和安慰遇到服务难题的顾客

——第一次就把服务做对

——在承诺的时间点完成服务

——保持零差错纪录。

(三) 响应性

响应性是指情愿帮助顾客和提供快速服务。比如,机场的绿色通道,医院的急诊都是一种快速响应的服务。具体包括如下4个二级指标:

——让顾客知道服务何时将完成

——向顾客提供及时性服务

——情愿帮助顾客

——对顾客要求做出迅速响应

(四) 安全性

安全性是指员工的知识与礼貌和他们能力激发的信任和信心。比如,加油站中不能有人吸烟,不然顾客没有安全感;员工的态度要友好,蛮横的员工,顾客就没有安全感了。具体包括如下4个二级指标:

——使顾客有信心的员工

——在交易中使顾客感到安全

——一贯有礼貌的员工

——公司充分支持员工做好自身工作

(五)移情性

移情性是指公司对顾客的关心和个人关注。比如,孩子上幼儿园,每当下午接孩子时,老师都和您交流一下孩子今天的表现,这样您就感觉到老师对您孩子的个人关注。您带着不到一岁的小孩到饭点吃饭,服务员很快给您搬来一个儿童座椅,关注到您个人的需要。具体包括如下 5 个二级指标:

——给顾客以个人关注

——以关心的方式和顾客开展业务的员工

——把顾客的最大利益放在心

——理解顾客需要的员工

——对顾客方便的营业时间

三、服务质量管理模型

关于如何进行服务质量的管理,美国营销学家派若索若曼(Parasuraman),泽丝曼尔(Zeithamal)和拜瑞(Berry)提出了一个 5GAP 分析模型。该模型是专门用来分析服务质量问题产生的原因并帮助管理者了解应当如何改进服务质量,该模型如图 8-14。

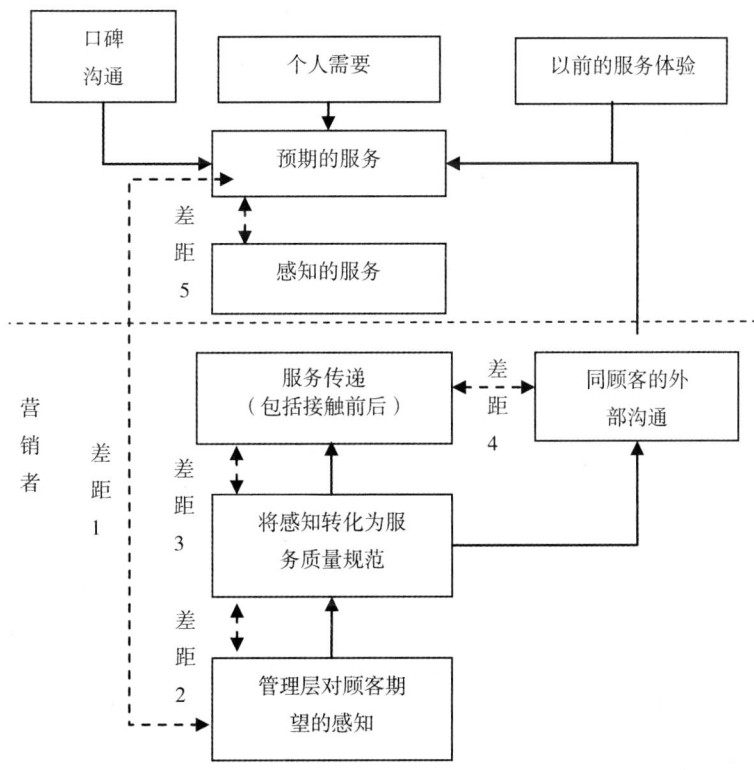

图 8-14 顾客感知服务质量 5GAP 分析模型

顾客感知服务质量取决于预期的服务和感知的服务之间的差距,为了有效弥合这一差距,需要弥补如下四个方面差距:

(一) 差距1——认知差距

公司对顾客期望的理解偏离了顾客的实际期望。产生该偏差的主要原因:①不充分的市场调研。不充分的市场调研表现在调研的样本数量不够,样本没有代表性等,这可能导致对顾客不了解;②缺乏向上沟通。在服务企业中,往往对顾客比较了解的是一线员工,如果没有顺畅的向上沟通渠道,这个信息就很难传递到上层管理者;③管理层级太多。管理层级越多,顾客信息逐层向上反映渠道就会加长,信息的过滤和信息的扭曲就会加大,管理层就很难真实了解顾客的真正期望;④不充分的市场细分。不同细分市场中的顾客期望是不同的,如果没有充分的市场细分,实际的顾客期望是没法表达出来的。比如,学生中有的要考研,期望课程教学多一些理论,有的要就业,期望课程教学多一些实践。

(二) 差距2——标准差距

即使企业真的理解了顾客的期望,但企业制定的服务标准仍然会偏离其对顾客期望的理解。产生该偏差的主要原因有:①服务标准的语言表达不准确。管理者理解的顾客期望是一种内在的、心理感知的默会知识,服务标准则是一种外在的、文字表述的明晰知识,从默会知识向明晰知识转化,会存在转化不完全和转化不准确的问题。②服务标准缺乏顾客导向。一些管理者不是不了解顾客期望,而是在制定服务标准时更多的是考量企业自身的利益,比如,这样制定标准企业成本会增加,企业责任会增加等,最终导致服务标准偏离了顾客期望。③服务标准中缺乏服务质量担保。由于服务的不可分性和异质性,导致服务质量具有一定的不稳定性,服务失败非常容易发生,如果没有服务质量担保条款,按照服务标准做就很难保证服务结果和顾客期望一致。

(三) 差距3——传递差距

这个差距的含义是服务商没有按照事先设定的服务标准和规范提供服务。即使企业制定的服务标准再科学,企业中仍然会存在员工行为脱离服务标准的情况。脱离的主要原因有:①人岗不匹配。这里的人岗不匹配主要指员工数量、素质和岗位要求不适应,员工数量不够,人手太少,不可能按标准执行。员工素质达不到,能力差,也不可能按标准执行。②缺乏员工和顾客培训。由于服务的不可分性,服务质量的高低不仅取决于员工,同时还与顾客行为密切相关,为保证服务标准的实施,员工和顾客的培训是必需的。③缺乏服务监督和激励。如果员工是否执行标准缺乏监督和相应的激励制度,服务标准就会形成一纸空文,对服务质量无任何保证作用。

(四) 差距4——沟通差距

企业所提供的服务与其对外宣传的服务之间有出入。产生这种出入的原因有:①在外部沟通中过度承诺。企业市场部和企业销售人员为了吸引顾客,往往自觉不自觉地就会夸大企业的服务质量,这种夸大会抬高顾客的期望值,如果在实际服务传递中没能按实现承诺的做,顾客就会失望。②不充分的水平沟通。企业市场部和销售部之间缺乏有效的沟通,市场部是这样说的,可销售部的销售人员却是那样做的,市场部对外的说法和销售部对外的做法不一致,这就会导致顾客对服务质量质疑。③没能管理顾客期望。顾客也可能对企业的服务承诺有错误的理解,对服务质量有不切实际的期望,对企业服务有过高的期待,这需要和顾客进行及时沟通,管控好顾客的期望。

(五) 差距 5——感知服务质量差距

公司所提供的服务和顾客所期望的服务之间的差距。正是由于上面的信息差距、标准差距、执行差距和沟通差距最终导致了顾客感知服务质量差距。顾客感知服务质量差距将会导致服务质量差评、负口碑、公司坏形象、顾客脱离等一系列不良后果。

服务质量差距模型指导服务提供商发现引发质量问题的根源,并寻找适当的消除差距的措施。差距分析是一种直接有效的工具,它可以发现服务提供商与顾客对服务观念存在的差异。明确这些差距是服务提供商制定战略、战术以及保证期望质量和现实质量一致的理论基础。这会使顾客给予质量积极评价,提高顾客满意程度。

重要概念

服务　服务营销　服务质量　服务质量差距模型　关系营销

思考题

1. 什么是服务? 服务营销和商品营销的基本区别是什么?
2. 请分别讨论为什么服务营销组合应该包括这三个新的组合因素:过程、人员和有形展示。
3. 服务营销三角形的含义是什么? 三角形三点上的各项内容是什么? 如何才能更有效地实施每项服务营销?
4. 谈谈服务利润链模型的内在逻辑性,服务利润链模型在管理上给你带来哪些启示?
5. 结合不同的服务行业,谈谈顾客满意和顾客忠诚之间的关系。

案例分析

海底捞火锅经营模式

2018 年 9 月 26 日,四川海底捞餐饮股份有限公司在香港上市。经过 20 多年的努力,海底捞从一个默默无闻的火锅店发展成长为如今的上市公司,与创始人张勇秉承的"诚信经营"和"家文化"的营销管理理念紧密相连。

一、海底捞的特色是服务

1994 年,身为四川拖拉机厂电焊工的张勇,在简阳的街边摆起了四张桌子的麻辣烫摊位,初次创业的张勇不懂麻辣烫制作,于是现学现做,如此做出来的麻辣烫口味肯定不理想。张勇说:"想要生存下去只能态度好些,别人要什么快一点,有什么不满意多赔笑脸。"张勇奇迹般地发现,即使明明口味不怎么样的麻辣烫,经过他热情服务过后,客户居然也会连连点头"味道不错"。

此后在市场拓展的过程中,尤以海底捞第一次扩张——西安分店开设的经历让张勇再一次坚定了"服务高于一切,服务是海底捞最大的特色"的理念。1999 年,西安分店刚开业时,因为成本高,西安的合伙人对成本控制得非常严格,导致海底捞的很多服务特色丧失,接连亏损,形势十分不利。在危急时刻,张勇痛下决心,把西安方面合伙人的股份回购,完全按自己营销管理理念来运营,不到两个月,海底捞火锅店便声名鹊起,扭亏为盈了。

二、海底捞把员工当家里人

谈到海底捞的成功,公司创始人张勇说:"你怎么对待员工,员工就会怎样对待顾客;你把员工当成家里人,员工就会把企业当成自家企业。"张勇曾多次在高层员工培训中说过:"特色服务掌握在每一个员工手里,把海底捞塑造成一个家。培养员工的主人翁精神,员工为自己家干活就不会偷懒、不会磨洋工,就会主动付出,就会积极奉献。""我(张勇)不在意挣多少钱,我的目标是让跟我干的弟兄们能用双手改变命运,为他们创造一个公平公正的人生发展环境"。海底捞的员工大多来自贫困偏远的山村,受教育低,能吃苦耐劳,有的甚至是第一次出远门,渴望用双手改变自己的命运,而海底捞为他们创造了改变命运的机会。

海底捞公司对其员工十分友善,海底捞的员工宿舍离工作地点不会超过20分钟步行距离,全部为正规住宅小区,且都会配备空调和上网电脑,有专人负责保洁以及洗衣服;如果员工是夫妻,则考虑给单独房间。仅是住宿一项,一个门店一年就要为此花费50万元;海底捞在简阳当地赞助了一家学校,海底捞公司员工子女在该学校上学,全部都是寄宿制管理;为了激励这些大多来自农村的员工的工作积极性,海底捞公司有一个传统,就是将员工奖金中的部分直接寄给他们的父母和其他亲人,虽然每月只有400—500元,但这让员工的家人也分享到了这份荣耀。离职还有"嫁妆",小区经理离职公司赠送20万,大区经理或以上人员离职公司赠送800万。海底捞公司有近6000名员工,流动率一直保持在10%左右,而中国餐饮业的平均流动率为28.6%。

三、海底捞员工诚心为顾客服务

"人心都是肉长的,你对人家好,人家也就对你好;只要想办法让员工把公司当成家,员工就会把心放在顾客上",这是张勇面对众多媒体经常挂在嘴边的一句话。在这种理念下,海底捞公司员工一直把为顾客提供"贴心、温心、舒心"服务作为自己的行为准则。就餐前等候的时候,服务员会给你端上免费的水果、饮料、零食;如果你们是一大帮朋友在等待,服务员还会主动送上扑克牌、跳棋之类的桌面游戏供大家打发时间;如果你还嫌等候过程比较无聊,你甚至还可以选择来个免费的美甲、擦皮鞋服务。

在客人进餐的过程中,服务员会细心地为长发的女士递上皮筋和发夹,以免头发垂落到食物里;戴眼镜的客人则会得到擦镜布,以免热气模糊镜片;服务员看到你把手机放在台面上,会不声不响地拿来小塑料袋装好,以防油腻;每隔15分钟,就会有服务员主动更换你面前的热毛巾;如果你带了小孩子,服务员还会帮你喂孩子吃饭,陪他们在儿童天地做游戏;抽烟的人,他们会给你一个烟嘴,并告知烟焦油有害健康;为了消除口味,海底捞在卫生间中准备了牙膏、牙刷,甚至护肤品;过生日的客人,还会意外得到一些小礼物;如果你点的菜太多,服务员会善意地提醒你已经够吃;随行的人数较少,他们还会建议你点半份……

例如,一次,上海三店张耀兰服务的11号雅间做的是回头客邬女士。邬女士女儿点菜时问撒尿牛丸一份有几个?姚晓曼马上意识到,对方是怕数量少不够吃,便回问了一句:姐,你们一个几位?她说十位。姚晓曼马上告诉她,一份本来是8个,她去跟厨房说一下,专做10个。

再如,某星期六晚上生意特别好,七点半3号包房上来一家姓徐的客人,她发现徐妈妈把鹌鹑蛋上面的萝卜丝夹到碗里吃。张耀兰感觉徐妈妈一定喜欢吃萝卜丝,于是立即打电话给上菜房,让他们准备一盘萝卜丝。她又拿萝卜丝去调料台放上几味调料。当她把拌好的萝卜丝端上桌上时,客人很惊讶,她说:"我估计阿姨爱吃萝卜丝,特意拌了一盘送给阿姨吃,不知道你们喜不喜欢。""他们当然非常高兴,边吃边夸我,还问这萝卜丝是怎么拌的。"最后徐阿姨的儿子要来一碗米饭,把萝卜丝盘子里的汤拌到饭里吃了,说这是他吃过最香的饭。接下来一个月,他们来了三次,还把其他朋友介绍来吃饭。一碗萝卜丝多神奇,海底捞的客人就是这样一桌一桌抓的。

海底捞这种"贴心、温心、舒心"服务带来的效果就是海底捞的顾客回头率超过了50%,每天晚上的翻台率可以达到5次左右。2019年中国餐饮企业百强海底捞公司排第3位。2019年中国上市公司市值500强,海底捞公司排名第85。2020年全球最具价值500大品牌"海底捞"品牌排第441位。2020福布斯全球企业2000强海底捞公司第1691位。

资料来源:马勇.服务营销管理[M].郑州:河南大学出版社,2022.

1. 海底捞公司营销管理模式的内在逻辑是什么?
2. 海底捞火锅的服务特色和巴奴火锅的特色有何不同?
3. 从中国传统文化角度谈谈海底捞构建"家文化"的合理性。

参考文献

[1] 瓦拉瑞尔·A.泽丝曼尔,等.服务营销[M].张金成,白长虹,译.6版.北京:机械工业出版社,2008.

[2] 克里斯托弗·洛夫洛克.服务营销[M].韦福祥,译.北京:中国人民大学出版社,2011.

[3] 马勇.服务营销管理[M].郑州:河南大学出版社,2022.

[4] 赫斯克特,等.服务利润链[M].北京:机械工业出版社,2005.

[5] 赫斯克特,萨塞,施莱辛格.服务利润链[M].北京:华夏出版社,2001.

[6] 克里斯廷·格罗鲁斯.服务管理与营销[M].北京:电子工业出版社,2002.

第九章　品牌策略

学习目标

1. 熟悉品牌的内涵。
2. 了解品牌的作用和分类。
3. 熟悉品牌资产的含义及特征。
4. 掌握品牌资产五星模型和共鸣模型。
5. 熟悉品牌决策、品牌使用者决策。
6. 掌握品牌名称决策、品牌延伸。
7. 熟悉品牌联合策略。

案例导入

博物馆的品牌建设

博物馆作为收藏历史遗存的场所，承载着时代的印记，是一方文化的积淀。如今随着文旅融合的纵深发展，探寻旅游背后的文化成为时代潮流，有了文化的旅游也变得韵味儿十足。博物馆、美术馆几乎成为一个城市的标配，博物馆的品牌化建设成为新形势下发展博物馆事业的必由之路。

博物馆作为公益性的事业单位，有必要进行品牌建设吗？其实国外博物馆在20世纪70年代就开始将品牌营销引入博物馆运营中。品牌影响力是管理博物馆外部形象的重要工具，涵盖博物馆方方面面的顶层设计。特色的资源、著名的建筑、办馆宗旨、科研实力、科普教育等都是博物馆品牌形象的具体内容。当今博物馆作为文化的品牌载体，要想在市场竞争日益激烈的今天更好地生存发展，就必须建立自己的品牌，品牌建设在博物馆中扮演愈加重要的角色。

以自贡恐龙博物馆为例，为了积极响应让文化"活起来"的号召，自贡恐龙博物馆借助大型文旅活动，不断打造科普品牌，推出富有自贡文化特色的旅游产品，激发消费潜力。围绕"恐龙+"，从项目品牌、概念品牌和人物品牌等方向进行探索，塑造博物馆品牌形象，让"自贡恐龙活起来"。2019年四川国际文化旅游节期间，自贡恐龙博物馆开展了一系列文化旅游活动，首次推出"夜游恐龙馆"，这是响应国家发展假日和夜间经济号召的一次尝试。开展的"探索侏罗纪奇妙之旅"体验活动首次分公众专场、关爱专场、爱好者专场，根据不同专长群体特点设计开展有针对性的恐龙趣味活动。向公众推出丰富多元化的演艺产品，弘扬科学精神，传播恐龙文化，还推出了公益科普人偶剧《恐龙去哪儿了》演出活动，观演观众达 1000 余人次，特别是国庆黄金周期间的两场演出观众爆满。作为博物馆一大公益项目品牌，公益科普人偶剧《恐龙去哪儿了》在由共青团中央、中央文明办、民政部等6 家单位共同主办的"第二届中国青年志愿服务项目大赛"中荣获全国银奖。

文旅节期间，积极打造特色品牌活动《龙宫讲坛》，展现了中国"带羽毛恐龙"研究的最新成果。官方微博进行了同步直播，普及恐龙科学文化知识。又借助灯光节的影响力，为传播自贡恐龙和恐龙文化产业宣传造势，自贡恐龙博物馆还不断创新展览模式，推陈出新，引进中国古动物馆《"飞向蓝天的恐龙"——带羽毛的恐龙化石特展》，展览设计新颖独特，受到领导和观众的一致好评。开展了"自贡恐龙南下一带一路"巡展活动，协助广东省博物馆举办了"群龙出没—恐龙时代大穿越"展览，和嘉兴博物馆联合举办了"中生代剑客—剑龙特展"。为积极拓展文化消费的广度和深度，自贡恐龙博物馆注重整合资源，助推文化产业和旅游产业的深度融合，举办了第四届化石文化周活动，取得圆满成功。

博物馆在开展一系列活动的同时，应利用自身资源优势，开展大幅度的宣传活动，使自贡恐龙在国际国内的品牌影响力逐渐增强，也从中获得了巨大的经济效益。

资料来源：张玲玉.博物馆的品牌建设及分析[J].文物鉴定与鉴赏，2021，215(10)：127-129.

第一节　品牌概述

一、品牌的起源与内涵

(一) 品牌的起源

品牌的英文"Brand"源于古挪威文"Brandr"，意思是通过"烧灼"打上烙印。最早起源于西班牙的游牧民族，他们将自己的牲畜烫上独特的烙印，以便于在交换时和其他人的牲畜相区别。随着商品交换，人们逐渐习惯用特殊的标记来表明或区分产品的产地和生产者，生产者也特意以此为消费者提供产品质量担保，这就是品牌早期的雏形。

品牌的现代定义来自美国营销学会(AMA)，在其营销词典中，把"品牌"定义为：品牌是一个"名称、专有名词、标记、符号或设计，或所有上述这些元素的组合，用于识别一个供应商或一群供应商的商品与服务，并由此区别于其他竞争者的商品与服务"。

(二) 品牌的内涵

美国著名营销学家菲利普·科特勒在其著作《营销管理》中认为品牌内涵至少可以包括六个方面的内容：属性、利益、价值观、文化、个性和用户，品牌的六个方面的内容构成品牌内涵的六个层次。

1. 属性

属性指产品本身的性质和特点，例如奔驰品牌的轿车的属性有昂贵、做工精湛、马力强大、外观设计大气、内部空间宽敞、安全性能高、身份尊贵、加速度快等属性。海尔电冰箱的属性包括质量可靠、技术先进、外观设计优美、制冷迅速、服务优良等。企业一般可以采用一种或几种属性为其品牌产品做广告。

2．利益

顾客买的不是属性，他们买的是利益，属性需要转化成功能性或情感性的利益。质量可靠的属性可转化为功能性的利益，"使用过程中安全可靠，减少返修次数"；价格昂贵的属性可转化为情感性利益，"购买这件产品表明了收入层次，让我感觉到自己很受人尊重"。

3．价值

品牌也体现了一些生产者价值。例如，奔驰牌代表高绩效、安全、声望等。品牌的营销人员必须分辨出对这些价值感兴趣的购买者群体。

4．文化

品牌也可能代表一种文化。例如，2017年3月8日诞生于中国杭州的"花西子"品牌以"东方彩妆，以花养妆"为品牌理念，植根中国文化，把中国风作为自己的品牌文化，将东方古典美学和故事融入产品之中，探索养颜智慧。

5．个性

品牌也反映一定的个性。如果品牌是一个人、动物或物体，人们通过一些外部特征就可以识别、判断他（它）。

6．用户

品牌暗示了购买或使用产品的消费者类型。如果我们看到一位20来岁的秘书开着一辆奔驰会感到很吃惊，我们更倾向于看到开车的是一位50多岁的高级经理。

二、品牌的作用

（一）品牌对企业的作用

品牌是企业的无形资产，对企业的根本意义在于其代表很高的经济效益和经济实力，是公司未来发展的主要驱动力，是公司产品高附加价值的来源。一个著名品牌本身就是企业的巨大无形资产。

1．创造市场和占有率

企业通过品牌达到对某一市场的占有权，并实现一定的市场占有率，包括通过品牌延伸开发新产品、进入新市场，获得顾客忠诚，冲破各个地区、国别市场所面临的各种壁垒等，而这正是企业发展的重要战略目标所在。

2．形成竞争防线

品牌的差别是竞争对手难以仿效的，它融多种差别化利益于一体，是企业综合实力和素质的反映。强势品牌能够使企业长期保持市场竞争的优势。面对来自竞争对手的正面进攻，品牌资产筑起森严的壁垒。对于未进入市场者，品牌资产代表的品质以及消费者对它的推崇往往会使竞争者放弃进入市场的想法。

3．提供渠道上的助力

强势品牌面临的来自渠道的压力较小，渠道人员往往更乐于与知名品牌打交道，他们知道如何让他们的顾客获得知名品牌，否则他们会失去顾客。因此，一个强势品牌在争夺货架空间位置以及在取得渠道合作上都占有优势地位。

4. 获得更高的收益

消费者在许多情况下乐意为购买著名品牌支付更高的价格。一方面,定价被作为质量的象征,可以用定价暗示质量,尤其是品牌所体现的品质,可以支持更高的定价。另一方面,追求拥有名牌的满足与优越感,使消费者不介意支付更多。同时,品牌有利于提高顾客的忠诚度。

5. 应对环境变化

面对环境的变化,品牌资产为企业提供了更强的适应性与应变能力。当面对较高的通胀、原料与能源的短缺、消费者偏好的变化、新竞争者介入等环境变化时,有品牌资产强有力的支持,品牌与公司就有时间进行技术革新、重新定位、战略战术调整,从而使企业立于不败之地。

6. 有助于企业的资本运营

企业融资、并购的关键是标明未来收益的经营资本的价值,除了企业的技术、人才、市场、运营模式等方面的因素外,企业的品牌资产是经营资本评估的非常重要的因素。品牌是吸引投资、开拓市场的卖点,因为强势品牌的背后是强大的市场需求和顾客关系。

(二) 品牌对消费者的作用

品牌除具有方便消费者识别产品来源、保护消费者权益的基本作用外,还具有降低购物风险、实现消费者自我认同和社会认同、减少购买后的认知不协调等作用。

1. 降低购物风险

行为学家研究表明,消费者在购买行为中存在五种可感知的风险:金钱风险、功能风险、生理风险、社会风险和心理风险。卡菲勒(2000)认为:消费者的不安全感是品牌产品存在的基础。由于产品本身具有模糊性,消费者只有在将产品买到手并使用后才能对产品的质量有所把握和了解,因此,大多数消费者在购买前存在着不安全感。品牌是产品质量的标志,代表着产品的品质和特色,消费者认牌购买,可大大降低其购物的风险程度,有助于消费者快速做出购买决策。

2. 实现消费者自我认同和社会认同

成功的品牌一般都具有鲜明的个性和形象,通过使用某一品牌,消费者在内心实现了理想的自我,或者自我通过品牌在社会中彰显出来,被他人和社会所接受。消费者运用品牌建立了自己想要的理想形象。

3. 减少购买后的认知不协调

消费者在进行一次较重大的购买之前或之后,常常会问自己"我买对了,还是买错了?"这种担忧往往会形成不协调的感觉。但如果买的是名牌产品,人们在购买时不仅可以用这牌子消除自己的疑问,而且能感觉到一种荣耀的自我满足。所以,品牌可以充当促进消费者做出购买决策的"润滑剂"。

(三) 品牌对国家的作用

品牌是国家形象的代表。品牌不仅是一个企业开拓市场、战胜对手的有力武器,更是一个国家综合实力和整个民族财富的标志。民族品牌不仅代表国家产业水平,而且代表国家的国际形象,承载着重构民族自尊心和自信心的历史责任。在经济全球化时代,如果一个国家没有优秀的民族品牌，它可能永远只能充当他国的贴牌生产基地，耗费大量的人力、物力来赚取可怜的加工费。

三、品牌的分类

（一）依据品牌知名度的辐射区域分类

1. 区域品牌

凡是在某一特定地区范围内被公众认知的品牌称为区域品牌，其影响力和辐射力也只是限于某一地区。如天津的海河奶业、湖北的行吟阁啤酒等均属于这一类。这类品牌一般是在一定范围内生产、销售，产品辐射范围不大，主要是受产品特性、人文特征、产业集群内部的结构、产业发展的政策环境、地理条件及某些文化特性影响，这有点像地方戏种那样，如秦腔主要在陕西，晋剧主要在山西，豫剧主要在河南等现象。

2. 国内品牌

国内品牌是指国内知名度较高，产品在全国范围销售的品牌。它们一般有大规模的、持续性的广告投入支持，市场占有率较高，消费者的熟悉度也较高。如长虹彩电、宇通客车、小天鹅洗衣机、茅台酒等均属于此类。这类品牌在国内均获得过国家组甚至国际评比的大奖。通常在中央一级媒体进行宣传推广，在国内的知名度和美誉度很高，产品覆盖全国，有一定的出口量，但主要市场在国内。

3. 国际品牌

国际品牌是指在国际市场上知名度、美誉度较高，产品辐射全球的品牌，如万宝路、可口可乐、IBM、苹果等都属于这一类。目前大多国际品牌为发达国家所有，尤其是美国、日本、法国、英国、意大利、瑞士等少数国家，其国际品牌风靡全世界，为所在国带来了滚滚财源，同时也大大增强了这些国家的国际地位。

（二）依据属性分类

1. 产品品牌

产品品牌是以产品闻名为特征的，如万宝路香烟，但生产万宝路香烟的厂家"菲利浦莫理斯烟草公司"却鲜有人知道，再如中国家喻户晓的产品寿比山牌吲达帕胺片，其生产厂家力生制药也是默默无闻。

2. 企业品牌

企业品牌是以企业闻名为特征的，像麦当劳、肯德基等企业便是如此。当然也有像皮尔·卡丹、阿迪达斯、金利来等产品与企业同名的。也有像宝洁公司、今日集团等，尽管企业与产品不同名，但都同居知名品牌。

3. 组织品牌

组织品牌是非企业性组织所构成的品牌，像《时代》周刊、国际足联、剑桥大学。

（三）依据产品的不同用途分类

1. 大众品牌

大众品牌是指产品面向所有大众或普通收入消费者，以高市场占有率为特征的品牌。如牙膏、洗发水等即属于这类品牌的产品。品牌对这类产品而言比较重要，因此强势品牌很多，如佳洁士、沙宣、汰渍等。其价格与同行间相比不见得高，具有一般消费公众能承受的特点,从而使企业获利甚丰。

2. 高档品牌

高档品牌是指面向少数甚至是极少数公众群体,以高定价、低产量为特征的品牌。例如 LV、古驰、香奈儿、劳斯莱斯,像劳斯莱斯汽车即是最为典型的案例。这一品牌的汽车有史以来也只生产过 11 万多辆,一直被人们看作是身份、地位象征,所以从设计到生产都极为讲究。

(四) 依据品牌的生命周期长短分类

1. 短期品牌

短期品牌是指品牌生命周期持续时间较短的品牌。很多品牌由于某种原因在市场竞争中昙花一现,持续性较弱,1992 年曾轰动一时的换肤霜就属于这一类。

2. 长期品牌

长期品牌是指品牌生命周期随着产品生命周期的更替,仍能经久不衰、永葆青春的品牌。如老字号品牌标致、同仁堂、拜耳等。

另外,按品牌的所有者不同还可分为制造商品牌、经销商品牌、零售商品牌,按品牌提供价值的主要特点划分可分为功能性品牌、象征性品牌、体验性品牌,按市场地位划分可分为领导品牌、挑战品牌、跟随品牌、填补空缺品牌。

四、品牌资产

(一) 品牌资产的含义

品牌资产(brand equity)是 20 世纪 80 年代出现的最流行和最有潜在价值的营销概念之一。然而,品牌资产概念因为不同的目的而有各种不同的定义。到目前为止,还没有就如何对品牌资产进行概念化和评估形成一致的观点。但我们可以从财务会计、消费者与品牌的关系和市场品牌力三个不同的角度描述品牌资产的概念。

1. 财务会计视角的品牌资产

从财务会计的角度,品牌资产具体表现为品牌在市场上给产品价格或销售额所带来的增值,并最终反映为公司财务报表或金融市场的价值增值。

2. 消费者视角的品牌资产

消费者视角的品牌资产由美国学者凯勒最先提出,也称为基于顾客的品牌资产(customer-based brand equity)。消费者视角的品牌资产主要表现为消费者与品牌之间的关系,是基于消费者对品牌的认知、认同和忠诚而存在的,消费者与品牌的关系决定着品牌资产的高低。如果品牌对于消费者来说没有任何意义(价值),对消费者产生不了什么影响,那么它对于投资者、生产商或零售商也就没有任何意义。因此,品牌资产的核心是如何与消费者建立联系,消费者如何理解该品牌的意义和内涵等。大卫·艾克将品牌资产分为品牌知名度、品牌联想、品牌认知质量、品牌忠诚度和其他专有资产五个方面,就从这个角度出发,突出了品牌与消费者的关系。

3. 品牌力视角的品牌资产

品牌力是知名度、美誉度和诚信度的有机统一,是指消费者对某个品牌形成的概念对其购买决策的影响程度。从市场的角度看,品牌力是指品牌开拓市场、占领市场并获得利润的能力。世界品牌实验室按照品牌影响力的三项关键指标：市场占有率、品牌忠诚度和全球领导力来评估企业的品牌资产。品牌力视角的品牌资产与财务会计视角的品牌资产的最大不同在于：财务会计的品牌资产着眼于品牌交易，是短期内利益的具体体现；而品牌力视角的品牌资产意图创造持久的、差异化的品牌优势，其研究的重心转移到品牌的长远发展潜力上，试图利用市场占有率、品牌忠诚度和全球领导力三个指标把消费者忠诚度和消费者的行为、企业文化和品牌延伸、渠道成员与差别化优势联系起来。

（二）品牌资产的特征

品牌资产是企业的一项重要资产，它超越了生产、商品、厂房、设备等有形资产的范畴，是一种特殊的无形资产。品牌资产具有以下特性。

1. 品牌资产的价值性

品牌资产是企业最重要的一项无形资产。它来源于品牌的客户资源、渠道资源、品牌延伸和差异性优势等方面的综合效应，可以支撑品牌在未来很长的一段时间内持续获利。可口可乐前总裁伍德拉夫说："如果可口可乐的工厂一夜之间化为灰烬，我仍然可以在很短的时间内再造一个可口可乐。"他有说这话的底气是因为可口可乐得到了全世界消费者的广泛认可，其品牌价值千金。正因为品牌具有价值，所以在企业并购中，除了收购产品、技术、人才等有形和无形资产之外，还需要对品牌进行估价。

2. 品牌资产的无形性

品牌资产是无形的，品牌资产不同于厂房、渠道、设备等有形资产的特征。它具有无形性，不占用空间，是一种非实体性的客观存在。品牌的文化、个性、品质和特征产生品牌价值。这种价值看不见，摸不着，却能为品牌拥有者带来大量超额回报。例如，海尔的品牌价值是其有形资产的若干倍。

3. 品牌资产的波动性

品牌资产是企业品牌管理行为的结果，这个结果随品牌管理行为、品牌传播投入等呈波动性。无论是世界品牌实验室，还是英特品牌咨询公司，每年发布的品牌排名都有所变化。现实中，这样的实例也比比皆是。20世纪90年代初期，广州太阳神凭着其品牌和优良的产品，在中国保健品行业叱咤风云，但由于其品牌投入不到位，新产品开发迟缓等疏于品牌管理的行为，使得太阳神在保健品市场上已经基本销声匿迹了。娃哈哈则适时进行产品创新和品牌延伸，从儿童保健品市场到饮用水市场，成为中国知名品牌。因此，品牌资产是需要规划和维护的，任由其发展可能会导致品牌资产的波动和下滑。

4. 品牌资产的积累性

品牌资产来源于企业与消费者的关系，是企业和产品在与营销者、消费者的无数次接触中逐渐形成的。从接触点管理的角度来讲，每一次接触都是建立消费者与品牌之间关系的关键，也是积累品牌资产的关键。认识到品牌资产的积累性，企业就能够时时以"为品牌资产服务"的理念来规范自己的各项行为。同时，品牌资产的积累性也表明，不存在品牌资产"速成宝典"。尽管品牌可以通过广告轰炸或媒体炒作"一夜成名"，但品牌知名度只是品牌资产中若干要素的一部分，而非全部。要想建立雄厚的品牌资产，企业还需踏踏实实地精耕细作，把消费者与品牌的关系经营好。

(三) 品牌资产模型

1. 品牌资产模型——五星模型

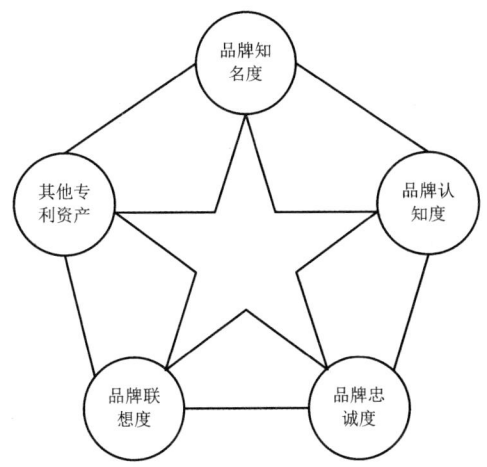

图 9-1 Aaker 的品牌资产五星模型

资料来源:戴维·艾克.管理品牌资产[M].奚卫华,董春海,译,北京:机械工业出版社,2006:16.

Aaker 于 1991 年在《管理品牌资产》(Managing Brand Equity)中提出了著名的品牌资产五星模型,见图 9-1。该模型认为品牌资产是由感知质量、品牌知名度、品牌忠诚度、品牌联想和其他独占性的品牌资产五项影响要素组成。感知质量是指与其他品牌相比,消费者对于该品牌产品整体性能优良度的评价。品牌知名度是指消费者对某一品牌的识别程度。品牌联想度是指由品牌引发的联想,是对人物、个性、产品特征、产地、使用场合、消费者利益等的描述,这些联想提供了购买的理由和品牌延伸的依据。品牌忠诚度是在购买决策中多次表现出来的对某个品牌有偏向性的行为反应。其他品牌资产包括商标、专利等知识产权及能带来经济利益的资源,比如企业文化、管理制度、企业形象、客户资源等。

2. 品牌资产模型——共鸣模型

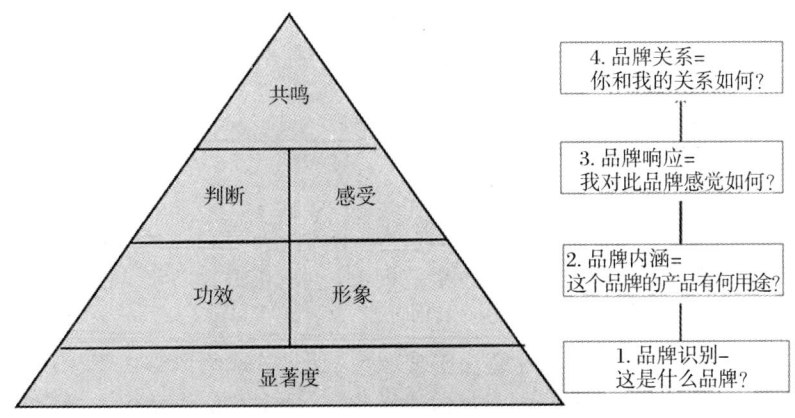

图 9-2 品牌资产共鸣模型

资料来源:菲利普·科特勒,凯文·莱恩·凯勒.营销管理[M].何佳讯,等,译.15 版.北京:格致出版社,2019:287.

品牌资产共鸣模型(CBBE 模型)是 Keller 提出的。如图 9-2 所示,他指出构建品牌资产需要经过四个相互关联的有序步骤,具体为品牌标识—品牌内涵—品牌响应—品牌关系。

品牌共鸣模型自下而上呈四层的金字塔形。

第一层是品牌的显著度,也就是品牌识别:这是什么品牌。比如提起海尔,我们很容易联想到海尔的商标,两个可爱的海尔小兄弟,而且知道它是一个家电品牌。

第二层是品牌功效、品牌形象,也就是这个品牌的产品有何用途。品牌功效维度包括主要成分及特色、产品可靠性及服务效果、风格与设计、价格等,比如提到海底捞,大家想到的就是新鲜食材、美味的火锅底料以及面面俱到的服务,免费的饮料、水果小菜,还有非常有特色的拉面小哥。品牌形象维度则包括用户形象、个性与价值以及历史传统体验。比如服装品牌圣迪奥,提起圣迪奥大家都能想象到他那种沉静、简约的灰色暗冷系的风格及休闲化形象,风格简约不失大气,富有文化品位却不显清高。这便是 S·DEER 的个性写照和品牌形象。

第三层是品牌感受、品牌判断,这一层是品牌响应,就是我对这个品牌的感觉如何,如品牌判断维度包括品牌质量、品牌优势等,比如华为手机,消费者心中就觉得这个品牌质量过硬、技术扎实、手机质量好、使用寿命长。

品牌感受维度。就是这个品牌给你的温暖感、兴奋感、社会认同感等感觉。比如帮宝适让全球宝宝在无尽关爱中安睡、畅玩,传达这种温暖感,再比如乐高玩具传达这种乐趣感,LV、蔻驰、爱马仕、劳力士等奢侈品品牌传达的社会认同和自尊感。

第四层是品牌共鸣,也就是品牌和我的关系怎么样,包括行为忠诚度,态度依恋、社区归属感。比如小米手机的米粉,不仅重复购买小米手机,还说服周围的朋友购买,经常登录米柚论坛在线发布手机使用体验帖子,线下还会参加小米校园俱乐部、小米同城会等,对小米品牌有深刻的共鸣。

第二节 品牌策略

一、无品牌策略

无品牌可以使用简单的包装,较低的质量标准,也不用专门设计品牌和推广,可以大幅度节约成本。

在生产环节中,无品牌策略往往适用于普遍性的产品,这些产品由于生产过程中的普遍性,在制造加工过程中不可能形成一定的特性,也不易与其他企业生产的同类产品相区别,即产品不具备因制造商差异带来的质量差异;还有一些产品,其质量难以统一保证或统一衡量,而且消费者不需要或不容易进行有效辨认,这些产品原则上要采用无品牌策略,使用品牌,则意义不大,甚至毫无意义。

在消费环节中,无品牌策略往往适用于目标顾客看中的是低价格,而非特定的品牌的情况下,此时商家就会倾向于"非品牌化"。由于使用品牌必然要增加广告、包装及其他成本,而这些开支最终势必要转嫁给消费者,使消费者支出了较多的费用。而"非品牌化"的目的,就是要节省广告和包装费用,降低成本与价格,增加竞争能力。在美国,无品牌产品的价格要比品牌产品通常低20%－40%。例如,美国的两家大零售商WMART和K-MART,近年来相继推出了无品牌商品大宗售货法。它们要求消费者成打、成箱或按一定散装量来购物,商品仅限于无品牌,甚至是无正式装潢包装的货品,单价相对低廉。此举一发而不可收,迅速在美国、加拿大的超市甚至是街头、集市上风靡开来。美国零售商从中悟出当今消费者以内在价值而不是以包装、宣传来衡量价格的购物趋向。调查表明,消费者选定一家商店购物,首先考虑的是售价是否低廉。这一结论促使像W-MART这样的零售商着力进一步开拓这种经营方式,扩大非品牌化商品的供应品种和范围。

二、品牌使用者决策

(一) 制造商/服务商品牌

产品使用制造商或者服务商的品牌十分普遍,企业利用优质产品建立并使用制造商品牌,通过经营理念与核心价值的传播活动,树立品牌形象,建立与消费者良好的关系,提高品牌的忠诚度,赢得企业的长远发展和持久经营。同时,使用制造商品牌有利于根据市场的变化规划品牌,推出新的产品或新的品牌,更好地满足消费者的需求。例如,"海尔"是家用电器制造商品牌,通过高品质的冰箱塑造了"海尔"品牌,赢得了消费者的认知和忠诚,推出了"海尔"品牌的空调、电视、洗衣机等一系列产品,成为我国知名的家用电器制造商品牌。

(二) 分销商品牌策略

产品也可能使用中间商名牌,即使用零售商、商店或私人品牌。例如,华联超市已经登陆中国的许多大中城市。顾客走进华联超市时都会发现,从针线包、螺丝、电线、文具用品、水暖配件到护手霜的一系列以"华联超市"为品牌的系列组合袋装小商品,这些商品当然不是华联超市自己生产的,其针线包来自江苏一家不知名的企业,而护手霜则产自上海高姿化妆品公司。

(三) 许可品牌策略

品牌许可又称品牌授权,是指品牌所有者利用自身的品牌优势,允许被授权商使用品牌,在一定的时间和地理范围内,生产销售某类产品或提供某种服务,并向品牌被授权者收取一定授权费用的品牌战略。授权者则给予人员培训、组织设计、经营管理等方面的指导与协助。品牌授权作为企业品牌价值利用和开发的重要方式。已经成为全球零售市场中的一种重要力量。许多企业都把品牌授权看作市场营销的重要工具,品牌授权已经成为现代最有力的市场推广和品牌延伸的有效方法之一。品牌授权有以下三个方面的优势:一是专注于品牌管理,有利于品牌授权商品牌管理能力的提升;二是通过利用被授权商的资源与能力,降低品牌授权商自身的资金和人员压力;三是通过品牌授权,可以实现品牌名下产品的快速扩张。极大地增加了消费者与品牌形象直接接触的机会,有效地扩大了品牌宣传,延伸了品牌生命。品牌授权也存在一定的风险,比如对授权产品实际运营的控制力减弱以及授权产品实际运营对授权品牌的影响所带来的冲突。

三、品牌名称决策

(一)个别品牌名称战略

个别品牌名称战略包括多品牌战略和分类品牌策略

1. 多品牌战略

与单一品牌战略相对应,多品牌战略是指给每一个产品或每一类产品都冠上一个或一个以上的独立品牌,并给予其独特的定位,以对应特定的细分市场的品牌战略。在这里,多品牌战略下所对应的产品是指同一类的产品,而并非是指不同类的产品,因而多品牌战略也可以称为产品品牌战略,并具体表现为一品一牌以及一品多牌。多品牌经营模式是宝洁公司首创。

多品牌战略的优势体现在以下几个方面:第一,通过多品牌精准定位不同消费群体的差异化诉求,获得更大的市场份额。市场是由差异化诉求的各类消费群体组成。多品牌战略可以利用多个品牌精准定位不同诉求的消费群体,并匹配以相应的差异化产品以满足并强化其个性需求,提高顾客满意度和忠诚度,从而不断扩大市场份额。宝洁的洗发水品牌就是经典案例,海飞丝针对去屑止痒的消费群体,飘柔针对关注柔顺美丽的消费群体,潘婷针对关注营养发根的消费群体,沙宣则针对关注垂直定型的消费群体。第二,有利于降低对某一品牌过度依赖的风险。多品牌战略使企业可以通过多个品牌的齐头并进,来避免对某一品牌的过度依赖,弱化消费群体诉求变动所带来的不利影响,也可以防止一个品牌的失败而殃及其他品牌以及企业整体形象的困境,确保企业的稳健运营。例如,对于可口可乐公司来说,部分消费者如果厌倦芬达的味道,也可以继续尝试雪碧的清爽口味,因而这部分消费者可以继续得以保持,同时对芬达的不利信息一般也不会波及雪碧的运营。

多品牌战略也存在一定的限制:第一,每个品牌所对应的细分市场足够大,并且个性化消费诉求的差异足够大。这样,细分出一个独立品牌才具有经济价值和现实可行性。第二,品牌管理费用相对较高。由于每个品牌均需要分别投入,这使得企业的运营费用较大。第三,品牌管理难度相对较大。企业不仅需要系统探索各个细分市场消费群体的消费诉求,并在此基础上凝练出各自相对独立的品牌定位,还需要针对各个细分群体进行针对性的品牌传播,这就大大提高了多品牌管理的难度。

2. 分类品牌战略

分类品牌战略是指企业对不同类产品采用不同品牌的品牌战略。在这里,不同类产品强调的是不同产品之间在产品用途或者消费诉求方面存在较大差异的情况。试想,企业既生产食品,又生产化肥;既生产化妆品,又生产农药,如果使用同一品牌,消费者会出现什么样的反应。因而分类品牌战略多适用于采用多元化战略的企业,由于企业涵盖的产业范围较大,各类产品之间的差别非常大,那么企业就必须根据产品的不同分类归属来采取多品牌策略,即为各类产品分别命名、一类产品使用一个品牌。例如,上海家化作为中国日化行业的支柱企业,利用分类品牌战略,创造了"六神""佰草集""美加净""清妃"等诸多中国著名品牌,进而占据了众多关键细分市场的领导地位。美国最大的零售商西尔斯公司也是采取分类品牌战略,它的家用电器、妇女服饰、家具等产品分别使用不同的品牌。这种策略特别适用于生产与经营产品种类繁多的大企业,由于它们所涉及的领域是吃、穿、用俱全,如果两类产品之间的差距很大,则绝不能使用同一品牌。

与单一品牌战略和多品牌战略相比,分类品牌战略之下的各个品牌之间的关系更为独立,这也决定了分类品牌的优劣势。一方面,分类品牌战略弱化了品牌关联所带来的劣势。由于各个品牌之间关系独立,这就不会存在品牌之间的"连坐"风险,同时也降低了企业对某一品牌过度依赖的风险。另一方面,增加了品牌培育成本。由于各个品牌之间关系独立,企业每一个品牌的定位、建设与维护均存在较大差异,这就大大提高了品牌培育成本。

(二) 公司品牌名称战略

公司品牌名称战略也就是单一品牌策略,单一品牌战略是指企业生产的所有产品都采用同一个品牌的品牌战略,也称为综合品牌战略,简而言之即一牌多品。这种品牌战略通过聚焦单一品牌以形成强大的品牌影响力,特别是当形成一定的品牌美誉度之后,将会迅速带动产品销售。

采取公司品牌名称战略具有很多优势:第一,品牌架构简单明了。在单一品牌战略之下,企业仅仅需要关注唯一品牌,而不涉及与其他品牌的关系,因而品牌管理工作相对简单。第二,品牌建设费用较低。在单一品牌战略之下,企业所有的产品均在同一品牌之下进行营销,所涉及的广告宣传和产品促销费用相对较低,特别是在营销费用大大攀升的今天,单一品牌战略所带来的产品销售费用降低优势更为明显。第三,新产品进入市场较快。由于受到消费者行为惰性的影响,新产品的接受往往是一个长期的过程。而在单一品牌战略之下,企业的新产品依然在同一品牌覆盖之下,消费者就会受到之前对该品牌的感知而大大降低对该新产品的陌生感,即同一品牌的知识溢出效应,从而使得企业的新产品能够更快地进入市场。

公司品牌名称战略的劣势主要有:一是品牌风险较大。正所谓"成也萧何,败也萧何",单一品牌存在两类品牌风险。一方面,单一品牌的成功诚然能够直接推动企业快速发展,但是一旦出现问题,也会直接导致企业的衰败。另一方面,单一品牌之下的一种产品出现问题,将会对企业品牌产生不利影响,进而对该品牌之下的其他产品产生不利影响。二是产品范围受限。由于所有产品共享同一品牌,不同产品的定位必须与企业品牌定位相一致。这也意味着,企业所能够推出的产品范围不能超出企业品牌定位。否则,企业就需要对企业品牌进行再定位以适应将要推出的新产品。

(三) 主副品牌名称战略

主副品牌战略是指同时利用主品牌及其之后的能反映产品特性的副品牌,共同打造企业品牌的品牌战略。在这里,主品牌占据主导地位,而副品牌则可以让人感受到一个全新的产品问世,创造全新的卖点。例如,海尔把小容量的波轮洗衣机命名为"海尔-小小神童",其中"海尔"占据主导地位,而"小小神童"则强调了小容量、快速洗的定位。

主副品牌战略下的主品牌与副品牌之间存在以下两个方面的差异。第一,品牌地位上的差异。虽然副品牌能够充分展现产品特色,但是这仅仅是主品牌的有益补充,在品牌宣传中处于从属地位。第二,品牌内涵上的差异。一般来说,主品牌的内涵较为广泛,而副品牌的内涵较为具体、更具针对性,但是在语言上也会更加随意。

四、品牌延伸

(一)品牌延伸的分类

按照延伸的产品质量定位是否发生变化,品牌延伸可以分为纵向延伸和水平延伸两大类。

1. 水平延伸

水平延伸指的是产品质量定位不发生明显变化,将品牌延伸到新的品类或产品形式的一种品牌延伸策略,如雀巢、立顿、农夫山泉、伊利等。其中,品类延伸是指继续使用母品牌作为原产品大类中针对新的细分市场所开发的新产品的品牌,延伸的结果通常是品牌相同,但具有不同品位、成分、形式、大小或用途的新产品。大类延伸是公司使用相同的品牌名称,从原产品大类进入不同的大类。如登喜路,从香烟延伸到了吸烟用品、男士饰品、香水和服装,与原有产品相比,这些都属于另外的产品类别。娃哈哈旗下有很多产品:饮用水、碳酸饮料、乳品、果汁饮料、茶饮料、香瓜子、医药保健品、罐头食品和童装。它的产品几乎都用"娃哈哈"来统一命名。

2. 纵向延伸

纵向延伸又叫垂直延伸,是指将品牌延伸至更高端或更低端市场层面的一种品牌双向延伸策略。按照延伸方向的不同,纵向延伸又分为两种类型,向高端市场的纵向延伸称为向上延伸。向低端市场的纵向延伸称为向下延伸。例如,对于华为手机而言,虽然其旗舰品牌Mate系列始终处于高端市场领域,但华为也希望在低端市场有所斩获,或者为有效应对竞争对手,面向低端市场生产低价产品(如荣耀系列、畅享系列)等。

(三)品牌延伸策略的优劣势

品牌延伸策略的优势主要表现在:①增加新产品的可接受性。主要包括提升品牌形象,减少消费者感知到的风险,增加分销及试销的可能性,提高促销性开支的使用效率,降低导入营销与后续营销计划的成本,避免开发新品牌的困难、成本和风险等。例如,消费者能够根据对现有母品牌的感知和形象对品牌延伸做出推论从而快速建立正面的预期。同时,品牌延伸可以降低市场风险,提高潜在消费者对产品的需求,所以更容易说服零售商对新产品进货。此外,在包装和标签方面,采用相似或相同的包装和标签可以带来更低的生产成本。在同一个产品目录内,企业可以通过产品延伸向消费者提供多样产品,满足其多样化要求。②为母品牌或公司提供正面的反馈。这主要体现在品牌延伸能验证品牌及其核心价值的含义,或者提高消费者对公司在品牌延伸以外的可信度,进而丰富母品牌的形象,吸引新的消费者,扩大市场覆盖面,为品牌注入活力,为后续延伸做铺垫,以及在市场上形成一种势不可当的气势,进一步提升母品牌的资产价值。

品牌延伸策略也有一些劣势。例如,产品线的延伸可能会引起品牌名称因产品数量过多而变得普通,导致无法激发消费者强烈的品牌意识,艾·里斯与杰克·特劳特(Al Ries & Jack Trout)把这种现象称为产品延伸陷阱(line-extension trap)。当消费者不再将具体产品或者非常相似的产品与其品牌联系在一起,并开始忽视那些品牌时,就出现了所谓的品牌稀释(brand dilution)现象,即品牌资产价值贬值。此外,如果企业做出某项品牌延伸决策而消费者认为这种延伸不适当,即不同产品线的延伸对消费者的心理与行为构成干扰时,消费者可能对品牌的完整性和一致性产生怀疑。当然,最糟糕的延伸可能在导致子品牌失败的同时损害母品牌的形象。而且,即使品牌延伸所实现的销售额很高并达到了预期目标,这些新的销售收入也很可能是由消费者从购买母品牌的现有产品转向购买延伸品牌新产品带来的。但如果企业没有引入新产品,消费者可能会转向竞争对手的品牌。因此,管理者必须进行深入的分析和权衡。另外,品牌延伸还存在机会成本,即由于在新产品导入中实施品牌延伸策略,企业放弃了利用新产品的独特形象创造一个新品牌的机会。

在实践中,判断企业是否应该进行品牌延伸时,企业必须深入分析从母品牌的品牌资产延伸出来的新产品现有的品牌资产的价值及其发展趋势,判断其是否有助于母品牌资产的价值提升。此外,企业必须把消费者的所有品牌知识(或品牌联系)放在一起综合考虑。在实践中,有些营销人员往往错误地聚焦一个或多个品牌,而忽视了其他也许更重要的品牌之间的联系。

五、品牌联合

品牌联合是指两个或者更多的品牌合并为一个联合产品,或者以某种方式共同销售产品的战略。当品牌价值的提升在短期内看得到天花板的时刻,一个具有同样价值观的品牌伙伴将可能带来惊喜与新效率。因此说,品牌联合战略是继品牌延伸战略后,作为提升品牌资产的又一有效方式,是一种很好的能够帮助企业创建强势品牌的有效方法之一。Interbrand机构认为:品牌联合是两个或者两个以上消费者高度认可的品牌进行商业合作的一种方式。近年来,随着品牌同质化进程加快以及消费者多样化需求增加,品牌制造商频频展开跨界联合。例如,2019年5月,著名饮料品牌制造商可口可乐和化妆品品牌菲诗小铺联合推出了一款具有可乐气味的口红,并在1小时内销售高达1024件。2022年4月,瑞幸咖啡与椰树集团推出联名款产品椰云拿铁,椰云拿铁"从小喝到大气层"的宣传语,借鉴了椰树集团的知名广告语"从小喝到大"。联名款海报上模特的动作,更是模仿了椰树椰汁包装上女代言人的姿势。瑞幸咖啡推出的两款联名款纸袋中,"椰树致敬款"也沿用了椰树的设计风格。一番操作下,市场反响显著,社交平台上,椰云拿铁已掀起打卡潮。不少网友纷纷秀出椰云拿铁与"椰树牌"杯套,连连感叹:"好土,土得我无法拒绝。"这种品牌联合策略,一方面拓展了新的业务领域和产品品类,使自己的产品覆盖到更广的市场空间;另一方面也正是由于这种优势合作,使它们在各自领域中的品牌价值得到了提升。实践表明,当品牌价值提升在短期内空间很小的时候,两价值取向相同或者互补的品牌协调合作能创造巨大的和谐力,品牌双方都会提高收益率和品牌价值。

(一)品牌联合的类型

根据共同创造价值的潜力,可以将品牌联合划分为认知型品牌联合、价值认可型品牌联合、元素组成型品牌联合和能力互补型品牌联合四个类型。

1. 认知型品牌联合

认知型品牌联合共同创造价值的潜力处于最低层次。合作企业通过品牌合作向对方的顾客群展示自己的产品、服务和品牌,扩大企业在新目标市场上的影响,提高企业品牌在新受众中的认知度。例如,中国工商银行利用自己发行的信用卡金卡和中国国际航空公司合作,共同发行国航知音卡。信用卡金卡有两个卡号,中间一个是中国工商银行的信用卡卡号,下边是中国国际航空公司的国航知音卡卡号。国航在中国工商银行的顾客群体中展示、宣传了自己的产品和服务,推动消费者认知自己的品牌,刷卡购买机票时,由于工商银行的信用卡金卡带来的方便和优惠而选择国航的航班。同时消费者利用金卡刷卡购买机票,可以得到累计积分,并给予机票折扣、免费升舱等优惠,当积分达到一定的数额,还会返还一定的飞行里程。可见两家企业的品牌联合给双方都带来了利益,工商银行为自己的信用卡赢得了更多的高层用户,提高了品牌的认知度。

2. 价值认可型品牌联合

价值认可型品牌联合与认知型品牌联合的主要区别在于有价值创造。价值认可型品牌联合的关键是参与合作的公司,在客户心目中具备品牌价值的一致性。品牌之间有着密切的核心特性和价值上的联系。合作双方能够通过这种联系提高品牌声誉,但价值认可在很大程度上减少了品牌联合的潜在合作伙伴。价值认可型品牌联合有两种:一是互补型的专业品牌合作,强调联合品牌的专业性。例如中国五粮液集团和国内保健食品行业领军企业上海巨人投资有限公司利用在品牌、技术、资金和营销网络等方面的优势,采用五粮液的浓香型基酒,遵循四百余年中医古方,塑造出代表作"五粮液黄金酒"共同打造保健酒行业的领袖品牌。二是某行业品牌与具有高度影响力的专业组织,如奥运会组委会、中国慈善协会等合作,推出品牌联合产品,以高度影响力的品牌为产品做注释,提高联合品牌产品的价值。

3. 元素组成型品牌联合

元素组合型品牌联合是实践中最为常见的一种品牌联合,也是营销理论界研究最多的一种类型。其基本的原理是把一个以优质的产品质量而闻名的品牌提供给另外一个知名产品,作为其组成元素之一。在这种类型的品牌联合中包含了更多的"物质"元素。通过元素组合型品牌联合,制造商和供应商向消费者传递了其产品和性能的特定信息,不仅提升了双方的品牌价值,而且分摊了宣传的费用。例如 1991 年英特尔花 1 亿美元与 1BM、康柏、戴尔、Gateway 等著名品牌电脑制造商合作,要求它们在电脑说明书、包装和广告上加入"Intel Inside"独特标志,使英特尔成为 CPU 制造行业的领军品牌

4. 能力互补型品牌联合

能力互补型品牌联合是品牌合作的最高层次,两个强大的互补品牌结合在一起,产生一种新的产品或是服务,而且每个合作伙伴把自己的核心技术和竞争力投入这个产品或服务中,这是品牌合作从初级合作关系上升到高级合作关系。这种品牌联合的前提是各方都具有较高的声望和专业优势。例如,拥有 100 多年历史的著名钟表品牌劳力士联合 LG 开发劳力士手机,依托 LG 时尚手机制造方面的专长,同时融入了劳力士外观设计理念,使这款联合品牌手机具有精致的做工和不俗的气质。

(二) 品牌联合的原则

品牌联合可以深化品牌内涵,强化品牌个性,提高品牌认知度,同时品牌的强强联合,可以实现企业优势互补,扩大市场范围,减少市场推广费用等。但品牌联合在品牌契合度、与消费者关系的匹配性方面比较复杂,因此,在品牌联合时要注意以下原则。

1. 根据实际需要选择品牌联合的类型

不同的品牌联合类型在选择合作者和合作经营方面是不一样的。当需要另一个著名品牌也起到驱动购买作用时,可以选择合作主品牌的类型,必要时甚至合资;如果只是要满足某一短期的销售目标则可以选择联合促销。一般的品牌联合要么是跨行业的联合,要么是一个产业链上下游的联合,而如果某一问题是整个行业共同面对的,则甚至可以发起同业竞争者之间的联合。比如东莞机动车协会联合东莞众多车行搞的合作促销活动,就是这一策略的具体应用。面对目前比较萧条的车市,它们不是进行品牌间恶意竞争,而是化干戈为玉帛,握手共同开拓市场,以盛大宣传场面为冷淡车市赢得眼球。

2. 合作者的品牌内涵、目标市场等要相吻合

由于品牌联合将几个合作品牌放在一起进行推广,消费者会把这些品牌的内涵视为具有同一类特征。而如果品牌内涵并不吻合,就会让消费者产生认知混乱。另外,各合作品牌的目标市场应该一致,因为联合品牌在联合推广时所对应的将是同一个市场。

3. 合作品牌的产品类别要有一定的关联性

具有关联性的几个产品进行合作才更容易让消费者配合使用。如果产品之间没什么联系,那么产品的销量还是很难提高的。不仅如此,不相关的产品联合还会影响品牌的定位。

4. 合作者的资源要能互补

资源互补型的品牌才能有更坚固的合作基础。比如,在英国,埃索石油公司(Esso)和特易购便利店(Tesco)联合在加油站建立了24小时营业的迷你超市。该超市既有埃索强大的品牌力量、优越的地理位置和加油站经营经验作为基础,又有特易购的品牌力量、顾客购买信息、采购能力和超市经营能力作为基础,因此合作关系是牢固的。

5. 品牌在各自行业中的地位要均等

一般而言,合作各方在各自行业中的地位都要均等,这样合作起来才能"门当户对"。否则品牌联合当中将会产生很多纠纷,而且处于高地位的品牌也不会心甘情愿地全力投入合作。比如,当年英特尔公司要启动"Intel Inside 计划"的时候,IBM对此就兴趣不大,因为当时二者市场地位差异较大。

(三) 品牌联合的优缺点

品牌联合的优点主要体现在以下两个方面:第一,强化品牌形象,提升品牌价值。当品牌单独出现缺乏说服力时,推行品牌联合策略也许可以更好地提升品牌价值、改善品牌形象。第二,有助于合作双方或多方利用各自的品牌优势,取长补短做出新产品。

品牌联合也存在一些缺点,一是企业对品牌控制力的降低。联合品牌需要各个品牌之间有效的协作,而不同的企业又有各自不同的文化、理念与管理体系,使得联合品牌的各个成员企业难以有效掌控联合品牌的节奏。二是品牌联合的一方经营出现问题会波及另一方。

重要概念

品牌内涵　品牌分类　品牌资产模型　品牌策略　品牌联合

思考题

1. 请叙述出品牌内涵的三个层次并解释。

2. 简要叙述出品牌的分类及分类标准。
3. 品牌的重要性体现在哪些方面?
4. 品牌资产有哪些特征?
5. 简要概述大卫·艾克提出的品牌资产五星模型。
6. 单一品牌策略有哪些优势和劣势?
7. 品牌延伸有哪些优势和劣势?
8. 为什么要采取品牌联合策略?

案例分析

五粮液的品牌发展

2003年以前,五粮液一直处于快速扩张时期,1994年五粮液与福建邵武糖酒副食品公司合作,打造出中国白酒的第一个经销商买断品牌:五粮醇。五粮醇上市后获得巨大成功,拉开了中国白酒业OEM战国时代的序幕,并在1996年独创推出OEM授权贴牌模式。截至2001年,五粮液旗下各公司开发出100多个品牌、200多种规格的新产品,子品牌战略初见端倪。

2003年后,五粮液意识到大量贴牌品牌带来了巨大的负面影响,开始进行品牌管理,整顿品牌乱象。这一年五粮液推出了"1+9+8"战略,构建金字塔式的品牌矩阵。目标是在70多个品牌中打造出18个重点品牌,以此实现"力争到2010年,实现销售商品酒40万—45万吨,销售收入在现在基础上翻一番"。

2013年,白酒业进入行业调整阶段,五粮液调整自身品牌策略,发力腰部战略,先后推出了绵柔尖庄、五粮特曲、五粮头曲及低度系列等中档新品。

2015年,伴随着白酒行业持续调整,五粮液推出"1+5+N"品牌战略,大幅进行品牌瘦身。在保持高端产品五粮液核心品牌的市场地位的同时,打造五粮春、五粮醇、五粮头曲、五粮特曲和绵柔尖庄五个核心系列产品,以及N个区域性品牌。这个改变的目的是通过发展全价位品牌来抵御高端白酒需求大幅下降的风险。此外,五粮液还在制度上做出调整,除了在全国范围内建立了七大营销中心,还重新设立"五粮液品牌管理事务部",成立了系列酒营销公司、五粮特(头)曲营销公司和五粮醇营销公司等独立核算销售公司,积极推进公司五大主要品牌独立市场化运作。

2016年,五粮液品牌又确定了以新品五粮液为核心,交杯牌五粮液、五粮液1618、五粮液低度系列为三个战略品牌,以及五个个性化品牌为补充的"1+3+5"的品牌组合。

2017年,五粮液品牌战略调整,实施五粮液"1+3"高端品牌战略,围绕52度水晶瓶五粮液打造高端化、国际化、时尚化三个维度的品牌战略。对系列酒品牌实施"4+4"产品策略,即五粮春、五粮醇、五粮头特曲和绵柔尖庄四个全国性大单品,以及五粮人家、百家宴、友酒和火爆四个区域性的单品。

2019年,五粮液推出第八代经典五粮液,大获成功,并进一步扩大高端市场。

到2020年,五粮液基本稳定了以501五粮液、经典五粮液、第八代五粮液、五粮液1618、低度五粮液为主的产品体系,确定了五粮春、五粮醇、五粮特曲和绵柔尖庄四个全国性大单品。

总体来看,五粮液的品牌战略从贴牌授权、普遍撒网的初级阶段,到后来逐步建立了以五粮液主品牌、主产品为核心,子品牌系列酒为辅助的格局。品牌矩阵不断优化,子品牌数量不断减少,主品牌力量持续上涨。

资料来源:国际品牌观察编辑部.五粮液:子品牌混乱,再疼也要治[J].国际品牌观察,2021(34):7-11.

1. 五粮液采取的是什么品牌策略?
2. 五粮液的品牌策略有哪些优势和劣势?
3. 五粮液的品牌策略有哪些可以改进的地方?

参考文献

[1] 里克·莱兹伯斯.品牌管理[M].北京:机械工业出版社,2006.
[2] 孙丽辉,李生校.品牌管理[M].北京:高等教育出版社,2015.
[3] 让·诺尔·卡菲勒.战略性品牌管理[M].北京:商务印书馆,2000.
[4] 凯文·莱恩·凯勒.战略品牌管理[M].吴水龙,何云,译.北京:中国人民大学出版社,2014.
[5] 庞守林.品牌管理[M].北京:清华大学出版社,2011.
[6] 王永贵.市场营销[M].北京:中国人民大学出版社,2019.
[7] 刘常宝,王娜,刘其涛.品牌管理[M].北京:机械工业出版社,2014.

第五篇　市场价值交换

第十章 定价策略

学习目标

1. 熟悉影响产品价格的因素,熟练掌握制定价格决策的思考框架。
2. 掌握成本的概念和盈亏平衡分析方法,掌握需求弹性的概念和分析方法。
3. 熟练掌握定价程序,理解并掌握各类定价目标的含义。
4. 熟练掌握成本导向定价法、需求导向定价法和竞争导向定价法。
5. 熟悉价格修订的各种策略及其适用条件。
6. 熟悉企业和竞争者对价格变动的应对策略。

案例导入

"卡着翅膀"的 Ryanair

欧洲廉价航空公司 Ryanair 的高额利润得益于其革命性的商业模式。秘诀是什么?创始人迈克尔·奥利里认为,应该像零售商一样,向乘客收取几乎所有费用,但是座位免费。Ryanair 有 1/4 的座位都是免费的,奥利里希望在五年内将免费座位增加两倍,而且最终目标是使所有座位免费。乘客目前只支付约 10—24 美元的税金和费用,再加平均单程票价约 52 美元。

其他费用是额外的,托运行李(9.50 美元/件),点心(热狗 5.50 美元/份,鸡汤 4.50 美元/份,水 3.50 美元/份),以及 Ryanair 使用的从机场到市区的巴士或轨道交通(24 美元)。乘务员出售各种商品,包括数码相机(137.50 美元)和 iPocket MP3 播放器(165 美元)。

机上博彩和电话服务计划是新的收入来源,还有其他策略用以削减成本或产生外部收入。椅背不能倾斜,遮光板和椅背口袋也被撤掉了,而且没有娱乐设施。座椅后背的托盘印有广告,甚至飞机的外部都是沃达丰集团、捷豹、赫兹公司的巨型广告。超过 99% 的机票在网上出售。网站还提供旅游保险、酒店、滑雪套餐和租车的预订服务。只使用波音 737—800 单一机型以降低维护成本,而且机组人员需购买自己的制服。

奥利里甚至还讨论了厕所付费和 10 排像纽约地铁车厢一样的扶手站立空间(可以挤 30 多个乘客)的可能性,但该建议引起了公众的关注和质疑。尽管他的想法可能是奇怪的,但这种方法对 Ryanair 的顾客很有效,该航线每年运载 5800 万乘客飞往 150 多个机场。所有的额外费用增加了收入的 20%。Ryanair 享有 25% 的净利润率,超过美国西南航空公司 7% 净利润率的两倍多。一些业内专家甚至称 Ryanair 为"长着翅膀的沃尔玛"。

第一节　定价及定价的影响因素

一、价格的概念及影响因素

价格是顾客为获得、拥有和使用某种产品或服务的利益而支付的货币总额,是决定企业市场份额和盈利水平的最重要因素之一。价格是营销组合中唯一与收益直接相关的要素,也是最灵活的营销要素。一般来说,价格具有买卖双方双向决策的基本特征。

价格能对市场变化做出灵敏的反应,会随着市场需求的变化、竞争者营销策略的变化进行随机应变的调整。与价格相比,营销组合中的产品、渠道和促销策略则不容易做出经常改变。价格不仅仅是标签上的数字,它以多种形式出现,执行着许多功能:租金、学费、票价、费用等,都是消费者为商品或服务支付的价格。

价格是有效的竞争手段。价格对企业的影响既有积极的方面,又有消极的方面。比如,价格的高低既影响公司产品销售量的大小,进而影响利润的多少;又不可避免地会导致激烈的竞争,各方犹如陷入一个恶性的价格战,最终有可能导致产品或服务质量下降的恶性循环。

从宏观上看,价格是一种机制,在市场经济中价格能够引导资源的配置。供不应求,价格就会被抬高。假如单位产品的成本不变,价格的升高就会给销售者带来更多的利润,就会刺激生产者对所需资源进行投资。供大于求,各种压力聚集起来就会压低价格,并减少产出。

二、定价的基本影响因素

从本质上讲,产品的价格定位往往源于其能够为目标顾客创造的价值。价格的制定受到成本、企业目标、市场需求、消费者行为和竞争对手以及政府政策等因素的影响。

产品的成本,特别是直接变动成本决定了价格的下限。需求为价格设立了上限,更准确地说,这一上限的价格水平取决于消费者对产品或服务的感知价值和买方对价格的敏感度。买方有支付能力(并具备购买意愿)的价格与产品的成本价格之间的差值,构成了初始定价空间。竞争因素如竞争产品及替代产品的价格对上限形成向下的压力,然而,公司的财务目标如补偿总成本并获取利润,政府的管制等因素,都会抬高价格的下限。这些因素从两个方向挤压着初始定价空间。

1. 企业的目标

企业目标的实现与企业的定价决策有密切的联系,并对定价决策具有十分重要的影响。定价目标一般可以分为三类:利润导向目标、销售导向目标和竞争导向目标。

(1) 利润导向的定价目标

利润是企业从事经营活动的主要目标,也是企业生存和发展的源泉。基于利润的目标包括投资收益目标、利润最大化目标和满意利润目标。

投资收益目标是指企业投资开发某种产品或服务期望在一定时期内收回投资并获取一定的利润。常用的衡量指标是投资收益率（return on investment，ROI），用来对使用资产创造利润的总体的管理有效性进行衡量。ROI越高，企业的营利性就越强。许多大公司多用投资收益率作为主要的定价目标。

利润最大化目标即企业追求在计划期内获取尽可能多的利润。实现利润最大化目标有多种可行的方式。比如，在价格敏感度高的市场上，以相对的低价扩大市场占有率和规模经济，从而带来更高的收入和更多的利润，沃尔玛就采用了"天天平价"策略。在需求价格弹性较小的市场上，相对高的价格却能够获取更厚的利润，很多名牌时装就采取相对的高价和高单位利润的策略。

满意利润目标是指并不追求利润最大化，而是追求股东和管理层满意的利润。满意利润目标是在补偿正常情况下。社会平均成本的基础上，加上合理利润来制定产品或服务的价格。这一价格水平适中，消费者愿意接受，也有利于市场价格的稳定，还可避免不必要的价格竞争，又能够获取长期利润。

(2) 销售导向的定价目标

销售导向定价目标主要分为以销售量和市场份额为基础的目标。

以销量为基础常见的目标有销售额增长率、保持销售稳定。据此确定的价格策略是为了增加需求和销量。例如，在新产品导入期，迫切需要增加销售量，此时可实行渗透定价，以吸引消费者购买。有的企业在产品库存过多、面临资金短缺，或有的企业在推出新产品之前，为清理老产品的存货，均会采用销售最大化的目标。

以市场份额为基础的目标是指许多企业采用保持市场份额或增加市场份额的定价目标。通过市场份额，能够衡量营销战略和营销组合的有效性，能够维持或提升企业的市场地位，能够比竞争对手获取更高的规模经济效益。一般而言，追求市场份额最大化的企业，倾向于制定较低的价格来实现销售量的增长，以获取更大的市场份额。但不能就此断言说市场份额就会产生利润。原因在于，大市场份额加上过低的价格，可能导致无营利的"成功"。

如果企业在占有较大份额的同时，能够在质量、品牌方面树立强大的声誉，并在技术创新方面有所作为，那么它将能够以更高的价格获得更大的利润。形成鲜明对比的是，一些企业满足于一个不大的市场份额，实行集中战略，通过设立相对的高价并提供高质量的产品和服务，在精心选择的目标市场上获得强大的地位。

(3) 竞争导向的定价目标

企业根据竞争战略来决定营销和定价的目标，是指企业希望价格稳定而在非价格因素方面进行竞争，包括随行就市定价、维持生存定价。

随行就市的定价目标是指企业可能出于稳定价格，或应对竞争，或回避竞争，而选择对等定价的方式。对于成熟或饱和的产品市场，在总体市场趋于稳定、销售量增长已经达到顶点而不再成长时，这种定价策略最为常用。

维持生存的定价目标是指在某些特定条件下，比如恶劣的市场环境、激烈的市场竞争、不利的市场地位和狭小的生存缝隙，企业更多追求微利或保本来赢得生存，企业会采取价格低于竞争对手的渗透定价,来争取占领市场的先机。这种战略可能出现在产品生命周期的早期、市场成长期,或者可能有机会建立和获取市场份额的时期。

2. 成本

成本函数 C=f(Q)反映产品成本 C 和产量 Q 之间的关系。它取决于企业对该产品的生产函数和投入要素的价格,而生产函数反映了投入与产出之间的关系。

成本函数分为短期成本函数和长期成本函数。短期成本函数是指在一个特定时期内,企业不能自由调整生产要素的投入与组合,不能选择各种可能的生产规模。此时,短期成本可分为固定成本和可变成本。长期成本函数是指从一个更长的时期来看,企业可以自由调整生产要素的投入与组合,可以选择最有利的生产规模。此时,一切生产要素都是可变的。即在长期成本中只有可变成本,没有固定成本。

(1) 短期总成本。产品的短期总成本涉及总固定成本、总变动成本和总成本。

总固定成本(total fixed cost,TFC),也称间接成本总额,是指一定时期内生产产品的固定投入的总和,包括厂房租金、折旧费、管理人员工资、财产税、保险费用等。在一定的生产规模内,产品的固定投入总量是不变的,即 TFC 与 Q 的多少无关。只要建立了生产单位,无论企业是否生产或生产多少,TFC 都是必须支付的。

总可变成本(total variable cost,TVC),也称直接成本总额,是指一定时期内可变投入成本的总和,包括与产品制造相关的成本(如原辅材料、工人工资和包装费用等),与产品销售相关的成本(如佣金、运费等)。TVC 随 Q 而变化,Q 越大 TVC 也越大。

总成本(total cost,TC),是指企业生产一定数量 Q 的某种产品或服务所发生的成本总额。总成本 TC 等于总固定成本 TFC 和总变动成本 TVC 之和。

(2) 短期平均成本。它涉及平均固定成本、平均变动成本和平均成本。

平均固定成本(average fixed cost,AFC),等于总固定成本 TFC 除以相关的产量 Q。由于 TFC 是一个常数,在一定时期内,随 Q 的增加,单位产品中所分摊的 TFC 就减少,即平均固定成本 AFC 随 Q 的增加而降低。

平均可变成本(average variable cost,AVC),等于总变动成本 TVC 除以相关的产量 Q。为了简化,一般可假定单位产品的 AVC 保持不变。但在实际中,AVC 是可变的。

平均成本(average cost,AC),也称平均总成本,等于总成本 TC 除以相关的产量 Q。即有 AC 等于 AFC 与 AVC 之和。AC 的变化取决于 AFC 和 AVC 随 Q 如何变化。

通常,产品的售价必须足够高,以能够补偿生产、分销和促销该产品的所有费用,补偿人力资源和新产品研发费用,还应包括对公司所作努力和承担的风险的一个合理报酬。

(3) 边际成本(MC)。边际成本是增加一个单位产量相应增加的单位成本。一般来说,边际成本的变化取决于产量的大小。在产量增加初期,由于固定生产要素的使用效率逐渐提高,使产量增加呈现收益递增现象,从而边际成本递减。而在产量达到一定程度后,由于增加的变动生产要素无法获得足够的固定生产要素的配合,即在短期内无法增加固定成本投入,使得产量逐渐出现递减现象,收益递减甚至出现负的收益率,此时,边际成本将大幅递增。

在短期内,企业要实现利润最大化,必须让边际收入等于边际成本。因为,边际利润等于边际收入减去边际成本,当边际收入高于边际成本时,企业增加销量所带来的边际利润是正值,从而带来利润的增加。于是企业会不断增加销售量,但随着销售量的增加,边际成本会提高,最后将导致成本支出大于边际收入,那么这时边际利润就是负值,于是企业的利润就会开始下降。这样,只有当边际收入等于边际成本,企业的利润才是最大的。

3. 需求

市场需求是指消费者在某一时期特定的市场上,按某一价格愿意并且能够购买该产品或服务的数量。在某一商品的市场上,影响该商品需求的因素一般包括消费者的偏好、消费者的收入、该商品的价格、替代品或互补品的价格、消费者关于价格的预期等。假设在一定时期内,只考虑该商品的需求与价格之间的关系,可以用需求函数 $Q_d = f(P)$ 表示。此时,一种商品的需求量与其价格之间存在反方向的关系,价格越高需求量越小,价格越低需求量越大,即需求定律。需求弹性分为需求的收入弹性、价格弹性和交叉弹性。

(1) 需求的收入弹性

需求的收入弹性是指因收入变动而引起相应需求的变动率。有些产品的需求收入弹性大,这意味着消费者货币收入的增加导致该产品的需求量有更大幅度的增加,一般说来,高档食品、耐用消费品、娱乐支出的情况即是如此。有些产品的需求收入弹性较小,这意味着消费者货币收入的增加导致该产品的需求量的增加幅度较小,一般说来,生活必需品的情况即是如此。也有的产品的需求收入弹性是负值,这意味着消费者货币收入的增加将导致该产品需求量下降。例如,某些低档食品、低档服装就会因为消费者收入增加后,对这类产品的需求量将减少,甚至不再购买这些低档产品,而转向高档产品。

(2) 需求的价格弹性

需求的价格弹性反映需求量对价格的敏感程度,以需求量变动的百分比与价格变动的百分比之比值来计算,亦即价格变动百分之一会使需求量变动百分之几。在正常情况下,市场需求会按照与价格相反的方向变动。价格提高,市场需求就会减少;价格降低,市场需求就会增加。所以,需求曲线是向下倾斜的。这是供求规律发生作用的表现。在这种情况下,企业应考虑适当降价,以刺激需求,促进销售,增加销售收入。但是也有例外情况。例如前几年房地产行业,房子提价后,其销售量却有可能增加。

在以下条件下,需求可能缺乏弹性:市场上没有替代品或者没有竞争者;购买者对较高价格不在意;购买者改变购买习惯较慢,也不积极寻找较便宜的东西;购买者认为产品质量有所提高,或者认为存在通货膨胀等,价格较高是应该的。

(3) 需求的交叉弹性

一项产品的价格变动往往会影响其他产品项目销售量的变动,两者之间存在需求的交叉价格弹性。所以需求的交叉弹性体现在,为产品大类定价时必须考虑各产品项目之间相互影响的程度。产品大类中的某一个产品项目很可能是其他产品的替代品或互补品,所以交叉弹性可以是正值,也可以是负值。如为正值,则此二项产品为替代品,表明一旦产品 Y 的价格上涨,则产品 X 的需求量必然增加。相反,如果交叉弹性为负值,则此二项产品为互补品,也就是说,当产品 Y 的价格上涨时,产品 X 的需求量会下降。

4. 竞争

竞争因素构成了对价格上限的压力。在价格上限和下限的范围内,企业为产品定价在哪个位置取决于竞争者同类产品的价格水平、市场供求关系、竞争策略及市场结构。

(1) 市场供给

价格与市场供给密切相关。供给是指在一定时期一定市场上与某一销售价格对应、愿意并且能够提供的数量。价格上升,供给量相应增加;价格下降,供给量相应减少,称为供给规律。供给量是价格的增函数。市场均衡是假定供给曲线与需求曲线为已知并且固定不变的情况下,生产者愿意提供的数量与消费者愿意购买的数量恰好相等,此时价格将在这一位置固定下来,称为市场达到均衡状态。需求量与供给量相等的价格,称为均衡价格,与均衡价格相对应的供给/需求量,称为均衡产/销量。

(2) 竞争者的产品价格及质量

企业定价应当了解竞争者所提供的产品价格和质量,并进行比较。如果两者质量大致相当,则价格也应大致相近;如果本企业质量较高,则价格可以定得较高;如果质量较低,那么产品价格就应低一些。

(3) 市场结构

市场结构影响着企业定价的自由度。完全竞争条件下,卖者众多,产品同质,企业定价没有多少选择余地,只能按照行业的现行价格来定价。垄断竞争市场格局中,有较多卖者,产品存在差异,有较大定价自由度,存在定价空间也较大。寡头竞争的行业中,由少数几个大型厂商控制市场,产品差异较小,趋于同质,定价自由度较小。此时,如果谁的价格稍有差异,顾客就会转向价格较低的卖家,因此,随行就市定价成为企业首选。完全垄断的市场,只有一个卖者,自然形成的垄断如微软、Intel等,也有政府所导致的行政垄断,此时,价格受到法律的管制。

5. 政府管制

法律和法规影响着企业的定价行为。企业在制定价格决策时必须考虑相关法律的限制。法律法规还明确禁止某些定价行为:①水平限价,即竞争厂家之间合谋定价,当产品利润率较低时容易导致这种行为;②价格歧视,即背离成本基础针对不同的顾客实行不同的价格;③欺骗性定价,最初以高价误导消费者,随后又降至正常价格;④分销渠道定价,即在分销渠道中垂直限价触犯反托拉斯法;⑤价格信息,即违背消费者对有关价格信息的形式与时效的要求。

综上所述,对于由成本和需求决定的初始定价空间,因竞争、企业定价目标和政府管制的影响,会使定价判断空间趋于缩小。其中的产品成本(cost function)、顾客需求(customer's demand schedule)和竞争者的价格(competitor's price)构成了这一思考框架中的关键要素,通常称之为定价3C。

第二节 定价的方法

产品定价工作一般包括六个步骤:选择定价目标,测定需求的价格弹性,估算成本,分析竞争对手的产品和价格,选择适当的定价方法,选定最后价格。依据影响产品定价的因素,企业的产品定价方法主要有成本导向定价法、需求导向定价法和竞争导向定价法三种。

一、成本导向定价法

成本导向定价法是以生产和销售产品的成本作为基础,包括成本加成定价法和目标收益定价法。

1. 成本加成定价法

成本加成定价法首先要测算出生产和销售产品的全部成本,再加上一定比例的加成作为利润。加价或加成幅度通常用百分比来衡量,而不用绝对数值。加成率(R)可以按售价(P)或平均总成本(AC)的百分比计算。

如果是按成本计算总成本加成价格,则有下式:
$$P_1 = AC(1+R)$$

如果是按售价计算总成本加成价格,则有下式:
$$P_2 = AC \div (1-R)$$

P_1 是以平均成本 AC 作为基数来加成的($AC \times R$),P_2 是以单位售价作为基数来加成的($P_2 \times R$)。一般的规则是加成率或加价比例等于加价除以单位售价。在某种特定情况下,企业在制定价格时,不考虑产品的全部成本,只考虑产品的变动成本,采用变动成本加成定价法。由于平均变动成本代表了产品销售的最低价格,任何高于这一成本的价格都会对固定成本和利润有所贡献。

成本加成定价法最难的是确定加成率,对于经营成千上万种商品的零售商或大型批发商来说,要为每一种产品确定一个适当的加成率十分烦琐。所以,它们倾向使用一个统一的加成率——标准加成率,用以制定所有产品的单位售价。事实上,在同一个行业中,不同公司通常倾向采用相同的加成率。这是因为同一行业的经营费用大致相近,只要加价足以摊销公司的经营费用以及获取一个合理利润,人们就乐意采用它。

成本加成定价法因其简单、灵活、可控成为最普遍使用的定价方法。首先,卖方测定成本比估计需求更容易;其次,只要行业中的所有企业都采用这种定价法,则在成本和加成相近的情况下价格也会大致接近,因而价格竞争就会减弱至最低;最后,成本加成定价法的普遍采用能使买卖双方感觉都比较公平。其缺陷在于:"将一个固定的、惯例化的加成加在成本上,这样的价格在市场上能否行得通?"因为,任何忽视产品的价格弹性、当前的市场需求、顾客的认知价值和竞争态势的定价方法,都不大可能制定出一个最适宜的价格。

2. 目标收益定价法

目标收益定价法是企业试图确定这样一个价格,它能带来企业所追求的投资收益率。由于投资收益率(ROI)等于利润(=销售总收入-总成本)除以投资额,设 P 为产品价格,Q_E 为产品预期销量,AC 为平均总成本,则目标投资收益价格为:
$$P = AC + (ROI \cdot I)/Q_E$$

如果成本测算得准确,预期销量又能够达到,该公司就能够实现预期投资收益率。若实际销量 Q 达不到预期销量则目标收益将无法实现。

为了掌握在不同销售水平上成本和利润的变化情况,目标收益定价法需要借助盈亏平衡分析工具。如图10-1所示。

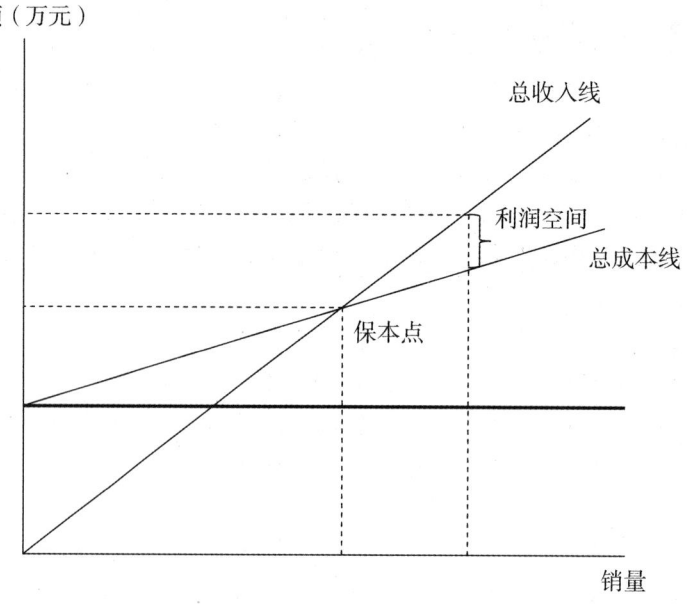

图 10-1　目标收益定价法与盈亏平衡

若某企业投资10万元生产一款时装,期望获取40%的利润,即4万元。设:产品的AVC为110元,TFC为3万元,预测销量Q_E为400套,则平均总成本AC＝AVC＋TFC/Q为185元。相应的,可计算出其售价应为285元/套,保本点销量Q_{BEP}＝171套。当实际销量$Q<Q_{BEP}$时将会亏损;当$Q_{BEP}<Q<QB$时虽能盈利但低于目标收益;只有当$Q＝Q_E$时才能实现目标收益。

目标利润定价法利用盈亏平衡点来计算保本销售量,这种方法在市场环境发生变化时极为有用。例如,当市场需求下滑时,企业可以观察盈亏平衡情况,重新设计价格体系,利用降价来刺激需求。这一方法的缺陷主要表现在:它假设任何一种产出水平下变动成本与产量均保持相同的比例关系,但实际上由于经验曲线的存在,这一假设严格来说并不成立。

二、竞争导向定价法

竞争导向定价法是以同类产品的市场竞争状况为依据,确定本企业产品价格的定价方法。

1. 随行就市定价法

这种方法又称通行价格定价法或模仿定价法,是指企业根据同行业的平均价格或通行的价格水平来制定价格。这是完全竞争市场中最普遍的一种定价法。由于市场对价格高度敏感,当企业市场地位处于弱势、产品缺乏独特优势时,价格高或低都不利于企业的长远利益,此时适合采用通行价格定价法。

通行价格定价法普遍被采用的原因在于:它简便易行,不依赖于需求曲线、价格弹性或产品的成本。通行价格对行业价格系统的破坏性最小,不会扰乱行业内现有的均衡,不会打破现有的竞争格局,因此不会招致报复行动。通行价格反映了行业的公平报酬水平,符合所有企业追求合理利润的要求。所以,通行价格定价法被认为是反映了行业的集体智慧,但它会导致厂商的故步自封和一成不变。

2. 拍卖投标定价法

拍卖投标定价法是一种在公开的产品或服务的交易中,采用拍卖的方式,由一个卖主对多个买主或一个买主对多个卖主的出价择优成交的定价方法。现行的拍卖投标定价法主要有三类:(1)英国式拍卖定价法。拍卖者报出最低价,由买方加价。价格被连续抬高,直至最后一名报价者参与进来并给出最高价——最终成交价格,这种方法多见于稀缺类产品的销售。(2)荷兰式拍卖定价法。拍卖者报出起步高价,然后降低产品价格直到有买家接受当前的价格。最终成交价格也是所谓的最高出价,但买方支付的是最低的中标价格。(3)密封投标定价法。这是集中招标采购时常用的定价方法。在投标时,企业根据招标公告内容,在对自己的成本进行分析和对竞争对手可能的报价进行预测后,综合考虑确定的价格,密封后提交标书。买方按照物美价廉的原则选择中标。

三、需求导向定价法

需求导向定价法是一种以市场需求强度及消费者感受为主要依据的定价方法。通常需要借助调查方法,了解购买意愿,估计购买者的价格敏感度,掌握他们能够接受的价格上限和下限,以确认产品或服务的可接受的价格范围。

1. 感受价值定价法

感受价值定价法是指企业根据购买者对产品或服务的认知价值来制定价格决策。越来越多的公司在制定价格时考虑顾客对产品或服务的认知价值,定价的关键不是卖方的成本而是买方对价值的认知。一些优秀的公司致力于向顾客提供尽可能高的价值,公司发现顾客满意最大化还不足以实现利润增长或份额增长的目标。只有围绕着顾客价值制定目标,公司业务才能获得有利可图的市场份额。

有关的研究表明,顾客对价值的感知是购买决策中最关键的因素。在选购产品时,购买者是将感知价值作为一种权衡的标准,它涉及产品或服务的感知利益和感知品质,以及获得和使用产品的感知成本或付出。感知价值可用下式表示:

$$感知价值 = 感知利益或品质 \div 感知付出或成本$$

其中,感知付出成本包括购买价格和初始成本、购后成本(维修与保养、损坏或失效的风险);感知利益或品质包括与产品性能有关的物理特性、服务特性和技术支持等。

进行顾客感知价值定价通常需要经过以下几个步骤。

首先,顾客价值概念化。顾客对新产品价值的感知往往处于一种模糊或难以言明的状态。因此,企业必须以顾客能够理解甚至顾客偏好的方式把相关信息传递给顾客,向顾客说明本企业产品将会给顾客带来哪些好处以及这些好处产生的具体过程。

其次,理解顾客感知价值的关键驱动因素。如前所述,不同的顾客对同一产品的感知价值在不同的情境下存在一定的差异。因此,企业有必要更深入地测度不同价值细分市场中的顾客感知利益,并识别出关键的驱动因素,以有针对性地做出改善。

再者,计算顾客感知价值。企业要确定所提供的产品价值,同时要分析顾客购买行为和消费行为中的真实成本构成,并思考如何帮助顾客削减或避免不必要的成本,从而形成一套包括服务在内的解决方案;还要利用分解法对解决方案包括的产品与服务的类型、水平、成本以及给顾客带来的价值进行评价。

最后,要计算改善价值能给顾客带来的总价值,并最终确定价格。

感知价值定价法的一个突出优点是,它能够与产品定位很好地结合起来。与成本导向定价法相比,认知价值定价法要复杂困难得多。为了建立顾客的认知价值,进行营销调研是必不可少的,还要进行诸多分析和测算。但是,价值导向的定价策略能够回避价格竞争,获取利润的潜力远比其他定价方法大得多。

2. 反向定价法

反向定价法也称倒推定价法。反向定价法的起点不是产品的成本,而是购买者习惯或愿意接受的价格,通常还要参考竞争产品的价格。企业根据这一可销售价格沿着营销渠道中的各个环节(包括仓储、运输)逐一倒推,考虑经营费用和利润,计算产品的出厂价、批发价。在生产制造环节,再按此价格进行分解,并严格成本核算与管理。显然,这种定价法必须有运转良好的成本管理体系相配合。分销渠道中的批发商、零售商经常采用这种定价方法,相应的计算公式如下。

$$销售价格 = 市场可接受的零售价格 \times (1 - 批零差率) \times (1 - 进销差率)$$

若消费者对某品牌的电动自行车可接受的价格为 1800 元,若零售商要求的毛利为 25%,批发商要求的毛利为 10%,则该电动自行车的销售价格应为:

$$零售商可接受价格 = 消费者可接受价格 \times (1 - 25\%) = 1800 \times 0.75 = 1350(元)$$

$$批发商可接受价格 = 零售商可接受价格 \times (1 - 10\%) = 1350 \times 0.90 = 1215(元)$$

第三节 定价策略

一、新产品定价策略

新产品的定价是企业面临的最具挑战性的定价决策之一。一般而言,企业可以参考的定价信息很少,很难把握市场需求、成本和竞争等因素的未来变化,不少企业在进行新产品定价时往往采取两种策略,撇脂定价策略与渗透定价策略。

1. 撇脂定价策略

撇脂定价策略是指新产品推向市场时,在产品生命周期的初期,利用消费者的猎奇心理,采取相对高价的定价策略。撇脂定价策略像撇取牛奶中的脂肪一样,企业先从中取得一部分高额利润。

从营销实践看,撇脂定价策略适用于以下条件:(1)市场有足够的购买者,他们的需求缺乏弹性,即使把价格定得很高,市场需求也不会大量减少。(2)高价使需求减少一些,因而产量减少一些,单位成本增加一些,但这不致抵消高价所带来的收益。(3)在高价情况下,企业仍然独家经营,别无竞争者,有专利保护的产品即是如此。(4)某种产品的价格定得很高,使人们产生"这种撇脂定价的产品是高档产品的印象"。

撇脂定价策略侧重于某些特殊细分市场:首先,该策略可以为企业带来丰厚的利润。其次,通过以高价、小批量的形式,逐步推进战略能够使企业随时了解市场反应,并及时采取对策,从而避免新产品大批量生产带来的风险。该定价策略带来的挑战是,没有说明具体价格是如何制定的,也不知道价格定在多高为宜。同时,该种定价会给企业带来较高的利润,容易导致更多的厂商进入市场,最终引发激烈的竞争。

2. 渗透定价策略

渗透定价策略是指采用较低定价的策略来刺激消费需求,目的是在短期内使市场加速成长,以高毛利换取较高的市场占有率。渗透定价策略与撇脂定价策略相反,不过,渗透定价策略并不意味着绝对便宜,而是指一种更侧重性价比(性能价格比)的定价策略。

从营销实践看,渗透定价策略适用于以下条件:(1)产品的需求弹性较高,导入期的低价策略能够激发足够多的市场需求。(2)产量的扩张能使制造和分销单位的规模经济非常明显,即显著降低成本。(3)低价策略能够有效打击现有和潜在的竞争对手。

总体来说,渗透定价策略侧重于大众市场,可以使产品尽快为市场接受,借助大批量销售摊薄单位产品固定成本,并通过微利阻止潜在竞争对手的进入,有利于企业获得长期稳固的市场地位。渗透定价策略对企业带来的挑战是,企业只能获取微利,投资回收周期延长,经营风险较大。

二、折扣与折让定价策略

折扣与折让定价是企业为了更有效地吸引顾客、鼓励顾客购买自己的产品而给予顾客定比例的价格减让。

1. 现金折扣

现金折扣是指企业为督促顾客在预定日期内尽早付清货款而提供给顾客的奖励优惠。采用现金折扣是为了改善资金周转、缩短货款回笼时间和减少坏账损失。在众多形式当中,2/10,1/20,n/30 条款是常见的现金折扣形式,意指 10 天内付款则货款折扣为 2%,20 天内付款则折扣为 1%,30 天内需全价付款。另一种常见的现金折扣形式是总价折扣,即顾客一次性支付全款时,企业给予现金优惠。

2. 数量折扣

数量折扣是指卖方根据买方购买数量的多少,分别给予不同的折扣。数量折扣一般有两种:一是累计数量折扣,是指企业规定在一定期限内,如果顾客购买本企业的商品达到一定数量或金额,企业将按总量大小给予不同折扣。二是非累计数量折扣,又称一次性折扣,指顾客一次购买的某种商品达到一定的数量或金额时所享有的折扣优惠。

就实质而言,数量折扣策略是一种有很强诱导性和激励性的定价策略,可以有效刺激顾客产生大批量购买的欲望或成为忠实的顾客。例如,淘宝网很多商家为提高收益,设置满 1000 元享受 95 折、购买两件以上商品享受包邮或 85 折等优惠活动。

3. 功能折扣

功能折扣也称交易折扣,是指分销商承担原来由制造商承担的一些营销活动,而由制造商给予费用补偿。其中,储存、促销和销售产品是这些功能活动的典型代表。例如,某制造商可能会报5200元的零售价,附带30%和15%的交易折扣。此时,零售商支付给批发商3640元(5200元,30%折扣),批发商支付给制造商3094元(3640元,15%折扣)。

4. 折让

折让也称为销售津贴、补贴或让价。让价策略主要有以下几种形式:促销让价,是卖方为了报答经销商刊播广告、支持促销活动,如提供货架空间或样品陈列橱窗而支付的款项或给予的价格折让。旧货折价折让,即以旧换新折让,即对某些耐用品,为鼓励购买,允许买主用旧货抵扣所购买商品的一部分价款。奖励/推动现金补贴,是指由制造商或批发商给予零售商,用于激励主动销售某种商品的补贴,奖励现金补贴可用于上市的新产品销售,或周转较慢的商品或毛利较高的商品销售。

5. 预购折扣

预购折扣是向那些购买非当今商品或服务的顾客提供的一种折扣。某些企业的产品需求具有周期性或季节性等特点。为了使生产能力在销售淡季和旺季不至于过于紧张或闲置,从而达到稳定业务流量的目的,企业会向提前预订产品或服务的购买者提供一定数量的折扣。例如,服务提供商如旅馆、电信公司和航空公司等,会在淡季或需求低谷时期提供折扣,零售商会以较大折扣清理过季商品(如服装、鞋帽等)。

三、心理定价策略

心理定价策略是指利用消费者心理和行为等方面的特点来制定产品的价格。

1. 声望定价

声望定价策略是指利用消费者有关高价格与高品质正相关的心理,通过高价格显示商品的优质,从而满足某些消费者对地位、财富、身份、名望和自我形象等的特殊心理需要的一种策略。选购高档手表、名牌时装等商品的顾客群体更关心产品或服务能否彰显地位,而不在乎价格。

2. 尾数定价

尾数定价策略是指标价时以奇数或吉利数结尾的定价策略。这种定价方式会给消费者心理带来三种效果:一是认为该产品属于整数价格以下的产品,给人价格便宜的感觉;二是认为该产品是打折或特价产品;三是认为这一定价是精确计算的结果,给人货真价实的信任感。有研究表明:美国人偏好以9结尾的标价;英国人偏好以99结尾的标价;在我国,5、6、7、8和9这些数字都是常见的定价尾数。产品追求高品质形象时,切忌用这种定价策略。

3. 招徕定价

招徕定价策略是指企业有意利用消费者求廉的心理,特意把商品的价格定得明显低于市价,希望通过这类商品的极低价格(甚至亏损)换得商店的人流量,从而使顾客购买其他价格正常的产品以获得利润。超市以及折扣店和杂货店经常采用这种策略,特意将某几种商品的价格定得非常低,这些超低价的商品为商场招揽了大批顾客,顾客除了购买降价商品,通常还会顺便购买一些其他商品。

虽然作为诱饵的降价商品会为商家带来一定的利润损失,但门店的商品总体销售额会上升,卖场减价损失的利润也从增加的销售额中得到了补偿。实施这种策略的过程中需要注意的是,特价商品应该是消费者经常使用又十分了解的产品,且供给数量要适当,如果数量太多,会给企业造成较大损失;如果数量太少,可能会引起消费者的失望或不满。

四、产品组合定价策略

当产品只是某一产品组合中的一部分时,企业就需要研究出一系列价格,使整个产品组合的利润实现最大化。因为各种产品之间存在需求和成本的相互关系,而且会带来不同程度的竞争,所以定价十分困难。

1. 产品线定价

企业通常开发出来的是产品大类或产品线,而不是单一产品。当企业生产的系列产品存在需求和成本的内在关联性时,为了充分发挥这种内在关联性的积极效应,可采用产品线定价策略。在定价时,首先确定某种产品的最低价格,它在产品线中充当领袖价格,吸引消费者购买产品线中的其他产品;其次确定产品线中某种产品的最高价格,它在产品线中充当品牌质量和收回投资的角色;最后对产品线中的其他产品也分别依据其在产品线中的角色的不同而制定不同的价格。

在许多行业,营销者都为产品线中的某一种产品事先确定好价格点。例如男士服装店可能经营三种价格档次的男装:1500元、2500元和3500元。顾客会从三个价格点上联系到低、中、高三种质量水平的服装。即使这三种价格同时提高,男士仍然会按照自己偏爱的价格点来购买服装。营销者的任务就是确立认知质量差别,使价格差别合理化。

2. 选择品定价

许多企业在提供主要产品的同时,还会附带一些可供选择的产品。比如顾客购买汽车时,用户还可以选购的产品包括GPS装置、倒车雷达、扫雾器和减光器等。选择品定价首先必须确定基础价格中应包括哪些产品,又有哪些产品可作为选择对象。饭店也面临同样的定价问题,其顾客除了订购饭菜外也买酒水。许多饭店的酒水价格很高,而食品的价格相对较低。食品收入可以弥补食品的成本和其他的饭店成本,而酒水则可以带来利润。

3. 补充品定价

补充品也称为附属品,是指必须与主要产品一起使用的产品。例如,剃须刀与剃须刀片、电子游戏机与游戏、打印机与打印墨盒等。一般来讲,制造商通常为主要产品制定较低的价格,而对补充品制定较高的加成,期待附属品的高价能够补偿主要产品损失的利润。而部件的较高的加成率就给非法仿制者带来了机会。

4. 分部定价

服务性企业经常收取一笔固定费用,再加上可变使用费。例如,电话用户每月都要支付一笔最少的使用费,如果使用次数或时间超过规定,还要再交费。游乐园一般先收门票费,如果游客游玩的地方超过规定,就再交费。服务性公司面临和补充品定价同样的问题,即应收多少基本服务费和可变使用费。主要部分收费较低,可以推动人们购买服务,利润可以从附属部分较高定价中获取。

五、地理定价

许多销售商的产品要运往全国甚至全球市场的不同地点销售,其中发生的运输费是由商业客户还是最终消费者来支付,这将影响产品的售价。公司必须考虑如何制定地区差价。

1. FOB 原产地定价

FOB(free onboard)是一个常用的贸易术语,亦称离岸价。通常在 FOB 之后跟一个地点,一般是卖主的工厂或仓库地点,如 FOB 大连或 FOB 海尔青岛。FOB 原产地定价要求卖方负责将产品运到产地的某种运输工具(如卡车、火车、船舶、飞机等)上交货,交货后,产品的所有权即传递给了买方,相应的,买方将承担随后发生的一切费用和风险。显然,买方都各自负担从产地到目的地的运费,这是合理的。但是,买方距离卖方越远,他们支付的运费就越多,因此,买方将会就近寻求供货商,而远距离的卖方则会失去生意。

2. 统一交货定价

统一交货定价意味着对不同地域的买主,不论远近,卖方都按照相同的厂价加上等额的运费来定价(即包括运费在内的价格),因此也被称作统一运费定价或邮资定价。等额运费是为所有买主核算的一个平均运输成本。但实际上,是近距离的买主在运费上补贴了远距离的卖主。当运输成本相对较低而且卖主希望对所有销售区域执行同一价格时,通常会使用这种定价模式。

3. 分区定价

这种形式介于前两者之间。实行分区定价的卖主,需把全国市场划分为若干个价格区,如华北、华南、东北、西北等。距离远的价格区,价格定得较高;距离近的,价格则较低。对同一价格区执行同一价格。但问题是在两个相邻价格区接壤处的买主,能够利用明显的价格差别套利,最终将会导致"窜货"发生。另外,在同一价格区内,距离相对较近的买主仍会因"补贴他人运费"而感到吃亏。

4. 基点定价

有些厂商会选定某些城市作为基点,然后按一定的厂价加上基点城市到买主所在地的运费来定价,而不管货物实际上是从哪个城市起运的。有的公司为了提高灵活性而选择多个基点城市,按照买主最近的基点计算运费。

5. 运费免收定价

顾名思义,运费免收定价就是卖方承担全部(有时为部分)运费,买主只需支付不含运费的产品价款。当厂商为了进占一个新市场时常会采用这种策略,以加强市场渗透。因为他们相信,如果能够扩大销售量,产品的平均成本就会降低,免收的运费就能够得到补偿。

第四节 价格变动与反应

企业处在一个不断变化的营销环境之中,为了生存和发展,必须适应市场环境的变化。企业在某些时候需要主动降价,在有些时候需要提价。企业有时还需要对竞争者的价格变动做出适当的反应。

一、企业降价与提价

1. 企业降价

一般而言,企业降低价格的主要原因包括:(1)生产能力过剩,需要扩大销售,但又无法通过改进产品或加强促销来实现;(2)以成本优势扩大市场份额,奉行低成本战略的企业试图通过降价来提高市场占有率;(3)阻止市场份额下降,强大的竞争压力使企业的市场份额逐渐萎缩而不得不降价竞销;(4)行业性衰退或产品进入衰退期;(5)在经济衰退时期,总需求下降,公司不得不考虑降价。

企业可以采用的降价策略主要有:让利降价,加大折扣比例,心理降价,增加延期支付的时间,按变动成本定价。企业降价可能面临多种风险:(1)低质量误区,消费者会认为产品的质量会下降;(2)大市场份额误区,低价能获取市场占有率,但是很难获取顾客的忠诚,顾客会转向购买价格更低的品牌;(3)资金短缺(浅钱袋)误区,如果不能扩大份额,降价将减少销售收入。

2. 企业提价

提价的一个主要原因是成本上升,由于通货膨胀、物价上涨,导致企业的成本费用提高;另一个主要原因是供不应求,当公司的产品供应无法满足所有顾客的需要时,公司可以提价或限制供应额度。

企业提价的方法包括:(1)延缓报价,到产品制成或交付时才制定最终价格;(2)使用价格自动调整条款,即要求顾客按当前价格付款,并支付交货前因成本上升而增加的全部或部分费用;(3)分别制定产品与服务的价目;(4)减少折扣。

在提价时,企业还必须注意:(1)提价前应事先告知顾客,不要在事后才解释提价的原因;(2)学会使用不引人注目的提价策略。企业更应该注重开发无须涨价,即可弥补成本上升或满足旺盛需求的方法。

二、顾客和竞争者对价格变动的反应

1. 顾客对价格变动的反应

(1)顾客对降价的反应。顾客会在价格变化时提出质疑,并对降价产生各种猜测:这种产品可能存在某种缺陷;因某种原因销售不畅,希望降价增加销售;产品式样过时,将被新产品代替;企业财务出现困难,降价是抛售库存;价格可能会进一步下跌,等待观望很划算;这种产品的质量已经下降。

(2)顾客对涨价的反应。顾客对涨价除了抱怨之外还可能认为:这种产品十分畅销供不应求;或认为这种产品具有很好的价值;企业贪心想赚取更多利润。通常,消费者对那些价值高、购买频繁的产品的价格变动比较敏感,对不常购买、使用量很低的产品价格变动不太注意。购买者一般更关心产品的购买、使用和售后服务的总费用。

2. 竞争者对价格变动的反应

企业在考虑价格变动,特别是在降价时必须认真分析竞争者可能的反应。首先要掌握竞争者的有关信息。如调查财务状况,近期的生产能力和销售量,顾客的忠诚度等。竞争对手是否跟随降价和其定价目标有关。如果定价目标是维持或提高市场份额,竞争者就有可能跟进降价;如果是利润导向,它就会考虑采取非价格策略,如当年长虹彩电降价30%,TCL曾试图维持原价不变而提高产品质量,增加广告预算,通过差异化策略来应对降价,但因需求的价格弹性较强而未能奏效。

三、企业对竞争者变价的反应

如何应对竞争者价格变动的挑战,并及时做出正确的反应,是企业定价策略的一项重要内容。在产品同质化较强的市场上,当竞争者降价,企业必须及时跟进降价,否则顾客就会转而购买竞争产品,如果降价者是市场领导者更是如此。当一个企业提价时,如果提价对整个行业都有利,那么其他企业也会跟随提价,但若有的企业认为自己得不到好处而不响应时,那么发动提价的企业将不得不取消提价。

在异质性较强的产品市场上,如服装、图书、汽车等,对竞争者的价格变化企业有更多的选择余地。因为,消费者选择产品时除了价格因素外还会考虑产品质量、服务、可靠性等。此时,顾客的价格敏感度不高。

企业在做出反应时需考虑:(1)竞争者为什么要变动价格? 是想夺取市场,利用过剩的产能,适应成本的变动,还是要掀起行业的价格变动?(2)竞争者的价格变动是临时性的还是长期的?(3)若不做出反应行动,本公司的市场份额、利润将会受到何种影响? 其他企业将做出何种反应?(4)对于各种可能的反应,竞争者和其他企业的态度会如何?

对于竞争者的降价行动,企业可选择的对策有以下三种:(1)维持原价格不变。如果这样并不会导致失去过多的市场份额时这是可行的。同时,企业还需要通过改进产品质量、提高服务水平和加强广告沟通等非价格竞争策略来抗击降价。(2)降价。国外的营销实践表明,采取非价格策略比降价和低利润要划算。如果需求的价格弹性很大,企业不跟进降价将会失去较大的市场份额,而跟随降价若能增加销量弥补成本,维持总利润不变,还是可行的。(3)推出廉价产品品牌进行反击。这可能是企业最佳的反应对策。

重要概念

价格　需求导向定价　竞争导向定价　成本导向定价　定价策略

思考题

1. 产品的价格、成本和需求之间的关系如何? 如何使用盈亏平衡分析帮助定价?
2. 如何在需求导向定价法中使用需求的价格弹性、收入弹性和交叉弹性进行分析?

3. 在降价或提价时如何考察需求的价格弹性、收入弹性和交叉弹性？
4. 感知价值定价法的含义与步骤是什么？
5. 结合自己实际购买商品的事例，谈谈你对讨价还价的认识和体会？
6. 考察某类产品不同品牌的零售价格，分析企业的定价策略。
7. 选择某种产品如洗发水、服装、高等教育的学费，分析其成本、需求和竞争，采用成本、需求或竞争导向的定价方法，为所选产品制定价格。

案例分析

<h3 style="text-align:center">eBay 的定价魔法</h3>

1995 年，伊朗裔法籍移民皮埃尔·奥米迪创立了一个拍卖网站 eBay，在这里人人都有平等的渠道通向全球市场。公司从 1996 年 25 万的拍卖量增长到 1997 年的 2000 万，1998 年晚些时候 eBay 成功上市。eBay 的成功引起了一场定价革命。因为它允许顾客决定愿意为某一项目付出的价格。顾客获得了控制感并得到最优可能价格，而卖家因为网站的效率和广泛的影响范围而获得了很高的利润。

eBay 自身并不购买任何存货或拥有在线销售的产品。它通过拍卖交易收取费用，对于每一个产品收取刊登费，再加上基于拍卖或固定价格的最终价值费。例如，如果一个产品以 60 美元出售，卖家支付前 25 美元的 8.75%（2.19 美元）加上剩余 35 美元的 3.5%（1.23 美元）。因此，销售的最终价值费是 3.42 美元。这一定价策略吸引了高交易量的卖家，并阻止了那些仅出售少量低价产品的销售者。eBay 现在提供更多的定价选择，包括向那些不想等待拍卖，并且愿意支付卖家开出价格的买家提供了固定价格的"立即购买"选项。卖家也可以使用固定价格形式做一个"最佳报价"选项，这允许卖家还价、接受或拒绝一个报价。

eBay 的商业模式将素不相识的人连接在一起，顾客的信任是 eBay 取得成功的关键。eBay 公司的始创团队做了两件事，他们建立了一个很好的在线社区，开发工具帮助增强陌生人之间的信任。通过每次交易的反馈，eBay 追踪并展示买卖双方的信誉度。现在，它有四个卖家指标：商品与描述相符、沟通情况、发货时间、发货和处理速度。这些评价是匿名的，但是其他买家可见这些评价。评价排名最高的卖家出现在搜索结果顶部。

多年以来，eBay 发展它的能力、服务、合作关系，继续建立一个社团并联系全世界的人们。例如，公司收购了一个在线支付服务商 PayPal，2002 年之后，eBay 的用户明白 PayPal 是首选的支付方式。这给消费者一种安全的转账方式，以及更低的货币和语言障碍，使商家将产品销往全世界。

2008 年 eBay 完成了 34 个并购——主要是电子业务和支付业务，如 Shopping.com、StubHub 和 Bill Me Later，以及提供后期技术的业务。现在 eBay 的销售额仅有 30% 来自拍卖。公司一直在发展 eBay，与 Macy's、Target、家得宝、玩具反斗城等大型零售商合作，在约一小时内送货且收取较低费用。

现在，人们可以在最大的在线市场购买和销售任何产品或服务。从电器用品和计算机到汽车和房地产，商家可以列出任何东西，只要它不是非法的且没有违背 eBay 的规则和政策。

eBay 在全球范围内的影响显而易见。在 2014 年,在线市场有几乎 1.5 亿活跃用户,超过 5 亿种产品。每 2 秒钟就有一双鞋子售出,每 23 秒有一条男士领带售出,每 26 秒有一台重要器械售出,每 6 分钟有一台 LCD 电视机售出。由于它产品众多,eBay 的活跃用户在 2015 年翻番到超过 2 亿,将收入从 140 亿增加到 230 亿美元。

资料来源:菲利普·科特勒.市场营销管理(亚洲版)[M].15 版.上海:上海人民出版社,2017.

1. 在线拍卖市场为什么能取得成功,而众多其他网站却遭遇失利?
2. eBay 的定价结构的合理之处是什么?还有可改善之处吗?为什么?怎样改善?

参考文献

[1] 肯特·门罗,定价:创造利润的决策(第)[M].孙忠,译.3 版.北京:中国财政经济出版社,2005.

[2] 罗杰·A.凯琳,罗伯特·A.彼得森.战略营销教程与案例[M].大连:东北财经大学出版社,2000.

[3] 麦克尔·R.辛科塔,等.营销学:最佳实践[M].北京:中信出版社,2003.

[4] 菲利普·科特勒.市场营销管理(亚洲版)[M].2 版.北京:中国人民大学出版社,2001.

[5] 菲利普·科特勒.营销管理[M].11 版.上海:上海人民出版社,2003.

[6] 小威廉·D.佩罗特,金尼·E.麦卡锡.基础营销学[M].上海:上海人民出版社,2001.

[7] 小查尔斯·W.兰姆,等.营销学精要[M].3 版.北京:电子工业出版社,2003.

[8] Thomas T. Nagle,Reed K. Holden.定价策略与技巧:营利性决策指南[M].北京:清华大学版社,2003.

[9] 菲利普·科特勒.市场营销管理(亚洲版)[M].3 版.北京:中国人民大学出版社,2005.

第十一章 渠道策略

学习目标

1. 理解营销渠道的内涵。
2. 掌握营销渠道的流程和设计决策。
3. 掌握营销渠道的结构。
4. 理解渠道冲突及管理决策。
5. 理解零售与批发的概念

案例导入

超市界隐形冠军——胖东来

胖东来商贸集团,河南省四方联采成员之一,河南省具有极强知名度与美誉度的零售企业,总部位于许昌市,创建于1995年3月。截至2020年10月,胖东来在许昌、新乡两座城市共拥有包括百货、电器城、超市等30余家大型连锁店以及7000多名员工。营业20多年来,胖东来商贸集团的营业额与净利润逐年大幅度上升,作为主要顾客群体为三线城市居民的本土零售企业,2019年胖东来商贸集团营业额突破70亿元,成为河南省零售企业销售额第一名,被誉为河南零售业的"一朵奇葩"。

作为一家实力雄厚的零售企业,胖东来在商业设施与技术人员配置方面做足了功夫;走进胖东来任何一家门店,都能感受出十足的现代化气息——自助结账、云购物、智能机器人服务等;同时,胖东来十分重视技术人才的培育,除了高薪聘请之外,技术人员有细致而严格的晋升路径:技术标兵——技术明星——资深技术员——技术领班。

"给员工吃肉,将迎来一群狼",这是胖东来董事长于东来的口头禅。事实也如此,除了远远高于当地平均薪资的薪酬之外,每周二闭店休假、节假日丰厚福利、年终分红、股权认购等,这些在其他零售企业根本无法想象的福利待遇,在胖东来所有店铺的普通员工身上都变成了可能。给员工吃肉、将回馈意识融入经营管理,换来的也是员工的回馈——努力工作,服务顾客。

拥有强烈创新意识的胖东来商贸集团创造了河南省诸多"第一":第一个设置免费饮水机的零售企业、第一个免费给顾客租用雨伞与充电宝的零售企业、第一个在电梯内设置服务员的零售企业、第一个免费为顾客修补衣物鞋子的零售企业等。在这些"第一"的背后,体现着胖东来想要创新、敢于创新、能够创新的气魄与胆量。

服务是胖东来的精髓,也是胖东来最大的竞争优势:首先,在胖东来任意一家门店,所有工作人员随叫随到,随时面带微笑提供服务;其次,胖东来商场内的小贴士随处可见商品介绍与使用说明、老人用的放大镜、应急医药箱、免费饮水提示等,甚至在本店买不到的商品也有工作人员的联系方式来义务帮助顾客采购;最后,在胖东来买的所有商品,无论生鲜还是冷冻,只要顾客不满意,都可以无条件退款。出众的顾客满足能力是胖东来核心竞争力构成的关键要素。

此外,胖东来在企业价值:企业精神和伦理规范上都表现出了与众不同。胖东来的核心价值是"爱在胖东来"。它致力于通过全体员工的不懈努力,打造出一个产品质量过硬、服务质量优秀、购物环境舒心的大型零售企业,这种价值观念使全体胖东来员工将质量和服务放在首位,正因为如此,顾客感受到了爱与超值的服务;胖东来的企业精神锁定在"开拓创新"四个字。在这种精神的号召下,胖东来首先从产品方面着手,除了研发一系列高品质的自有品牌外,还推出更新机制,定期除去销售额最低的商品,留下受顾客喜欢的商品;在员工方面,胖东来通过定期举办各类比赛活动,营造出一种积极向上的企业氛围,令员工充满活力,开拓进取;胖东来的伦理规范体现为"奉献社会、承担责任"。多年来它致力于创造社会效益,热情服务公众,努力办好良心企业。疫情期间,胖东来勇捐5000万元,令人钦佩。此外,胖东来还在许昌市修建多座胖东来爱心桥、多条爱心路等,这些做法大大提升了胖东来的企业形象,形成了一种无形的战略资产,提升了企业声誉。

作为一个年轻且还在成长阶段的零售企业,胖东来商贸集团拥有广阔的发展空间,在国内连锁零售企业纷纷闭店裁员的今天,胖东来却在2019年一年内又陆续开设了4家连锁店,此外,数家门店尚在规划建造中,可以说胖东来未来的发展势头十分强劲。

资料来源:https://www.sohu.com/a/503619972_120083441

第一节　营销渠道概述

一个人要买海尔冰箱,他不必去青岛,到一家大一点的百货商店或电器专卖店就能办到。一个人想喝可口可乐,他也不必去美国街头的小店就能满足他的要求。一个人可以不与生产厂家打交道,轻松地得到他所需要的每一件日常用品;他甚至不需要知道谁是真正的生产者而享用产品带来的利益。

这一切之所以可能,是因为有了较为发达的营销渠道。这种较为发达的营销渠道,把远在千里之外的生产者与散布于世界各地的消费者联系在一起,为消费者带来了购物的便利,把生产者的触角伸展出去,探索市场的边界。试想,如果营销渠道还是处于原始阶段,即生产者与购买者必须面对面交易,那么生产者需要花费多大的力气才能把他的产品分布于全国,甚至于全世界呢?消费者又如何才能方便地享有那么多的选择,享用那么多的产品呢?

一、营销渠道的内涵

(一)营销渠道的定义

营销渠道(Marketing channels)是指产品或服务转移所经过的路径,由参与产品或服务转移活动以使产品或服务便于使用或消费的所有组织构成(Coughlan et al,2006)。营销渠道也被称为"销售通路"(牛海鹏等,1998)、"流通渠道"(顾国祥,1984)或"分销渠道"(卜妙金,2001)。

图 11-1 是营销渠道的一个简单模型,其中(a)是消费品营销渠道的模型,(b)是工业品营销渠道的模型。图 11-1 中的虚线,表示中间可能经过几道批发,比如由所谓的"一批"到"二批""三批"。"一批"即一级批发,大多设在省会城市;"二批"即二级批发,大多设置在地市级城市;"三批"即三级批发,大多设在县、乡级城镇。

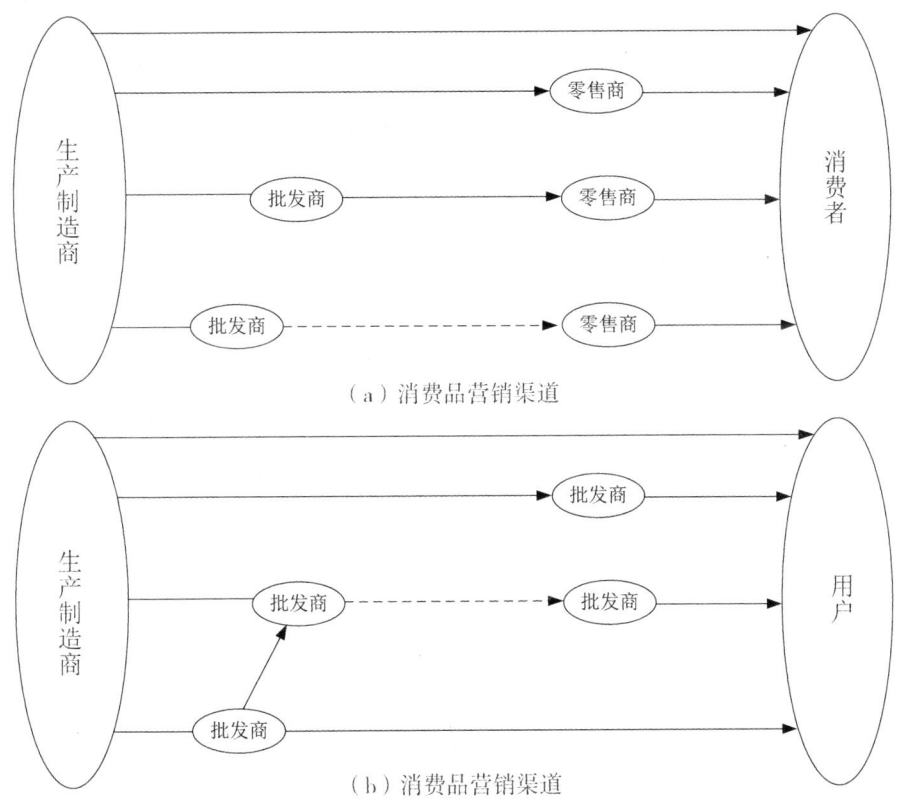

(a)消费品营销渠道

(b)消费品营销渠道

图 11-1 营销渠道的一个简单模型

由图 11-1 可见,制造商的产品或服务可以经过多条渠道到达消费者或用户手中。有的渠道经过的环节多一些,涉及较多的经营机构;有的渠道经过的环节少一些,涉及较少的经营机构。在实际的商业活动中,企业的营销渠道远比这复杂得多。根据营销渠道主导成员的不同,可以把营销渠道分为制造商主导、零售商主导和服务提供商主导的营销渠道(Coughlan et al,1998)。

(二)营销渠道的参与者

凡是在营销渠道中发挥一定作用的组织或个人都是渠道参与者,包括制造商、批发商、零售商、消费者以及其他发挥某种重要功能的企业。根据是否涉及商品所有权的转移,渠道参与者被分为两类:一类是成员性参与者,如制造商、批发商、零售商、其他中间商和消费者或用户等;另一类是非成员性参与者,如运输公司、仓储公司、物流公司等(罗森布罗姆,2014)。图 11-2 显示了它们之间的区别。

在营销渠道中,每一个渠道参与者都发挥着这样或那样的功能并在这样或那样的功能流中发挥着一定的作用。除常说的商流、物流、信息流以外还有洽谈流、促销流、风险流和订货流等。虽然一些渠道参与者在物流(如贮运机构与商品供应者之间)、信息流(如市场调研机构、广告代理机构、银行、保险公司等与商品供应者之间)和促销流(如广告代理机构为商品供应者提供促销服务)中发挥重要作用,但是在它们与供应商之间却不存在商品所有权的转移和关于商品所有权转移的谈判。这种不涉及商品所有权转移的渠道参与者被称为非成员性参与者;反之,则被称为成员性参与者或渠道成员。渠道结构一般按成员性参与者的层次来划分。

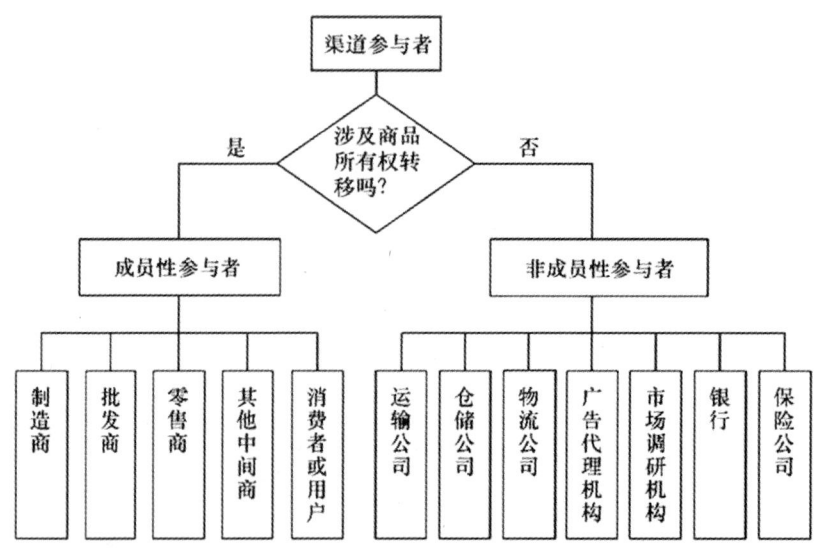

图 11-2 渠道参与者的分类

(三)营销渠道的基本假设

关于营销渠道,有下述几个基本假设(Frazier et al,1990):

第一,虽然营销渠道不排除产销直接见面的直销形式,但一般而言,一条营销渠道多由两个或更多的在商品流通过程中发挥必要功能的机构或个人组成,如制造商、销售代理商和零售商。通过这些机构或个人的活动,产品才能顺利上市,从生产者流向最终消费者或用户。

第二,渠道成员一般是在功能上专业化了的,比如专业化为制造商、批发商或零售商,所以不同层次的渠道成员之间相互依存。

第三,营销渠道中的成员之间存在一个或多个共同的目标,比如它们有共同的最终服务对象,他们都希望通过专业化与合作提高自己的竞争实力,所以在一条渠道的不同层次上成员之间存在最低限度的合作。否则,这条渠道不可能存在。

第四,营销渠道涉及的活动主要发生在不同的法人之间,是组织间关系(Inter-organizational Relationship),而不是组织内关系(Intra-organizational Relationship),所以营销渠道的管理与控制要比一个企业内部的管理与控制更加困难和复杂。

(四)营销渠道的关系

营销渠道涉及多种不同的关系。图 11-3 显示的是消费品营销渠道中的各种可能的关系。工业品营销渠道中的各种关系与此类似。

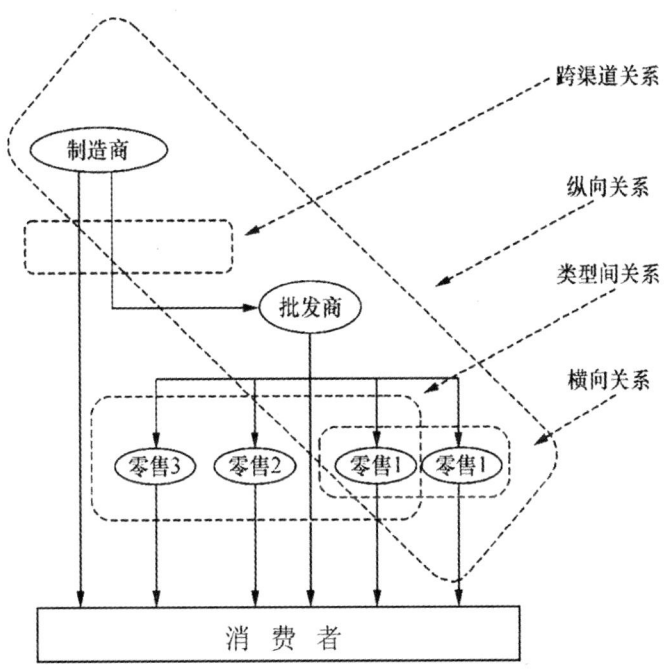

图 11-3 营销渠道涉及的多种关系

横向关系是指同一渠道、同一层次、相似企业之间的关系,比如一个食品厂的食品由多个超市经营,这些超市之间的关系即为横向关系。纵向关系是指同一渠道、不同层次上的企业之间的关系,比如制造商、批发商与零售商之间的关系。类型间关系是指同一渠道、同一层次、不同类型企业之间的关系,比如同是经营一家食品厂的产品,超市与便民店之间的关系即为类型间关系。多渠道关系是指一个企业不同渠道之间的关系,比如一家食品厂同时使用多条渠道销售其产品(如自销、通过批发或零售销售),这多条渠道之间的关系即为多渠道关系。

其中,营销渠道涉及的纵向关系是管理者需要重点考虑的,也是营销渠道理论研究比较多的。但是,在实践中,这里所说的每一种关系都会影响到一个企业的营销渠道效率。

二、营销渠道的功能与功能流

(一)营销渠道的功能

生产的功能是把自然的原料按照人类的需要转换成有某种效用或价值(使人们能够

得到某种形式或某种程度的满足)的产品组合;营销渠道的功能则是使产品从生产者转移到消费者的整个过程顺畅、高效,消除或缩小产品供应与消费需求之间在时间、地点、产品品种和数量上存在的差异。具体而言,营销渠道的主要功能有收集与传送消息、促销、接洽、组配、谈判、物流、风险承担和融资(Coughlan et al,2006;罗森布罗姆,2014)。

收集与传送信息。渠道成员通过市场调研收集和整理有关消费者、竞争者以及市场营销环境中的其他影响者或影响力量的信息,并通过各种途径将信息传送给渠道内其他成员。

促销。促销是生产者或经营者为刺激消费所进行的关于产品和企业的宣传、沟通活动。渠道成员需要通过创意的开发与构思,把能够满足消费者需要的产品和服务的信息以顾客乐于接受的、富有吸引力的形式,传递给消费者或用户。

接洽。这是生产者或经营者寻找潜在购买者,并与之接触的活动。在具体工作中表现为接受或争取订单。

组配。组配是生产者或经营者对产品在分类、分等、装配、包装上进行组合、搭配,以符合购买者需要的活动。

谈判。谈判是买卖者为实现产品所有权转移就价格及有关条件进行协商的活动。为实现成员之间互利互惠的合作,分享渠道分工的效益,成员与成员之间、成员与消费者或用户之间要进行谈判,达成有关产品的价格和其他交易条件的最终协议,实现产品所有权的转移。

物流。物流是产品的运输、储存活动。从走下生产线那一时刻起,产品就进入流通过程,营销渠道的参与者开始进行产品实体的运输和储存活动。当然,虽然部分产品运输、仓储的功能是由有关的辅助商完成的,但渠道成员必须与辅助商联系,并支付相应的费用。在这种情况下,辅助商所承担的这部分功能实际上是渠道功能分离的结果。

风险承担。风险承担是指在产品流通的过程中随着产品所有权的转移,市场风险在渠道成员之间的转换与分担。在营销渠道中,渠道成员既要通过分工分享专业化所带来的利益,也要共担产品销售中的风险,如由市场波动、政治动乱、自然灾害等因素造成的损失。中间商一旦加入某个产品的营销渠道之中,就自动地承担起分担该产品销售风险的功能。

融资。融资是生产者或经营者为完成以上各种功能而进行的资金融通活动。不论是生产还是产品购销,都需要资金投入,用于渠道成员彼此之间的货款支付、组织的运转开支和劳动者工资。渠道成员只有筹集到足够的资金,才能运作,整个营销渠道也才能有效地运转起来,渠道成员之间才能保持健康的联系。因此,筹集资金就成了每个成员都要进行的一项重要工作。

关于营销渠道的功能,有三个重要的原理(Stern and El-Ansary,1992):第一,我们可以通过渠道的结构调整,取消或替代一些渠道参与者;第二,这些被取消或替代的渠道参与者所发挥的功能不能被取消;第三,当一些渠道参与者被从一条渠道中取消之后,它们的功能将随之上移或下移,由其他的参与者承担。

(二)营销渠道的功能流

营销渠道的功能在营销渠道中表现为各种各样的流程,包括实体流、所有权流、促销流、洽谈流、融资流、风险流、订货与信息流及支付流(见图11-4)(Stern and El-Ansary，1992)。这些流程将组成营销渠道的各类组织机构贯穿起来。

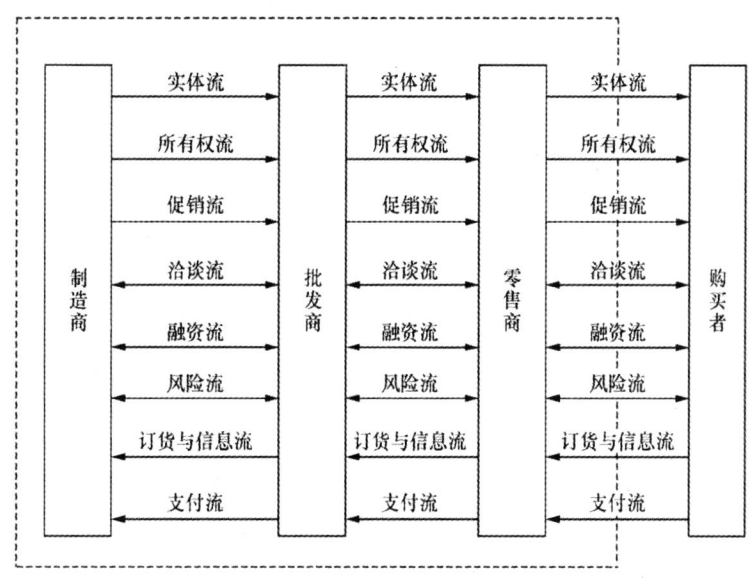

图11-4 营销渠道的功能与流动

实体流是指产品的实体与服务从制造商转移到最终消费者或用户的活动与过程。以洗衣机为例，制造商根据计划或订单生产，然后把成品洗衣机交付给代理商，代理商再运交给零售商，零售商送货上门卖给顾客。当订单较大时，也可由制造商从仓库或工厂直接向顾客供货。

所有权流是指产品所有权从一个渠道成员转移到另一个渠道成员的活动与过程。如洗衣机的所有权经由代理商的协助由制造商转移到零售商，再由零售商转移到消费者手中。

促销流是指一个渠道成员通过广告、人员推销、宣传报道、销售促进等活动对另一个渠道成员或消费者施加影响的过程。如洗衣机制造商向代理商、零售商和消费者促销，代理商和零售商向消费者促销。

洽谈流是指产品实体和所有权在各成员之间转移时对价格及交易条款所进行的谈判活动与过程。例如，代理商与洗衣机制造商之间，零售商与代理商之间，必须就洗衣机的价格、交货日期、付款方式等问题进行谈判，而顾客也会与零售商就这些问题进行讨论。

融资流是指各成员之间伴随着所有权转移所形成的资金融通活动与流程。比如，洗衣机制造商让零售商代理销售自己的产品，在货物售出之后结款，这等于是制造商为零售商提供流动资金从事自己产品的经营活动。再如，零售商预付一定货款购买洗衣机，这等于零售商为制造商提供资金从事生产活动。另外零售商还可以采用分期付款的方式，向消费者提供融资服务。

风险流是指各种风险伴随着产品所有权在各成员之间的转移。这些风险包括产品可能发生的各种有形、无形的损失，如价格保证、质量担保、保险、维修和售后服务成本。比如，一个零售商采用买断的形式从制造商或代理商处获得洗衣机的所有权；当它得到商品时,也开始分担各种形式的风险。与此同时,制造商或代理商则要承担信誉受损、零售商不合作或投机的风险。

订货与信息流是指渠道的下游成员向上游成员发出订单和各中间机构相互传递市场信息的过程。当然,订单也可能由顾客直接向制造商发出。像洗衣机这类消费品,一般多由零售商根据销售预测订单,而后制造商根据订单生产。在渠道中每一相邻的机构间会进行双向的信息交流,而互不相邻的机构间也会有各种信息交流。与促销流相对应,订货与信息流更多的是反映消费者需要、消费者对商品的认识和竞争者的动态。

支付流是指货款在各渠道成员之间的流动过程。比如,顾客向零售商支付货款,零售商再通过银行或其他金融机构向代理商支付账单,代理商扣除佣金后再付给制造商。

在以上各种功能流中,实体流、所有权流、促销流的流向是从生产者流向最终消费者或用户;付款流、信息与订货流是从消费者或用户流向制造商;而融资流、洽谈流和风险流则是双向的,因为不同成员之间达成交易,谈判、风险承担及资金往来均是双向的。

第二节　营销渠道设计

一、分销策略决策

在进行营销渠道设计时,要考虑营销渠道模式、确定中间商数目、规定渠道成员彼此的权利和责任等。因此分销策略的选择是必不可少的。

(一) 长度决策

长度决策是指设计营销渠道中中间商的级数。营销渠道的长度越长,意味着管理控制的深度越深,需要的管理技巧和成本等越高。根据前述长渠道和短渠道各自的优势,充分考虑生产企业的产品特点、企业优势、市场范围等因素基础上,再综合后得到适应企业生产现状的中间商级数值。

通常情况下,消费品中的便利品渠道长于选购品和特殊品,选购品的营销渠道长于特殊品。但是消费品中的鲜活品除外。工业品中的供应品、标准件等的营销渠道长于非标件、设备等技术含量高的产品。营销渠道构建得越长,生产企业控制管理付出的代价将越多,对生产企业的营销技巧和管理水平要求越高。

(二) 宽度决策

宽度决策是考虑同一级中间商的数目。渠道越宽意味着参与的同一级中间商的数目越多。生产企业管理控制的幅度越大,需要的成本就越高,市场覆盖面或接触顾客的面将越大。宽度决策有三种基本形式。

密集(广泛)分销(Intensive Distribution),即在一个市场上选择尽可能多的中间商推销产品。其优势在于使产品迅速进入市场。这种决策往往适用于消费品中的便利品,或工业品中的供应品。如消费品中的洗涤用品、文具等,工业品中的劳保用品等。

选择分销(Selective Distribution),即在一个市场有选择地使用部分中间商推销本企业产品。其优势在于管理、控制中间商的难度低于密集分销,而且中间商也有一定的不被选中或淘汰的危机感。该决策适用于消费品中的选购品,或工业品中的非标件、设备等。如消费品中的服装、普通家电等,工业品中的运输工具、普通机床等。

独家分销(Exclusive Distribution),即在一定市场范围内只选择一家中间商,实行独家经营。其优势在于极大地调动中间商的积极性。适用于消费品中的高档品、名牌产品,或工业品中技术含量高、价格高的产品。如苹果公司 Iphone 手机产品在刚进入中国市场时的销售模式。

当然,在产品生命周期的不同阶段,营销渠道的宽度可以做相应的调整。许多新产品刚推出时多选择独家分销的模式,当市场广泛接受该产品之后,就从独家营销渠道模式向选择性营销渠道模式转移。比如东芝笔记本电脑产品渠道、三星笔记本电脑产品渠道等就是如此。

(三) 联合决策

联合决策是考虑营销渠道当中的成员如何更好地配合以获得最佳经济效益。联合的方式可以是垂直联合,也可以是水平联合,或各渠道的联合。

垂直联合系统(Vertical Joint System)是由生产者、批发商和零售商组成一种统一联合体。渠道中成员形成一种特约代营关系,表现出四个明显的特点:该渠道成员中拥有相当实力的企业会迫使其他成员合作;形成了一种专业化管理和集中执行的网络组织;营销渠道成员可以有计划地取得规模经济和最佳市场效果;该渠道的谈判实力得以加强,减少了重复服务,使营销渠道运营起来更加有效。

例如,美国零售业巨头西尔斯、罗巴克、大西洋与太平洋茶叶公司、彭尼公司等,他们拥有统一管理的生产工厂、批发机构等,采取工商一体化经营方式,综合经营零售、批发、加工生产等业务。西尔斯公司拥有并经营2000家以上的零售商店。公司出售的商品中,有50%来自它拥有股权的制造厂。假日旅馆正在形成一个自我供应的网络,它包括地毯厂、家具制造厂,以及大量为其所控制的再分销机构。总之,这些组织以及其他类似组织都是大规模的、垂直一体化的商业机构。

北京的老字号"稻香村"品牌的糕点来自于北京稻香村食品工业有限公司。该公司始建于1895年(清光绪二十一年),现有一家6.7万平方米的中心工厂,一个4万平方米的原料加工基地,可以生产中西糕点、熟食制品、速冻食品、休闲小食品等12个系列的400多个品种。公司拥有22个直营分销店、24个加盟分销店、一个食品配送中心,实现了垂直联合的生产、分销管理。

水平联合系统(Horizontal Joint System)是由两个或两个以上的公司联合开发的一个分销机构,也称为共生营销。该分销系统是由多个水平联合成员共同使用和管理。尤其是当两家以上的生产企业进入都较陌生的市场,面对相同的竞争对手时,往往会进行水平联合共建营销渠道。

水平联合系统的联合程度可以分为公司式联合、管理式联合和契约式联合。公司式联合是指由一个所有者属下的相关生产和分配部门组成,即一个法人组织。管理式联合指由一家规模大、实力强的企业出面组织的联合体,往往是由多个法人组织的联合体。契约式联合是以契约为基础统一各独立公司的行动,也是一种多个法人的联合体。公司式联合的程度最高,契约式联合的程度最低。

苏宁易购将万达百货收入旗下之后,其全资子公司苏宁国际拟出资48亿元收购家乐福中国80%的股份,本次交易完成后,苏宁易购将成为家乐福中国控股股东。苏宁易购在中国22个省(自治区、直辖市)的、51个大中型城市开设210家大型综合超市和24家便利店。这将有助于丰富智慧零售场景的布局,降低采购成本。

多渠道系统(Multi-channel System)是为了规避风险,一家公司建立几条营销渠道,各营销渠道构成一个完整的系统,以达到一个或更多的顾客细分市场的做法。其特点是:实现分配功能和管理功能一体化;增加市场覆盖面,更趋向顾客化;获得当前渠道没有的细分顾客市场;可以建立降低现有顾客销售成本的新渠道。

例如,1960年实力尚弱的索尼公司在开拓美国市场时,不仅采用了通行的分销模式,还采用了"自行销售"模式。这是一种与普通商行不同的经营方式,有助于维持销售公司在市场发展中的业务。该模式是日本其他电器公司尚未做过的非常冒险的经营方式,遭到当时业内人士的怀疑。但以后的事实证明,这种渠道创新使索尼公司获得了巨大的成功。

当今互联网平台助推了营销渠道构建的多变性。例如,亚马逊公司在整合了业务后,决定关闭中国本土电商业务,不再支持第三方卖家服务,顾客将无法通过亚马逊平台购买第三方卖家的商品。但会大力推进亚马孙海外购、亚马孙全球开店、Kindle和亚马逊云计算等业务。

二、影响营销渠道决策因素管理

营销渠道的长度、宽度和联合等策略的选择受多种因素的影响。2007年,同特易购超市公司和联合利华公司合作组织的未来论坛的报告《零售未来》指出,在以后15年里将影响消费者买什么、如何买、向谁买的一系列因素包括:气候变化(可能影响农业生产)、原油价格、新技术、能源生产方面的进步、程度更高的全球化和人口变化(可能意味着移民、劳动力增多、老人和单身家庭增加)。这些因素会带来新的购物模式。

可以将这些分销管理影响因素归纳成五大类:企业、产品、市场、中间商和环境的影响。

(一) 企业因素

构建营销渠道的决策首先应该考虑企业自身因素。主要从生产集中度、企业规模、企业的声誉和管理水平四方面考量。

生产的集中度会影响营销渠道的长度和宽度。生产的集中程度越高,使用中间环节销售的可能性越大。因此,为了市场覆盖面大,营销渠道可能长而宽。

企业本身的规模、声誉将关系到企业能否控制营销渠道,也会关系到中间商考虑其风险是采取经销业务还是代销业务决策等。一般情况下,中间商愿意承销规模大、声誉高的企业的产品。这种产品不仅销路好,而且其销售过程中付出的单位成本较低。

企业的管理水平。生产企业的管理水平越高,驾驭营销渠道的能力就越强。可以将营销渠道构建得长而宽,以便接触的市场面大。

例如,2008年以来,中国的葡萄酒市场高速发展,仅从欧洲进口的葡萄酒2008年至2011年均增幅达到67.71%。同时,张裕集团、王朝酒业、通天酒业和原产于欧洲的葡萄酒一起与中粮集团的葡萄酒业务在中国市场上展开了激烈的竞争。世界金融危机的影响以及竞争的加剧使中国的葡萄酒市场进入了快速"洗牌"时期。中粮集团的长城葡萄酒业面临国内同行的竞争,尤其是进口葡萄酒向中国的中低端葡萄酒市场渗透以及假冒产品的冲击,促使长城葡萄酒业决定借母公司中粮集团实力进行渠道整合。以使葡萄酒品类的营销渠道更加多元化,渗透市场面更宽、更快捷,以应对欧洲进口葡萄酒对我国中低端葡萄酒市场的冲击。

中粮集团有丰富的产品线,经营着数百种食品类产品,如葡萄酒、食用油、休闲食品等。各产品线有自己的销售渠道和管理团队,渗透到市场的各个方面。为了突出中粮的多产品组合特色,将其变成核心竞争优势,就必须打通中粮众多消费品的市场通路。从2012年开始,中粮集团调整旗下业务销售模式,整合营销渠道,力图打造一个宽广的"多品类食品整合销售平台"。

根据产品在不同营销渠道的情况,将多种产品整合成一个团队来管理。把销售后台的决策和支持功能完全整合为一体。在销售市场仍然分不同品类去面对顾客、服务顾客。比如,一个销售人员要负责全国的葡萄酒、食用油、休闲食品的销售和管理。

(二) 产品因素

产品因素将直接影响营销渠道的构建。考虑产品因素是进行渠道设计的基础内容之一,产品因素主要有六个方面。

一是产品的技术特性。技术含量越高的产品,营销渠道设计应越窄,同时尽量减少中间环节的级数,以便咨询和维护。如为了显示苹果手机的技术创新性,其销售网点不仅少而且中间环节技术也少。

二是产品的耐腐性。鲜活、易腐、有毒的产品要采取短渠道设计,直接渠道更好,以加快进入市场速度。如蔬菜、鸡蛋等农副产品往往采取短而宽的营销渠道。

三是产品的体积、重量等。笨重、体积大的产品宜采取短渠道来减少装卸频率,以防损坏。如家具生产企业往往直接发货给最终顾客,只利用中间商寻找订单。

四是产品的单位价格。单价高的产品可以采取短渠道设计,以减少中间商总数量,避免抬高产品身价。一般情况下,单价越高的产品技术含量越高,需要向最终顾客提供更多的服务,所以需要营销渠道短。另外,单价高也是显示产品身价地位的方式,因而营销渠道中的中间机构要少,营销渠道就要尽量短。

五是产品的标准化程度。标准化程度越高的产品,营销渠道可以设计得越长、越宽,定制产品往往是直接渠道为好。如服装厂批量生产的服装,其销售渠道在"长"和"宽"方面都远远地超过了服装艺术工作室。

六是产品所处的生命周期。投入期的产品,生产企业应该有人到销售现场接近顾客,而成熟期的产品应尽量利用中间商帮助销售。

(三) 市场因素

市场因素可以分为市场规模大小、顾客的地理分散程度和购买方式等。市场规模是指市场的购买潜力和购买量大小。购买潜量大,则产品营销渠道应更长、更宽;购买量大,应选择短而宽的渠道,以便降低销售成本。

顾客的地理分散程度是指顾客居住或工作的地理位置分布范围。如果地理位置分布范围广、分散程度高,那么营销渠道就需要适当加长、加宽,以方便顾客购买。顾客的购买方式是指消费者习惯于在哪里购买,不同的销售方式适应不同的购买地点。顾客习惯在商店购买的商品,切不可上门推销。如安利公司在美国采取直销、无店铺模式,销售业绩良好。因为美国人能够接受上门推销活动。而安利公司在美国的分销模式在中国行不通,除了法律法规的约束外,还有一个重要原因是中国人不愿意接受上门推销的商品。

(四) 中间商因素

构建营销渠道往往离不开中间商。因此,生产企业在构建营销渠道时会进行中间商选择。选择的基本条件有经营能力、经营成本、服务范围和可靠性等。

中间商的经营能力主要包括单位时间内的销售量、销售额、市场占有率等。甚至还包括其社交能力、社会地位等指标。

中间商的经营成本是一个非常重要的考核指标。因为生产企业利用中间商的一个重要目的就是降低自身的销售成本和风险。同时,任何一个中间商在营销渠道活动中都需要获得相应的利润。经营成本越低的中间商,在生产企业的出厂价和零售价格不变的情况下,越能获得更高的利润,其经营积极性也越高。所以,不能降低生产企业销售成本的中间商是不可选的。

中间商的服务范围包括经营项目、市场覆盖面等。因此,与生产企业所希望的服务范围吻合度越高,利用其将产品送达顾客手中的可能性越大。中间商的经营范围需要包括生产企业的产品,中间商应当成为营销渠道中的一员,否则中间商可能不愿合作,或者消费者不会到此购买,从而导致产品滞销。

中间商的可靠性首先是信用问题。包括他与生产企业合作以及其他企业合作的信用。如银行的贷款还款、与其他企业合作后的付款情况。另外,还要考虑其支付贷款的及时性、合同履约情况等。

(五) 竞争因素

在营销渠道管理方面,竞争因素的影响有三种可能性。一是公司内部自身渠道间的冲突造成,二是自身渠道中成员的矛盾而引发,三是企业外部的竞争对手所带来的。

公司内部自身渠道间的冲突主要表现为同一家公司在同一个目标市场中设立了两个或两个以上的营销渠道时,可能会因为销售量的不同,得到的价格有差别,因而造成公司内部的市场竞争问题。

自身渠道中成员的竞争,除了因获得的价格差别引起外,还可能因为各渠道中的经营能力不同而导致业绩差异引起的矛盾等。

企业外部的竞争主要是与企业经营相似的产品,同时服务于同一个目标市场时引起的竞争。另外,新进入市场的公司和替代品进入使市场中的中间商经营发生改变等,也可能从不同的角度引起不同程度的竞争。

例如,亚马逊公司主营业务过去是图书类产品,包括网上书店、Kindel 电子书阅读器等,后来又涉及了非图书类商品,推出亚马孙海外购、亚马孙 Z-Mart 精品超市等业务,这样可能会引发各业务板块间的竞争问题。

(六) 环境因素

影响分销决策的环境因素包括地方的经济发展水平、社会文化状况、法律法规约束情况、政府的态度,以及市场中竞争对手的状况等。这些因素会直接或间接地影响消费者的消费或购买行为、中间商的合作态度,甚至影响到构建营销渠道时哪些人才可能成为合作的中间商。

技术环境的改变,使人们的购买方式产生了变化。网络技术搭建了一个全新的分销平台。2012年11月11日是中国的"光棍节",也是所有网店商家最翘首企盼的赚钱吉日,它几乎已成为美国最大的网上购物节"超级星期一"的翻版。逾5万商户通过阿里巴巴旗下的淘宝和天猫两大在线购物平台,为商家创下了30亿美元的收入。而美国2011年的"超级星期一",其成交额不过12.5亿美元。"光棍节"并非中国传统节日,它最初只是20世纪90年代中国高校流行的一种趣味文化,但仅仅用了15年时间,便成为一个受到全民追捧的购物节。

第三节 渠道管理策略

选定营销渠道结构以后,企业还要完成一系列的管理工作,包括对各类中间商的具体选择、激励和评估,根据情况变化调整渠道方案、协调渠道成员间的矛盾。

一、选择渠道成员

为选定的渠道招募合适的中间商,必须明确适用的中间商须具备的条件和特点。企业可综合考评它们的开业年限、经营范围、盈利及发展状况、财务支付能力、协作愿望与能力和信誉等级等。如果是销售代理商,还要进一步考核其经营的其他产品种类、性质以及售货员的规模和素质。对于要求独家经销的大型零售商如百货公司,要侧重评估其销售地点如位置、布局,将来发展的潜力和顾客类型。

二、激励渠道成员

要使中间商的分销努力达到最佳状态,制造商必须对其进行持续不断的激励。激励中间商的基本点,是了解中间商的需要与愿望,并据此采取有效激励手段。企业处理与分销商的关系通常采取三种方式:合作、合伙与经销规划。制造商一方面使用积极的激励手段,如较高利润、特殊优惠、奖金、合作广告和商品陈列补贴等;另一方面也要考虑制裁措施,如削减利润、暂缓交货或终止合作关系等,力求妥善处理、调适与中间商的合作关系。精明的公司会努力与分销商建立长期合作的伙伴关系。

许多制造商和零售商采用高效消费者响应(ECR)计划,以简化供应链并降低成本。该计划包括:

1. 需求侧管理合作计划,通过联合促销活动刺激补贴消费者需求。

2. 供给侧管理合作计划,通过联合管理物流和供应链活动优化供给。

3. 驱动力和整合力,即合作性的信息技术和流程管理工具,旨在支持能减少运营问题、提高标准化程度的联合活动。

经销规划是更先进的激励方式,主要内容是建立一个有计划的、专业化管理的垂直市场营销系统,把制造商与经销商双方的需要结合起来。对渠道成员的激励,是协调、管理营销渠道使之有效运作的重要一环。激励方式多种多样,且在不断创新。

三、评估渠道成员

对中间商的绩效要定期评估。评估标准一般包括销售定额完成情况、均存货水平、向顾客交货时间、对损坏和丢失货品的处理方式、促销和培训计划的合作情况、货款返回状况,对顾客提供的服务等。

一定时期内各经销商实现的销售额是一项重要的评估指标。制造商可将各中间商的销售业绩分期列表排名,目的是促进落后者力争上游,领先者努力保持领先。但是由于中间商面临的环境有很大差异,各自规模、实力、商品经营结构和不同时期的策略重点不同,有时销售额列表排名评估不够客观。正确评估中间商业绩,应在做上述横向比较的同时,辅之以另外两种比较:一是将中间商的销售业绩与其前期比较;二是根据每一中间商所处的环境和它的销售实力,分别订出其可能实现的销售定额,再将其销售实绩与定额进行比较。

正确评估渠道成员的目的是及时了解情况,发现存在的问题,以对不同类型的中间商更具针对性地实施激励和推动。企业要建立一定制度,对完成协议任务者支付奖励报酬;对长期表现不佳、一直难以有效工作者,果断中止关系。

四、调整营销渠道

为了适应市场与环境变化,现有的营销渠道经过一段时间的运作,往往需要修改和调整。促使企业调整渠道的主要原因,是消费者购买方式的变化、市场扩大或缩小、新的渠道出现等。另外,现有渠道结构不可能总是在既定成本下带来最高效的产出。随着渠道成本递增,也需要根据理想的渠道结构加以调整。

生产企业调整营销渠道主要有三种方式。

(一)增减某一渠道成员

做这种调整需要进行经济增量分析。即分析增加或减少某个中间商,会对企业利润带来何种影响,影响的程度如何。如果决定在目标市场增加一家特许商或批发商,不仅要考虑通过增加的渠道成员能带来多大的直接利益,如销售量的增加额,而且要考虑对其他经销商的需求、成本和情绪会产生什么影响,例如导致销售量的增减等问题。

(二)增减某一营销渠道

如果在同一渠道增减个别中间商不能解决主要问题,就要考虑增减某条营销渠道。例如,某化妆品公司发现其经销商品只注重成年人市场而忽视了儿童市场,导致儿童护肤品销售不畅。为了促进儿童化妆品市场开发,就需要增加新的营销渠道。这样也需要广泛地对可能的直接和间接反应以及效益进行系统分析。

(三) 调整改进整个渠道

企业对现有的分销体系通盘调整。这种方式难度最大,因为不是对原有渠道的修补,而是全面改变企业的渠道决策。例如,计算机公司改变原来批发商代理渠道,采用直销渠道;饮料制造商考虑以集中装瓶和直接销售,取代地区特许装瓶厂。这要改变大多数市场营销组合策略,通常要由企业最高管理层决策。

上述调整方法,第一种属于结构性调整,立足于增加或减少原有渠道的某些具体成员、层次;第二种、第三种属于功能性调整,是将一条或多条渠道工作在渠道成员中重新分配。企业现有的营销渠道是否需要调整、调整到什么程度,取决于营销渠道是否处于平衡和理想状态。

五、渠道成员间的冲突与协调

(一) 渠道冲突及其原因

不管渠道设计如何精良,管理如何优秀,在渠道成员之间总会发生冲突和竞争,需要加以协调和解决。

1. 渠道冲突的主要类型

(1) 垂直渠道冲突。即同一条渠道不同层次之间的冲突,如制造商与批发商、经销之间,批发商与零售商之间,可能就购销服务、价格和促销策略等方面产生矛盾冲突。

(2) 水平渠道冲突。即某渠道内同一层次成员之间的冲突,如特许经销商之间的区域市场冲突,零售商之间对同一品牌的价格战等。

(3) 多渠道冲突。即同一制造商建立的两条以上渠道,向同一市场出售产品引发的冲突。常见的有:啤酒生产商在超市、食杂店为其打开市场以后,又直接开辟餐馆渠道等"第二战场"进行销售;一些家电品牌和厂商既通过大型商场等实体店铺销售,又进驻互联网平台开设网上商城,还亲自在当地线下开设直营商店系统。

2. 渠道冲突的原因

导致渠道冲突一般有以下原因:

(1) 目标不同。如制造商希望以低价政策获得高速成长,零售商则希望获取短期高利润。

(2) 没有明确的授权。如销售区域的划分,权限和责任界线不清晰。

(3) 预期不同。如对经济形势,制造商看好并希望经销商多经营高档产品,但经销商看淡。

(4) 中间商对制造商过分依赖。如特许经销商(汽车经销商等)的经营状况,往往取决于制造商的产品设计、定价政策等,由此会产生一系列的冲突。

(二) 渠道冲突的管理控制

渠道冲突有些结构性的,需要通过调整渠道解决;有些是功能性的,可以通过管理手段加以控制。管理控制的主要方向如下所述。

1. 确立和强化共同目标

不管职能有何差异,渠道成员都要有共同的目标,如生存目标及市场份额、高品质、消费者满意度等目标。特别是受到外部竞争威胁时,渠道成员会更深刻地体会到实现这些共同目标的重要性。企业要有意识地激发成员的共同目标意识,引导他们紧密合作,追求共同的最终价值。

2. 在两个或两个以上渠道间交换人员

通过互相派人员到对方相关部门工作一段时间,增进彼此之间的了解,可更好地从对方的角度考虑问题。

3. 合作

指一个组织为赢得另一组织的支持所做的努力,包括邀请对方参加咨询会议、董事会等,使他们感受到重视,表现出合作的诚意。还应及时根据对方的意见和建议,合理修订己方政策等,以有效减少冲突。

4. 发挥行业组织的作用

加强渠道成员之间业务沟通。通过商会、工商联等组织,举办专题研讨会等,对工作中一些热点问题广泛交换意见,促进各方做好工作。

当冲突经常发生或冲突激烈时,有关各方可以采取谈判、调解和仲裁等办法,根据法律程序解决。以保证继续合作,避免冲突升级。

第四节 零售和批发

一、批发与批发商

批发是指为了转卖或出于商业用途而购买产品或服务的企业和个人的所有活动,但对象不包括制造商和农民,因为它们主要从事生产,同时也不包括零售商。批发商是指那些从事批发业务的公司。

(一) 批发商的主要类型

1. 商人批发商

商人批发商是指拥有自己经营产品所有权的独立企业。它们是提供全面服务和有限服务的批发商、分销商和工厂供应企业。商人批发商是批发商的主要类型,按照职能和提供的服务是否完全,可分为以下2种大类型。

(1) 完全服务批发商。持有存货、雇用销售队伍、提供信贷、送货、提供管理援助等。具体分为两小类:①批发商,主要卖给零售商。有些经营几条产品线,有些经营一条或两条产品线,有些只经营一条产品线的一部分。②工业分销商,主要面向生产企业销售产品,并提供诸如赊购和送货等服务。

(2) 有限服务批发商。这类批发商为了减少成本费用,降低批发价格,只执行一部分服务,可分为6种小类型:①现购自运批发商。②承销批发商。③载货汽车批发商。④托售批发商。⑤邮购批发商。⑥农场主合作社。

2. 经纪人和代理商

经纪人和代理商是从事购买、销售或二者兼备,但不取得产品所有权的企业或个人。与商人批发商不同的是,它们对其经营的产品没有所有权,所提供的服务比有限服务批发商还少,其主要职能在于促成产品的交易,借此赚取佣金作为报酬。其功能有限,通常对产品线或者客户类型进行专业化处理。经纪人和代理商主要分为以下几种。

(1) 产品经纪人。经纪人将买卖双方联系在一起并协助谈判,他们的薪水由雇用他们的一方(食品经纪人、房地产经纪人和保险经纪人)支付。它们并不持有存货,也不参与融资和承担风险。

(2) 制造商代表。它们代表两个或若干个互补的产品线的制造商,分别和每个制造商签订有关定价政策、销售区域、订单处理程序、送货服务和各种保证以及佣金比例等方面的正式书面合同。代理商将长期代表买卖双方,大多数制造商代表都是小型企业,只有几个熟练的销售人员。

(3) 销售代理商。销售代理商具有销售制造商全部产品的合同授权,那些没有力量自己推销产品的小制造商,通常使用销售代理商。

(4) 采购代理商。采购代理商一般与顾客有长期关系,为买方进行采购,并且接收、检验、仓储和运输商品。其中一种是主要服饰市场的常驻采购员,他们为小的零售商采购适销的服饰产品。

(5) 佣金商。佣金商又称佣金行,是指对产品实体具有控制力并参与产品销售协商的代理商。大多数佣金商从事农产品的代销业务,通常备有仓库,替委托人储存、保管物品。此外,佣金商还替委托人发现潜在买主、获得最好价格、分等、打包、送货、给委托人和购买者提供商业信用、提供市场信息等。

3. 制造商及零售商的分店和销售办事处

这种批发业务往往是由卖方或买方自己经营,而不是通过独立的批发商进行的批发业务。具体可分为以下两种类型。

(1) 销售分店和销售办事处。制造商为了改进其存货控制、销售和促销业务,往往设立自己的销售分店和销售办事处、独立的分支机构和办事处专门从事销售或采购。

(2) 采购办事处。许多零售商在主要市场中心设立采购办事处。这些办事处是买方组织的一个组成部分,其作用与经纪人或代理商相似。

批发商(也称为分销商)与零售商有许多不同之处:①批发商不太注意促销、氛围和地点,因为它们与商业消费者打交道,而不是与最终消费者打交道。②批发交易额通常大于零售交易额。③政府对批发商和零售商在法律法规和税收方面的处理方式不同。

(二) 批发商的职能

1. 销售和推广

批发商的销售团队帮助制造商以相对较低的成本接触小企业消费者。它们有更多的人脉,并且买家对它们的信任往往超过对制造商的信任。

2. 采购和分类

批发商可以代替顾客选购产品,并根据顾客需要,将各种产品进行有效的搭配,从而使顾客节省不少时间。

3. 整买零卖

批发商可以整批地买进产品,再根据零售商的需要批发出去,从而降低零售商的进货成本。

4. 仓储

批发商拥有仓库,可以将产品储存到售出为止,从而降低供应商和消费者的存货成本和风险。

5. 交通

批发商可以提供更快的交货给买家,因为它们离买家距离更近。

6. 融资

批发商通过提供信贷来向消费者融资,而供应商则通过提前订购和按时支付账单来融资。

7. 风险的承担

批发商取得所有权并承担被偷窃、损坏和过时的成本带来的一些风险。

8. 市场信息

批发商向供应商和消费者提供有关竞争对手活动、新产品和价格波动等方面的信息。

9. 服务管理和咨询

批发商通常通过培训销售人员、调整商店布局和展示、建立会计和库存控制系统来帮助零售商改善运营环境。它们会通过提供培训和技术服务来帮助工业消费者。

(三) 批发商行业的趋势

近年来,批发商面临越来越大的压力,这些压力来自新的竞争对手、消费者的要求、新技术的产生以及大型工业机构和更多的零售买家的直购计划。制造商抱怨批发商没有积极推广制造商的产品线,只是接受订单;没有足够的库存,不能迅速满足消费者的订单需求;没有向制造商提供最新的市场、消费者以及竞争信息;没有能力去吸引高水平的管理者来降低自身成本;并且它们的服务收费过高。因此,精明的批发商通过调整它们的服务以满足制造商和目标消费者不断变化的需求,它们认识到必须为渠道增加价值。

二、零售与零售商

零售业是一个向最终消费者提供所需商品及其相关服务的行业。我们衣食住行的需要,大部分是从零售业获得满足的。零售业是一个国家最古老的行业之一,沿街叫卖是最早的零售活动。

(一) 零售的概念

人们通常认为零售只是在商店中出售商品,其实零售也包括出售服务。例如,理发店提供的洗头、理发服务,汽车旅馆提供的住宿服务,医生为病人进行的诊断和治疗服务,维修部门提供的修理服务。

我国将零售的概念定义为向最终消费者个人或社会集团出售商品及相关服务的活动。这一定义里包括下列要点:

第一,零售是针对最终消费者的销售活动。它出售的商品是给消费者用作直接消费而不是用来生产加工或转卖。

第二,零售活动不仅向最终消费者出售商品,同时也提供服务。零售活动包含着伴随商品出售提供的各种劳务,如送货、安装、维修等。

第三,零售对象不仅是指个人或家庭的购买者,也包括非生产性购买的社会集团。

第四,零售活动不仅可以在营业店铺中进行,也可以通过无店铺的方式进行。例如,网络销售、邮寄销售、上门推销、自动售货机售货、电话直销、电视直销等都是将商品出售给消费者,没有改变零售的实质。

(二) 零售商

零售商是以零售活动为基本职能的独立的中间商,是介于生产商、批发商和消费者间,以盈利为目的从事零售活动的经济组织。

以零售活动为基本职能的零售商,在产品的流通过程中发挥着至关重要的作用。作为生产商、批发商和消费者的中介,可以提高流通效率、促进生产、引导消费。例如,为了实现效率最大化,许多生产商往往只生产一种商品,而消费者却需要多种商品,并想从种类繁多的商品中选购数量有限的品种。因此,零售商采集来自不同生产商的商品,大批量购买后再零售给消费者。这样使生产商和批发商可以集中精力专注于商品生产和流通的某一个环节而获得更高的效率,消费者也因为零售商提供了品种繁多的商品和便利舒适的购物环境而感到满意。

(三) 零售商的职能

1. 组织商品职能

为了满足消费者多种生活需求,零售商需要按消费者的需求分类、组合、配货,提供衣、食、住、用、行等多方面的生活用品。

2. 服务职能

为了方便消费者购买商品,零售商在销售商品的同时还要向顾客提供各种服务,比如导购、包装、免费送货、电话预约、安装、维修等与商品销售直接相关的服务。有的零售商还提供顾客休息室、儿童游乐室、停车场、临时保管顾客物品等服务。

3. 储存商品职能

为了满足消费者随时购买商品的需要,零售商需要储备一定量的各种商品现货。

4. 信用职能

零售商采用信用销售商品的方式主要有赊销、分期付款等。对于消费者来说,信用销售方式可以避免每次购物都要支付现金的麻烦,而且,即使手头现款不足,也可以购货,使消费者能用将来的收入购买到现在需要的消费品,对消费者起到了融资的作用,促进了消费。

5. 信息传递职能

作为生产商与消费者的中介,零售商能够最快地获得消费市场上的信息,并不断地将需求信息反馈给生产商,使它们能够及时生产适合消费者需求的商品。

6. 娱乐职能

零售商通过商店的外观和内景装饰、色彩运用、橱窗展示、商品艺术陈列以及霓虹灯的彩色照明等,创造出独具魅力的环境与气氛,使消费者在购买商品的同时,获得美的享受。

(四) 零售业的作用

零售业是流通产业中的重要行业,它对国民经济的发展起着重要的作用。

1. 零售业承担着把产品从生产领域转移到消费领域的重要任务

社会生产的目的是消费,产品要进入消费领域,主要经过零售业。零售业将社会生产的产品迅速、顺畅地送至消费领域,是社会再生产得以顺利进行的重要保证,对产品生产起到很大的促进作用。

2. 零售业税收在国家财政收入有相当大的比重

零售业税收是国家税收的主要来源。零售业把生产部门创造的全部商品价值通过向最终消费者销售商品,实现了商品的价值,并向国家缴纳利税,为国家提供用于经济发展的资金积累。

3. 零售业为社会提供大量就业机会

零售业是各国家和地区的主要就业渠道。零售业是劳动密集型行业,容纳就业人口数量多,因而成为一个对就业有特别贡献的行业。

4. 零售业是反映国民经济发展状态的晴雨表

零售业完成的社会商品零售总额反映国民经济发展的动态,为国家实行宏观调控提供了依据。国民经济是否协调发展,社会与经济结构是否合理,首先会在流通领域,特别是在消费品市场上表现出来。

5. 零售业对社会安定起着保证作用

零售活动与人们的生活息息相关。零售业通过自己的活动,积极组织消费者购买需要的商品,及时解决人们的后顾之忧,推进家务社会化,满足人民生活稳定、安居乐业的需要,保障社会的稳定。

重要概念

营销渠道　密集分销　选择分销　独家分销　垂直联合系统　水平联合系统
多渠道系统　渠道冲突　批发　零售

思考题

1. 营销渠道有何作用?
2. 营销渠道参与者都有谁?
3. 营销渠道的功能流是什么?
4. 什么是选择分销,它的特点是什么?
5. 什么是独家分销,它的特点是什么?
6. 什么是密集性分销,它的特点是什么?
7. 渠道冲突的原因是什么?如何解决渠道冲突?
8. 影响营销渠道决策因素有哪些?
9. 批发商有哪些职能?
10. 零售业有哪些作用?

案例分析

宇通客车的非洲进军之旅

郑州宇通客车股份有限公司是一家客车研发、制造与销售的大型现代化上市制造企业。宇通客车拥有123个产品系列的完整产品链,其主要的产品可用来满足5米至18米不同长度客车的客户需求,主要服务于公交、客运、旅游、商务、校园等。宇通客车主要以产品差异化作为发展战略,以客户的订单模式提供标准化和定制化的产品,以直销为主,经销为辅。

早在2004年,宇通客车就正式进入非洲市场。十多年来,通过"种田"式的精耕细作,宇通客车的非洲朋友圈不断扩大,目前已经30多个非洲国家实现了批量销售服务,累计销量约15000辆,位居中国客车出口行业第一名,也是非洲第一大中国客车品牌。尤其是乘国家"一带一路"倡议的东风,宇通每年出口到非洲的大中型客车达到约2000辆,占中国客车出口非洲总量的"半壁江山"。

宇通一直贯彻直销模式,当有保证不了产品质量的订单时,会选择不参与竞标,而针对不具备服务条件的市场会选择暂不进入。通过不断引领行业发展,为客户带来差异化的价值,建立全渠道的一致体验,与受众创建情感连接,以及助力产品溢价和业绩增长这五个维度的品牌建设,宇通已经成为中国汽车工业由产品输出走向技术输出的典范。

坚持做好厂家直销与其他企业不同,宇通在南非坚持厂家直销,即自己寻找客户、推销产品,厂家直接把产品卖给客户。当《商用汽车新闻》记者问及为什么不在南非寻找一家实力雄厚、有资源优势的经销商时,傅东兴说:"虽然找经销商比找客户容易很多,但这不是宇通的海外营销思路,我们一直秉承着直接面对客户、自己开拓市场的策略开发海外市场。"如果企业选择与当地经销商合作,就不能控制终端客户,不知道终端客户是谁,做多少年资源都是别人的。一旦经销商经营状况出现问题,或者与厂家的销售思路不一致,或者不想与宇通继续合作了,宇通客车就陷入重新选择经销商并开发市场的困境。

宇通客车的顾虑并不是多余的,这些年很多中国汽车企业出口都遇到过更换经销商后重新进入海外市场的情况。据了解,2008年的金融危机导致南非一家经销商破产,致使中国一家汽车企业销售几年后不得不重新选择经销商再一次进入市场。

没有经销商,但一定得有服务商。宇通客车选择了当地一家很有实力的服务商签约合作。这家服务商有过几十年服务客车企业的经验,并与MAN、奔驰和马可波罗等企业合作过,可以多品牌维修,技术和维修软硬件都符合宇通客车的要求。

目前,宇通客车销售及服务网络覆盖欧洲、美洲、亚太、独联体、中东、非洲等六大区域,产品批量远销至全球30多个国家和地区。目前大中型客车在国内市场的占有率超37%,累计出口超70000辆,连续多年销量在全球领先。另外,宇通客车还在十余个国家和地区通过KD组装方式进行本土化合作,实现由产品输出走向"技术输出和品牌授权"的创新业务模式。引领中国客车工业昂首走向全球。

资料来源:刘琦.大数据背景下基于价值链的存货管理路径探析——以郑州宇通客车为例[J].湖北科技学院学报,2021,41(04):47-52.李立铎.第八届中国汽车国际巡展系列报道之四宇通客车在南非主打通勤车[J].商用汽车新闻,2011,(Z1):24.商车.乘"一带

一路"东风宇通开启非洲市场合作共赢新时代[J].商用汽车新闻,2018,(37):7. http://www.cvworld.cn/news/bus/guoji/110119/37911.html

1. 宇通是如何开拓非洲市场的?
2. 宇通怎样管理经销商?

参考文献

［1］伯特·罗森布洛姆.营销渠道:管理的视野[M].宋华,等,译.7版.北京:中国人民大学出版社,2006.

［2］迈克尔·埃特泽尔,布鲁斯·沃克,威廉·斯坦顿.市场营销[M].王永贵,译.14版.南京:南京大学出版社,2009.

［3］菲利普·科特勒,加里·阿姆斯特朗,营销管理[M].楼尊,译.16版.北京:中国人民大学出版社,2015.

［4］孔锐,高孝伟,等.市场营销:大数据背景下的营销决策与管理[M].北京:清华大学出版社,2020.

［5］庄贵军.营销渠道管理.[M].3版.北京:北京大学出版社,2018.

［6］肖怡.零售学[M].4版.北京:高等教育出版社,2018.

［7］多伊尔.营销管理与战略[M].朱翊敏,等,译.北京:人民邮电出版社,2018.

［8］夏春玉.流通概论［M］.5版.大连:东北财经大学出版社,2019.

［9］WATSON IV, GEORGE F, STEFAN WORM, ROBERT W. PALMATIER, AND SHANKAR GANESAN. The evolution of marketing channels: Trends and research directions[J]. Journal of Retailing,2015,91(4):546－568.

［10］李飞.全渠道营销:一种新战略[J].清华管理评论,2015(1):30-39.

［11］张闯,庄贵军,杨志林,等.零供关系中的依赖结构:消费者真的可以被忽略吗[J].管理评论,2016(9):134-147.

勩 第六篇　市场价值传播

第十二章　整合营销传播

学习目标

1. 理解整合营销传播的概念以及特点。
2. 掌握整合营销传播的实施框架。
3. 运用整合营销传播计划流程,能够设计有效的传播方案。

案例导入

结合"互联网+"东鹏控股玩转多元营销新模式

近期,证监会核准广东东鹏控股股份有限公司的首发申请。根据发行方案,东鹏控股拟向公众投资者发行1.43亿股人民币普通股,并在深圳证券交易所上市交易。

一、设直营展厅 极致感官体验 畅想智能未来

东鹏控股的销售模式采用"经销+直销"的模式。经销模式下通过经销商进行销售。直销模式下面向工程客户、直营零售客户、家装渠道客户、OEM客户和网络客户进行销售。其中,东鹏控股目前已在深圳、广州、佛山、上海等重点城市和部分省会城市开设直营店1展厅。可在店内直接为客户提供产品及装饰空间的展示与体验,为客户提供产品销售与服务。通过直营店或展厅接待客户并提供咨询、设计服务,客户付订金或货款并确认订单,仓库根据订单给予配货并安排物流将货物送达客户。未来,公司计划在万达、万科等商业综合体里开设智能体验店。同时公司还通过展会、年会等途径展示并销售产品。

二、拥抱互联网 构筑家居新零售模式

东鹏控股网络销售的主要产品为瓷砖和洁具类,公司目前已在第三方电商平台如天猫、淘宝、京东、苏宁、唯品会等电商渠道设立网店,同时与土巴兔、安乐窝、优装美家等7家垂直家装平台保持深度合作。客户在第三方、垂直家装平台等网店下单并付款到平台后,公司通过第三方物流公司安排实物发货,客户验收收货并在平台确认后,公与第三方平台进行后续结算。未来,公司会继续打通线上、线下服务渠道,整合品类优势,进一步打造建筑卫生陶瓷行业新零售的标杆。

资料来源:佚名、结合"互联网+"东鹏控股玩转多元营销新模式[EB/OL].中国经济新闻网 http://www.cet.com.cn/wzsy/cyzx/2680462.shtml),2020-10-17.

第一节 整合营销传播的内涵

一、整合营销传播的概念

整合营销传播(integrated marketing communication, IMC)是美国西北大学教授唐·舒尔茨于1991年在其《整合营销传播》一书中首次提出的,该理论引发了市场营销观念和广告传播观念的深刻变革。从此,在营销与传播理论的统合下,企业通过品牌与消费者构建关系的方法就从过去的单一方法走向更广阔领域的系统整合。

(一) 基本定义的演进

1. 舒尔茨对整合营销传播的基本观点

整合营销传播理论虽然是由舒尔茨提出的,但他在《整合营销传播》一书中并没有对整合营销传播给出一个明确的定义,也许当时舒尔茨认为此概念还需要不断地完善和发展。笔者根据他在书中表述的意思给出如下定义:

整合营销传播是一种适应所有企业信息传播及内部沟通的管理体制,这种传播与沟通就是尽可能与潜在的客户及其他一些公共群体(如员工、媒介、立法者等)保持一种良好的、积极的关系。

舒尔茨强调整合营销传播是一种管理体制,该管理体制的主要内容是开展信息传播活动,以期通过传播与消费者及利益相关者形成并保持良好的关系。无论在当时还是在现在,这都不能准确地表述整合营销传播概念的核心内容。实际上,这种表述与广告公司的运作管理体制并没有太大的差异。因此,舒尔茨不断地对定义进行修改和完善。

2. 美国广告代理商协会对整合营销传播的定义

美国广告代理商协会认为整合营销传播是一个营销传播计划概念,它要求充分认识制定综合计划时使用的能带来附加值的各种传播手段,如普通广告、直接反应广告、销售促进公共关系,并将之结合,以提供具有良好清晰度、连贯性的信息,使传播影响力最大化。

这个定义的关键之处是将整合营销传播理解为对各种促销形式的综合运用,努力形成"一个声音"并向目标消费者传播,试图使营销传播的影响力得到最大限度的扩展。在整合营销传播概念产生之前,曾经风靡一时的企业形象识别系统(CIS)的理论核心是力图通过创建企业的"同一性"形成所谓的"识别性",这与"一个声音"的传播理念并没有多大的差异。

3. 汤姆·邓肯博士对整合营销传播的定义

美国科罗拉多大学的汤姆·邓肯博士在整合营销传播领域所做的研究工作为丰富和发展整合营销传播理论做出了杰出的贡献。他认为,随着企业与客户及利益相关者之间的关系在企业经营战略中占据越来越重要的地位,企业建立以消费者为中心的组织架构远比建立以企业自身为核心的组织架构重要得多,因此,整合营销传播必须以顾客关系管理、一对一营销、关系营销、品牌营销等相关营销传播内容为主。在此前提下,汤姆·邓肯针对整合营销传播理论的核心内容提出了如下定义:

整合营销传播是一个提高品牌价值、管理客户关系的过程,具体而言,就是通过战略性地控制或影响相关团体所接收到的信息,鼓励数据发展导向,有目的地与他们进行对话,从而创造并培养与客户和其他利益相关者之间可获利关系的一个跨职能的过程。

综合上述若干专家和学者对整合营销传播所下的定义,笔者根据自身对整合营销传播概念的思考和研究,提出如下定义:

整合营销传播是企业组织以市场需求为导向、以品牌为载体、以商品的精神属性或物质属性为诉求内容,通过运用数据库及整合各种营销和传播方法,努力与目标消费者和利益相关者建立由外而内的相互认同、相互信任关系的管理过程。

关于这个定义,可以从以下几个方面加以理解:

第一,整合营销传播的本质是企业组织力图建立与目标消费者和利益相关者之间良好关系的管理过程。

在这一管理过程中,企业必须对目标消费者和利益相关者的需求(包括物质需求和精神需求)、愿望、价值取向、文化理念等进行深入的分析和研究,以便有针对性地对有形的产品和无形的信息分别予以加工(设计、定价、渠道)和编码(筛选、创意、表现),并有效地进行沟通。同时,企业还应根据与目标消费者的沟通及反馈,及时调整产品的设计和传播的内容与方法。

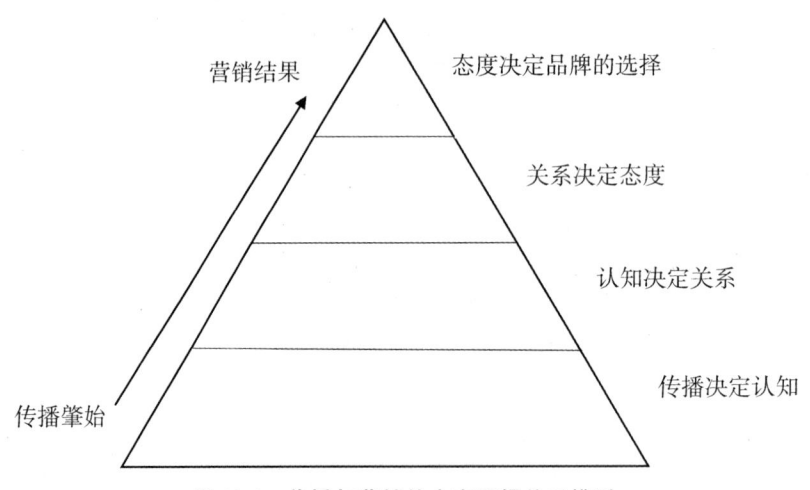

图 12-1 传播与营销的内在逻辑关系模型

第二,整合营销传播的目的是建立与目标消费者或潜在消费者及利益相关者之间相互认同、相互信任的关系。企业开展营销传播活动当然是希望进一步提高产品的销售业绩,这一点对于任何一个营销者和传播者来说都是不言而喻的。从消费者行为的角度而言,传播与营销的内在逻辑关系是:传播决定认知,认知决定关系,关系决定态度,态度决定品牌的选择,如图 12-1。

图 12-1 的模型非常清晰地表明了传播与营销之间的因果关系。在这一因果关系中,

传播活动决定了目标消费者对商品品牌的认知,消费者对商品品牌的认知又决定了消费者是否愿意与商品品牌建立一种相互沟通的关系,消费者与商品品牌建立的关系(积极的或消极的)又决定了消费者对商品品牌的态度(肯定的或否定的),最终,消费者对商品品牌的态度决定了其购买行为。

传统营销理论从企业自身的角度出发对营销结果不加掩饰地追求,并试图通过大规模的广告和促销活动使其一步到位(从传播肇始直接得到营销结果)。这种肤浅的认识和简单的操作手法从根本上忽略了消费者的感受,自然容易引起消费者的反感,营销活动的结果并不理想。在整合营销传播过程中,核心要素是建立和维护与目标消费者及利益相关者之间的关系。如果企业与目标消费者及利益相关者之间形成了彼此认同和相互信任的关系,企业的品牌价值及营销业绩的提高就是水到渠成的事。

第三,整合营销传播的管理过程必须以市场需求为导向。以市场需求为导向是整合营销传播理论与传统营销理论的本质区别之一,虽然传统营销理论强调管理要以目标消费者为中心,但由于其思考问题的出发点始终是企业,因此提出的相关理论只关涉由内而外的管理过程。整合营销传播理论的提出者唐·舒尔茨从一开始就反其道而行之,他所提出的4c理论关涉由外而内的管理过程(见表12-1)。正是这种由外而内的立场与思考角度,使整合营销传播理论成为真正以市场需求也就是消费者需求为导向的理论。

表12-1　由内而外的4p理论到由外而内的4c理论

由内而外的4P理论	由外而内的4C理论
产品(product)	把产品搁到一边,赶紧研究消费者的需要和欲求(consumer wants and needs),不要再卖你能生产的产品,要卖消费者想购买的产品
价格(price)	暂时忘却定价策略,快去了解消费者为满足需要愿意支付的成本(cost)
渠道(place)	忘掉渠道策略,思考如何使消费者在购买商品时感到方便(convenience)
促销(promotion)	最后忘掉促销,20世纪之后的时代应该是沟通(communications)的时代

第四,整合营销传播的载体是品牌,内容则是商品的精神属性或物质属性。整合营销传播的对象不是产品而是品牌。大多数企业的营销传播活动是以品牌的名义开展的,这样,品牌又成为传播活动的主体。其实,营销传播活动的主体只能是企业和目标消费者,品牌只不过是连接企业与目标消费者的载体。没有品牌,企业与目标消费者之间的沟通就无从谈起。

品牌之所以能够成为沟通的载体,是因为品牌不仅以其物质属性存在,更以其精神属性增值。企业通过品牌既可以与目标消费者针对产品的功能、品质和使用利益等形而下的内容进行讨论与沟通,又可以与目标消费者针对品牌的抽象理念、文化和精神等形而上的内容进行沟通与交流。在人与人的交往中,关系的确立与发展更依赖于双方共有的价值理念和文化认同,而不是在柴米油盐等小问题上的看法一致。在整合营销传播活动中,与目标消费者进行沟通的内容应该以品牌的精神属性为主,只有进行这种精神与文化上的交流,才有可能真正与目标消费者形成相互认同和相互信任的关系。

第五,整合营销传播必须建立功能强大的数据资料库,有效地整合品牌信息、视听觉符号和各种传播媒介,以达到最理想的传播效果。

建立数据完备的消费者资料库是开展整合营销传播活动的基础，企业只有掌握了消费者的各种资料（包括人口统计资料、心理统计资料和以往购买记录等，这是企业的无形资产，也是整合营销传播的基本条件和核心），才能针对现有的和潜在的消费者及利益相关者制定沟通策略。

整合营销传播除了强调对品牌视听觉符号信息的统一和有效整合，还必须整合各种传播媒介和传播工具，包括大众媒介、互动媒介、人员销售、广告、促销、公共关系、CIS、展示设计、包装设计等，以使目标消费者和利益相关者在任何地点、任何时间都能接触到统一且明确的品牌信息，使企业的营销传播力达到最大。

（二）正确理解整合营销传播

整合营销传播概念提出至今，一个不争的事实是，无人能够说清楚到底什么是整合营销传播，笔者虽然研究整合营销传播多年，但也难以全面系统地对整合营销传播进行理论构建，只能试图从以下几个层面来理解。

1. 立足于传播，服务于营销，明确整合目标

对整合营销传播理论的认识如果只停留在"对不同媒体发出同一种声音"的媒体整合上，就是简单化和单一化的理解。同时，对整合营销传播的理解也不能无限扩大到企业管理、战略规划和生产等各个环节上，这种将整合营销传播理论盲目扩大化的做法会导致企业营销战略的导向性偏移，使企业的传播失去方向和核心。

2. 整合企业传播历史，实现品牌可接受程度的最大化

考察国外整合营销传播的成功案例，会发现企业对传播历史进行了很好的系统整合。通过对系统的整合，得到了正确的品牌定位且能够一以贯之，使品牌传播的理念更为清晰。当然，对于没有历史的新企业，或是完全没有知名度的新品牌，企业需要整合营销传播的观念。

3. 明确整合思路和整合方法

企业在实行整合时要有明确的思路，把握传播方向，而且整合的核心只能有一个，如果同时有多个，就不是真正意义上的整合营销传播。整合营销传播的成功还有赖于采用一整套规范与合理的整合方法，这些方法可以有效地保证传播顺利实施，并保证传播不断向前推进。

4. 达成综合效果，建立永续关系

整合营销传播的重要目标是企业通过整合传播一致的信息，向消费者传达企业或品牌的一致形象，进而促使消费者发生消费行为，建立稳定和接续不断的关系。实现这一目标需要进行策略性整合：综合运用多种传播手段，让消费者与品牌建立持久关系。整合营销传播是企业应对逐步走向分散的传播环境这一问题的有效方法，是一种适应市场竞争的传播理论。实施整合营销传播的过程中，需要在操作层面上进行规范化的操控与把握，没有规范化与制度化支持的整合营销传播必将失败，这不但不能给企业带来效益，反而会让企业和品牌走向绝境。

（三）整合营销传播的特征

正如前面各个定义所展示的，整合营销传播是有别于传统营销传播的一种新的传播方式，这主要表现在三个方面。

1. 整合营销传播的目标是促进营销人员与顾客之间的对话与沟通

传统的营销传播往往是单向的,由营销人员主导;整合营销传播则是双向的,要在营销人员与顾客之间营造一种新型关系。在营销实践中,一方面,营销人员会积极主动地搜寻顾客的相关信息,并通过数据挖掘等研究手段加强商品品牌与顾客之间的联系;另一方面,顾客会搜寻有关品牌的信息,并努力改善与该品牌的关系。也就是说,顾客会对大众媒体传播的品牌信息进行适当加工,据此做出购买决策,或者在决策之前更多考虑亲戚朋友的意见。因此,营销人员可以通过改善品牌与顾客之间的关系来增加品牌的附加值。营销人员应该为顾客提供更多与品牌互动的机会,如为提高品牌忠诚度实施会员制度以及激励顾客在消费过程中提供反馈意见等。

2. 整合营销传播更强调品牌信息的连续性与一致性

在编码及传递过程中,整合营销传播更加注重连续性的品牌信息(如品牌名称、包装、广告等信息),并努力确保顾客能够易于接收相关信息。在今天这样高度分化的媒体环境下,顾客只能接受并保留有限的品牌信息。因此,相对于试图传递更多、更复杂的品牌信息的商家,努力传递简单的、统一的品牌信息的商家往往更容易获得竞争优势。例如,对快速消费品行业来说,广告的目的不是劝说顾客购买,而是强化顾客对品牌的满意度。因此,整合营销传播的目的是创造一种与顾客对品牌的期望相一致的信息,并通过各种传播与展示活动,最终在消费者心目中为企业及品牌成功地创造出"一种形象和一个声音"。

3. 整合营销传播考虑影响品牌与顾客沟通的所有方面,而不仅考虑传统促销工具(如广告、公共关系、销售促进、人员推销等)所涉及的因素

一方面,整合营销传播把传播过程从促销这个环节延伸到了产品(如品牌名称、标识与商品包装等)、定价和分销渠道等各个环节,即企业在整个营销过程中的每一个环都需要与顾客进行沟通。除了众所周知的传统促销组合(如广告、公共关系和销售促进等)以外,其他环节(如商品设计、包装、店堂陈列和企业标识等)也是整合营销传播流程中的重要环节,甚至售后服务也是整合营销传播的构成要素之一。另一方面,人们需要把顾客的概念从消费者扩展到利益相关者,即把内部员工、管理者、供应商、经销商、股东和债权人等直接或间接影响顾客与品牌关系的人员或组织,都视为整合营销传播的对象来进行管理。表 12-2 描述了传统营销传播和整合营销传播区别。

表 12-2 传统营销传播和整合营销传播区别

比较重点	传统营销传播	整合营销传播
时间幅度	短期导向	长期导向
主要的质量维度	产出品质	互动品质
顾客满意度衡量	市场占有率	顾客管理
顾客信息系统	不定期的顾客满意度调查	即时顾客反馈系统
营销与其他部门的互动	互动策略价值低	互动策略价值高
内部营销的重要性	不重视内部营销	内部营销是外部营销的基础
信息传播的特点	单向信息传播	一对一信息传播

续表

比较重点	传统营销传播	整合营销传播
主要营销技能	营销组合	营销组合与互动营销
营销对象	顾客	利益相关者
营销战术运用	营销传播工具组合	品牌信息产生一致性和协同
数据库的运用程度	市场调研工具	顾客沟通的基础

如今的消费者已经成为品牌资产创造的积极参与者之一,价值共创成为营销管理的重要命题,而整合营销传播是实现营销价值共创的重要渠道。2017年,舒尔茨与马尔萨乌斯(Malthouse)提出了一个消费者网络与协商营销模型,如图12-2所示。该模型的核心思想是:在信息技术、传播理念不断发展和丰富的背景下,营销传播逐渐出现互联化、智能化、社交化、草根化、内容自创化的趋势,这些趋势改变了传统营销时代大众传播的单向传播环境,使消费者变成了信息的生产者和传播者,与企业共同推动了企业资产的形成。因此,为了形成更具市场竞争力的品牌,企业应该转变营销传播思维,将新兴媒介和渠道(如自媒体、社群等)引入传播手段,通过整合营销传播,为消费者提供信息创造、分享和合作的平台,促进更积极活跃的价值共享生态。

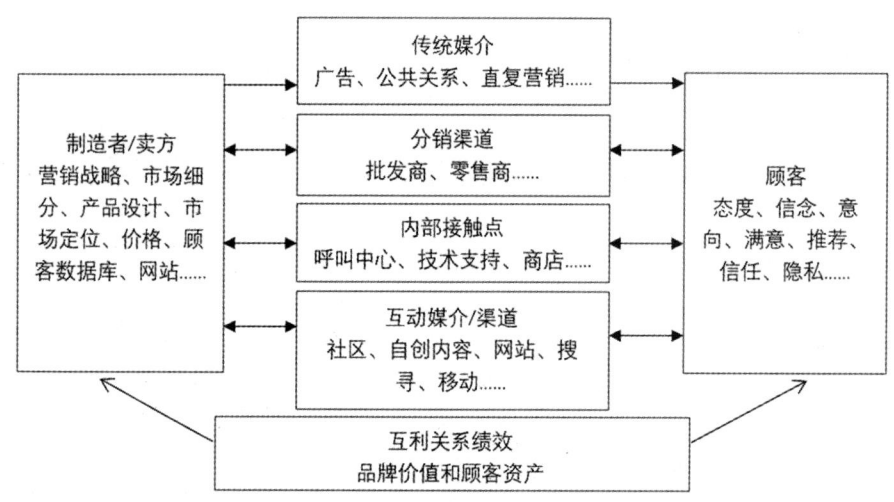

图12-2 消费者网络与协商营销模型

4. 整合营销传播的实施框架

经典的整合营销传播是面向包括顾客在内的所有利益相关者而展开的声音与形象等方面高度统一或一致的综合沟通过程。为了保证整合营销传播的效果,营销管理者在实施过程中需要关注几个方面:首先是知晓目标受众的信息资源以及他们对媒体的偏好;其次是理解目标受众所知道的、所信仰的以及与企业想要得到的反应相关的信息;再次是综合使用各种促销组合工具,虽然每个工具都有特定的目标,但所有工具都指向一个共同的目标;最后是明确存在协同的促销努力。其中,人员推销、广告和销售促进以及公共关系传达了目标受众所需要的一致信息。

为此，营销管理者需要从企业出发，通过整合企业内部的各种资源，基于利益相关者的视角，科学地进行规划和实施，促进各利益相关者做出有利于企业发展的行为，最终达到解决整合营销传播问题的目的。图 12-3 描绘了一个切实可行的整合营销传播的实施框架—9S 框架。其中，S1 代表洞察利益相关者；S2 代表存储利益相关者信息；S3 代表细分利益相关者；S4 代表战略竞争优势；S5 代表战略计划协调；S6 代表持续改进；S7 代表传播战略整合；S8 代表系统控制；S9 代表共享企业价值。鉴于持续改进、系统控制以及战略计划协调等属于一般管理学的范畴，这里不再赘述。下面重点对洞察利益相关者、细分利益相关者、存储利益相关者信息和传播战略整合等问题进行阐述。

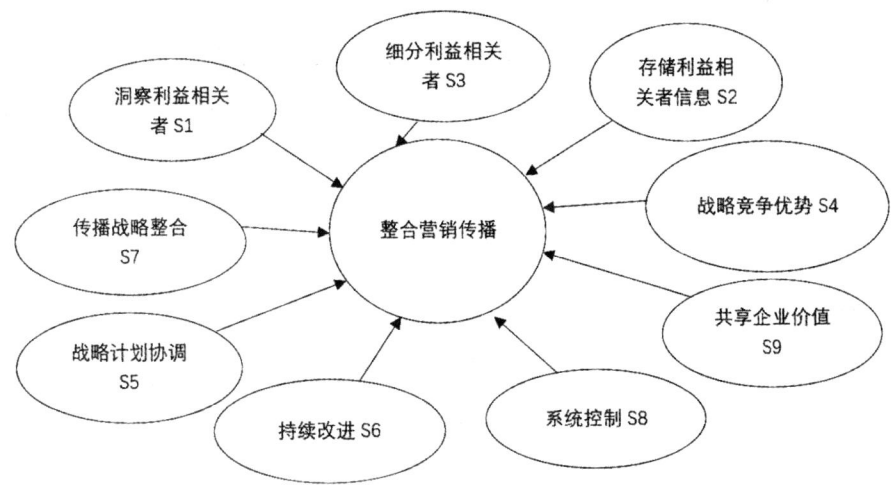

图 12-3　整合营销传播实施的 9S 框架

在实践中，营销管理者必须对利益相关者进行深入分析，不仅要洞察利益相关者，而且要对利益相关者进行细分。其中，利益相关者是指那些对企业的决策和管理能够施加影响并在一定程度上受到企业影响的所有个人或组织。根据利益相关者理论先驱弗里 (R. E. Freeman) 的观点，管理者可以通过回答以下三个问题来实现对利益相关者的分析：(1) 利益相关者是哪些人或组织构成的？(2) 不同利益相关者的需要是什么？(3) 利益相关者是如何实现自身利益的？一般而言，企业的利益相关者至少包括以下几类：股东、债权人、员工、供应商与零售商、消费者、竞争对手、政府、金融机构以及媒体等。实际上，对利益相关者的分析是否到位与对利益相关者的细分是否科学直接决定了企业的整合营销传播策略是否有效。毕竟，不同的利益相关者才是企业整合营销传播的受众或对象。只有知晓目标受众的需求及媒体习惯和偏好，获悉目标受众所知道的、所信赖的信息以及企业希望得到的反应，企业才有可能在整合营销传播策略的指导下设计出面向特定利益相关者的定制化营销传播方案，从而对其产生尽可能大的积极影响。当然，这肯定离不开面向利益相关者的市场营销调研。

管理者必须强化利益相关者的数据库建设，并以此为基础充分挖掘与分析各利益相关者的需求与期望信息，特别是他们的媒体偏好信息，为整合营销传播决策提供数据支持。由于企业的利益相关者与企业所处的内外部环境直接相关，因此它们与企业的关系往往错综复杂，难以整合，这对企业的整合营销传播实践提出了挑战。为此，行之有效的基础工作(建立全面详细的有关利益相关者的资料数据库)成为实现有效双向沟通的关键所在。当然,其中最重要、最直接的是建设并完善目标顾客数据库,对顾客的需求与行为模式进行分析与挖掘。舒尔茨等特别强调一种思考模式,即四阶段的整合营销沟通过程:(1)从消费者出发,研究现有消费者与潜在消费者的购买诱因;(2)考察产品,了解产品的实质和消费者的认知状况;(3)研究竞争状况,寻找并确定品牌的消费者利益;(4)有效地说服消费者。

管理者需对营销传播的战略整合给予足够的关注。由于整合营销传播是一项综合的系统工程,如上所述的利益相关者的一些资源往往是相当分散的,因此管理者有必要利用先进的技术把各项资源(特别是信息)有效地整合起来,使整合营销传播所涉及的各个部门能够共享数据库资源,以保持高度的一致性。显然,这意味着整合营销传播面临多项至关重要的整合任务。其中,比较常见的是广告、公共关系和人员推销等各种促销工具的整合。

由于整合营销传播是一个持续循环的过程,所以对某一阶段传播执行效果的调查与评估既是对上一阶段的总结,又是对利益相关者数据库的补充与更新,更是为下一阶段营销传播中的创新奠定基础。舒尔茨以消费者为例阐明这种调查与评估的主要内容:消费者是否接触到信息,他们是否相信这些信息,品牌个性是否符合消费者的需要,他们对品牌的认知和反应如何,等等。根据舒尔茨的观点,整合营销传播的意义相当单纯,即通过使用一组衍生自消费者需求与偏好的系统沟通方式,帮助企业的产品在消费者的心中建立起一种认知价值,进而使自己的产品与竞争产品鲜明地区分开来。如果消费者对某企业产品的认知价值一直优于竞争对手的产品,消费者就会对该企业的产品保持忠诚。

(四)正确理解整合营销传播关于整合营销传播理论的认识误区

在对整合营销传播理论进行研究的过程中,笔者发现不同的专家和学者从各自的专业背景出发所形成的对整合营销传播的理解往往各不相同。笔者试图对整合营销传播理论的认识误区加以辨析。

1. 传统大众传播工具将丧失作用

有些专家和学者认为一旦确定了整合营销传播战略,就必须采用新媒体对品牌产品进行营销传播,而不能使用传统的大众传播工具。笔者以为,这个观点显然是站不住脚的。对于一个企业而言,它在激烈的市场竞争中所采用的营销传播方式只不过是一种手段,到底应该使用哪种营销传播工具,需要根据企业希望达到的营销目标来确定。无论是新媒体还是传统媒体,它们并没有高低优劣之分,在相当一段时期内是互补关系而非取代关系。一个企业在开展整合营销传播活动的过程中到底应该以新媒体为主还是以传统媒体为主,要视企业所提供的品牌产品的市场特征、消费者行为特征和媒介接触习惯而定。

2. 整合营销传播就是整合所有媒体开展传播活动

有些业内人士在理解整合营销传播这个概念时,习惯于将整合营销传播理解为将所有媒介予以整合,针对目标消费者开展立体式全方位的品牌信息传播活动的过程。然而,在具体实践中,没有几个企业有足够的资金能将所有的媒介予以整合使用。整合营销传播理论的核心要点并不是一定要通过整合利用所有媒介来开展传播活动,而是要通过对多种营销传媒手段的组合来分析不同组合给企业带来的战略价值。比如,利用传统媒介开展广告活动比较适合具有大众消费特征的快速消费品,人员直销方式更适合消费领域狭窄和技术含量较高的耐用品,销售促进手段则更适合在渠道上形成积压的商品。对于企业而言,一个最基本的理念就是在营销传播活动中努力做到在正确的时间、正确的地点利用正确的媒介向正确的目标受众传递正确的品牌信息。

3. 整合营销传播与传统营销传播在实践上并无本质区别

从表面上看,整合营销传播所采用的营销传播工具与传统营销传播工具并没有明显的差异。在品牌产品信息的传播层面上,整合营销传播又与传统营销传播所追求的信息一致性、统一性等目标极为相似。由此,一些人认为整合营销传播与传统营销传播并不存在本质上的区别。不过,进行深入辨析的话,还是会发现两者本质上的差异性。

其一,传统营销传播以4P为核心理念,这就在本质上决定了其必然以产品作为营销传播的导向,整合营销传播则以4C为核心理念,这就在本质上决定了其必然以消费者作为营销传播的导向。在两种观念的引导下所开展的营销传播活动,即使采用的营销传播工具没有多大的差异,在指导思想上也一定会呈现极大的异质性。

其二,与传统营销传播相比,整合营销传播更加重视对新技术的开发与利用,甚至可以说整合营销传播能够在传统营销理论的基础上形成全新的理论体系,最为关键的一点就是利用网络信息技术识别目标消费者,在具体实践上就是高度重视建立消费者数据库。有了消费者数据库的支撑,整合营销传播才有可能使营销传播活动更精准、更有效率和更节省成本。

其三,与传统营销的大众传播相比,整合营销传播更加注重"一对一"的传播。在传统营销传播理论的指导下,企业所开展的营销传播活动更倾向于借助大众传媒向广大受众传播品牌产品的相关信息,这种手段固然可以在短时间里扩大企业产品的知名度,但是由于花费的成本过高,许多企业难以做到。更为遗憾的是,这种方法不太可能根据不同消费者的不同需求、不同偏好和不同审美品位制定个性化的传播策略,自然也就不可能达到更理想的传播效果。整合营销传播则试图从传统营销的定位理论入手,通过数据库对消费者需求进行分析,运用多种传播手段来满足消费者的个性化需求。整合营销传播理论介绍到我国已经有20多年,但许多企业对整合营销传播的理解仍然望文生义,认为整合营销传播就是通过整合各种媒介向目标受众传达"一种形象、一种声音"而已,这种浅层次的理解必将影响整合营销传播的效果。只有人们对整合营销传播理论有了更全面、更深入、更本质的理解,整合营销传播在企业的营销传播活动中才能显示出真正的魅力。

第二节　整合营销传播计划

一、整合营销传播计划的流程

在制定整合营销传播策略的过程中,公司需要结合各种促销组合要素,平衡每一个要素的优势和劣势以产生最有效的传播计划。整合营销传播管理(integrated marketing communication management)是与目标受众进行有效传播的过程,包括策划、执行、评估和控制各种促销组合要素。营销商必须考虑使用哪一种促销工具及如何整合它们以完成营销和传播的目标。公司也必须决定如何在各种促销组合要素上分配整体的营销传播预算。预算中应分别有多少比例该分配给广告、销售促进、互联网、赞助和人员推销。

在所有商务职能中,策划、制定和实施有效的整合营销传播计划扮演着重要的角色。这一过程由整合营销传播计划(integrated marketing communication plan)指导,为制定、实施和控制组织的整合营销传播方案提供框架。整合营销传播方案的制定者必须决定促销组合中各要素的角色和功能,为每种要素制定正确的策略,确定他们如何进行整合,为实施进行策划,考虑如何评估所取得的成果,并进行必要的调整。营销传播只是整体营销计划和方案的一部分,因此必须能够融合其中。

图12-4列出了一个整合营销传播计划过程的模板。本章余下部分将对此过程加以概述。

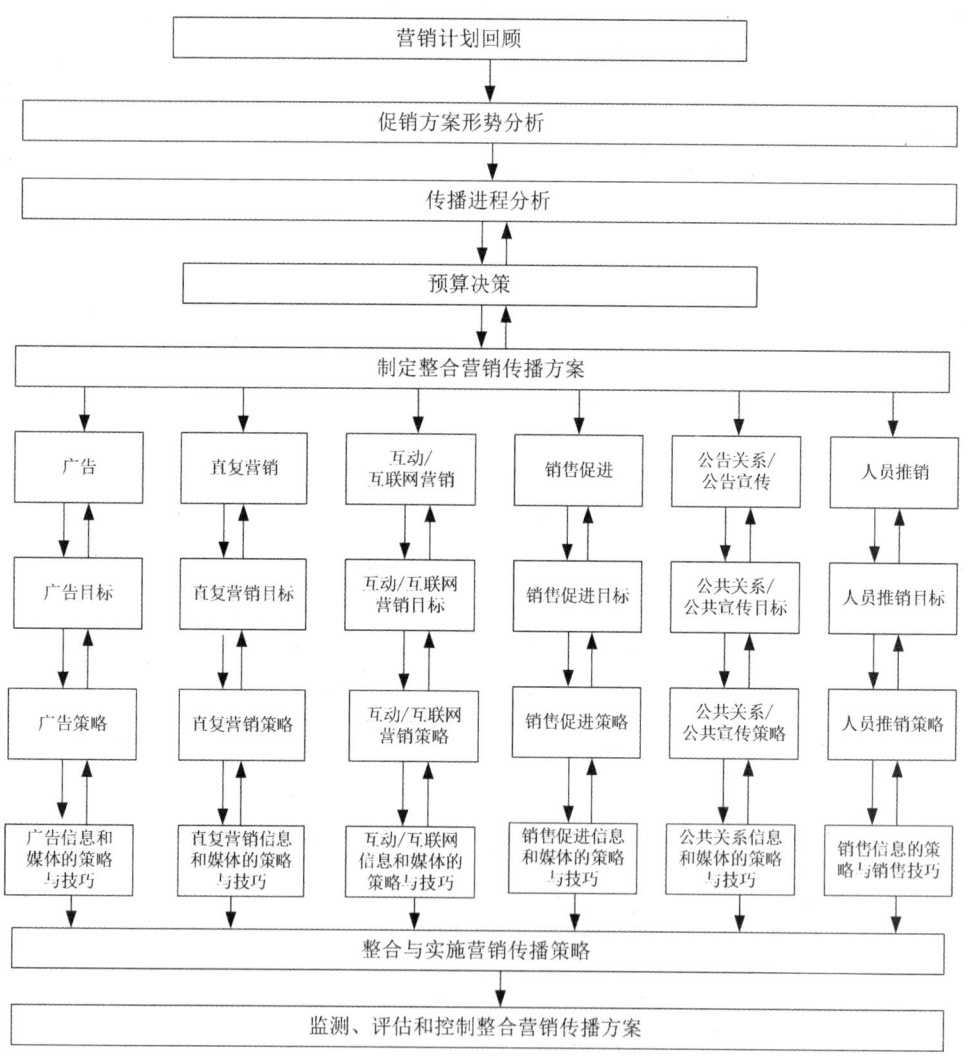

图12-4 整合营销传播计划的流程

(一) 营销计划回顾

整合营销传播计划过程的第一步是回顾营销计划和目标。在制订一个促销计划前,营销商必须了解公司(或品牌)的现状,在市场的现有位置,想要达到的目标,计划如何达到这一目标。营销计划(marketing plan)是为组织、特定的产品线或品牌制定全面的营销策略和方案的书面文件,必须涵盖以上信息。营销计划有多种形式,但通常都包括以下五个基本要素:

1. 详尽的形势分析,包括内部的营销审核和回顾以及外部市场竞争态势和环境分析。
2. 明确的经营目标,为营销活动的开展提供方向,制定时间框架和衡量标准。
3. 营销策略和方案,包括目标市场的选择和营销组合四要素的规划和决策。
4. 实施营销策略的方案,包括明确实现特定的任务和责任。
5. 监测,评估实施情况以提供反馈的过程,从而确保对整个营销策略与技巧进行有效的控制和必要的改进。

对于大多数企业而言,促销计划是营销策略的一个组成部分。因此,促销计划的制定者必须了解广告和其他促销组合要素在整个营销方案中的作用。促销计划的制定要与营销计划一致,并充分利用其信息。促销计划的制定者要关注营销计划中与促销策略相关的信息。

(二) 促销方案形势分析

在回顾了整体的营销计划后,制订促销计划的下一步是进行形势分析。在整合营销传播方案中,形势分析关注的是与促销策略相关的或影响策略制定的要素。与整体营销形势分析类似,促销方案形势分析由内部分析和外部分析组成。

1. 内部分析

内部分析(internal analysis)评价的范围包括公司自身及提供的产品、服务。分析过程需要考察公司的生产能力、制定和实施成功促销方案的能力、促销部门的组织架构以及对以往方案成败的检视。分析还包括评估公司内部设立促销职能部门及雇用外部代理公司的优劣。假如内部分析显示公司不具备单独制定、实施和管理促销方案的能力,那么寻求广告代理公司及其他促销专业人士的帮助是一个明智之举。如果组织已经使用了广告代理公司,那么事情的焦点就是代理商的工作质量以及其以往和目前的工作成果如何。

本书将考察广告代理公司的职能、广告代理公司的选择过程、薪酬水平和代理公司表现评估的考虑因素。我们还将探讨其他专业促销机构,如营销促进公司、直服营销公司、公共关系公司、市场和媒体调查公司等的角色和功能。

内部分析还着眼于从形象角度考察公司和品牌的优劣。企业在市场中的形象对于企业的产品和服务以及广告与促销自身的方式有重要的影响。全新的或不具备良好形象的公司或者品牌不仅要强调产品或服务的利益点或品质,而且要注重自身的形象。另一方面,拥有强大的声誉和良好形象的公司在推销其产品或服务时则占尽先机。比如,星巴克除了咖啡和其他产品的品质保证外,更因其积极履行企业社会责任而获得了良好的声誉。因为在社区、雇员、供应商关系建立以及环境问题方面的表现,星巴克被视为优秀的企业公民。星巴克意识到被认为积极履行企业社会责任对其未来的成功和持续增长意义重大。公司每年都发布企业社会责任年度报告,阐述公司对其业务所在地区带来的社会、环境和经济影响。

内部分析还要评估产品或服务的优劣势、有利和不利的方面、所具备的独特卖点或利益点,以及包装、价格和设计等。这些信息对于为品牌制定广告信息的创意人来说至关重要。

表12-4列举了分析促销策划目标时所要考虑的领域。分析内部领域可能需要公司不会提供的信息,因此必须像外部分析时一样来收集这些信息。

2. 外部分析

外部分析(external analysis)关注企业的顾客特征,市场细分,定位策略和竞争对手(见表12-3)。外部分析的重点是对顾客特征、购买模式、决策过程以及影响购买决策的因素进行考察,同时还要考虑消费者的感受和态度、生活方式及购买决策标准等。通常,可用市场调查研究来解决这些问题。

外部分析的关键要素是市场评估。各种细分市场的吸引力需要仔细评估并明确目标细分市场。一旦选择了目标市场,就要考虑如何进行产品定位,在消费者的心中应该确定什么样的形象和位置。

促销方案的外部分析还包括对直接竞争对手和间接竞争对手的深入考察。尽管在整体市场营销形式分析中已对竞争对手做过分析,但在促销方面更有深入分析的必要。焦点应放在企业的主要竞争对手上,它们的优劣势、细分市场、定位策略以及促销策略、促销预算费用规模和分配、媒体策略及向外部市场发布的信息等,都应在思考范围之内。

表12-3 形势分析涉及的领域

内部因素	外部因素
公司的促销组织及能力评估	顾客分析
促销部门的组织	谁购买我们的产品或服务
公司设计和实施促销方案的能力	谁做出了购买我们产品的决策
广告代理公司和其他促销专业机构的角色	谁影响购买决策的做出
广告代理公司和其他促销专业机构的角色和功能的确定	购买决策是怎样做出的?谁承担什么角色
公司以往促销方案和结果的回顾	顾客买什么?必须满足什么需求
回顾以往的促销目标	顾客为何购买某一特定品牌
回顾以往的促销预算及其分配	顾客到何处寻找、购买产品
回顾以往的促销组合策略和方案	何时购买?是否有季节因素
回顾以往促销方案的结果	顾客对本产品或服务的态度如何
评估公司或品牌形象与促销的含义	哪种社会因素能影响购买决策
评估产品或服务的相关优劣势	顾客的生活方式影响他们的决策吗
产品或服务的优劣势分别是什么	顾客对本产品或服务感觉如何

续表

内部因素	外部因素
关键的利益点是什么	人口因素如何影响购买决策
它是否有独特的卖点？	竞争分析
评估包装、商标、品牌形象	谁是我们的直接竞争对手和间接竞争对手
我们的产品或服务与竞争对手相比如何	我们的竞争对手使用了什么关键利益点
	我们在竞争中所处的位置如何
	竞争对手的广告预算为多少
	竞争对手使用什么样的信息和媒体策略
	环境分析
	哪些潮流或发展可能会影响促销方案

外部分析同样还包括分析营销环境和当前发展趋势对促销方案可能带来的影响。比如，影响整合营销传播的最重要的变化之一就是社交网络的突破性成长，如脸书网站已经拥有超过5亿用户。营销商认识到不应只是在脸书上开设一个页面，而是需要找到创造性的方式以增加它们能够接近消费者的可能性，从而影响消费者的生活、行为并进行沟通。

（三）传播进程分析

促销计划进程的这一阶段考察的是公司如何与目标市场的消费者进行有效的沟通。促销计划人员必须考虑消费者对营销传播做出反应的过程。消费者对产品或服务做出购买决策的反应过程常被描述得很重要，而这一过程会因为涉入度高低以及是否为常规购买而有很大的差异，并将影响促销策略。

传播决策必须考虑各种信源、信息、信道等因素，促销计划人员必须认识到不同的广告信息对消费者的影响以及对产品或品牌是否有效。同时，也应该考虑名人代言是否必要以及费用多少。媒体组合选择（如印刷品、电视、报纸、直服营销、互联网）的初步方案以及实施费用也需要在这一阶段制定。

这一阶段的重要任务是制定传播目标和任务。在本书中，我们着重分析传播目标和营销目标的区别。营销目标（marketing objectives）是指整个营销方案所要完成的目标，通常以销售额、市场占有率和利润率表示。

传播目标（communication objectives）是指公司促销计划所要完成的目标，通常以所要传播的信息特质或所要达到的传播效果来表示。传播目标包括建立对一个产品品质或利益的认知和了解，塑造形象，培养好感、偏好和购买意向。传播目标应成为制定整体营销传播策略的指引和每一个促销组合领域的目标。

（四）预算决策

确定传播目标之后，我们将注意力转向促销预算。在此需要注意两个基本问题：促销方案的费用是多少？该如何分配资金？在理想情况下，公司所需的促销费用应由完成传播目标必需的工作决定。但在现实中，一般以简单的方式来分配预算，比如有多少可用的资金或者根据公司或品牌销售收入的百分比来提取。在这一阶段,预算通常是不确定的,最终取决于促销组合策略细节的制定。

(五)制定与实施整合营销传播方案

制定整合营销传播方案是整个促销计划最不可或缺也是最细致的一部分。如前所述,每个促销组合要素都各有优势和局限。在计划过程的这一阶段,决策的制定需要考虑每个要素的角色和重要性以及彼此间的协调。每个促销组合要素都必须有自身的目标和与其相一致的预算和策略。实施促销方案需要进行决策并开展活动。需要制定程序来进行绩效评估并进行必要的修改。

例如,广告方案有自身的目标,通常指向目标受众以传播信息为诉求,需要制定预算,使广告经理和广告代理公司知道用于信息发布的广告活动计划和媒体购买的预算有多少。

信息策划和媒体策略是广告计划的两个重要组成部分。信息策划通常是指创意策略,包括广告主决定向目标受众传达的基本信息和诉求。这一过程及最终形成的广告是许多学生认为最有吸引力的部分。媒体策略涉及选取何种传播渠道向目标受众传递信息,决定使用何种媒体(例如报纸、杂志、广播、电视、户外、互联网)以及选择特定的媒体(例如特定的杂志或电视节目)。这一任务需要对所选媒体的优势和局限、费用以及向目标市场传递信息的有效性进行仔细评估。

一旦确定了信息和媒体策略,就要采取措施付诸实施。多数大公司雇用广告代理公司来策划和制作广告,并评估和购买媒体投放广告。不过,大多数广告代理公司在制定广告和选择媒体时,都需要广告客户的密切协作,因为广告主是广告创意和媒体策划最终的决定者并为此付费。

其他整合营销传播方案要素的实现过程与此大致相似,从确定目标开始,制定完整的策略,确定信息和媒体策略,然后实施。营销商会雇用广告代理公司来实现整合营销传播方案中的部分功能,它们也可能会雇用其他的专业传播机构,如直复营销、互动营销和促销代理机构以及公关公司等。

(六)监测、评估和控制

整合营销传播计划过程的最后一个阶段是监测、评估和控制促销方案。确认整合营销传播方案是否符合传播目标,对协助公司完成整体营销目标而言非常重要。整合营销传播计划者不仅需要知道促销方案如何做,而且需要知道为什么这么做。比如,广告方案的问题在于信息性质或媒体策划无法有效到达目标受众。管理者必须知道这一结果的原因并采取正确的步骤来修正方案。

过程的最后一个阶段是设计用来向管理者提供有关整合营销传播方案有效性的持续反馈,这些将反过来作用于计划过程。从结果获得的信息可用于整合营销传播方案后续促销计划和策略的制定。

重要概念

整合营销传播　传统大众传播　4P　4C　促销方案　传播进程

思考题

1. 探讨整合营销传播与传统营销传播的区别。

2. 4P 和 4C 的主要区别是什么?
3. 选择一家企业,探讨企业与消费者是如何在营销传播层面进行沟通的。
4. 整合营销传播的特征是什么?
5. 整合营销传播的实施框架是什么?
6. 整合营销传播计划的流程有哪些?
7. 请选择一家企业,说明该企业是如何成功地进行整合营销传播的。

案例分析

梦祥的全方位媒体传播之梦祥家

梦祥以"为中国纯银制品享誉世界而孜孜以求"为理念,以继承和弘扬中国传统文化为己任,坚持卓越匠人精神原则,历经二十多年发展,从一家普通的银饰加工厂,成长为一家贵金属和轻奢品行业领先大型企业。

目前旗下拥有金梦祥、梦祥银、盈祥银、梦祥盛世、九龙银象等多个品牌,是一家集黄金、K 金、钻石、珠宝、玉石和白银首饰设计、生产研发、模具加工、白银批发、珠宝销售为一体的独立法人企业。现拥有现代化标准厂房 9800 多平方米、展厅 10000 多平方米、员工 1000 多人,各类专业技术人员及管理人员近百人,全国市场有 5000 多家加盟商合作伙伴,近万个销售网点,实现了黄金、珠宝、银饰全国免费终身调换。

梦祥是一个品牌、一个标识,甚至代表某种形象,如何更好地开发利用这种资源是亟待解决的问题。这就需要用"梦祥家"的方式来助力品牌升级,提升品牌知名度。

首先,梦祥家是多品牌、多品类的开放交易平台。围绕着一个人或一个家庭,将生态链中的产品相互交织,形成一张很大的网,而这些产品与消费者的需求之间是完全契合的,而正是依托于这样的生态链,企业才能够孵化出很多的创新形态,事实上,在现代市场环境中,公司的竞争不是单枪匹马独斗,也不再只是产品间的竞争,而是企业整个供应链视角的竞争。梦祥家是一个平台,在这个平台上能够实现信息的自由交换,比如梦祥作为首饰珠宝行业的佼佼者,以用户为核心,与婚纱、会所、景区、服装等产业进行异业联盟,融合汇聚众多价值观和梦祥一致、达到产品品质标准的珠宝品牌和品类,满足互联网时代用户的消费升级需求。

其次梦祥家是链接 5000 家店面的纽带。生态链是一个比较复杂的系统,实现高效的管理是梦祥一直在努力追求的事情,如同小米拥有米家 APP 一样,梦祥也青睐于打造自己的 APP,通过软件来实现数据、资源的集成和共享。未来梦祥将应用互联网技术,实现自媒体新闻的推广与发布、加盟订货、用户购买、快速推送、智能客户等功能,通过大数据中心,时时处理梦祥线上线下消费者选购和配送问题,从而实现资源互联,万店一家。

梦祥现在正在主推的 APP 建设,其功能就在于可以有效获得顾客的消费数据,及时反馈到后台,就其中关于产品、品牌等的投诉以及建议进行研究,为下一步的改进提供支撑。未来,有关于公司培训的视频也将会在软件上进行传播,这将节约零售商或经销商接受新知识的成本,促进知识共享。再者,消费者可以通过 APP 实现对附近门店的查询,节省时间和精力成本。最重要的是相当于给零售商构建了一条线上销售渠道,可以实现门店的信息化管理,这样就能够对店铺所覆盖的消费者进行精准画像,实现精细化管理,尤其是为后期通过会员制实现管理提供支撑。

最后,梦祥家是消费者了解梦祥的窗口。互联网时代,人和人之间的界限越来越模糊,不管用户身处世界何地,都可以通过互联网实现直接联系与交互。如今,企业的发展边界也越来越模糊,很多企业"跨界"发展获得了成功。梦祥现在的发展边界相对是比较清晰的,因此,企业一直在打造互联网消费互动媒体,走近用户的需求链,进而契合他们的生活方式,持续在用户身上进行粉丝流量的变现,梦祥也想将自己的粉丝集合起来,构建社区,打造粉丝经济,从消费者手中探知多样化的需求,让消费者通过梦祥家了解梦祥。

如今新兴媒体的发展势如破竹,不可阻挡。新兴媒体的主要特点是快、传播范围广、及时、曝光度高。互联网的飞速发展以及手机的普及为信息传递提供了庞大的技术支持,也塑造了新兴媒体的这一系列特性。如今新兴自媒体平台也有很多,例如微博、微信。中国网民群体数量庞大,利用自媒体进行企业宣传、形象塑造和产品宣传,可以让消费者迅速接受并了解,因而企业都非常重视这些平台,选择线上宣传。梦祥也同样在新兴媒体上花不少心血。

现在梦祥选择了微博、微信和官方网站这三个平台作为主流平台进行宣传。在这些平台上,梦祥附上了企业信息以及企业"大事",想要及时了解梦祥信息的消费者,可以直接在平台上翻看这些事件记录。而且梦祥在官网最醒目的地方添加了如何成为加盟商的信息,为有意向的合作方提供了便利。同时平台也为梦祥信息的发布提供了便捷。同时梦祥在加盟商加盟之前,会提供文字上的指导,让每一个人都能够明白自己将来的定位。梦祥经过信息的收集和分析,为每一位加盟商提供了入门手册。梦祥在这些平台上同样传递着梦祥的企业文化,帮助现有加盟商和潜在加盟商了解梦祥的品牌文化。

因网购的便利性,网购已经成为国内大部分家庭的主要购物方式,于是梦祥与电商淘宝进行了合作,将自己的产品放在淘宝上进行售卖,极大地便利每一位消费者,也同时吸引了新的消费者。

梦祥还有自己独一无二的APP,加盟商和经销商可在线上进行商品选择,为其提供了便利,同时也缩短了进货选货时间。这一APP也将企业和加盟商紧密地连接在一起。

新兴媒体具备许多特点:一是实现了人类传播模式的整合。网络传播囊括自身传播、人际传播、组织传播和大众传播等,既可以"点对点"传播,也可以"点对面"传播,还可以"面对面"传播。二是传播形式多样,且在不断创新。文字、图形、声音、触感等多媒体效果都可以通过网络实现,电子邮件、电子读物、论坛、视频、即时聊天工具、博客、微博、微信等传播方式层出不穷。三是信息存储海量,传播效率高。存储技术、网络宽带特别是云计算技术的广泛运用,使海量存储、数据高速处理和高效的传播得以实现。四是实现了实时性与互动性。电子化的网络信息平台具有操作简单、编排方便、发布快速等特点,能够实时传播,并可以与受众即时互动。

梦祥根据新媒体的这些特点推出了相应的举措。利用新媒体,着力打造优质的新闻产品,确保网上网下的报道真实准确、全面客观,力图给每一位消费者提供梦祥的高质量新闻,让消费者切切实实地了解梦祥;另一方面就是微传播,通过各种微内容、微信息高速流动、跨平台流动,用户随时随地能够迅速地获取信息。最后一个方面是如今一般化的信息不再满足消费者需求,消费者对于个性化的需求越来越多,企业宣传内容也必须在特色化、分众化上下功夫。在媒体融合发展的过程中,既要提供共性新闻产品,也要加强个性化新闻生产。梦祥在这一方面融入了自己独有的品牌文化,也是独树一帜、标新立异的。梦祥在新兴媒体上的付出,极高地提升了企业的运转效率,为多方了解梦祥提供了有效途径。梦祥想要借助新媒体的记录和保存功能,将自身独有的品牌文化长久地流传下去。

资料来源:牛全保,等.文化基因的品牌镌刻:梦祥品牌文化[M].北京:社会科学出版社,2020.

1. 梦祥在整合营销传播方面都有哪些举措?
2. 面对新的市场环境,你对梦祥的整合营销发展有何建议?

参考文献

[1] 菲利普·科特勒,加里·阿姆斯特朗,营销管理[M].楼尊,译.16版.北京:中国人民大学出版社,2015.

[2] 孔锐,高孝伟,等. 市场营销:大数据背景下的营销决策与管理[M].北京:清华大学出版社,2020.

[3] 菲利普·科特勒,等. 营销管理(亚洲版)[M].王永贵,等,译.北京:中国人民大学出版社,2020.

[4] WU I. L. The Antecedents of Customer Satisfaction and Its Link to Complaint Intentions in Online Shopping:An Integration of JusticeTechnology and Trust[J]. International Journal of Information Management,2013.

[5] 张延斌,石胜民,石亚娟,等. 市场营销学[M].天津:南开大学出版社,2016.

[6] 乔治·贝尔奇,迈克尔,贝尔奇.广告与促销:整合营销传播视角[M]郑苏晖,等,译..9版.北京:中国人民大学出版社,2016.

[7] 桂世河,汤梅.整合营销传播目标的演进与发展趋势[J].管理现代化,2019(2):78-81.

[8] 申光龙,整合营销传播战略管理[M].北京:清华大学出版社,2013.

[9] 唐·舒尔茨,海蒂·舒尔茨.整合营销传播:创造企业价值的五大关键步骤[M].王茁,顾洁译.北京:清华大学出版,2013.

[10] 邓肯.整合营销传播:利用广告和促销建树品牌[M].北京:中国财政经济出版社,2004.

[11] 辛普.整合营销传播:广告与促销.[M].张红霞,译.8版.北京:北京大学出版社,2013.

[12] 黄鹂,何西军. 整合营销传播:原理与实务[M]. 上海:复旦大学出版社,2012.

[13] 黄迎新.整合营销传播理论:批评与建构[M].北京:人民出版社,2012.

第十三章　大众传播策略

学习目标

1. 掌握促销的含义、促销组合包含的要素。
2. 掌握广告传播方式的概念和形式。
3. 理解公共关系的含义和手段。
4. 理解人员推销的概念和销售队伍。
5. 掌握销售促进的概念、工具。

案例导入

蜜雪冰城的"病毒式传播"

蜜雪冰城,是张红超于1997年在郑州成立的冰淇淋与茶饮的品牌。蜜雪冰城致力于让全球每个人享受高质平价的美味,始终秉承"近者悦,远者来;以奋斗者为本,以顾客为中心"的理念,用优质的原材料打造产品,以优质的团队服务顾客。为做好每一支冰淇淋、每一杯茶饮,蜜雪冰城品牌由三大产业链(研发生产、仓储物流、运营管理)共同协作,使蜜雪冰城在国内饮品行业稳步成长,并致力于推动全球冰淇淋与茶饮行业更好、更快地发展。蜜雪冰城不光重视品牌的运营与发展,同时着重于利用现代科技进行广告营销。

2021年6月3日,蜜雪冰城品牌官方号在B站上传主题曲MV。随后,该主题曲在各大平台迅速刷屏。这首魔性动画MV主题曲拥有中文、英语、俄语、日语、泰语等不同语言版本,还有四川话、广东话、山东话、上海话等方言版本,在抖音、快手、微博等社交媒体平台"病毒式传播"。由于歌词旋律过于魔性,让网友产生"听一遍无感,听两遍真香,听三遍上头,听四遍无限循环"的感觉,并且引发了不少网友的二次创作,一时间全网穿梭"你爱我～我爱你～蜜雪冰城甜蜜蜜～"的魔性世界。这首主题曲的火爆给蜜雪冰城带来亿级流量,成功地提高了其品牌大众知名度与关注度。通过这一场由蜜雪冰城自己主导的营销宣传后,蜜雪冰城在市场上更加具有活力,其在年轻消费者心中的品牌好感度也直线上升。为蜜雪冰城占领并巩固市场打下坚实基础。

第一节 促销

一、促销的概念和实质

(一) 促销的概念

促销是指企业通过人员推销或非人员推销的方式,向目标市场传递企业及其产品的相关信息,帮助消费者认识产品所带给消费者的利益,从而引起消费者的兴趣,激发消费者的购买欲望,从而促使消费者产生购买行为的活动。

促销本质上是一种通知、说服和沟通活动,是谁通过什么渠道(途径)对谁说什么内容,沟通者有意识地安排信息、选择渠道媒介,以便对特定沟通对象的行为与态度进行有效的影响。这种沟通说服有几种途径:一是雄辩式说服,讲话人首先以其人格博得听众的信赖感,再激起听众的情感以取得信任,列举鲜明的证据诱发需求。二是宣传式说服,最早是以企业为主体来获得别人的支持。用语言、文字、气氛和事件等来争取支持者。现在企业的建筑式样、最高管理人员的办公室布置、产品的设计、推销员的个性等,通过公共关系人员,借助新事件,制造一种新的气氛,进行宣传沟通。三是交涉式说服,指一方的交涉代表与另一方的代表相互进行拉锯式谈判,以取胜对方,企业在市场营销活动中常用的是劝诱策略,非极端条件下不用威胁策略。

(二) 促销的实质

促销的实质是营销者与购买者之间,产品和劳务信息的传递和沟通。信息的传递和沟通一般由九个要素组成,如图 13-1,沟通的主要参与者是信息的发送者和接收者;信息和媒体是主要工具;编码、解码、反应、反馈是信息沟通的四个主要职能。

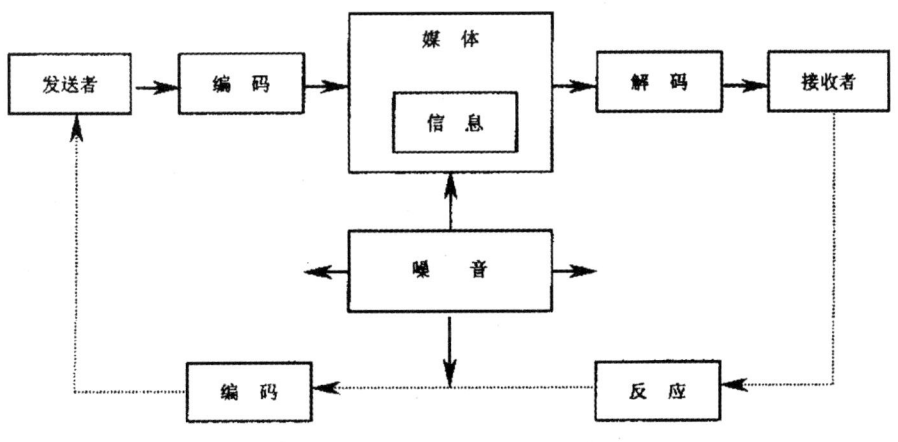

图 13-1 沟通过程中的诸要素

资料来源:吴见平.市场营销学原理[M].北京:科学出版社,2004:8.

发送者指发出信息的一方,又称信息源或沟通者;编码是将沟通内容编成传递符号形式的过程;信息是发送者传送的一组符号;媒体是传递信息所通过的途径;解码是接收者确认发送者传递符号含义的过程;接收者是接收信息的一方;反应是接收者在获取信息后的一系列行为;反馈是接收者向发送者传送回去的信息;噪音是在沟通中非计划的干扰或歪曲,并且可能使接收者接收有误差的信息。

(三) 促销的作用

促销的目的就是通过各种形式的信息沟通来引发、刺激消费者产生购买欲望直至发生购买行为,增加产品的销售量。促销是企业营销活动不可缺少的组成部分,具有不可忽视的作用。

1. 传递信息,沟通渠道

促销的实质是通过信息传递,一方面将企业的产品性能、特点和作用及可能提供的服务等信息传向消费者,引起其注意,调动其购买的欲望;另一方面及时了解消费者和经销商对产品的看法和意见,使企业迅速解决经营中的问题,从而密切生产者、经销商和消费者之间的关系,加速产品的流通。

2. 诱导需求,扩大销售

消费者的购买行为通常具有可诱导性,促销的落脚点就是诱导需求,唤起消费者对企业及其商品的好感。当一种产品滞销时,企业可通过促销策略去改变需求,甚至可创造新的需求,从而延缓产品的生命周期,可使滞销产品重新焕发青春。

3. 突出重点,强化优势

产品竞争是现代企业争夺用户的焦点,当竞争激烈时,企业可通过促销,突出其产品的特点,宣传其产品与竞争者产品的差异,强调能给消费者带来独特利益等,促使消费者偏爱所促销的产品,从而有利于企业所经营的产品在市场中占有优势。

4. 提高声誉,巩固市场

企业的形象和声誉是企业的无形资产,能直接影响其产品的销售。企业的声誉不佳,会使企业销售滑坡,导致其产品的市场地位不稳。通过促销,可以提高企业的声誉,美化企业形象,从而稳定企业商品的市场占有率,巩固企业产品的市场地位。

(四) 促销工具

1. 广告

由特定广告主出资发布的、非人格化的对观念、商品或服务的各种形式的展示和促销。

2. 销售促进

为鼓励产品和服务的购买或销售而进行的短期激励。

3. 公共关系

公司的销售人员为实现达成销售和建立客户关系的目的而进行的商品介绍和展示。

4. 人员推销

是企业利用推销人员向潜在消费者传递有关企业和企业产品的信息,以说服顾客购买产品的促销方式。

每一种促销方法都有与消费者沟通的特殊工具。例如,广告包括广播、印刷、互联网、户外以及其他形式。促销包括折扣、优惠券、陈列和示范。人员销售包括销售展示、展销和激励计划。公共关系包括新闻发布会、赞助、特殊事件以及网页。人员推销包括目录、电话营销、信息亭、网络、移动电话等。

同时,市场营销沟通并不局限于这些具体的促销工具。产品的设计、价格、形状和包装,以及出售它的商店,都会向消费者传递产品或企业的信息。因此,尽管促销组合是公司主要的沟通活动,为了取得最佳的沟通效果,整个市场营销组合与产品、定价和渠道,都必须协调一致。

二、促销组合

促销组合指履行营销沟通过程的各个要素的选择、搭配及其有效地运用,是企业为达到特定目的对各种促销工具和方法弹性地运用和组合。

企业可运用的促销方式有两类:一类是人员推销,即通过人员的方式进行信息的沟通;另一类是非人员的方式,即通过非人员的方式进行有关企业和企业产品的信息沟通。非人员促销又有三种方式,包括销售促进、公共关系和广告。因此,广告、公共关系、人员推销和销售促进这四种促销方式的组合应用就是促销组合。促销组合是营销者对各种促销方式的选择、组合和运用,以形成整体企业促销效果最优的过程。每一种促销方式的应用都有其优点和缺点,如表13-1所示

表13-1 各种促销方式缺点的比较

促销方式	优点	缺点
广告	传播面广、形象生动、节省人力	费用高,效果滞后
公共关系	利于企业知名度和美誉度的提高	效果滞后
人员推销	直接、方便、灵活、及时	费用高,对推销人员素质要求高
销售促进	短期促销效果好	有时会降低企业和产品的声誉

资料来源:吴见平.市场营销学原理[M].北京:科学出版社,2004:81.

由于各种促销方式的特点不同,其适用的情况也不同。从图13-2可以看出,广告这种促销传播面广、形象生动,比较适合对消费品的促销,而人员推销可以进行双向的沟通,可以进行当场的演示和操作,比较适合工业品的促销。因此,对于消费品,应以广告促销为主,公共关系和营业推广辅之,其次才是人员推销的方式,而工业品则应以人员推销为主,公共关系和营业推广辅之,其次才是广告这种促销方式。

促销组合内的各个工具分别有不同的影响力,例如"公共关系"在消费者认知和兴趣阶段里有强烈的影响力,可形成客户对企业或产品的好感,但对产品的立即"采用",影响力较弱,而人员推销由于面对面的口头诉求,在评价、试用、催促、采用阶段,就有重大影响力。促销活动在认知、兴趣、评价、催促、采用阶段,有着重大影响力。促销组合的运用还要考虑产品的属性与特殊性,例如对一个以销售工业用品为主的企业而言,也许全部依赖人员推销。相反,消费品生产厂商可能以依靠广告为主。对一家厂商有效的方法,对另一家可能毫无用处。类似的产品销往同一市场的厂商,运用不同的促销组合,也可成功地达成其目标。这就要求营销部门在运用促销组合时需要充分考虑不同产品、不同环境、不同

客户或消费对象,灵活调配,合理组合。

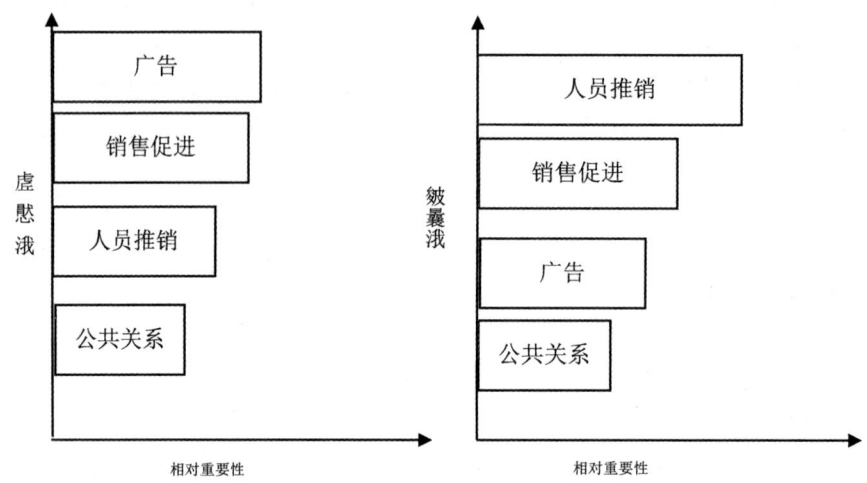

图 13-2　各种促销方式在消费品和工业品中的相对重要性

资料来源:吴见平.市场营销学原理[M].北京:科学出版社,2004:81.

第二节　广　告

一、广告的概念

广告就是广告主通过广告媒体传递产品和服务信息,以说服广告受众购买产品和服务的经济行为。广告必须包括广告主、广告媒体、信息、广告受众、经济行为五个要素。广告的中心是说服,是一种高度公开的非人员信息沟通方式。广告与其他促销方式不同的地方有以下几个方面:一是以付费的方式进行信息的沟通,这是广告区分宣传的地方;二是通过大众传播媒介进行信息的沟通,这是广告区分于人员推销的地方;三是广告的目的是向大众传递有关企业和企业产品的信息,从而具有较多的销售取向,而公共关系的目的是树立企业或企业产品良好形象,具有较多的形象取向。

广告的公开展示、普及性、较强的表现力和非人格化特点是其他促销方式无法比拟的。它一方面可以树立企业的产品形象,另一方面可以促进企业信息的快速传递和产品销售。特别是广告在传递信息,沟通产需,建立知名度,促进理解,刺激、引导消费,进行消费提示,证明产品的合法性方面发挥着积极的作用。

(一)广告的组成要素

1. 广告主

广告的主体,是将信息传递给大众的当事人,包括各类企业、组织或个人。

2. 广告信息

广告的主要内容包括产品的性能、质量、功效、价格、品牌等产品、服务信息。

3. 广告媒体

传播广告信息的中介物,即广告主与广告对象之间的信息媒介。广告媒体的种类较多,传统媒体主要包括电视、广播、报纸、杂志,近年来,随着高新科技的发展,网络已经成为一种重要的现代媒体。

4. 广告费

广告活动的费用,比如,利用任何一种广告媒体都需要给媒体部门支付费用。

(二) 广告的特点

1. 信息性

广告的基本功能是通过信息传递、实现沟通。

2. 渗透性

广告是一种覆盖面广、渗透力强的促销方式,但广告信息的传播是一个动态过程,侧重于长期沟通。

3. 表现性

广告的表现手法多种多样,它可以把感情、兴趣、知识、信息等感性因素和理性因素结合起来融为一体,更具表现力和说服力。

(三) 广告的主题

在广告活动中,企业必须了解对消费者、用户和社会公众说些什么才能使消费者产生预期的认识、情感和行为反应,这就是广告主题,也称广告诉求或广告构思。一则广告必须鲜明地、突出地表现广告主题,让人们在接触广告之后,很容易就理解广告告诉他们什么,期望他们做些什么。如果人们看完广告后丈二和尚摸不着头脑,那么一头雾水的广告主题就注定了广告投入必将是竹篮打水一场空。一般说来,广告主题形式通常有三类:理性主题、情感主题、道德主题。

1. 理性主题

理性主题是直接向目标顾客或公众诉说某种行为的理性利益,或显示产品功能产生的人们所需要的功能利益与要求,以促使人们产生既定的行为反应。通常产品购买者对理性主题反应最明显。

2. 情感主题

情感主题是试图向目标顾客诉诸某种诸如恐惧感、罪恶感、羞耻感等消极的因素或诸如幽默、喜爱、自豪、快乐等积极因素的肯定的情感因素,以激起人们对某种产品的兴趣和购买欲望。这类广告主题一般适用于化妆品、饮料、食品、服装等消费品。

3. 道德主题

道德主题是以道德诉诸广告主题,为了使广告接受者从道义上分辨出什么是正确的或适宜的,进而规范其行为。这种广告主题通常用于规劝人们支持某种高度一致的社会运动,对消费品较少采用。

在确定广告主题时,一定要符合广告接受者的心理需要,否则,这个主题就不是好的主题。如果不能引起消费者的心理共鸣,那么这个广告必然失败,对企业利益造成损害。

(四) 广告的分类

1. 告知性广告

目的是为产品创造最初的基本需求,常在产品的介绍期用来介绍新产品、开拓新市场,因此又称创牌广告,或称开拓性广告。告知性广告主要是向市场告知有关新产品情况,提出某项产品的若干新用途,说明新产品如何使用,描述所提供的各项服务,树立公司形象等。

2. 对比性广告

市场上的大多数广告是劝说性广告,又称对比性广告或竞争性广告。对比性广告是市场激烈竞争阶段企业常用的有力武器,一般多用于处在成长期和成熟期的产品的宣传。企业实行差异性营销策略时也使用劝说性广告,其目的是为特定的品牌确定选择性的需求,促使消费者产生品牌偏好。此类广告诉求的重点是宣传本产品同其他产品相比的优异之处,使消费者能认知本产品并能指名购买。在发达国家,对比性广告被广泛地用于清洁剂、快餐食品、牙膏、轮胎、汽车等竞争激烈的产品。由于对比性广告是通过直接或间接地与同一类产品的某一个或某几个品牌的对比来建立本品牌的优越性,因此,企业使用劝说性广告,一定要确保该广告能证明其产品或服务有优势,才不至于招致更强大的其他相关品牌产品的攻击。

3. 提示性广告

使用提示性广告的目的是使顾客保持对某品牌产品的记忆,巩固已有市场阵地,并在此基础上深入开发潜在市场和刺激购买需求。目前,我们耳熟能详的知名品牌的产品使用的广告目标大多都在强化消费者对品牌的记忆。那些经常出现在各种媒体的品牌名称广告,往往既不是宣传新产品,也不是劝说消费者,而只是提示人们该品牌随时等着为你提供满意的服务。提示性广告的用意在于:提醒消费者可能在最近需要这个产品,提醒他们在哪里可以购买到这个产品,并使消费者在淡季也可以记住这些产品,保持最高的知名度。广告诉求的重点是着重保持消费者对广告产品的好感、偏爱和信心,因此又称保牌广告。

二、广告的作用

广告以其独特的作用而成为促销的主要手段之一。广告的作用主要包括以下一些方面。

(一) 介绍产品

广告能使顾客了解有关产品的存在、优点、用途及使用方法等,有助于顾客根据广告信息选择适合自己需要的产品。同时,广告信息的传播,对培养新的需求和新的消费方式有一定作用,对扩大销售量和开发新产品具有重要意义。

(二) 促进尝试性购买

顾客使用产品是广告要达到的目的,广告能刺激、鼓励人们做第一次尝试购买。顾客通过尝试性购买和使用产品,才有可能成为企业的忠实顾客。

(三) 开拓新市场,发展新顾客

企业要发展壮大,就需要谋求扩大市场,拓展产品销路。对于新的细分市场,由于广告能广泛、经常地接近顾客,因而能起到开路先锋的作用。广告是进行市场渗透的有力武器。

(四) 保持或扩大市场占有率

广告可以让消费者经常感觉和认识到某种产品的存在。这是企业保持一定市场占有率的有效手段。

(五) 树立企业商标的形象

顾客购买产品时,企业的名称和商标往往是选择的重要依据。因此,企业名称和商标是否能赢得顾客的好感和信赖,直接关系着产品的销售。广告是树立理想的企业与商标形象的重要途径。

三、主要广告决策

(一) 确定广告目标

制订广告计划的第一步是确定广告目标。这些目标应当根据既定的目标市场定位和营销组合决策来确定,明确广告在整个营销计划中的地位和作用。广告的总体目标是通过沟通顾客价值来帮助吸引顾客和建立顾客关系。

1. 广告目标的概念

广告目标是在一定期限内针对特定目标对象而设定的一项具体的沟通任务。广告的目标可以根据告知、劝说和提醒等目的来分类。

2. 可能的广告目标

表 13-2 可能的广告目标

告知广告	
沟通顾客价值	建议产品的新用途
建立品牌和企业形象	通知市场价格变动
告知市场有新产品出现	描述所能提供的服务
介绍产品功能	更正错误的印象
劝说广告	
树立品牌偏好	劝说顾客立即购买
鼓励消费者改用本公司品牌	劝说顾客接受推销访问
改变顾客对产品价值的感知	说服顾客向他人介绍本公司品牌
提醒广告	
维持顾客关系	提醒顾客购买的地点
提醒顾客可能不久会用到此产品	在产品的淡季使顾客仍记得该品牌

资料来源:菲利普·科特勒.市场营销原理与实践[M].北京:中国人民大学出版社,2020:61.

告知广告主要用于新产品的导入时期,目标是建立基本需求。因此,高清电视的早期制造商首先告知消费者这一新产品的图像质量,随着竞争的加剧,劝说广告愈加重要,其目标是建立选择性需求。举例来说,当高清电视的优点被广泛认可之后,三星公司开始试着劝说消费者,自己的品牌能够在相同价位提供最好的品质。这些广告旨在吸引顾客和创造品牌社群。

一些劝说广告已经演变成了比较广告或进攻性广告,公司直接或间接地与一个或几个其他品牌进行比较。比较广告应用的范围很广,从软饮料和快餐到租车、信用卡、移动通信服务。

比较广告运动往往引发争议。很多时候,这恰恰是运用它们的原因和意义。已经确立地位的市场领导者希望将其他品牌阻隔在消费者的考虑集之外,而挑战者希望有所改变,竭力将自己的品牌挤进消费者的对话,争取与市场领导者平等的地位。例如,微软有很长时间成功开展比较广告的历史,无论是针对市场领先的竞争对手发起挑衅,还是防范挑战者的攻击。

但是,广告主使用比较广告必须谨慎。此类广告往往会激起竞争对手的反击,导致广告战最后两败俱伤。被惹恼的竞争者可能会采取更激烈的行为,诸如向相关部门投诉甚至引发虚假广告诉讼。

提醒广告在产品成熟阶段很重要,它帮助维持顾客关系,并且使消费者一直记住产品。耗资巨大的可口可乐电视广告并非要告知或劝说顾客立即购买,而是建立并维持可口可乐的品牌关系。

广告的目的是帮助消费者做出对企业有利的购买决策。一些广告设计旨在让消费者立即采取行动。例如,Weight Watchers 的一则电视广告敦促消费者马上拿起电话注册,而百思买周末促销的报纸插页广告鼓励顾客赶紧进店选购。然而,许多广告的重点是建立或巩固长期的顾客关系。比如,表现知名运动员身穿耐克的运动装备克服极限挑战的耐克电视广告,从来不直接要求购买。正相反,其目的是在一定程度上改变顾客考虑和感受耐克品牌的方式。

(二) 编制广告预算

在确定广告目标之后,公司就要为每个产品编制广告预算,一个品牌的广告预算常常取决于它处于产品生命周期的哪个阶段。例如,新产品通常需要较高的广告预算,以建立知名度并争取消费者试用。而成熟的品牌通常需要相对于销售额较低百分比的预算。另外,在竞争者众多并且广告密集和混乱的情况下,品牌必须做大量的广告才能在纷乱中脱颖而出,吸引足够的注意。对于那些无差异的品牌,即与同一产品类别中的其他品牌极为相似的产品(软饮料、洗涤剂),可能需要高额的广告费用使自己与众不同。当企业的产品与竞争对手的差别很大时,可以用广告向消费者指出这些差异。

不管使用什么方法,编制广告预算都不容易。公司如何才能知道自己的广告决策是正确的呢?像可口可乐和卡夫这样的公司已经建立了精密的统计模型,来决定促销费用与品牌销售额之间的关系,以帮助制定对不同媒体的"最优投资"决策。当然,影响广告效果的因素非常多,有些因素可控,有些则不可控,所以衡量广告费用的效果仍然是一个颇有争议的问题。在很多情况下,编制广告预算必须在进行大量定量分析的同时,依赖市场营销人员的经验判断。

1. 广告策略

广告策略包括两个主要方面:广告创意和媒体决策。过去,媒体计划通常被认为是次要的,广告创意才是最重要的。广告创意部门先创作出好的广告,然后媒体部门针对期望的目标受众选择最好的媒体刊登这些广告。

2. 构思广告品牌和内容

不论预算水平高低,只有能够赢得关注并且发挥良好沟通作用的广告才是成功的。在如今耗资巨大且鱼龙混杂的广告环境中,出色的广告创意尤为重要。现代消费者在经历着前所未有的信息轰炸,所以要想脱颖而出,广告设计商必须突破重围。因此,广告主已不能再通过传统媒体向被动的消费者灌输千篇一律的广告创意。如今,仅仅为了获得并抓住注意力,广告创意也必须有更完善的规划、更丰富的想象力,并对消费者而言更具娱乐性和情感联系。以强行入侵式的传播作为营销的基本前提已不再奏效。除非广告提供的信息有趣、有用或者足够娱乐,否则消费者就会干脆跳过。所以为突破重围,许多市场营销者正探索将广告与娱乐相融合。

而有效地进行广告创意的第一步是制定创意策略——决定向顾客传播什么样的信息。广告的目的是用某种方式让消费者对产品或公司有印象或有所反应,顾客只有在觉得自己能受益时才会做出积极的反应。所以,制定有效的创意策略从确认顾客利益开始,顾客看重的利益可以作为广告的诉求点。理想的情况是,广告创意策略严格遵循公司的定位和顾客价值策略。

创意策略的陈述应当平实,直截了当地概括出广告主想要强调的利益和定位点。

有了好的创意之后,广告主必须把它转换成赢得目标市场关注和兴藏的真正的广告。创意团队必须找到最好的方法、风格、格调、文字和样式来执行。

第三节　公共关系

一、公共关系的概念和对象

公共关系是旨在塑造企业形象、沟通企业内外关系的企业营销活动。因此,公共关系的任务主要有:通过各种信息沟通方式宣传企业和企业的产品、服务;通过对一些事件,特别是对公益事务的赞助,以吸引公众,或某些特定公众的注意和偏好,树立企业良好的公众形象;通过危机处理,帮助企业化解所发生的危机或突发事件。本节将介绍公共关系的概念和对象。

(一) 公共关系的概念

公共关系是指企业利用各种传播手段,同包括顾客、中间商、社区民众、政府机构以及新闻媒介在内的各方面公众沟通思想情感,建立良好的社会形象和营销环境的活动。它通过良好企业形象的塑造和企业信誉的提高作为无形的推销方式来实现企业销售额的提高。公共关系不是一般的促销活动,它具有以下一些基本特征:第一,公共关系不仅为了推销企业的产品,而主要是为了树立企业的整体形象,通过企业良好形象的树立来改善企业的经营环境。第二,公共关系的传播手段比较多,既可以利用各种传播媒体,也可以进行各种形式的直接传播。公共关系对传播媒体的利用,通常是以新闻报道的形式,而不像广告那样需要支付费用。第三,公共关系的作用面比较广泛,其作用于企业内外的各个方面,而不像广告那样只是针对企业产品的目标市场。

(二) 公共关系的对象

公共关系的对象包括企业的内部公众和外部公众。内部公众指员工及其家属,许多企业公关常常忽视这部分公众。重视内部公共关系,可以增强企业的凝聚力,唤起员工的归属感和荣誉感,同时取得员工家属的支持和理解,为企业拥有良好的外部公共关系打下坚实的基础。企业的外部公众包括与企业有直接或间接关系的顾客、新闻界、政府、合作者、竞争者等团体或个人。企业公关的核心是信誉管理。信誉是企业的灵魂,中国的企业应该接受并重视"信誉管理"这一全新的概念。

二、公共关系的职能分析

(一) 交际应酬分析

企业在日常经营活动中面临许多关系,需与各方面的机构和人士打交道,在交际过程中,言谈举止、气质、风度、环境氛围等均构成交际成败的因素。交际性、维系性等公共关系在此具有十分明显的积极作用。蓝星公司是一个以经营为主的企业,有大量的商务谈判及应酬活动,公司提出"全员公关"正是基于公关在交际应酬中的积极作用之考虑。

(二) 促进销售

充分运用公关手段,开拓市场,促销产品与服务。在 2020 年新冠疫情期间,著名餐饮品牌老乡鸡发布了一个的视频引发刷屏。视频中,董事长束从轩亲自出镜,讲述因疫情影响,老乡鸡受损 5 个亿,感谢武汉的老乡鸡员工为医护人员送餐。倡导所有人在家隔离,为国家做贡献,另外,就是在家也要多活动。最后,束从轩手撕员工发起的不要工资联名信,并表示卖房卖车也要让员工有饭吃,可以说是正能量满满。视频发出后,迅速引起刷屏,并大获好评,"中国好老板"的声音不绝于耳,老乡鸡也妥妥地吸了一波粉。不得不说,这是一起非常成功的公关营销事件,不管是刻意营销,还是真情流露,都已经成功了。成功促进该公司业务发展。

(三) 形象塑造

形象塑造是公关的基本职能。企业根据战略规划、自身特点、市场的需求、自身在市场中理想和现实的位置等,借助公共关系为企业定位,塑造某种最佳形象。2021 年 7 月,菲律宾食品药品局对从中国进口的部分食品进行检验,其中大白兔奶糖检测出含有福尔马林甲醛,而甲醛是公认的高致癌物。随后,菲律宾方面对大白兔奶糖下达禁售令,并劝市民不要购买,同时要求出口商召回相关产品。此消息通过电视新闻网公布后,美国、新加坡、中国香港、中国澳门的多家媒体都进行了转载,引起海内外高度的关注,发生"甲醛事件"后,大白兔奶糖的生产企业冠生园集团迅速采取了一系列的行动,首先自己主动停止了"大白兔"产品的出口并发函给菲律宾方面进行沟通,了解具体情况,而后马上与相关部门联系,上海市质监部门和国家质检总局及时派员在第一时间介入,对此事件进行调查,其随后出具了权威检测报告,证明中国上海冠生园食品有限公司生产的大白兔奶糖在生产过程中没有添加甲醛,质量是安全的。新加坡政府的检验机构也对冠生园新加坡经销商福南公司仓库中大白兔奶糖进行了抽样检验,检测结果同样是不含甲醛,符合世界卫生组织的安全标准。检测结果出来后冠生园马上召开中外媒体见面会,宣布检测结果。权威部门的检验结果迅速获得了公众的信任,国内外经销商对"大白兔"质量的疑虑消除,美国、新加坡、哥斯达黎加、马来西亚、印度、尼泊尔等国家企业纷纷恢复进货。

冠生园真诚的态度,积极的行动,让媒体与相关方面没了脾气,而后迅速求助权威部门进行检测,让权威机构为自己说话。当最有说服力的结果公布后,再让媒体为自己说话,自己始终保持一个低调"老实"的形象,得到了公众的好感,使危机迅速化解于无形。

大白兔奶糖积极利用公关成功塑造自己形象,使企业度过危机。

三、企业主要的公共关系工具

处理好公共关系应充分考虑公众利益和全局利益,并且有优良的产品和服务做基础,坚持信誉原则。企业主要的公共关系方式包括以下几种:

(一) 公开出版物

它们包括年度报告、小册子、文章、视听材料以及公司的商业信件和杂志,公司大量依靠各种传播材料去接近和影响其目标市场。在向目标顾客介绍某产品是什么,如何使用,如何安装方面,小册子往往起很重要的作用。克莱斯勒公司的年度报告几乎就是一份推销小册子,向其股东推销每一种新车。由公司经理撰写的富有思想性的文章可以引起对公司及其产品的注意。公司的商业信件和杂志可以树立公司形象,向目标市场传递重要新闻。视听材料如电影、幻灯、录像和录音带等越来越多地用于促销。视听材料的成本通常高于印刷材料,但是给人的印象也相应加深。今天,大学常常委托一个专业公司搞一个富有魅力的录像,以便用于招生,或将该录像带寄给申请者,以鼓励其报考该校。

(二) 事件

公司可通过安排一些特殊的事件来吸引公众对其新产品和该公司其他事件的注意。这些事件包括记者招待会、讨论会、郊游、展览会、竞赛和周年庆祝活动,以及运动会和文化赞助等,以接近目标公众。资助一个运动会,譬如库勒国际自行车赛,或者富豪国际网球赛等,这样就给这些公司提供了一个邀请、招待它们的供应商、经销商和顾客的机会。

(三) 新闻

公关专业人员的一个主要任务是:发展或创造对公司和(或)其产品或公司人员有利的新闻。新闻的编写要求善于构想出故事的概念,广泛开展调研活动,并撰写新闻稿。但公关人员的技巧应超过制作新闻的技巧,争取宣传媒体录用新闻稿和参加记者招待会,这需要营销技巧和人际交往技巧。一个好的公关媒体负责人应清楚,新闻界需要的是有趣而及时的情节、文笔漂亮和能吸引注意力的新闻报道。媒体负责人必须尽可能多地结识新闻编辑人员和记者。与新闻界的交往越多,公司获得较多较好的新闻报道的可能性也就越大。

(四) 演讲

演讲是创造产品及公司知名度的一项工具。艾科卡在许多听众面前的具有超人魅力的谈话,大大推动了克莱斯勒汽车的销售。公司负责人应经常通过宣传工具圆满地回答各种问题,并在同业公共会议和销售会议上演说。但这种做法有可能树立公司形象,也有可能损害公司形象。有的公司对挑选公司发言人非常谨慎,并使用专门起草人和演讲辅导员,以帮助提高演讲效果。

(五) 公益服务活动

公司可以通过向某些公益事业捐赠一定的金钱和时间,以提高其公众信誉。大公司通常会要其经理支持其办公和工厂所在地的一些社区活动。在另一些场合,公司则为某项特定的事业捐赠金钱(一般与购买其他品牌的人建立关系)。越来越多的公司正在运用一种所谓的"事业相关营销",以建立公众的信誉。宝洁公司和《出版商情报》交流所联合搞了一个促销活动,用以资助特别奥运会。《出版商情报》交流所将产品优待券放在邮件内发送,宝洁公司对发回的每张特别奥运会节目单捐赠面额 10 美分的优惠券。

(六) 形象识别物

在一个高度交往的社会中,公司不得不努力去赢得注意。公司至少应努力创造一个公众能迅速辨认的视觉形象。视觉形象可通过公司的持久性媒体——广告标识、文件、小册子、招牌、企业模型、业务名片、建筑物、制服标记等来传播。

第四节 人员推销

一、人员推销的概念与作用

(一) 人员推销的概念

人员推销是指企业通过派出销售人员与可能成为购买者的人进行交谈,说服他们并推销商品,促进和扩大商品销售。从事推销工作的人员通常被称为推销员,有时也称销售顾问、客户主管、地区代理、代理商、行销代表和厂家代表等。随着推销活动的开展,现在,多采用推销人员或销售人员来称呼从事此项工作的人。

(二) 人员推销的特点

1. 灵活机动、适应性强

推销人员本身即是信息传递的媒介,所以他可以根据面对的具体情况随时调整信息传播的方式和内容,适应各种不同的情况。

2. 区别对待、针对性强

推销人员可以根据选定的不同对象,制定不同的推销策略,并配合广告和其他促销手段,从而使推销效果提高。

3. 双向沟通、反馈性好

非人员推销的最大缺点就是意见不能直接反馈,所以有时决策错误,传递的信息不当,但由于意见不能及时反馈,因此其错误不能得到纠正,会造成极为不利的后果。但人员推销属于信息的双向相通,意见可以迅速地在双方之间交换,一方面可以使推销人员对顾客的意见进行解释和说服；另一方面，也可以及时地将意见反映给有关部门，使其做适当的调整。

（三）人员推销的作用

1. 引导和影响消费，更好地满足消费者的需求

顾客一般是在接受了推销员的价值观念、商品知识以后才接受产品的，推销员要在推销活动中起到传递这些信息，引导购买和消费的作用。

2. 实现社会再生产

推销作为连接生产和消费的桥梁，能实现商品的价值和使用价值，能促进社会再生产的实现和不断进行。

3. 推动社会经济发展

推销是社会经济发展的重要推动力，在市场经济条件下，社会经济的繁荣与发展取决于市场供求矛盾的解决。通过推销解决了商品供求的数量、结构、时间和空间上的矛盾，引导企业进行合理的生产，使社会资源得到合理的利用，使人们的需求不断地得到满足，从而使社会经济处于良性的循环发展状态。

4. 实现产品的价值

产品的价值需要在市场上通过交换来实现，通过推销，可以使顾客认识到商品的效用，实现商品从生产领域向消费领域的转移，从而实现商品的价值，使企业再生产得以顺利进行。

5. 优化产品，增强企业的竞争力

通过推销，推销员可以了解顾客的需求现状和趋势，了解竞争对手的产品优势，促使企业调整产品结构，增强产品的市场适应能力和竞争能力。

6. 提高企业的经济效益

通过推销活动，可以不断地提高推销人员的素质和工作水平，减少产品的积压和推销费用，加速资金周转，减少贷款损失，直接提高企业的经济效益。

7. 树立企业良好的形象

推销人员的形象是企业形象的直接反映，推销是塑造企业形象的重要窗口。推销员在与广泛的顾客接近和推销过程中，可以扩大企业的影响，在社会公众心目中树立起企业良好的形象。

8. 有利于企业正确决策

企业决策的正确性取决于信息是否充分、及时、正确和有效，推销员可以得到市场的一手资料和信息，可以为企业的各种生产经营决策提供可靠的信息。

二、人员推销的方式与步骤

（一）人员推销的方式

企业在组织推销活动时，必须合理地安排布置推销人员，使之能在适当的时间，以适当的方式，访问适当的顾客。因此，企业在确定推销人员接触顾客的方式时，应根据具体情况而定，一般有以下几种方式可供选择。

1. 一对一的推销

这种方式就是一个推销员与一个顾客进行面对面、单对单的洽谈。

2. 一组对一组的推销

这种方式就是由推销小组（如由企业主管人员、技术人员、销售人员构成的小组）向一组顾客介绍产品。

3. 一个对一组的推销

这种方式就是由一个推销人员向一组顾客介绍产品。

4. 推销会议

这种方式就是通过召集会议方式向顾客进行推销。

5. 推销讲座

这种方式就是由企业专门组织的有关新产品、新技术的讲座，加深顾客对企业的了解，增强他们购买的信心。

（二）人员推销的步骤

1. 详细阐明推销内容以及谁最有可能购买

我们要阐明的推销内容不仅仅是只描述产品的物理性质，也不仅仅是列出产品或服务的特点，即在市场上的竞争优势；它甚至不仅仅指顾客购买了产品或服务之后所享受的利益，还必须解释产品或服务概念、思路、系统以及系统内要素间的关系。

在对推销的内容是什么以及它如何适应市场有了一个明确的概念后，必须确定谁将购买，谁将是最有可能的潜在买主。依照推销内容不同，根据人口统计数据和个人方面的信息，描述出自己心目中的理想顾客。他们是谁？从你手中购买的频率是多少？是什么促成你对他们的推销？他们的消费能力有多大？什么使他们成为你最好的顾客？对这些问题描绘得越细致，找出的答案越精确，对未来的潜在顾客的寻找越有利。

2. 确定新顾客的数量以及何时需要他们

要推断出自己需要多少新客户，可以按以下问题和程序进行：

（1）从现在起，以后相当一段时间内你想赚多少钱？

（2）想赚那么多钱你必须推销多少产品或服务？

（3）你有能力联系那么多数量的顾客吗？假如不能，能联系多少？

（4）这个数量中有多少能够通过正常的业务渠道达到？从预期数量中减去这个数字，剩余的客户数量是为了获得预期收入，你必须创造新顾客的数目，这个数目必须由你独自去寻找。

（5）基于当前的正常情况，要获得这么多新的生意，你必须访问多少目标顾客？这是你必须寻找到并且与之联系的新的目标顾客的数目。

（6）你自己限定的时间之内你能达到这个目标吗？会不会超过这个限定的时间段？这一步是要你制订好时间目标。

3. 为确定新的目标顾客进行资料调查、收集、分析和整理

推销员必须花时间去寻找和积累一些材料，如目标顾客何时具有购买意向，何时顾客对产品和服务感兴趣等，有利于你确定新的目标顾客名单的资料，从而把你所需的、新的目标顾客从实际生活中找出来，这对实现你的实际销售是关键的一步。

4. 从潜在顾客中筛选出目标顾客

从许多可能的目标顾客中发现一个就可以确定他肯定会购买你的产品或服务,这纯属运气。实际上,调查寻找出的尽管都是一些最有可能购买的潜在客户,但是并不能保证他们肯定会购买。所以,对大多数新的目标顾客必须加以确定。

确定了潜在顾客名单的一定规模后必须考虑自身的竞争情况,寻找那些不使用或不喜欢本企业产品的顾客,将他们从名单中剔除,也就是从名单上选择出最适合的目标顾客并且对他们进行推销。

5. 访问目标顾客并向他们提供购买机会

这一步是推销的中心内容也是难点。它包括访问、提示、协调、处理反对意见、建立良好关系、成交等具体步骤。每一步又有自己的特点、操作程序及推销技巧。总之,这一步是推销员在确定目标顾客后,按照访问目标对顾客进行走访,从中了解顾客的行为反应,适当的时候帮助顾客解决消费中的疑难问题,提供满足需要的购买机会的过程。

6. 售后工作

这是保证顾客满意的重要方面,让顾客继续订货,建立长期业务关系的必不可少的一步。推销员应该确保交货时间与其他购买条件的严格实现、准备回访,及时提供指导与服务,等等。

第五节 销售促进

一、销售促进的概念、目标

(一) 销售促进的概念

销售促进是指短期的激励活动,目的是鼓励对某一产品或服务的购买或销售。广告为购买某一产品或服务提供了理由,而销售促进提供了立即购买的理由。销售促进包括各种以激发更迅速或更强烈的市场反应为目的的促销手段。

(二) 销售促进目标

销售促进的目标各不相同。卖方可以使用消费者促销来增加短期顾客购买或者加强顾客品牌参与。交易促销的目标包括让零售商接受新产品和更多库存、提前购买、宣传本公司产品,并给予更多的货架空间。产业促销被用于产生业务兴趣,刺激购买,回报客户和激励销售人员。对于销售人员而言,促销目标包括得到对现有或新产品的更多支持,或者签下新的顾客。

销售促进常常和广告、人员推销或者其他促销组合工具一起使用。消费者促销通常要做广告,也可以给广告和其他营销内容带来兴奋点和推动力。交易和销售人员促销可以有力地支持公司的个人销售过程。

在经济低迷和销售不景气时,企业往往会提供更大幅度的折扣以刺激消费者购买。

总之,销售促进不仅仅是创造短期销售额或暂时的品牌转换,它应该有助于强化产品定位和建立长期的顾客关系。如果设计合理,每一种促销工具都有建立短期的兴奋点和长期的顾客关系的潜力。营销人员越来越注意避免只顾价格的快速成交式促销,而倾向于能建立品牌价值的促销。所有的"常客营销计划"和近年来迅速增加的"忠诚俱乐部"就是典型的例子。大多数酒店、超市和航空公司向经常惠顾的顾客提供常客折扣,以吸引他们再次惠顾。各种类型的公司都提供奖励计划。这类促销计划实际上是通过增加价值而非降低价格来建立顾客忠诚。

二、销售促进的主要工具

销售促进既可以针对目标消费者(或销售人员),也可以针对分销渠道商(批发商或零售商),因此销售促进分为两类:消费者导向促销和交易导向促销。

消费者导向促销所采用的形式包括样品、优惠券、赠品、竞赛抽奖、特价/折扣、超值装、现场陈列、忠诚奖励等;交易导向促销采用的形式则包括竞赛和代理商激励、交易折让、购物点广告、培训计划、贸易展销会和合作广告等。需要指出的是,很多营销计划同时包括消费者导向促销和交易导向促销,因为两边同时激励可以使促销计划的效果最大化。

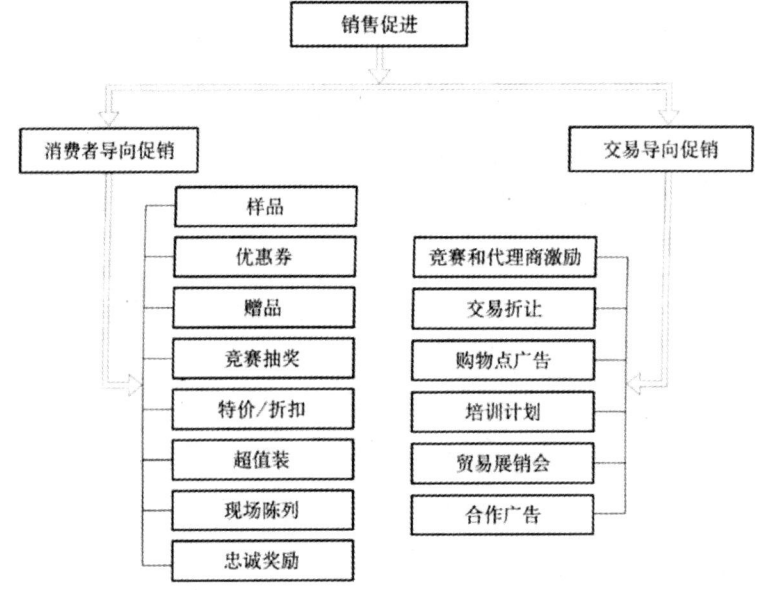

图 13-3 销售促进的分类

资料来源:贝尔奇,等.广告与促销:整合营销传播视角[M].张红霞,庞隽,译.6版.北京:中国人民大学出版社,2006.

作为补充广告和促进人员推销的一种策略,销售促进主要采用样品、赠品、礼券、奖品、店内展示、赞助、商展、免费样品、店内陈列和竞赛等形式。下面重点对样品策略、赠品策略、竞赛/抽奖策略、优惠券策略、折扣和特价策略、超值装策略以及购买现场陈列和示范表演策略进行介绍。

(一)样品策略

样品策略指免费赠送消费者一定数量的产品以激励其试购。样品策略通常用来介绍新产品,它是获得试购最有效的方法,也是费用最高的方法。样品策略可以让消费者亲自使用产品,获得对产品优点的最大感知,达到广告无法达到的效果。通常,食品、保健品、化妆品等产品上市时,企业会采用样品策略,这些产品具备单价低、可以分割、购买周期短等特点。样品发送包括店内(外)发送、挨家挨户发送、包装附带样品发送、邮件发送等方式。

(二)赠品策略

赠品策略指消费者因购买某种产品而获得礼品。赠品有随付赠送和购物后兑换等方式。赠品在餐饮、儿童食品等行业盛行,可以吸引消费者购买。赠品需符合产品定位,具有创意,如果质量优良,可以促进品牌形象的提升;相反,若赠品价格低廉、质量较差,则有损品牌形象,弊大于利。有时免费服务也可视作赠品。

(三)竞赛/抽奖策略

竞赛策略指提供赢得现金、旅行或商品的机会,以此作为购买某种商品的回报。竞赛通常要求消费者提交某种参与竞争所需的东西,如一个建议、一个图案或一个创意等,由评审小组审查,选出最好的。抽奖分即开型抽奖和提供购买证明抽奖两种。即开型抽奖指产品包装里面(或外面)附有一张刮刮卡,消费者购买产品后,即可刮开奖券,获知是否得奖。提供购买证明抽奖指消费者将购物凭证寄到专门机构参加抽奖。竞赛、抽奖可以利用流行、适时的事件吸引人们的参与。由于竞赛、抽奖的获奖率(万分之一甚至千万分之一)极低,竞赛、抽奖对消费者的吸引力降低。

(四)优惠券策略

优惠券策略指制造商和中间商宣告给持优惠券的顾客以特殊折扣。这种策略对价格敏感型消费者有效,能激励消费者重复购买或转换品牌。新产品上市时,优惠券可产生降低购买风险、鼓励消费者试用的作用。优惠券可以通过报纸、杂志等派送。优惠券的缺点是成本高,其费用包括优惠券的面值以及制造、发送和处理成本,且兑换率一般较低,很难估计有多少消费者使用优惠券及他们会在什么时候使用。

除了线下优惠券外,一些营销商和零售商将互联网作为优惠券的发送媒体,如消费者登录肯德基网站,就可以免费获得肯德基电子优惠券,也可将此优惠券转发给朋友。此种媒体发送方式可降低发送成本,影响范围广,激励消费者光顾肯德基。

(五)折扣和特价策略

折扣和特价策略指以低于产品的正常价格销售,即对消费者的减价优惠。可视为一种即时的节省,百货商场、零售店经常使用这种促销方式。这种方式对价格敏感型顾客的激励作用较大。营销者应谨慎使用折扣和特价策略,因为过度使用折扣可导致顾客辨别不出真实的产品价格和产品价值。同时,顾客可能会依赖折扣和特价,推迟购买决定以等待价格优惠。

(六)超值装策略

超值装策略指以正常价格销售,但包装的尺寸扩大、容量增加,消费者以同样的价格能得到更多的产品。食品、化妆品、洗涤用品等包装商品经常使用这种促销方式,超值装的优惠对于顾客而言显而易见,能产生强大的冲击力。它可以吸引现有顾客,也可以吸引价格敏感型顾客转换品牌。超值装策略的实施要考虑包装尺寸更改和包装机调整等生产问题。

(七) 购买现场陈列和示范表演策略

购买现场陈列和示范表演策略能够在购买现场吸引消费者的注意力,提醒和帮助消费者立即做出购买决策。统一的、具有创意的陈列设计和规范的表演无疑可以提升企业形象。购买现场陈列包括海报、货架插卡、横幅、产品堆箱陈列等。制造商和零售商越来越重视现场陈列的销售促进作用,努力设计具有创意的产品货架以吸引消费者的注意力。

重要概念

促销　促销组合　广告　公共关系　人员推销　销售促进

思考题

1. 什么是促销?促销的作用有哪些?
2. 促销组合应该包含哪些因素?
3. 什么是广告?广告的主题有哪些?
4. 何谓公共关系?公共关系的手段有哪些?
5. 人员推销有哪些优缺点?应该如何设计销售队伍?
6. 什么是销售促进?其主要工具有哪些?

案例分析

"钉钉"的一星低评危机

钉钉是阿里巴巴集团专为中国企业打造的免费沟通和协同的多端平台,专为全球企业组织打造的智能移动办公平台。让沟通更高效、移动办公考勤、签到,审批,企业邮箱,免费企业OA,企业通讯录;让工作学习更简单!钉钉因中国企业而生,帮助中国企业通过系统化的解决方案,全方位提升中国企业沟通和协同效率。

2020年初,线上工作在短时间内被应用到各行各业,其中大量的学生群体因为疫情无法回到学校上课,为了教学能够正常开展,学生能够按时完成学业,线上教学被迅速推广,其中"钉钉"作为学校广泛使用的线上教学平台之一,成了学生们发泄不满情绪的攻击对象。应用商城一星的评分让企业形象收到了严重的威胁,如果按威廉班尼的观点来看,个人或组织最重要的资产就是声誉,那"钉钉"在此次的危机中已经处在了破产的边缘,亟待一次卓越的公关活动力挽狂澜,挽回在受众心中的企业形象。2020年2月14日开始,钉钉在B站发布了一系列贴近学生群体兴趣爱好的"求饶"视频,其中2月16日一则《钉钉本钉,在线求饶》的短视频,截至9月23日,共有2779.3万次浏览量,收获了高达180.8万赞和82万的转发量,娱乐轻松的短视频风格,得到了广大青少年用户的理解,纷纷表示要去应用商城多评几星。除了在B站上的系列鬼畜视频,3月27日,钉钉又在抖音平台上开始发表最嚣张的程序员系列视频,程序员小哥真实出镜,聊天风趣幽默,与B站互相配合,其受众覆盖了大量青少年群体,投其所好进行公关,并与这一群体建立良好关系,双向对称性互动交流。至此钉钉一星危机基本解除,评分也回归到正常,不过钉钉的B站和抖音账号依然在不断更新,保持与受众的联系,拥有更多的媒体渠道也是为企业自身不断增强危机预警机制,持续推广企业文化与哲学,使企业形象深入人心。此次评分危机出现后,钉钉完成了一次开创性的公关活动,公关的难处正是在于有案例参照,却又没有案例参照。有案例参照是因为公关史上有无数精彩绝伦的出色案例可以供每一位从业者和公司企业参考借鉴,但没有案例可借鉴是因为危机千差万别,即使是相似的危机,也无法用复刻的模板来进行公关,因此一次成功的公关活动要求公关部门能够精准抓到问题所在,并以最合适的方式对症下药,而这往往就需要紧跟时代发展的潮流,注重平时积累,了解受众的心理,才能够创新出最适合当下的公关活动方式。钉钉的一星危机前从未有过将鬼畜视频和抖音小视频作为企业形象危机挽回的方式和手段,互联网的时代要适应并运用互联网的方式解决问题,钉钉在危机传播的高潮中及时现身,用开创新的视频方式,积极主动与受众交流联系,将和受众间关系的主动权掌握在自己手里,从而引导受众思想往自身希望的方向去发展。

在B站和抖音发布视频后,受众的焦点案例理论版研究成功地从不想上课不想工作而导致的对于工作学习软件的反感转向了认可软件无辜,不能够将对于工作学习的不满强加到软件之上,并且在钉钉诙谐幽默的视频风格之下由原来的不满转向认为其可怜、可爱,这种原本的情绪迅速得到了缓解,气愤在愉快的氛围中逐渐消失。

在危机中企业不发声,舆论便会不断地向受众一方倾斜,此时企业再想挽回声誉,假设不是拿出绝对的事实证据,是很难逆转企业在广大受众中的既定形象,所以企业在危机中,不仅要说还要说得快、说得多。在公关危机的5S原则中就包括真诚沟通和速度第一的原则,当企业能够不断地向受众传递真实有效信息,保持企业话题热度,才能让受众在态度上乐意接受企业的辩白。作为企业,先要让受众愿意听你说话,才有利于继续在内容上下功夫,最终解决危机。

危机事件既是挑战,也是机遇,往往具有突发性、紧迫性、危害性,但也正因为事件的特殊,能够迅速引起社会广泛关注,让社会新闻目光聚焦,给予大量报道,如果危机处理得当,就能够借报道之势,扩大企业影响力,宣传企业形象;反之对于企业不当的行为也会经过媒体在社会上广泛传播,扩大企业的负面影响。借势也是企业重塑形象的重要阶段,在这个过程中,钉钉做到了使学生、工作群体通过观看"求饶"视频,获得安慰感,让此次活动中的受众能够有潜力重新成为该软件的支持者;同时,幽默的自嘲公关让更多的观望者了解、并极有可能成为该软件的新用户,扩大了企业原本的受众群体与传播范围。

资料来源:https://zhuan lan.zhi hu.com/p/107536314

1. 在低评级危机发生后,钉钉从哪几个方面努力处理好公共关系的?
2. 钉钉是如何重新赢得消费者信任的?

参考文献

[1] GHOSH B. C. WEE LIANG TAN. The Key Success Factors, Distinctive Capabilities and Strategic Thrusts of top SMEs in Singapore [J]. Journal of Business Research, 2001.

[2] KA KATI. Success Criteria in High-tech New Ventures [J].

Technovation,2003.

[3] LIN H. H. WANG Y. S. An Examination of The Determinants of Customer Loyalty in Mobile Commerce Contexts[J]. Information and Management,2006[4] Wu I. L. The Antecedents of Customer Satisfaction and Its Link to Complaint Intentions in Online Shopping:An Integration of Justice Technology and Trust [J]. International Journal of Information Management,2013.

[5] 张延斌,石胜民,石亚娟,等.市场营销学[M].天津:南开大学出版社,2016.

[6] 吴见平.市场营销学教程[M].北京:科学出版社,,2004.

[7] CHUA. B. L, S. LEE AND B. GOH, et al, Impacts of Cruise Service Quality and Price on Vacationers Cruise Experience:Moderating Role of Price Sensitivity [J]. International Journal of Hospitality Management,2015.

[8] 魏尉,梅姝娥,仲伟俊.社交媒体中企业分享奖励营销模式研究 [J].中国管理科学,2021.

[9] 菲利普·科特勒,等.营销管理(亚洲版)[M].王永贵,等,译.北京:中国人民大学出版社,2020.

[10] 迈克尔·埃特泽尔,布鲁斯·沃克,威廉·斯坦顿,等.市场营销[M].南京:南京大学出版社,2009.

[11] 菲利普·科特勒,加里·阿姆斯特朗,等,市场营销原理与实践[M].楼尊,等,译.北京:中国人民大学出版社,2020.

第十四章　关系营销

学习目标

1. 掌握关系营销与交易营销的区别。
2. 掌握关系营销的层次。
3. 掌握顾客关系管理盈利模型。
4. 掌握顾客关系管理策略。

案例导入

乐购的顾客关系管理

乐购(Tesco)作为零售品牌,20世纪80年代初期,它还是一家被视为"薄利多销"的英国食品杂货连锁商店,且远落后于当时更为高档的零售商Sainsbury's。

1990—1992年,乐购开展了一项名为"点滴皆有助益"(Every Little Helps)的活动,公司提出了114项改进店铺质量的方案,包括增加婴儿更衣室等。公司通过20个广告来宣传这些改进措施,每个广告都针对不同的方面展现"为顾客做对的事情"。到1995年,乐购吸引了130万新顾客,使乐购在1995年超过Sainsbury's成为市场领袖。

1996年开始,乐购的会员积分卡Clubcard提供折扣和为每一顾客量身定制一些服务。利用Clubcard的数据,乐购为每个顾客建立了"DNA档案"。该"DNA档案",基于顾客购物习惯,包括40多个维度,比如价格、品牌、环保、便利性、健康性等。乐购的400万名顾客每个季度都能收到内容不同的、有针对性的Clubcard说明,包括特别报价和其他促销信息。

跟踪持有Clubcard顾客的购买情况,公司了解顾客的价格弹性,从而设置促销时间表,这为乐购节省的费用超过了5亿美元。基于顾客数据,乐购调整确定每家店铺类型、产品范围和备货风格,甚至新店选址。乐购商店共有七大类型,Tesco Extra是最大的那类商店,出售一系列食品及非食品产品和服务。Tesco Superstores是标准化的大型超市,出售一些非食品产品。Tesco Express商店则是社区便利店,出售的大多是高盈利率的产品及日用必需品。

到1999年,该公司在英国的市场份额已经上升到15%,同一年被评选为英国最受欣赏的公司。接下来的几年里,乐购继续运用其私人贴牌及顾客数据的制胜模式称雄英国零售版图。

第一节 关系营销概述

一、关系营销内涵

(一) 关系营销定义

关系营销的研究始自 20 世纪 80 年代。1983 年,贝利(Berry)率先把关系营销的概念引入市场营销理论。贝利指出,关系营销的目的在于挽留顾客,因为挽留老顾客往往比获取新顾客的成本低得多,而且对企业利润的正面影响较大,有时还易于从老顾客那里获得积极的口碑。后来又有学者指出,关系营销是一种有关承诺和信任的理论。通过建立、发展和保持一种成功的关系交换,企业与顾客共同创造价值。综上所述,关系营销是识别、建立、维护和巩固企业与顾客及其他利益相关者关系的一系列活动。企业通过努力,以诚实交换与履行承诺的方式,使双方的利益和目标在关系营销活动中得以实现。

(二) 关系营销的核心变量

关系营销理论认为,在关系建立过程中,信任、承诺和吸引这三个变量非常重要。

1. 信任

信任是指在特定的条件下,一方对另一方行为方式的期望。在顾客和企业之间,信任就是顾客对一家值得信赖的公司所给予的信心。依据来源不同,信任有四种类型:一般性信任、系统性信任、个人的信任和过程信任。

一般性信任是来自社会准则的信任。例如,一个顾客如果知道一家大型的供应商有良好的信誉和较大的规模,那么他会期望与这家供应商签订长期协议。系统性信任则既取决于法律、行业规则和协议,也取决于对方的职业化程度。例如,一家具有良好服务技能、雄厚研发实力的企业也容易与顾客建立起良好的信任关系。个人的信任是合作双方基于对方的个人品德给予的信任,并在此基础上开展合作。如果一个顾客认为另一个代表某个组织的人的语言或陈述是可以依赖的,那么,信任就会随之产生,这个顾客就会成为这个组织的合作伙伴。过程的信任是由双方所具有的行业经验或过去的经历所决定的。如果一个顾客曾经与某个企业打过许多年交道,而且对他们合作的情况表示满意,那么,他必然会对这家企业产生信任感。

2. 承诺

承诺是指双方都乐于维系相互珍视关系的持续性愿望,即一方与另一方合作的积极性程度。关系承诺包括三个维度:经济维度、情感维度和时间维度。

经济维度代表关系中顾客的自私自利动机,该承诺被视为一种算计性行为,即权衡成本和收益的行为。情感维度是一种态度性结构要素,也称为态度性承诺,该承诺标识对企业的一种情感性导向以及与企业价值观的结合性,超越了单纯意义上的功利性价值。时间维度体现了长期关系承诺的本质,企业深深嵌入关系,关系因此具有持久性和长期性的本质。

承诺是双方相互的。比如,企业对顾客的承诺是自身的可信性和解决问题的能力,顾客也会对供应商做出承诺,付款方式等。双方以实际行动履行自己的承诺非常重要,比如企业被证实能够准时和无误地排除企业的机器设备故障,顾客及时按约定付款,都会加深双方的信任。如果服务提供者能够在即使企业人力资源紧张的情况下,如服务高峰期,为顾客提供良好的服务,那么,顾客对企业的承诺会更深。

3. 吸引

吸引是指合作的双方都具有某些吸引对方进行合作的要素。如果合作双方存在相互吸引力,比如,双方能给对方带来利益价值,关系的建立和发展就有了基础和前提。如果缺乏吸引力,双方恐怕连做生意的愿望都没有。在制造业中,一家拥有最先进工业技术的科技公司对制造企业也会有巨大的吸引力。在服务企业中,价值共创就是建立关系的基础,比如,定于定制化产品的企业,基于目标对象个性化需求定制产品,就是吸引因素。有时双方相互珍视的社会交往,也会转变成建立经济合作关系的吸引力。

无论是在 B2B 还是在 B2C 市场上,商业伙伴合作过程中存在的信任和承诺对于顾客来说非常重要,那些关系导向的顾客会非常重视合作过程中的信任与承诺,而不是每次单个交易的满足。关系营销的效果取决于企业与顾客等利益相关者的合作、公司自身内部的合作,将顾客视为对立面,或公司内部分工协作不顺利或专业化不强,都会弱化关系。

(三)企业实施关系营销的阶段

1. 价值过程

基于关系营销的理论基础,关系的存在是因为顾客和企业双方,能够共创提供产品、服务、价值和创造附加值。所以,关系营销也意味着要比交易营销付出更多的精力和努力,为关系双方创造出更大的顾客价值。由于服务的特性,顾客价值的感知在于服务的整个过程,所以关系的建立需要一个长期过程,而顾客价值的创造、交付与评价,往往是在这个过程内发生的。企业要想在关系营销实践中获得成功并得到认可,必须设计并切实实施得到顾客认可的价值过程。

2. 交互过程

企业和顾客之间的关系一旦建立,关系的延续就得在交互过程中发展。能够解决顾客的难题,并使顾客的心理需求与社会需求得到满足,是关系营销中好的方案的评价标准。关系营销的方案涉及实体产品或服务产出的交换或转移,包括有助于交换和转移的一系列服务要素,比如服务过程、服务系统和技术、电子商务过程、管理和财务过程等。没有这些服务要素,实体产品或服务产出可能只存在有限的价值,或对顾客根本没有价值可言。顾客和这些过程之间的互动就是交互过程或互动过程。企业要想把关系延续,就必须把握好与顾客的互动过程。

3. 对话过程

持续的关系能够为顾客提供安全感、信任感并降低交易风险。关系的延续来自企业能为顾客带来价值,顾客价值是企业能够解决顾客的问题,如何解决问题,如何更好地解决顾客问题,企业必须与顾客进行信息共享,相互沟通才能得到能够满足需求的解决方案。沟通发生在关系互动的各个环节,如产品交付、抱怨处理、发送货物和了解个人情况等。在关系营销中,市场营销沟通的特点是试图创造双向的甚至是多维的沟通过程。沟通最明晰的一种方式是对话,在实践中,企业与顾客的对话沟通形式多种多样,如销售活动、大众沟通、直接沟通和公共关系等。不论企业通过哪种途径与顾客进行沟通,其目的都应该是在沟通过程中,努力从互动或对话中得到某种形式的反馈,获得更多的信息。

二、关系营销与交易营销的不同

(一) 顾客价值创造过程不同

价值一直是一个难以解释、也难以理解的概念,从不同的角度出发,价值有不同的定义。顾客价值的来源,不同的视角,有不同的结论,从交易营销的视角看,顾客价值来自于企业所提供的产品,从关系营销的视角看,顾客价值来自于企业和顾客共同创造。

1. 交易营销认为企业为顾客创造价值

交易观念认为,价值是由企业创造的,特别是在工厂里或者在服务企业的后台注入产品中,然后再分销给消费者。这意味着价值的生成过程早在分销工作开始之前就已经完成了。营销所要做的就是将这些价值通过适当的营销手段推销出去,它还意味着生产过程的结果才是营销最应当关注的。尽管从道理上讲,营销含有为生产决策进行调查和提供依据的责任。简而言之,传统营销的核心问题就是如何将已经生产出来的价值通过适当的渠道分销或传递给顾客。

交易营销的方法建立在大量营销的基础之上,在这样的市场上,消费者的个性被忽略了。营销所要做的就是促使顾客购买本企业而不是竞争对手的产品。企业为顾客提供某种产品的价值,而不是与顾客一道创造某种产品的价值,两者的利益存在的冲突,顾客不想买但又被说服去购买产品,这种观念现在已经发展到了一个近乎极端的程度。在交易营销中,顾客作为细分目标市场中企业争取的对象。在交易营销中,企业将顾客作为征服的对手,他们必须说服顾客做出一个特定的选择。

2. 关系营销认为企业和顾客共创价值

关系营销认为,价值不是在工厂里或服务企业的后台制造出来的,甚至可以说,价值并不是产品本身,产品不过是价值的载体,价值是顾客在与企业保持关系过程中创造出来的,很大程度上是在与供应商和服务提供商保持互动关系的过程中创造出来的。企业的关注点不再是产品本身,而是顾客的价值生成过程,在这个过程中,顾客创造并感知价值。一句话,根据关系营销观念,营销的核心目标是在与顾客保持互动关系的过程中,创造并支持顾客消费和使用产品,即顾客创造出可感知的价值的过程,这个过程牵涉企业所有的业务职能。总而言之,关系观念认为营销的重心是创造而不是分销价值,是支持价值生成的过程,而不是简单地对现成的价值进行分销。

关系营销是建立在价值创造的基础之上的。而这种价值的创造有时通过顾客与企业的互动关系来实现,实现价值的前提是双方的合作。在关系营销中,互动与合作存在于各个层次,无法将服务提供商和顾客截然分开。顾客是否购买取决于在互动关系中双方相互影响的程度,双方不是分离,而是相互依赖。在关系营销中,顾客被视为一种资源,一种创造价值的资源,企业与顾客合作,为顾客创造价值,满足他们的要求,并解决他们所面临的问题。当顾客数量稀少,服务提供商与顾客的交互行为不间断地进行时,关系营销的观念就很容易被采纳。例如,在工业品市场上就是如此。如果企业所面临的是一个大量营销的情形,企业与顾客的直接接触非常有限,那么关系营销的实施就不会那么迫切,但它依然具有必要性,而且也有现实可行性,借助信息技术就可以解决与大量顾客沟通的问题。

(二) 营销方法和内容不同

通过对顾客价值创造的分析可以看出,关系营销与传统的交易营销有很大差异。

1. 交易营销和关系营销理论基础不同

传统的交易营销以传统营销组合理论为基础,强调的是以生产商为中心的交易行为;而关系营销以顾客关系理论为基础,主张以系统论为基本指导思想,即以市场反应、顾客关联、顾客关系和利益回报为基础,重视客户的需求和欲望,并以整合营销传播为手段开展全面的市场营销活动。

2. 交易营销和关系营销关注核心不同

交易营销站在生产企业的视角,看重的是在每笔交易中实现利润最大化,强调企业利益的最大满足,以交易是否成功为核心。关系营销站在企业和顾客双方的视角,看重的是与利益相关者建立长期合作关系,强调双赢,以关系营销网络为核心。在这个网络中,企业的市场营销目标不是追求每次交易的利润最大化而是追求网络成员利益的最大化,最后形成网络成员共同发展的局面。

3. 交易营销和关系营销关注的焦点不同

交易营销的目标是企业的利润最大化,所以交易营销一方面更关心如何生产,另一方面更关心如何获得更多的新顾客,企业更看重市场占有率;而关系营销强调如何充分利用现有资源,注重与顾客建立长期的合作关系,尽最大努力挽留现有顾客,企业更看重的是顾客满意率、顾客的保持率与客户份额。

4. 交易营销和关系营销着眼点不同

交易营销关注的对象主要是目标市场,即各种目标顾客群体,强调如何和目标群体之间成功交易,从而获得利润;而关系营销关注的对象包括各个利益相关者,如顾客、竞争者、供应商、分销商、政府、银行、社会团体及股东、合伙人和内部员工等,强调如何和利益相关方建立、维持良好的关系,实现企业和利益相关方共赢。

5. 交易营销和关系营销市场风险不同

由于交易营销只强调交易行为,在市场竞争十分激烈、新产品不断涌现的情况下,顾客很容易转而购买其他产品,企业随时有失去顾客的可能,导致较大的市场风险;而在关系营销的指导下,企业通过重视顾客需求和以之为起点的市场营销活动,使顾客建立品牌忠诚,使市场的不确定性降低,因而风险变小。

6. 交易营销和关系营销服务承诺不同

交易营销较少强调客户服务,往往只有少量的承诺,且认为产品质量是生产部门应该多关心的,不注重与客户的长期关系。关系营销恰恰相反,它高度重视顾客服务,有充分的客户承诺,认为所有部门都应关心质量问题,维持并发展与顾客的长期关系和承诺是关系营销的重要内容。

(三) 服务竞争中的关系营销

基于以上分析,传统的交易营销观点、概念和模型,已经不再适应服务竞争。如表14-1所示:

表14-1 服务竞争中关系导向与交易导向的内容及结果

营销的内容	交易导向及对应的结果	服务和关系中心观念必须具备的条件
以顾客为中心活动的扩展	顾客中心观念通常只存在于企业中与顾客接触的部门或员工	整个组织都应该有顾客中心观念,对组织内外顾客都如此
顾客管理方面的贡献	组织中有限的一些部门具有顾客导向和以顾客为中心的思想	除专职营销人员和销售人员以外,组织中的大多数人员也应当有顾客中心观念和行为
顾客管理的组织	营销是营销部门和销售部门的专利,那些全职营销人员承担着几乎全部的营销重任	我们不能利用传统的方法来组织现在所说的营销工作,只有全职营销人员才具有可组织性,对于兼职营销人员来说,更重要的是顾客中心观念的灌输
顾客管理的计划与费用预算	完全由营销和销售部门做出顾客管理的计划与费用预算(销售与营销预算)	顾客管理预算必须是企业整体预算规划的一部分,必须与企业的商业计划相互协调
内部营销水平	营销和销售人员是专职的顾客管理人员,不需要所谓的内部营销问题	兼职营销人员的人数远远多于专职营销人员,因此,内部营销具有战略意义
顾客管理术语	营销就是顾客管理	营销的含义是争取更多的新顾客,兼职营销人员并不从事与营销相关的事务。因此,营销管理是一个过时的词汇,并不能代表获取顾客、保留顾客、发展顾客的整个顾客管理过程

资料来源:克里斯廷·格罗鲁斯.服务管理与营销[M].北京:电子工业出版社,2019:321.

三、关系营销带来的利益

(一) 顾客利益

感知价值是顾客对收到与付出的感觉,价值代表了顾客在"得到"与"给予"之间的平衡。当企业不断从顾客的观点出发提供价值时,顾客不仅会获益并得到激励,且愿意保持这个关系。这种关系利益比核心服务的特性更能吸引顾客保持对企业的忠诚。在长期服务关系中,顾客可体验的利益包括信任利益、社会利益和特殊对待利益。

1. 信任利益

信任利益是信任的感觉或对供应商的信心,是一种减少焦虑和对期望较为了解的舒适感觉。顾客和企业之间,提升关系可以带来信心,因为企业了解顾客,顾客会被很好地对待。当接受的服务低于预期,顾客也不会感到很焦虑,因为,顾客知道,有问题也会被处理的。因为提升关系而降低了焦虑,这种与企业保持某种程度的联系感觉很舒服。

当顾客在某种关系上有了相当大的投资时,大多数顾客是不愿意更换服务提供者的。

尤其是当现有的服务提供者了解顾客的偏好，并且长期为满足顾客的需求而特别定制服务，那么更换服务提供者就意味着高成本，包括货币成本、心理成本和与时间成本。而当顾客同服务提供者建立信任并维持一种关系时，顾客就可以节省时间解决其他关注的或优先的问题。

2. 社会利益

经过长期来往，顾客同其服务提供者形成了一种家庭式的感觉，同时建立了一种社会关系。在一些长期的顾客企业关系中，提供服务的企业可能就是消费者的社会支持系统的一个部分。这些关系形成的社会支持利益对于提高顾客的生活质量，无论是个人生活还是工作生活，都非常重要，甚至达到或超过服务所提供的技术利益。

在服务提供者和顾客之间产生的亲密的个人和专业关系常常是实现顾客忠诚的基础。这些关系使顾客很少更换供应商，即使他们得知一位竞争对手可能提供更高的质量或更低的价格。这种顾客关系也同时意味着，一位有价值的员工离开企业以后会带走他的顾客，这会使企业面临失去顾客的风险。

3. 特殊对待利益

特殊对待包括获得或有利益、得到特殊的交易或价格、得到优先接待等事项。比如，顾客一直都保持着良好的信用，总是在免息期结束前，按时付清自己的信用卡账单。有一次，顾客的付款没有按时到账，当时顾客打电话给银行，在查过顾客的历史纪录后，银行意识到顾客总是提前付清欠款，然后就免去了我的利息费。这种或有收益，或者被特殊对待带来的收益，总是让顾客忠诚于公司。

有趣的是，特殊对待利益虽然很重要，但总体上看相对于在服务关系中获取的其他类型的利益，却又不太重要。比如，对于经常乘坐航班的旅客而言，特殊对待利益、贵宾休息室、更换机票免费等，对于顾客忠诚非常重要。而在一些行业，如医药服务或法定服务，特殊对待利益对顾客来说不是最重要的。

(二) 企业利益

对于一个组织来说，一个忠诚的顾客关系的维护和发展，所产生的利益可以有很多种。除了常常提及、最显性的经济利益外，企业还常常能够得到顾客行为及人力资源管理等各种隐性利益。

1. 经济利益

顾客保留所带来的最常见利益之一就是不断增加的利润，如图 14-1 所示。它说明在过去一段时期内，各行业的顾客花费在其特定关系伙伴上的资金在逐年增加。当顾客渐渐了解一家企业比其竞争对手提供的服务更令人满意时，他们将会把更多的生意给这家企业。同时，研究也指出高度满意的顾客愿意支付更多。

长期关系所带来的另一个利益就是成本降低。一些评估表明，固定顾客的重复购买能够节省 90% 的营销费用。开发新顾客需要更多的启动成本，包括广告和其他促销费用、设置账目和系统的运作费用、了解熟悉顾客的时间成本。从短期来看，这些初始基本费用会超过从新顾客那里期望获得的销售收入，所以建立长期关系对于企业来讲是有利的，甚至维持现有关系的费用从长期看可能会下降。

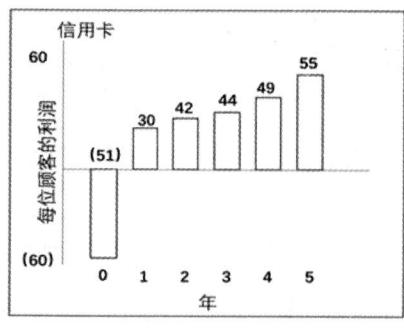 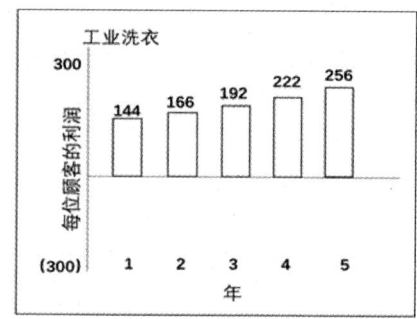

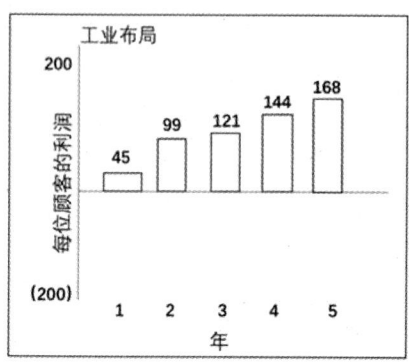 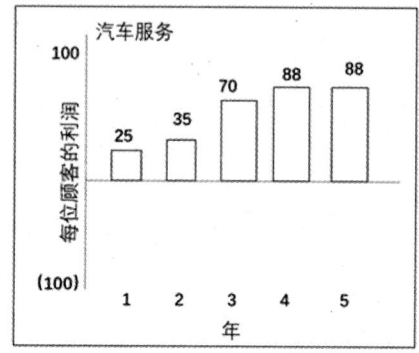

图 14-1 一个长期顾客产生的利润

资料来源:F. F. REICHHELD,W. E. SASSER. An exhibit from Zero Defection Quality Comes to Services[J]. Harvard Business Review,1990(September-October):68.

2. 顾客行为利益

长期顾客的口碑对企业来讲是一笔宝贵的财富,满意的忠诚顾客一般会为企业做强有力的口头宣传。当一种产品很复杂、很难进行评价时,意味着购买包含了风险,就像很多的服务一样,顾客在很多情况下会听从别人的建议。这时,口碑传播就成为企业的免费广告,该方式比企业采用的其他形式的付费广告更有效,并且有附加利益,即减少了开发新顾客的成本。

在某种服务上,一些忠诚顾客可能会以各种形式对其他顾客提供社会利益。比如,在一家康复中心,对于一个在做膝盖康复的病人而言,其他病友鼓励的语言或行为,会在情感上对他产生支持,他对这家医院的评价也会更高。所以,忠诚的顾客,有的时候就是一名出色的顾问。

3. 人力资源管理利益

忠诚的顾客还可能为企业提供人力资源管理利益。一方面,忠诚的顾客有与企业接触的经验,对企业有一定的了解,所以可以成为生产资源的补充力量,提升企业生产率的协同者,往往是越有经验的顾客会使员工的工作越容易。例如,在学校,每年接待新生,老生就是非常重要的接待力量补充源,老生非常清楚所在学校的学习生活制度、规则等。

另一方面,顾客保留还能影响员工保留率。一家企业如果有稳定的满意顾客,就更容易保留员工,因为人们更愿意为有幸福且忠诚顾客的企业工作。员工个人其实也更加满意,且有更多的时间培养与顾客的关系而非寻找新的顾客。同时,顾客更加满意,顾客就会继续在该企业投入,就成为更好的顾客,就像一个不断向上的积极的螺旋。由于员工在企业停留的时间长,服务质量得到了提高,而工作成本降低,这使企业获得更多的利益。

第二节 关系质量

一、关系质量

(一) 关系质量内涵

关系质量是指顾客、企业在长期的互动关系中所形成的动态的质量感知。顾客感知服务质量模型基本上是静态的。由于服务是一种过程,而且具有关系特征,因此顾客对服务质量的感知肯定会随着关系的发展而变化。有学者提出,关系质量是企业和顾客对关系属性的一种感知状态,是在互动过程中通过信息、服务和其他有价值的东西进行交换形成的,反映的是总体的关系属性及其满足关系各方需求与期望的程度。

关系质量包括关系强度和关系长度两个维度。关系强度衡量关系的牢固程度,由购买行为、沟通行为、忠诚行为等顾客的积极承诺来衡量,较大的关系强度能够阻止顾客流失。顾客满意度、承诺、转移成本会增加关系的强度。对企业服务非常满意的顾客重购率可以达到80%,甚至更高。转移成本是顾客为建立与企业的联系所付出的所有投入,包括时间、金钱、感情等。顾客要想与其他企业开始一段新的联系,就要付出这些投入。因此,转移成本对顾客存在约束作用。顾客承诺建立在顾客意图和预期计划的基础之上,顾客对企业的承诺无疑会减少不利于双方关系发展的情况,甚至使顾客忽略轻微的服务失误。

关系长度是指关系持续的时间。毫无疑问,关系强度会延长关系的长度,关系强度越大,关系的长度就越长,持续的时间就越久。关系长度还受到顾客参与程度和关键情节的影响。顾客参与程度一般用惠顾频率表示,惠顾频率就是顾客购买产品产生的现金流出次数。顾客惠顾频率高,说明顾客和企业从关系发展过程中学会了互相适应,顾客对服务的消费感知更为满意,对服务失误的计较也更少,企业更了解顾客的需求,也为推出新产品减少了阻碍,关系的持续时间越来越长。关键情节是顾客在服务过程中非常关注的点,顾客如果对关键情节满意,则可能忽略非关键情节的服务失误;顾客如果对关键情节不满意,则会夸大非关键情节的服务失误。因此,关键情节和情节组合对关系长度有重要影响。

(二) 关系质量分析的基本理论

对关系质量的感知是在互动的过程中形成的,有些互动是连续性的,如在保险业和清洁行业,而有些则是间断性的,如银行业和运输业。Maria Holmlund 创建了理解和分析连续性互动关系的基本理论框架。这个理论框架包括一系列连续的行为,即活动(Act)、情节(Episode)、片段(Sequence),它们共同构成了关系(Relationship)。如图 12-2 所示:

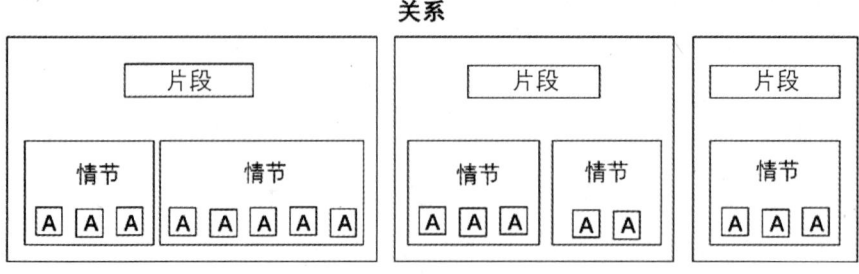

图 14-2 关系分析模型:关系中的互动层次

资料来源:克里斯廷·格罗鲁斯.服务管理与营销[M].北京:电子工业出版社,2019:73.

活动是顾客与服务提供者互动过程分析的最小单位,如电话呼叫、工厂参观及酒店入住登记等,在服务管理中也称为服务的关键时刻。活动可能与任何的互动要素相关,如有形产品、服务、信息、财务活动或者其他社会接触。

情节由一系列相关的活动组成,服务管理中常称其为服务接触,如直接到银行取钱、货物运输、在入住的酒店就餐等。每个情节都包含了一系列活动。例如,货物运输就包括一系列的活动,如电话预订服务、包装产品、运输产品、拆去包装、抱怨处理、邮寄和支付发票等。

片段由一系列相关的情节组成,片段可以是一个时间段、一个产品组合、一个项目或这些要素的组合。例如,顾客入住一家酒店后的所有行为都包括在片段之内,如住宿、就餐、在酒店的泳池中游泳等情节。这些服务情节可能互相包容,一个服务情节可能同时也是其他服务情节的一部分。

若干个服务片段就构成了关系。关系是互动过程分析的最后一个层次。情节也许会逐次发生,也许是相互包容,也许是相隔很长一段时间才发生下一个情节,这主要取决于服务类型的特征是间断性的还是连续性的。

这种对服务的分层方法为服务企业提供了对顾客关系逐层进行质量分析和控制的工具。服务互动过程中的不同要素、产品、服务结果、服务过程、信息、社会接触和财务活动,都可以在这些层次上加以分析并按照服务战略观加以整合,使其向着有利于企业与顾客建立长期关系的方向发展。

(三) Liljander-Strandvik 关系质量模型

Liljander-Strandvik 关系质量模型如图 14-3 所示。

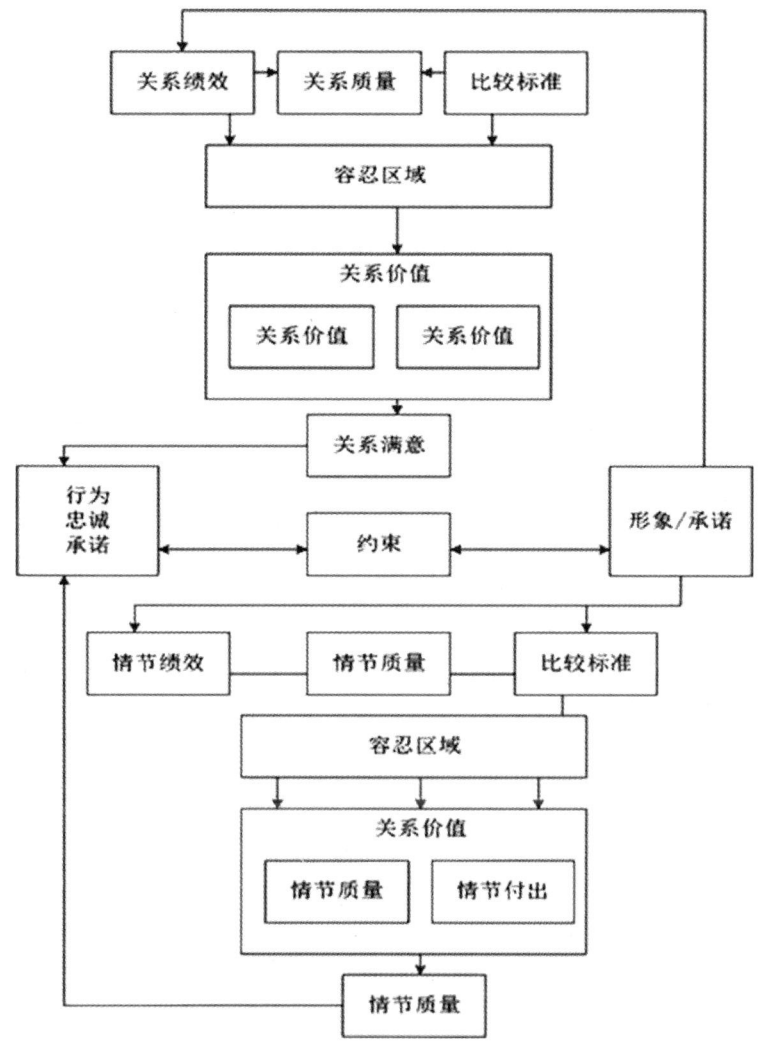

图14-3 Liljander-Strandvik 关系质量模型

资料来源：LILJANDER V, STRANDVIK T. The Nature of Customer Relationships in Services [M]//The nature of customer relationships in services. 1995.

包括4个方面的主要内容：对情节层次的感知质量和关系层次的感知质量进行了区分；将顾客感知价值和顾客满意度纳入感知质量模型；对传统的静态差异分析方法进行了扩展，引入了系列新的比较标准；模型中包括了顾客行为变量。

二、关系层次

和顾客之间的关系可以分为四个不同的层次：财务关系、社会关系、定制化关系和结构化关系。保留顾客的营销行为可以在不同的层次发生，并且每个后续层次的策略都会进一步拉近顾客与企业的紧密关系。

（一）财务关系

通过价格利益和顾客之间建立联系。比如，对那些较多地乘坐特定航线的旅客，提供财务奖励和报酬。这种财务刺激因为启动并不困难,同时又可以带来短期利润,所以,作为一种保留策略而被广泛地使用。不过,财务刺激通常不能为公司带来长期优势,因为它已经不能使公司在同竞争者的长期竞争中脱颖而出,且很容易被竞争者模仿,潜在地导致顾客在竞争者之间无休止地转换。

这种通过财务刺激建立的联系,关系强度非常脆弱,因而关系长度极可能是短命的。除非这些策略是结构化的,能帮助顾客建立起对服务中价值增加的感知,能真正引导顾客重复使用或提升使用率,而不是作为吸引新顾客的手段,这些策略才有可能定会获得长期成功。所以,在实施一个财务回报忠诚的计划时,还是应该小心。

(二) 社会关系

营销人员通过社会和人际关系以及财务联系建立长期顾客关系。社会的、人际的联系在专业服务提供者,比如律师、会计师、教师及其顾客之间是很普遍的。人际关系在B2B的关系中也很普遍,比如,顾客同与之一起工作的销售人员或关系经理建立起了联系。这种关系比财务刺激的手段更能使顾客和企业之间建立高强度关系。

顾客间的社会关系也会带来个人与企业之间的社会关系。比如,在健身俱乐部、教育机构和其他顾客可以互相影响的服务环境,顾客间的社会关系成为留住顾客使其不转到其他企业的重要因素。社会关系不太可能永久地将顾客与企业相联系,但这种联系相较价格刺激,更难被模仿。当缺少充分的理由来改变商品或服务的供应商时,人际关系会鼓励顾客保持在原来的关系中。

(三) 定制化关系

相比财务关系和社会关系,定制化关系是企业依据顾客的需求,向顾客提供独特性较高的产品或解决方案,从而区别于竞争对手和顾客建立关系。比如,Pandora是一家以网络为基础帮助顾客寻找和享受他们喜欢的音乐搜索服务的公司,Pandora列出成百上千的音乐特征或者"基因",用这些基因搜索每首歌独特的、音乐的身份(从梦幻、和谐和旋律到乐器、管弦乐、改编曲、抒情、歌唱),并利用这些信息根据每个顾客独特的口味和兴趣定制音乐。

定制化关系包含比社会联系和财务刺激更多的内容。定制化关系凸显了"一对一"的效果,是把市场细分做到了细分极致化,每个产品具有个人独特性特质的表达。对于目标顾客而言,获得的不仅是一个大众化的产品,而且是一个自我延伸的产品,换言之,每个产品是消费者个体个性的表达和展现。这样,顾客和企业之间的关系强度就会大大增强,也有助于延续关系长度。

(四) 结构化关系

结构化关系是通过为顾客提供那些常常直接在服务交付系统中特别设计的服务,或者通过提供给顾客定制化的、以技术为基础并且使顾客具有更大生产能力的服务而形成的。比如,Cardinal健康公司通过与其医院顾客紧密合作,该公司发展了多种方法以改善其订货、交付和付款情况,极大地增强了它作为一个供应商的价值。

结构化关系包含了顾客与企业之间结构、财务和定制化的联系,该层次最难模仿。打个比方,结构化关系的双方,就像是两个咬合转动的齿轮,任何一方的行动轨迹都受到对方的制约和影响,反之亦然。结构化关系就是关系双方是你中有我,我中有你。

三、关系发展策略

(一) 关系驱动

1. 转移障碍

当顾客考虑转换服务供应商时,他会面临一系列的障碍,这些障碍使离开一个供应商而与另一个供应商建立关系变得非常难。文献表明,转换障碍影响顾客与一家企业脱离关系的决定,并因此使顾客保留更加容易。企业如何打造形成转移障碍,是保留顾客的有效策略。不过,为低劣的服务设计转移障碍是徒劳的,转移障碍的有效性取决于企业由服务质量和顾客满意度构筑的坚实基础,否则,转移障碍策略只能有极小的短期成功。

2. 顾客惯性

惯性就是人们日积月累养成的习惯,人们一般不愿意改变他们的习惯,即使对企业不满意,顾客仍与企业保持关系。有时消费者会简单地陈述,他们培养新的生活习惯,就要打破现有的状态,重新构造。比如,汽车4S店可能保存着顾客详细的修车历史,这些记录减少了顾客记忆汽车所有维修情况的压力,转换新的保养维修店,增加了顾客的回忆压力等。这种转换企业需要一定量的努力,促使顾客觉得"不值得"转换供应商。相反,如果一家企业想从竞争对手那里吸引顾客,降低顾客的惯性成本,减少顾客的转换努力,企业应该考虑增加可感知的努力。

3. 转换成本

转换成本是顾客转换到一家不同的企业所涉及的成本。转换成本包括真实的和感知到的,货币的和非货币的,比如时间、金钱、寻找成本、学习成本、契约成本,这些都成为顾客转换到另一个供应商的挑战。为了保留顾客,企业可能会考虑提高转换成本以给顾客脱离与企业的关系增加困难,或者至少增加感知难。比如,很多企业在与顾客签订合同的时候就明确指出了顾客必须要付出的这些费用,如移动电话服务费、健康俱乐部。企业如果想要从竞争者那里吸引顾客,服务供应商可能可以通过弥补顾客的转换成本或者降低顾客的转换成本实现。

(二) 利用服务强化与顾客的关系

1. 为顾客提供新服务

这种方法就是在企业的"服务产品"中加入新服务。这些新服务项目是增加品价值的重要方法,可以定义为是与竞争对手区分的重要策略。新服务可以分类两类:一类新服务是和原来产品相关的服务,比如咨询、信息、维修、软件开发、网站、后勤、顾客培训和联合研发活动。另一类是和原来服务无关的全新服务。很显然,只要需要,企业就可以尽可能地采用这些服务,但是,新服务需新的投资,必须将新增加的成本与由此而增加的收益相互比较。

2. 开发现存的但尚未利用的隐性服务

这种方法通过开发企业没有利用而且无法从账面上体现出来的服务项目,来达到强化顾客关系的目的。这些潜在的服务已经存在于企业与顾客的关系之中,企业经常将这些工作作为日常管理程序来处理,顾客常常会认为这些服务项目是天经地义的事,也已经从这些服务项目中得到利益。企业要做的只是以不同的导向来管理这些服务,以充分利用它们价值增值的作用。

如果仅仅将这些隐性服务作为企业内部管理程序,与顾客无关的话,它们对顾客关系的影响确实是微小的。但是,如果以顾客导向来处理,改善这些问题的话,这些服务的影响作用将是不容忽视的。更重要的是,提升这些服务的水平,并不需要大幅度增加投资或成本,企业所要做的就是充分利用现有的资源要素和管理流程。以顾客为导向来处理上述问题也有利于提高企业的内部效率,而且运营的成本也会降低。

3. 有形产品服务化

以弹性的和定制化的方式,为顾客提供满足他们需要的产品,那么,这些独特性的产品就具有了服务的特征。因此,它们可以成为顾客关系中的服务要素,一个好的推销员常常会采用这种策略。但是,产品的服务化绝不仅仅局限于产品的销售过程。在生产过程、物资管理、设备安装、IT应用等许多方面都可以采用这种策略。一个生产工业设备的制造商会力图采取定制化的方法,以尽量满足顾客的特殊需要;一家餐馆可能根据顾客的不同要求来为顾客烹饪食品。在这两种情况下,有形产品都被某种程度地服务化了。

第三节 顾客关系管理

一、顾客关系管理内涵

(一) 顾客关系管理的核心

顾客关系管理是企业的一种经营哲学和总体战略,强调企业发展与特定顾客之间的长期关系。顾客关系管理是通过运用先进的信息工具和技术获取顾客数据,分析顾客数据,挖掘顾客的行为模式,探索顾客需求和偏好的变化趋势,从而为不同顾客提供有针对性的、优质的或定制化产品或服务。

顾客关系管理的本质是提高企业与顾客之间的关系质量,最终实现顾客价值最大化和企业收益最大化之间的合理平衡,企业收益最大化取决于顾客价值最大化。顾客价值大化通过基于顾客行为、顾客特性、顾客偏好、顾客需求的分析,应用这些分析结果,制定营销战略、编制营销计划和开展营销活动,以使顾客获得超值服务。所以,顾客关系管理是顾客导向战略,贯穿企业的每个部门和经营环节,要求全体员工共同参与。

顾客关系管理能够给企业带来高利润或者潜在高利润的顾客关系,能够拓展关系质量的强度和关系质量的长度。企业应利用数字化技术对顾客进行分析,结合顾客关系管理,将资源和能力集中在最具顾客价值的客户身上,为其提供高质量的产品或服务,满足其需求,进而实现顾客价值的最大化。同时,从顾客的角度而言,顾客价值能够提高企业与顾客之间的关系质量,让顾客对企业更加满意,增强顾客对企业的信任和承诺,从而令顾客更加忠诚,提升企业绩效。

（二）顾客关系管理的前提——内部营销

没有满意的员工，就没有满意的顾客。对员工的内部管理才是对服务企业的真正挑战。在服务企业中，员工是企业成功最重要的要素。虽然技术扮演了越来越重要的角色，但是，要想打造高质量的服务体验，具有服务理念和以顾客为中心的员工仍然是非常重要的。因此，成功的内部员工管理是成功顾客管理的前提。

1. 内部营销内涵

内部营销是一种将员工视为顾客的管理哲学，将组织管理流程由内部人员管理导向调整为外部顾客导向或内部顾客导向。内部营销的目标是创造、维护和强化组织中员工，包括与顾客接触的员工、后台支持人员、团队领导、主管或经理之间的内部关系，让他们更好地以顾客导向和服务意识为内部顾客和外部顾客提供服务。

内部营销并不仅仅指具体实施手段，还指企业内部营销理念。内部营销通过创造内部环境，在组织内部以积极的、具有营销特征的、协作的方式进行各种活动，在这一更加系统和战略性的活动过程中，不同部门、不同过程中员工之间的内部关系得以巩固，并共同以高度服务导向思维为外部顾客和利益相关者提供最优质的服务。

内部营销可以确保员工具有顾客导向、服务意识的工作能够得到激励，并可以在互动营销过程中成功履行自己作为兼职营销人员的职责。可以吸引、留住好员工，确保在组织内部、在合作伙伴之间彼此能够提供顾客导向式的内部服务。为提供内部服务、外部服务的人员提供充分的管理和技术上的支持，让他们可以作为兼职营销人员充分履行职责。

2. 内部营销层次

原则上讲，企业面临以下三种情况时，需要引入内部营销：企业需要一种服务文化或服务导向，企业员工需要保持服务导向，企业需要向员工介绍新产品、新服务、外部营销计划或活动、新技术、新系统或服务过程。

层次一：培育服务文化。当服务导向和对顾客的关注成为组织中最重要的行为规范时，组织中就有服务文化存在。许多企业都缺乏服务文化，内部营销常成为实现某种文化及一系列相关行为的手段。通过内部营销首先可以帮助各类员工，包括经理、主管、顾客接触型员工和支持型员工理解、接受企业的服务理念、使命、战略、战术，以及产品、服务、外部营销活动和企业的流程。其次，可以形成组织内部人员之间良好的关系。再次，可以帮助经理和主管建立服务导向型的领导和管理风格。最后，通过服务营销可以向所有员工传授服务导向的沟通和互动技巧。

层次二：保持服务文化。服务文化一旦建立，企业就必须以积极的方式去维护，否则员工的态度很容易发生转变。由于管理层无法直接控制服务过程和服务接触中的关键时刻，因此企业必须建立、保持间接控制。企业文化是指导员工思想和行为的非常有效的间接控制手段。体现顾客导向服务文化的内部营销，首先，可以确保管理手段能够鼓励、强化员工的服务意识和顾客导向。其次，确保能够保持良好的内部关系。再次，可以保证、维持内部对话，并使员工收到持续的信息和反馈。最后，在推出新产品、新服务及营销活动和过程之前，先将其推销给员工。在这个不断持续的过程中，需要每个经理和主管的参与。如果他们可以鼓励自己的员工、开放沟通渠道（正式的和非正式的），并确保信息能够反馈到员工那里，那么服务文化就会持续下去，当主管把目光集中在为顾客解决问题而不是强调企业的规章制度时，也会获得员工的满意。

层次三：引入新的产品、服务、外部营销活动和过程。如果企业在规划和推出新产品、服务或营销活动时，没有在内部员工中做足够的推广工作，员工无法知道企业发生了什么，对新产品、服务或营销活动不甚了解，或者要从报纸、电视广告甚至顾客那里才能得知企业新服务与广告活动，那么与顾客接触的员工就无法很好地履行兼职营销人员的职责，内部营销就可以解决该问题。通过内部营销，首先，可以让员工了解并接受即将开发、推向市场的新产品和服务。其次，能够让员工理解并接受新的外部营销活动。最后，促使员工了解并接受新的企业活动方式，应用新的、改良的技术、系统、程序来控制组织内部和外部之间的关系，以及公司互动营销的不同任务。

需要注意的是，内部营销的3个层次相互关系并相互强化。以上内容的介绍从不同的角度论述了内部营销的任务，同时强化了已有的服务文化，为建立服务文化提供了强有力的支持。

二、顾客关系管理任务

顾客关系管理的任务是实现顾客关系在更多、更久、更深维度的发展。更多意味着增加企业拥有的顾客关系数量，更久表示延长与顾客关系的时间长度，更深意味着提高现有顾客关系的质量。

(一) 顾客关系数量增长

1. 挖掘和获取新顾客

新顾客是指以前不知道企业产品或者不消费企业产品的顾客。对大多数企业而言，获取新顾客是企业扩大顾客基础、实现企业成长的一种重要手段。比如，对房地产商来讲，要毕业的大学生就是潜在的新客户。挖掘新客户需要从大量的潜在顾客入手，有序地排除难以交付和分享价值的顾客，并在最后保留大量有利可图的新顾客。

在获取顾客的实践中，企业往往需要区分三类潜在顾客：线索型顾客、问询型顾客和潜在顾客。线索型顾客是在顾客数据库中产生的顾客；问询型顾客是顾客主动与供应商发生联系的顾客；潜在顾客是在线索型顾客和问询型顾客中，企业识别出认为有利润潜力的顾客。从线索型顾客、问询型顾客到潜在顾客，就像一个漏斗，不断筛选，不断验证。

2. 赢返流失顾客

赢返流失顾客，指的是那些曾经是企业顾客，出于某种原因终止与企业关系的顾客，恢复和重建与他们之间的关系。这些赢返的顾客的价值不同于第一个生命周期的价值：首先，流失顾客较熟悉企业的产品或服务，从潜在顾客向实际顾客转换的时间更短。其次，企业拥有大量流失顾客的相关数据，可以更有针对性地进行产品或服务的设计开发。最后，与第一次接触的新顾客相比，成功赢返的流失顾客可以增强企业对顾客的认知。

赢返流失顾客，首先要分析顾客流失原因，其次要对流失顾客的终身价值进行细分和排序。流失顾客大致分为五类：蓄意摒弃顾客，即不具有潜在价值而被企业放弃的顾客；非蓄意摒弃顾客，即企业努力挽留的，因需求无法得到满足而流失的顾客；被竞争对手吸引顾客，即因竞争对手提供价值更高的产品而非价格吸引而流失的顾客；低价寻求顾客，即因竞争对手的价格较低而转向竞争对手的顾客；条件丧失顾客，即因顾客年龄、生命周期阶段或地理位置的变化而流失的顾客。一般来说,企业没有必要赢返蓄意摒弃顾客。

(二)顾客关系维系时间延长

1. 顾客忠诚

顾客忠诚是指顾客对自己偏爱的产品和服务具有强烈的在未来持续购买的愿望,并且付诸实践进行重复购买,顾客忠诚包括行为和态度两个层面的忠诚。顾客忠诚是重复购买行为的重要原因,顾客不会因为外部环境变化或竞争对手的营销活动而改变行为。忠诚的顾客不仅自己会有规律地重复购买,还愿意购买供应商的多种产品和服务,并经常向其他人推荐,对竞争对手的拉拢和诱惑具有免疫力,不会因为供应商偶尔的失误而流失。

依据顾客忠诚梯模型,顾客忠诚度为七个阶段,由高到低分别是伙伴、倡导者、支持者、客户、采购者、潜在顾客和顾客总体。伙伴位于顾客忠诚梯的顶端;倡导者是积极向他人推荐,为企业做宣传的顾客;支持者是喜欢企业,但是被动支持的顾客;客户是多次与企业进行交易的顾客,这些顾客对企业的态度可能是积极、消极或中性的;采购者指的是与企业只进行过一次交易的顾客;潜在顾客是企业预期可能会与自己进行交易的顾客。就实质而言,企业进行顾客关系管理就是要把潜在顾客一步步培养成采购者、客户、支持者、倡导者乃至伙伴。企业一旦获得了顾客忠诚,就可以使顾客在关系生命周期内为企业带来回报最大化。

2. 顾客挽留

越来越多的证据表明,"挽留一个现有顾客比吸收一个新顾客更经济"。美国学者雷奇汉(Reichheld)通过对美国信用卡业务的研究发现,"顾客挽留率每增加5%,可为公司带来60%的利润增长"。一般而言企业可以顾客挽留的对象分为两种:留住的顾客和危险的顾客。留住的顾客指的是曾多次购买且表现出五种忠诚特征中的一种或多种的顾客,对于该种顾客,企业应通过为其提供更高价值的产品或服务,培养顾客的忠诚度。危险的顾客指的是多种迹象表明在未来有可能流失的顾客,对于该种顾客,企业则应积极探寻其不满意的原因,针对存在的问题,采用服务挽救或其他措施,力争改善这种危险关系,将顾客拉回企业的怀抱,避免顾客流失。

顾客挽留的基本做法是实时监控和评估顾客与企业的关系质量。营销管理者开发的正式的顾客挽留计划,包括以下活动:对顾客挽留情况进行追踪、评估顾客流失的原因、分析抱怨和服务数据、建立流失响应程序、重新设计与创造预期市场供应物。某些企业会通过预先设立转移壁垒来留住顾客。转移壁垒包括共享信息系统高度定制化的市场供应物以及独特的服务等。企业不是以转移壁垒为阻碍,让顾客无法抽身,而是利用转移壁垒创造出对顾客问题做出反应并加以纠正的机会。

(三)顾客关系质量提高

1. 交叉销售

交叉销售指的是借助顾客关系管理发现现有顾客的多种需求,并为满足他们的需求销售多种不同产品或服务的销售方式,是使顾客使用同一企业的产品或服务的销售方法。交叉销售是一种培养稳固顾客关系的重要工具。交叉销售不仅可以增加现有顾客对不同产品的购买,拓宽与现有顾客的接触范围,增强对顾客关系的支撑力度,分散关系破裂的风险,而且可以大幅提升顾客对企业的忠诚度,减少顾客转移到竞争对手那里的可能性,使顾客关系更为牢固,从而提高顾客关系的质量。现实生活中,顾客确实往往倾向于从同一企业购买更多种类的产品。比如,大家去逛街,喜欢在一个地方完成购物、唱歌、电影等消费。

2. 追加销售和购买升级

追加销售与购买升级强调的是顾客消费行为的升级,包括顾客由购买低盈利性产品转向购买更高盈利性产品的现象。追加销售和购买升级的前提是顾客原来就是企业的顾客,购买过企业的产品或服务,追加销售是在顾客现有的消费基础上购买新的产品或服务,或者在现有消费的基础上上升等级。例如,购买海尔电脑的顾客,最终会从海尔公司购买电脑外围设备和家庭影院系统。

必须指明的是,顾客关系的三个成长维度不是严格意义上的划分,而是一种理念上的考虑,为顾客关系的发展提供了可能的成长方向。事实上,各成长维度相互影响,如关系质量的提高本身就蕴含着关系周期的延长,而关系周期的缩短可能会导致关系数量的减少。如果将潜在的顾客关系视为一种特殊的顾客关系,则新顾客的增加就可以看作顾客关系质量提高的结果,即关系在数量维度上的发展是潜在关系在质量维度上发展的前提。

三、顾客关系盈利能力模型

顾客关系赢利能力理论模型可以帮助理解顾客关系具有盈利性的机制。该模型从顾客感知价值到顾客关系赢利能力包括许多因素,对于这些因素我们必须进行详细的计划、管理和监督,以保证它们能够促进顾客关系赢利能力的提高。如图14-4所示:

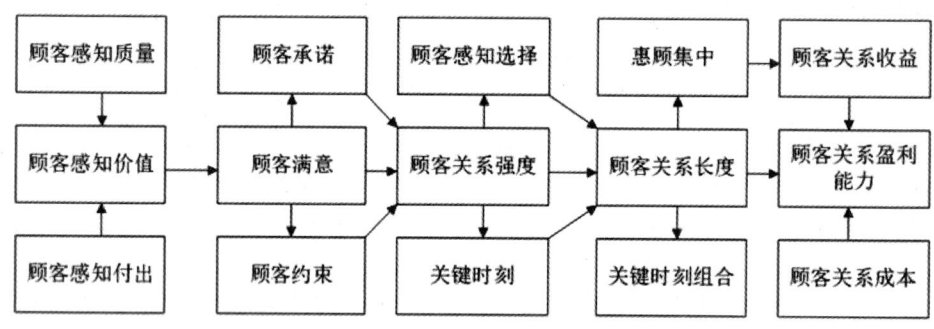

图14-4 顾客关系赢利能力模型:赢利顾客机制

资料来源:STORBACKA K, STRANDVIK T, GRONROOS C. Managing customer relationships for profit: the dynamics of relationship quality[J]. International Journal of Service Industry Management, 1994,(5):21-38.

顾客关系盈利能力模型包含了四个环节以及影响这些环节的要素。

(一)从顾客感知价值到顾客满意

顾客在对感知服务质量和为获得这种质量的成本进行比较后,会产生满意或不满意的心理。所以,感知价值决定了顾客的满意度。顾客满意度又对两个因素有影响,这两个因素是承诺和约束,承诺和约束两者是相互促进的,承诺越高,约束越强。满意的顾客信任对方或者是对顾客关系发展过程中的付出水平感到高兴,会对服务提供者做出承诺。

同时,顾客满意也有促使顾客与服务提供者之间形成约束,这些约束将顾客与服务提供者牢牢地连接在一起。约束可以是社会的、文化的、观念上的、心理的、知识方面的、技术的、地理的、与时间相关的、法律的和经济的约束,这些约束会使顾客能够更轻松、更舒适地接受企业的服务,或者可以从接受同一个企业的服务中获取更多的经济利益。承诺、约束和顾客满意这三个因素会对该模型的下一个环节产生影响。

(二)从顾客满意到顾客关系强度

顾客满意度对顾客与企业的关系强度有直接的影响,而且这种影响也受到顾客的承诺和双方之间的约束的影响。顾客对企业承诺的程度越高,双方之间的约束越强,则顾客与企业之间的关系就越牢固。顾客关系的强度会影响消费者的选择范围、关键时刻和情节。顾客与企业的关系越稳固,则顾客重新选择的范围就越小,反之亦然。比如,那些对企业服务非常满意的顾客与企业的关系更为牢固,这些顾客的重购率可以高达80%,甚至更高。宣称对服务满意的顾客并不总是忠诚的,这些顾客的重购率只有30%,甚至更低。稳固的关系有可能会减少服务过程中关键时刻或情节的数量,因为顾客对这种关系非常满意,对企业的承诺也非常明确,这无疑会减少不利于双方关系发展的事件,同时会减少顾客原来很看重的一些服务失误,只要这些事件不经常发生,顾客就会忽略它们的存在。

(三)从关系强度到关系长度

关系的长度受到关系强度、顾客感知选择数量和关键情节数量的影响。首先关系强度越大,则关系的长度也就越长。其次,关系强度大也会弱化顾客感知选择的数量,如果顾客对企业的服务非常满意,那么他就没有转换服务提供者的动力,所以,会增加顾客关系长度。类似,关键时刻数量的减少也可以起到同样的作用。在持续的顾客关系发展过程中,顾客和企业都从关系发展过程中学会了相互适应,相互合作,顾客对服务的消费更加有效,也更具个性化。更重要的是,由于顾客与企业之间存在着较为牢固的关系,所以企业推出新产品的过程可能会更加顺利,这样,企业提供服务的成本会下降,资源耗费会更少,但顾客感知的服务质量和价值水平并不会因此而下降。

(四)从关系长度到关系盈利能力

顾客关系长度本身对顾客关系盈利能力存在着正面的影响,因为顾客忠诚于企业,所以企业不仅把争取新顾客的费用降至最低,而且还可以充分利用忠诚顾客所赐予他们的溢价效应。对于任何特定的顾客,其惠顾频率越高,则企业从中获得的收入也就越多。另外,惠顾频率高还会减少企业许多不必要的支出,如对顾客问题的解答、对服务失误的补救,这些环节都可以省去,所以,它可以降低企业提供服务的成本。即顾客关系强度会直接影响顾客关系盈利能力,并使收入增加,服务成本和关系成本下降。

该模型是个理论模型,其目的是帮助顾客了解影响顾客盈利能力的复杂因素。如果上面的所有因素都正常地发挥作用,那么,较高的感知服务质量就会导致较高的顾客关系赢利能力。但是,这些环节并不是截然分开的,外部因素会对模型中的环节或因素产生随机影响。如果引进一种新的解决方案,模型中的有些环节或要素就有可能被改变,而不是按原来设定的路线发展。所以,管理者必须时刻跟踪顾客关系的发展状况,通过这种跟踪,监控企业与顾客的关系机制是如何发挥作用的。

四、顾客关系发展策略

(一) 与顾客直接接触

关系营销建立在与顾客相互信任和合作的基础之上,所以企业对顾客必须有深入细致的了解,在有些部门和行业,企业甚至应当为顾客提供单独的服务。在消费品市场,制造商或零售商也尽可能在广告宣传、销售、接触或处理顾客抱怨等一系列情况下尽量引入关系导向。

现代信息技术的发展使企业有能力来促进与顾客的直接接触,使顾客感到企业熟悉他们,也知道他们是有价值的。另外,必须与顾客直接接触或对话,因为传统的广告宣传策略成本太高,效果也不好。单向市场沟通的投入产出比是不合理的,不管现在的企业多么接近顾客,推进与顾客面对面的沟通都是必要的,现代信息技术使企业完全有能做到这一点。

(二) 建立顾客数据库

传统市场营销工作的开展是在对顾客信息并不了解的情况下进行的,为了实施关系营销策略,这种情况就必须得到改变。顾客数据库包含了营销所需要的顾客的一切信息,如果没有数据库,企业就无法实现与顾客的直接接触,或者说至少不是纯粹意义上的直接接触。如果一个营销人员掌握他所要接触的顾客的所有第一手资料,那么这个沟通过程肯定是非常顺畅的。但在很多情况下,那些接听顾客电话的员工,对他们所接触的顾客并不熟悉,有时可能还相当陌生,所以那些精心准备的、最新的和简洁的顾客信息对开展关系营销是非常重要的。另外,建立一个科学的顾客数据库,以便于员工了解与顾客建立长期关系的盈利水平,对于关联销售和新产品的推广都会起到积极的作用。

(三) 创建顾客导向的服务体系

关系营销的成功要求企业将其经营内容界定为服务,并了解如何创建和管理一个完整的服务产品组合,也就是说,要管理服务竞争、组织价值生成过程的设计必须有利于为顾客服务,为顾客提供完整的服务。产品组合服务管理的观念和原则在很多方面与传统的管理理论都是极不相同的。在建立成功的服务体系时,有四类要素是必不可少的,即顾客、技术、员工和时间。顾客的作用比以往要大得多,顾客感知服务质量部分地取决于顾客的影响,服务体系的建立越来越依赖于科学技术广泛地应用于设计、生产、制造,行政管理服务和设备维护的计算机系统或信息技术必须与顾客为导向重新组合,而不能将事业局散在内部生产和生产力上面。

顾客关系管理的成功与否还取决于员工的态度、支持程度和工作绩效,如果员工不能正确地履行他们作为服务员工的职责,如果他们没有以顾客为导向提供服务的动力,那么关系营销就不可能成功。正是由于这一点,关系营销是建立在组织良好和持续有效的内部营销基础之上。时间也是一种非常重要的资源,必须是顾客感到与企业建立关系没有浪费他们宝贵的时间,管理不会增加双方建立关系的成本。

重要概念

关系营销　内部营销　关系质量　顾客关系管理

思考题

1. 讨论关系营销与传统营销的区别有哪些。

2. 顾客关系质量如何衡量？
3. 企业实施关系营销要经历哪几个阶段？这几个阶段之间的关系是什么？
4. 结合你自身的体验，说说企业发展顾客关系的策略有哪些。
5. 从企业的角度描述顾客关系盈利能力的内在机制是什么？
6. 结合自己的体验，列举体现关系营销4个层次的例子。
7. 结合自身体验，说说顾客信任和顾客承诺对企业的意义有哪些。
8. 内部营销对企业的顾客导向战略有哪些意义？

案例分析

Zapopos的"3C"管理

Zapopos公司是一家主营服装、鞋、手提包和相关附件的私人网络销售公司。Zapopos绝大部分的业绩增长、公司品牌价值的提升，都源自其强大的公司文化和对客户服务近乎偏执的强调。他们的注意力主要集中在三个C上：公司文化（Company Culture）和客户服务（Customer Service），这也是这家公司保持持续成长的关键所在。

一、第一个和第二个C：公司文化

Zappos的领导层把公司文化看作使之具备竞争优势的独特法宝。Zappos公司认为，公司可能会拥有1200～1500种品牌关系并且在竞争中抢占先机，但这些是可以被复制的，只有独特的文化是复制不了的。公司的首席执行官Hsieh说："我们坚信，如果营造出正确的文化，那么像打造优秀的客户服务，或者创建一个长久、稳固的品牌之类的绝大部分事情会水到渠成。"Zappos塑造维持企业文化的手段有三个。

1. 雇用适合公司文化的人。Zappos通过筛选职位申请人来确保选到适合其公司文化的员工。所有应聘者都要经过两次面试，一次是关于工作技能的传统型面试，由用人部门经理面试，考核应聘者与工作相关的经验和技术能力；另一次是"文化"面试，由人力资源部招聘经理进行面试，考察应聘者是否适合公司的文化。只有两次面试都通过的应聘者，才会被聘用。Hsieh说："我们实际上已经错过了许多才华横溢的人。我们知道一旦被录取，他们会对公司上下产生立竿见影的影响，但如果他们不适合公司的文化，那我们也不能雇用他们。"

2. 入职服务导向培训。所有新入职的员工不论岗位，都要完成为期4周的付费培训课程，主要是关于客服中心的工作。Foley说："如果通不过这4个星期的培训，那么无论你在哪个部门，都不能继续在Zappos任职。"除此之外，公司为了剔除那些缺乏奉献精神的人，会在培训的第一周提出向主动辞职的人支付2000美元。"这一弃职奖金最初只有100美元，但后来我们逐渐提高了数额，因为我们希望更多不符合要求的人能主动弃职。"

3. 成长培训计划。员工成长培训计划是专门用于帮助员工从入门级水平成长为公司最高级别的管理者。这一计划要求所有员工都要完成225小时"核心级"的培训，其中包含160小时的入职和客户忠诚度培训，以及其他关于有效沟通、指导下属、解决冲突和压力管理等方面的课程。最新的一门课被命名为"快乐的科学"，这是一门被定义为"寻找人生的意义和更高人生目标"的课程，该培训课程对企业文化起到了非常大的支持作用。按照Hsieh的说法："Zappos更高的目标应该是传播快乐——把快乐带到世界的每一个角落。"

二、第三个 C：客户服务

Hsieh 和 Lin 坚信公司快速成长的一个重要原因在于客户忠诚度，Zappos 75% 的订单来自回头客，而客户的忠诚源自他们一直以来醉心于向顾客提供出众的服务。Zappos 销售额的 96% 都是在网站上达成的，对于这部分网店顾客，Zappos 提供的服务包括：快速、免费的物流服务，含送货和退货；超过 1200 个品牌的选择，还有 290 万件产品的库存量支持；可以买到特殊尺码的商品；高度直观、友好的客户界面。顾客可以同时按款式、尺码、发货仓库、颜色和适用性别进行产品搜索，并预期可以找到十几个到上百个相关结果，保证现货，该网站只显示有库存的产品。

1. 从下订单开始就在解决问题。正是由于大量顾客直接通过 Zappos 的网站下单，Zappos 客户忠诚度小组（CLT）的员工（即呼叫/联络中心代表）平均每天（24 小时工作制）要接打 5100 个电话。CLT 员工被当成解决问题的人，因为顾客遇到在网站上找不到答案的问题都会致电 CLT。例如，CLT 成员可能会帮顾客找一个 Zappos 没有的品牌，事实上，CLT 的员工受过相关的指导，在这种情况下他们会通过互联网在其他竞争对手的网站上搜索顾客想要的鞋子。在线和客户沟通解决问题的纪录是 5 小时 20 分。

2. 订单执行。新的商品和寄回的货物通过分散的库房收货区归集。公司的订单执行中心位于自由贸易区内，这意味着供应商可以越过海关直接向 Zappos 发货。货物被装进上锁的拖车内运抵机场装卸区，直到送达 Zappos 的库房才打开。通过 LPN 码我们可以看到一件货品完整的生命历程。它是由谁签收、由谁入库、由谁挑选和发货的，它属于哪位客户，它是什么时候被退回的，等等，所有这些信息我都知道。而掌握这些信息的好处就是能确保服务质量。比如，如果有货品掉出箱子，我能准确地知道它来自哪里并做出即时的库存调整。

3. 打包发货。库房的员工都要经过"认证部门"的培训，这个部门的员工负责向通过培训的员工颁发任职资格证书。库房的工人需要多达 10 份任职资格证书才能胜任库房内外的所有工作。Zappos 鼓励它的员工灵活工作，而不是简单地提高效率。加薪与任职资格证书的取得相关联，这种机制使公司能够把劳动力引向需要的岗位。一次由暴风雪引起断电长达 6 个小时。公司关闭了收货站，把所有员工调去向外发货，因为每个人都经过训练，可以从事多种工作。因此未错过一辆运货的卡车，也没有漏掉一笔订单。

"我们的员工看上去都正尽可能快速地工作，很多绩效公司认为我们肯定已经有绩效薪酬系统了。但我们的确没有。我们的员工之所以努力工作是因为我们创造了一个让他们想要好好工作的环境。我们尊重他们，善待他们，尽我们所能为他们做得更多。"Adkins 说。事实上，Adkins 还提到，Zappos 厂房内的硬件条件比其他可比较的公司要好，不仅更干净，而且室温也是可控的。公司认为做这些安排与效率无关，就是单纯考虑到员工的舒适性，由于员工过热所造成的工作效率损失是永远不可能抵得上这些风险的成本。

资料来源：克里斯廷·格罗鲁斯. 服务管理与营销：基于顾客关系的管理策略[M]. 北京：电子工业出版社，2002.

1. Zappos 从哪个方面进行了内部营销？
2. Zappos 顾客关系盈利能力是如何体现的？

参考文献

[1] 王永贵.顾客资源管理[M].北京:北京大学出版社,2005.

[2] 克里斯廷·格罗鲁斯.服务管理与营销:基于顾客关系的管理策略[M].北京:电子工业出版社,2002.

[3] 迈克尔·埃特泽尔,布鲁斯·沃克,威廉·斯坦顿,等.市场营销[M].王永贵,等,译.南京:南京大学出版社,2009.

[4] 瓦拉瑞尔·A.泽丝曼尔,玛丽·乔·比特纳,等.服务营销[M].张金成,等,译.3版.北京:机械工业出版社,2004.

[5] 杨永恒,王永贵,钟旭东.客户管理管理的内涵、驱动因素及成长维度[J].管理评论,2002(2):48-52.

[6] 马勇.服务营销管理[M].郑州:河南大学出版社,2022.

第七篇 市场价值信息化

第十五章　数字化传播策略

学习目标

1. 理解社会化媒体及社会化媒体营销的内涵。
2. 理解在线传播的主要方式和优劣势。
3. 掌握口碑传播的内涵。
4. 会运用三种不同的口碑传播。

案例导入

大信家居的微信营销

河南省大信整体厨房科贸有限公司(以下简称"大信家居")成立于1999年,主要从事定制家居生产和销售的企业。大信家居作为"中国橱柜领军企业十强",主要目标客户是追求高性价比的小康之家和为住宅产业化配套的企业(如房地产公司、装饰公司、政府采购部门)。

2011年以后,大信开始运用微信来营销,通过员工和经销商的朋友圈,发布关于大信的信息。使用微信订阅号、公众号、个人号、社群、朋友圈以及小程序构成微信营销矩阵,以此获取顾客、建立信任。从大信微信营销的效果来看,其实现了有效传播与精准传播,每年35%以上的复合增长率,保持可持续增长。

大信家居2013年形成了《XF计划》的初始范版,先在上海进行试点,半年后迅速在全国专卖店进行推广。《XF计划》是大信家居对终端专卖店如何在微信端与顾客沟通,解决顾客定制家居过程中问题的模板。大信家居于2015年开通大信家居微信公众号,并于2017之后陆续开通大信厨房博物馆微信公众号、信来易购小程序和微商城。大信家居成立专门新媒体部门和信疯研究院,专门开展微信营销,并对在其过程中遇到的问题进行研究。

截至2019年第一季度,大信家居有20多万粉丝,群众活跃粉丝1万以上,推送的文章打开率在20%以上。大信通过每月推送不同类型的文章来传播品牌信息,通过定期活动来保持粉丝活跃度。

近年来,移动互联网和"5G"技术的进步开创了企业新的传播渠道。大信家居顺应潮流,在抖音等视频平台上发布一系列有关企业产品的视频,包括家配展厅的产品细节图、样板间的"一镜到底"等。而且,大信还利用"云技术"开设实时全方位的在线展厅,真正贯彻"用心为全民设计"的生存价值观,为顾客打造"VR"家居全景,使顾客随时随地感受真实的家居体验,满足顾客的所有需求。

资料来源:蔡树堂,罗仲伟,等.先进制造的创造引领:大信家具自我创新[M].北京:社会科学文献出版社,2020.

第一节 社会化媒体

一、社会化媒体的内涵

(一)社会化媒体的定义

社会化媒体是消费者之间、消费者与企业之间相互分享文字,图片和音频、视频信息的一种工具。通过社会化媒体,企业能够在网络上公开发声,建立网络形象,可以经济有效地强化其他传播活动的效果。社会化媒体每日变化的即时性,也能够激励企业保持创新和相关性。营销人员可以建立或利用网络社区,邀请消费者参与,同时在此过程中创建长期营销资本。

(二)社会化媒体平台的类型

有三种主要的社会化媒体平台:(1)网络社区和论坛;(2)博客(个人博客和博客网络,如 Sugar 和 Gawker);(3)社交网络(如 Facebook,Twitter 和 YouTube)。

1. 网络社区和论坛

很多网络社区和论坛都是由没有商业利益或不隶属于任何公司的消费者或消费者团体创建。其他由公司赞助的网络社区和论坛,其成员通过发帖、站内信和讨论板块,与公司和其他成员交流关于公司产品和品牌的话题。网络社区和论坛的信息流是双向的,可以为公司提供有用、难得到的顾客信息和市场洞察。

2. 博客

博客(blog),是定期更新的网络日志或日记,已经成为一个重要的口碑出口。博客一个明显的吸引力是把有共同兴趣的人聚集到一起。博客网络如高科媒体(Gawker Media)给营销人员提供了选择的组合。企业也在创建自己的博客,并且密切关注其他企业的博客。受欢迎的博客创造出有影响力的意见领袖,因为许多消费者会查询博客中出现的产品信息和评价。另一个极端,是一些消费者通过博客和视频传播,对企业的恶劣服务和劣质产品进行惩罚。

3. 社交网络

社交网络已经成为企业对消费者和企业对企业营销中的重要力量。主要社交网络包括:世界最大的社交网之一 Facebook;聚焦职业人士的领英(LinkedIn);推文上限为 140 个词的 Twitter。营销人员仍然在学习如何更好地利用社交网络极其庞大、分类明确的受众。由于网络的非商业化特性,用户一般只是在网上与他人建立联结,吸引注意力和说服都更具挑战性。同时,由于用户会创造自己的内容,广告就会显得不合适甚至令人讨厌。

但广告只是推广的一种手段。同个人一样,公司也能加入社交群体并积极参与活动。建立一个 Facebook 主页已经成为很多公司在虚拟世界的必需。

二、社会化媒体营销

(一) 社会化媒体营销定义

营销就是创造、交流、传递与交换对消费者、客户、合作伙伴以及整个社会都有价值的产品的活动、机构和流程。传统观点认为,组织通过市场营销组合来完成营销目标,营销组合包含四个方面(称为 4P):产品、价格、促销和渠道(或分销)。

随着社会化媒体营销技术的不断发展,现在需要增加第五个方面(第 5 个 P):参与。就像社会化媒体正在改变消费者每天的生活方式一样,这些新平台也会改变营销人员开展业务的方式。无论我们的重点是改善客户服务、维护客户关系、让消费者知道我们的利益所在、推广品牌或相关的优惠活动、开发新产品,还是改变品牌态度,新社会化媒体形式都可以发挥作用。社会化媒体营销(Social Media Marketing)是利用社会化媒体技术、渠道和软件来创造、交流、传递和交换对组织利益相关者有价值的产品。

(二) 社会化媒体营销的目标

1. 促销与品牌推广

使用社会化媒体营销手段进行促销的主要目标是帮助消费者完成购买过程。营销人员在这一周期的各个阶段提高品牌知名度,增强人们对品牌的喜爱度和树立品牌形象,建立品牌资产,激发消费者的欲望,并促使消费者进行购买。他们可以通过社会化媒体渠道宣传信息,从而影响消费者的态度和行为。

2. 客户关系管理与服务修复

由于数字聚焦技术的发展,客户关系管理投身使用社会化媒体也不足为奇。社会化客户关系管理采用相关的软件与程序,汲取公司客户的集体智慧以更好地调整报价,并在组织与客户之间建立亲密的关系。当品牌融入社会化客户关系管理时,品牌会使用社会化媒体。

3. 市场调研

社会化媒体为营销研究提供了新视角,令人振奋。无论是在创意过程的发现阶段收集意见,还是为新产品开发收集想法,社会化媒体都会提供新的途径来倾听客户的生活、兴趣、需求和期望。事实上,这种社会化媒体营销活动被称为社会化聆听。社会化聆听可用于社会化客户关系管理、服务修复、竞争分析,甚至是新产品开发。哪些社会化媒体渠道与社会化媒体市场研究有关?所有这些东西都可能会被考虑到,但是社会化社区共享的个人资料数据、活动和内容以及通过社会化发布共享的内容,对研究人员来说尤其有价值。

4. 零售与电子商务

社会化媒体营销的最后一个主要应用是零售和电子商务。我们已经分享了品牌通过社会化媒体推广试用和购买其产品的各种方式。如果你像大多数消费者一样,你会在做出购买决定之前,就已经查看了在线评分和评论。但是你是否知道可以在社会化商店购物,或者可以边浏览电子商务网站边与朋友实时聊天。就是这样,没错。只要每个人都在线,一群朋友就可以一起购物,不见得需要处于现实生活的同一个地方。品牌使用社会化媒体营销作为零售空间,创造空间鼓励消费者对产品发表评论和打分,并启用帮助朋友之间一起在线购物的应用程序,这些我们在社会化商务区域真切感受到了。

(三) 社会化媒体营销的特征

企业自身要积极参与、加入社会化媒体营销当中,要和广大社会消费者"社交起来",让他们自己能够迅速成为这个品牌的媒体口碑和品牌传播者,让品牌能够扎根于消费人群中,更有生命力,变得更加鲜活。社会化媒体营销特点如下:

1. 互动性

分享、影响、互动是社会化媒体营销的三个关键词,形成消费者与消费者之间、企业与消费者之间的一种双向的互动关系:共同合作,共同创新。其中,互动的"质"比内容的"质"更重要,在社会化新媒体平台上,消费者一个人与很多人之间互动联系,然后再通过一层一层的联系,把消息链接下去,这样的信息链分享性很强,自然能够引起广大人群的反应(评论、转发、分析)。消费者也可以直接向企业提出问题、分享体验、提供反馈和分享想法,企业通过分析消费者关注的热点,洞察消费者的需求,建立在倾听基础上与消费者对话互动,把信息精准传达给他们。

2. 传播性

移动互联网获取信息的便捷性改变了营销规则,社会化媒体各平台庞大的用户群体本身所具有的传播力,消费者有比以前更多的方式与更多的人保持联系,通过用户把企业产品和品牌传播出去,他们的话比品牌在媒体上的推广更可靠,更可信,也更有参考价值,在决定购买前,会先寻求来自朋友和家人的口口相传的推荐意见,排在最信任的广告形式之首,社交媒体又进一步强调了这个推荐过程,更能直接影响其他的消费者。而且每个平台一般也都具备了娱乐的功能,使受众更加轻松地接受所需要推送的消费者信息、产品和服务,特别是各种具有个人创意的信息和内容,可以激发更多的消费者自觉地参与转发和分享中,从而增强了平台上的受众之间互动性,达到了连续、真实、高效的传播。

3. 精准性

社会化媒体营销始于聆听,洞察消费者的生活喜好、消费习惯、购买能力,以及洞悉品牌和竞争对手的一切行为。对于消费者和群体进行精准的定位,定向精准的营销信息与用户情境相结合,让移动终端用户不受大量的干扰,并在移动终端 LBS 的位置服务的提供下,以"双精准"的营销影响因素和信息传递方式来实现更精准的营销。社会化媒体营销的本质是在正确的时间,把正确的产品或服务,通过正确的渠道,传递给正确的人,实现精准高效的转化。社会化的大数据可以挖掘更多社会化媒体营销新的商机,同时也可以催生一个传统的企业服务向新媒体转型,通过更多的大数据信息获知消费者对企业的口碑和评价,根据产品服务的评价完善其产品的功能及提升其产品的服务。

4. 主动参与

在一些社会化的媒体中,消费者的权限使用和层级限制被进一步明显地淡化,刺激了用户积极主动地参与和为其提供了反馈。消费者参与的前提是感兴趣或有需求,参与动机包括很好地了解喜欢的产品或者服务、为改进喜爱的品牌或者公司做出贡献,或者赢得知识或者能力上的认可。在参与期间,客户主动分享他们的体验、意见、想法、愿望和意图,拥有更多的决策权和话语权。营销的内容交给消费者去产出传播,这就是用户生成内容,让消费者成为企业品牌的推销员、维护者、倡导者,帮助企业推动以客户为中心的产品和服务创新,理解没有得到满足的需求。

5. 社群性

社会化媒体营销的基础,就是要建设一个相关度高的社群网络,营造出社群的氛围,让消费者与企业有更强的交互和黏性。用户可以根据自己的兴趣和爱好,自由地形成社群进行交流。企业要把社群里面的人联系起来,动员起来,跟他们互动,解决他们的问题,满足他们的需求,把本来是弱关系的一群人,转化为强关系的忠实粉丝。强关系有深厚的情感纽带,它体现的是企业通过社会化平台与消费者成为"闺蜜",而不仅仅是朋友。企业需要构造出社会化人格,与消费者保持频繁的互动与联系,深化彼此的信任,最终实现价值的交换与资源的增值,让企业品牌的传播力和影响力大大提升,以此来建立长期的营销资产。

6. 及时性

移动随身的时代,企业和消费者之间的距离接近零,企业随时候命采取有针对性的媒体平台进行实时的交流,及时响应客户的意见及需求,促使企业保持创新性与关联性。同时把企业品牌或者产品"植入"热门的社会化事件话题里,这些话题和热点更新迭代快。另外,营销话术和产品特质也需要更新迭代,满足消费者喜新厌旧的需求。企业品牌时刻地关注市场和消费者的变化,随时微调营销策略,针对不同的消费者所处的不同阶段、不同的情境,企业可以利用消费者的情境(地点、时间、需要),在六个情境触点(购买前、在路上、到店后、选购中、付款时、购买后),影响消费者传播信息、刺激购买、刺激分享、提供客户服务,打造全方位的全时营销。

(四)社会化媒体营销与传统媒体营销的不同

1. 重心不同

传统网络的营销方式都会侧重在公司和公司的产品本身,企业控制着传播的信息,企业站在主导位置,更重要的是由企业控制着媒体的标识。一般传统网络营销的普遍方式就是消费者在搜索产品时,用户所能获得的信息仅仅是该产品本身想要传达给消费者的信息,仅此而已,因此消费者自己很难区分产品的好与坏和信息的真假性。而社会化媒体营销主要看重的是消费者本身,消费者才是主角,所传播的信息不会受到企业的控制。社会化媒体营销的方向是更加注重如何与消费者能产生互动与沟通。与传统网络营销不同的是,社会化媒体营销的消费者还可以与其他消费者在线上进行交流与对话,使其充分了解其他消费者的消费后体验,从而做出决定是否自己进行购买行为。

2. 内容类型不同

在社会化媒体营销中,需要一个适当的环境在社交平台上建立传播的内容和信息。社会化媒体营销是一种社群营销的互动模式,社会化媒体营销的大量内容几乎都是建立在各大社交平台上的。对比传统的网络营销,传统网络营销是一种企业和消费者的单一对应的关系模式,传统的网络营销的内容会发布在网站中,所采用的内容是形式的内容并且时间也相对比较长。比如,品牌可以通过博客发表文章、视频、咨询图表等信息。

3. 目标不同

尽管社会化媒体营销和传统网络营销都可以作用于多种目标,但是社会化媒体营销更倾向于两个目标:一个是品牌意识:策划围绕品牌的活动或讨论,另一个是保留客户并让客户满意:利用社会化媒体的开放平台,针对用户存在的疑问和反馈,与用户直接进行对话和沟通,提高消费者体验。

4. 成本代价不同

随着互联网的发展,传统网络营销成本变得越来越高,无论是广告还是营销成本都在上升。广告的点击费用也不断上涨,这给传统网络营销的企业和个人带来了极大的成本压力。但是,社会化媒体营销则不同,它专注于第三方平台,例如微博、微信、论坛和社群,利用用户聚集的方式来进行营销,重点在于与用户的互动,能够培养一批自主传播用户,通过他们吸引更多外围用户的关注,产生口碑效应。

第二节　在线传播

一、在线传播的内涵

(一) 在线传播的定义

在线传播,指的是一种利用互联网的传播形态。随着信息传播方式的变革和计算机技术的日益成熟,一种新的传播模式随之诞生了,那就是在线传播。在线传播是以互联网为媒体,以新的方式、方法和理念,通过一系列传播策划,制订计划并实施的传播活动。

在线营销是基于在线传播的一种新型营销方式。在线营销是基于在线网络平台,利用信息技术与软件工具进行公司与客户之间交换概念、产品、服务等活动,同时可以通过在线活动创造、宣传、传递客户价值,并且对客户关系进行管理,以达到一定的营销目标。

(二) 在线传播的主要方式

1. 网站

公司必须设计网站来包含或表达它们的目标、历史、产品和愿景,网站要让人过目难忘并且足够有趣来鼓励重复访问。

访问者会根据易用性和美观性来判断网站的优劣。易用性是指:(1)网站载入速度快;(2)首页通俗易懂;(3)导航到其他页面时方便快捷。美观性体现在以下方面:(1)各个页面干净整洁而不是被各种内容填满;(2)字体和字号适合阅读;(3)网站恰当地运用颜色(和声音)。根据市场调查发现,对一个电商的网站非常"满意"的消费者更有可能购买该商家的商品。

随着互联网技术的进步,许多电商平台会追踪经常访问的用户的上网行为,包括浏览网站的次数、唯一身份访问者人次、浏览时间等。因此,这类平台型企业还必须对网络安全和隐私保护事项倍加注意。

2. 搜索广告

在线传播的一个重要组成部分是付费搜索(Paid Search)或点击付费广告(Pay-per-click Ads)。据统计,所有搜索中有35%是搜索产品和服务的。

在付费搜索中,营销者对搜索关键词进行竞价,这些关键词代表着消费者想要的产品或消费兴趣。当消费者使用淘宝、京东等搜索这些关键词中的任何词时,营销者的广告就会出现在搜索结果的上方或旁边,这取决于公司所出的价格以及搜索引擎使用的确定广告与本次搜索相关度的算法。

广告主只有在人们点击链接的时候才付费,但营销者认为那些进行搜索的消费者已经表现出了购买兴趣,因此他们就是主要的潜在顾客。搜索广告的平均点击率,即点击链接的消费者的比例大约为2%,远远高于在线陈列式广告,其中带有图形的标准横幅广告的点击率为0.08%,而带有音频和/或视频的多媒体广告(可扩展的横幅广告)的点击率为0.14%。

每次点击的成本取决于链接在网页上的排名以及关键词的流行程度。越来越受欢迎的付费搜索引发了关键词竞价者之间的激烈竞争,大大提高了搜索广告的价格,因此竞价者必须格外重视最佳关键词的选择、竞价的策略性,以及对结果的有效性和效率的监测。

搜索引擎优化(Search Engine Optimization,SEO)是指当消费者搜索相关词时,为了尽可能提高链接在所有非付费链接中的排名而设计的一些活动。营销者在付费搜索方面投入了大量资金,因此搜索引擎优化已经成为营销领域的关键问题。有很多关于搜索引擎优化和付费搜索方面的准则。

较宽泛的搜索关键词("MP3 player"或"iPod")对于一般的品牌建立比较有效;较具体的关键词("Apple iPod clasic 160GB")对于产生和转换销售线索比较有效,因为这些关键词能够识别特定的产品类型或服务。

关键词需要在营销者的网站的恰当页面上突出显示,这样搜索引擎才能够轻易地识别它们。

通常任何产品都可以用多个关键词来进行识别,但营销者必须根据每个关键词的收益率来竞价。关键词还有助于从高点击率的网站链接到营销者的网站。

3. 陈列式广告

陈列式广告(Display Ads)或横幅广告(Banner Ads)是一种带有文字或者图片的长方形小广告,由公司出资投放在相关网站上。受众的规模越大,成本也越高。在互联网的早期时代,网页浏览者会点击他们所看到的横幅广告中的2%—3%,但正如之前所提及,这一比例迅速下降,因此广告商开始探索其他传播方式。

假设互联网用户只花费上网时间中的5%来搜索信息,那么陈列式广告相比流行的搜索广告仍然具有更广阔的前景。但是广告必须更具吸引力和影响力、更有针对性并更易于被密切追踪。

插入式广告是在同一网站内或跨网站的页面转换时弹出的广告,通常带有视频或动画。例如,当你在淘宝上购买笔记本电脑时,配套的鼠标或键盘的广告就会弹出。由于消费者认为弹出式广告的侵入性和打扰性太强,许多人都会使用软件来阻止广告。

4. 电子邮件

电子邮件使营销者能够对客户进行消息发送和宣传,而成本只是直邮广告的一小部分。电子邮件可以成为非常有效的销售工具。据估计,电子邮件促成购买的比率至少是社交媒体广告的 3 倍,而且其平均订单价值要高出 17%。

消费者每天被大量邮件包围,许多人都使用垃圾邮件过滤器来阻止这些邮件。人们对隐私的担忧也在增加,一般情况下,消费者拒绝与品牌方分享任何个人信息,即使这样做也能得到更具有针对性的优惠或折扣。

(三) 在线传播的优劣势

多样的在线传播手段意味着公司能够向消费者提供或发送定制的信息,这些信息能够吸引消费者,因为它们反映了消费者的特殊兴趣和消费行为。

在线传播还具有其他优势。营销者能够很容易地测量营销效果,可以记录有多少唯一身份访问者或"独立访客"点击了相关页面或广告,他们在页面上停留了多长时间,他们在页面上做了什么,以及他们之后又访问了哪些网页。互联网还提供了情境植入(Contextual Placement)这一优势,意思是营销者可以在与产品相关的网站上购买广告。他们还可以根据顾客在搜索引擎上输入的关键词来放置广告,这样可以接触到那些刚刚开始购买过程的人们。

在线传播也存在缺点。消费者可以轻而易举地过滤掉大多数信息。另外,有些网站可以利用软件伪造点击量,这使营销者误以为他们的广告比实际更有效。广告商也会丧失一些对在线信息的控制力,因为这些信息有可能会被黑掉或恶意破坏。

但是显然在线营销的利大于弊,互联网吸引着各种类型的营销者。目前,联想集团已经完成了供应链环节的信息化,已经开展协同电子商务。全国大约 70% 的大中型企业已上网,建立网站,有了网址、主页,开展网上发布产品信息,进行网上洽谈、签约,开展网络经销。

营销者必须到达顾客所在之处,而在线的顾客越来越多。中国互联网络信息中心(CNNIC)发布的第 49 次《中国互联网络发展状况统计报告》显示,截至 2021 年 12 月,我国网民规模达 10.32 亿,较 2020 年 12 月增长 4296 万,互联网普及率达 73.0%,互联网已走入人们的日常生活。顾客可以在互联网上搜索他们所需的信息、感兴趣的产品,以及选择他们愿意支付的价格。

数字广告的发展速度一直比传统媒体要快得多。目前数字广告正在以惊人的速度增长,市场前景是非常好的。任何一个商家企业想要生存,都需要不断获客,而数字广告是最简单高效的营销方式。比如我们现在常见的抖音、头条广告、微信朋友圈、各类浏览器广告、搜索广告等。数字广告的推广方式灵活多变,随时可以调整广告创意方案。

二、在线传播与传统传播

随着计算机互联网技术的迅速发展,互联网经济已经成为一种新型的经济形式,而与之相关的在线传播也迅速成为新的传播途径。在线传播具有无缝隙化、灵活性等特点,它与传统传播相比有很大的不同,这两种传播方式的差异主要表现在以下几方面:

（一）传播理念不同

传统传播模式下，消费者与企业之间缺乏合适的沟通渠道或沟通成本太高。消费者一般缺乏了解企业产品更多信息的渠道。而在互联网技术的支持下，在线传播可以轻松地改善这一状况。即使是小企业也可以通过电子布告栏、线上广告或短视频等方式，用较低的成本在信息的传播过程中进行及时的消息共享，消费者也有更多的机会对产品从设计到定价和服务等一系列环节发表意见和建议。这种双向的传播与沟通的方式不仅可以提高消费者的参与性与积极性，更重要的是，它可以使企业的决策有的放矢，从根本上提高消费者的满意度，创造出更加符合消费者需求的产品。

（二）传播目标不同

传统传播策略的工作重心更多的是围绕企业展开，其注重和强调的是企业利润的最大化，而不是顾客是否得到了满足，无法迅速了解顾客对产品的需求；而在线传播更加注重将其产品的信息及时传达给顾客，各环节也是围绕顾客展开的，强调以顾客为中心。通过在线传播，了解消费者的反馈，以便为顾客提供优质、便利服务而实现企业价值，通过满足顾客的个性化需求，最终实现企业的利润。

（三）传播方式不同

传统的传播方式以销售者的主动传播为主，而客户出于被动接受的状态，这样很容易使顾客与企业之间的关系变得僵化，甚至给顾客带来很多不便和烦恼。从长远来看，这种传播模式并不利于企业的长期发展。

在线传播方式更加强调以顾客为中心，更注重维持与顾客的关系，通过分析顾客的喜欢、需求，为顾客提供优质产品和服务；而客户在需求的驱动下，也会主动通过在线寻找相关产品或服务的信息，从而使企业与顾客的关系变为真正的合作关系，有利于企业的长期发展。

在线传播与传统传播相比，其最大的区别在于是否以顾客为主导。在互联网时代，顾客拥有比过去更多的选择自由，他们可根据自己的个性特点和需求在全球范围内寻找满足品，不受地域限制。通过进入感兴趣的企业网站或虚拟商店，顾客可获取产品更多的相关信息，使购物更显个性。

（四）传播媒介不同

传统的传播活动主要依靠是传播人员与顾客的直接接触与放送广告的形式对顾客进行轰炸，使顾客被动接受；而依托互联网而产生的在线传播，作为一个新的理念和传播方式，与传统传播相比，具有跨时空、多媒体、交互式、整合式、高效式、经济性和技术性等特点。这种传播方式主要是以互联网为基本平台，通过计算机、手机、电视机等互联网终端为顾客提供服务从而实现传播目的。

三、"数字化"下的在线传播

（一）网络视频传播

随着数字化时代下抖音、小红书等短视频媒体平台的兴起，短视频以其创意性和趣味性并存的特点，成为当下最受欢迎的自媒体形式，同时随着广告主在短视频平台上投入的关注度和广告预算的逐年递增，网络短视频市场的产业格局也正逐步完善，走向成熟，未来网络视频传播将注定成为碎片化信息时代中的主流传播形式。

1. 视频传播的概念

视频传播是指企业或者组织机构利用各种网络视频,比如科学视频、教育视频、企业视频等网络视频发布企业的信息、展示企业的产品、推广企业的各种营销活动,以及各种组织机构通过各种网络媒体,利用网络视频把最需要传达给最终目标客户的信息发布出去,宣传企业产品和服务,在消费者心中树立良好的品牌形象从而最终达到传播目的。

"视频"与"互联网"的结合,让这种创新传播形式具备了两者的优点:它具有电视短片的种种特征,如感染力强、形式内容多样、有创意等,又具有互联网下在线传播的优势,如互动性、主动传播性、传播速度快、成本低廉等。可以说,网络视频传播是将电视广告与互联网下的在线传播两者集于一身的。

2. 视频传播的优势

在 Web2.0 时代,网络视频在互联网的传输速度快,应用范围非常广泛,视频作为传播工具取得不错的效果。视频传播之所以吸引了大多数企业的眼球是因为它的以下优势。

(1) 成本低廉

让许多公司开始尝试网络视频传播的一个重要原因,就是网络视频传播投入的成本与传统的广告价格差太大了。一个电视广告,投入几十万元甚至上千万元都是很正常的事情,而几千元钱就可以搞定一个网络视频短片。甚至,一个好创意,几个员工,就可以做一个好短片,免费放到视频网站上进行传播。

与此同时,低廉的价格却带来非常高的性价比。研究结果表明,56.3%的在线视频观众可以记起视频里的广告内容。一个流传甚广的视频可以让公司以极小的成本获得极大的曝光。也正因为如此,虽然互联网视频广告的影响力越来越大,但是公司为此付出的资金却不会有多大增长。毫无疑问,在这种情况下,那些准备削减广告预算的公司必定会选择进行视频营销。

(2) 目标精准

与传统传播方式的一个最大不同,网络视频传播能够比较精确地找到企业想找的潜在消费者。作为网络营销最新兴的方式,网络视频营销则是更精准地发挥了这一特性。

例如抖音、小红书等视频平台利用算法锁定识别特定受众群,并通过有效的可行途径影响他们,发掘、培养他们的兴趣点。令人感兴趣的内容能吸引受众,而受众的不断支持、回复、上传又能产生良好的内容。一传一受的交互方式,促进了社群组织的形成。

(3) 互动+主动

在线传播具有互动性,这一点也被视频传播所继承。抖音、小红书等视频平台上发布者和观看者之间的回复便很好地证明了这一点:观看者利用文字可新建对发布者的回复,也可以就回复进行回复。另外,观看者的回复也为该视频造势,有较高争议率的视频点击率也往往高调飙升。与此同时,观看者还会把他们认为有趣的视频转发给自己的朋友,让视频广告进行主动性的"病毒式传播",让宣传片大范围传播出去,而不费企业任何推广费用和精力。这一优势是传统电视广告不具备的。

与此同时,与其他在线传播形式不同,视频感染力更强,因此引起网友的主动传播性也更强。

(4) 传播速度快

视频传播的这个特性已经在诸多案例中显露无遗。视频动态图片音乐可以快速吸引人们的注意力，高质量的内容很容易导致大量转发和分享，从而在短时间内实现病毒式增长。

经常看短视频的朋友可能知道，视频如果持续受到用户关注和喜欢，系统会持续性地不断将视频推送给更多的人。该短视频一直"存活"在用户的视线里。它不受外力投入（例如电视广告持续展现需要的资金投入）多少的影响，只要用户喜欢，就有可能一直传播。

(二) 网络直播

1. 网络直播的定义

直播一词源自广播电视，指的既是一种播出方式，又是一种报道方式，现场直播具有现场感强、参与性强、时效性强等优势。后经延伸使用，多以直播强调沟通展示中的实时现场感，而网络直播就强调基于网络的一种实时播出方式和传播形式。网络与直播两者的化学反应催生出了一种崭新的传播方式，即网络直播。

2. 网络直播的过程

(1) 信息传递阶段

网络主播将自身表演形成的视频节目推流给网络直播用户的过程，是整个网络直播传播的开始。随后网络直播的受众针对网络直播节目（主播＋表演）用弹幕的方式与主播进行交流，主播会在直播过程中予以回应。而二者的互动信息通过在静态页面上互动窗口中与直播节目上弹幕形式的呈现，也同时为所有在直播间内的受众所接收。也会出现其他受众个体针对主播与某一个受众互动内容所形成的反馈信息。换句话说，主播与受众的互动也成了主播视频直播节目的重要组成部分。如此便形成了直播间内的信息流动方式。

(2) 直播互动效果

网络直播的主播对于其选择的受众进行回应时，由于受众以观看直播节目为初衷，并期待与主播产生互动，所以主播对于受众的信息传递属于有效传递，会得到受众的接受。但是，受众的信息虽然能如数到达主播，主播却会有选择地进行接受和回应。这种选择受到主观、客观两方面的因素影响，主观上，主播将会对于受众所回复的内容进行适合自己个人喜好以及视频直播节目呈现需要的反馈内容进行互动，而忽略掉那些主播认为无用或者无关的信息；客观上，主播也往往由于网络直播间内人数或者互动发言数量过多而无法做到一一回复，甚至是被迫忽略某些淹没在满屏弹幕之中的"金句"与"神回复"等，最终形成直播间内部的信息把关机制。而在于直播间内总体受众的互动过程中，双方也都会因为上述类似的原因对之前的一对一的互动过程内容进行筛选，双向的信息有效传递率都不高。所以，虽然网络直播受众的总体受众地位得到了空前的提升，但对于每个受众个体而言，效果并不明显。

(三) 网络视频与网络直播的比较

1. 主体建构：用户自媒体化建构 VS 主播职业化建构

网络短视频传播建构的主体——短视频生产发布者可以根据现有的短视频运营模式

分为独立的个体用户和具备一定视听语言素养的群体或组织用户。自发生产内容、展示自我和了解他人是个体用户的主要诉求。而后者基于对互联网思维和流量粉丝经济效应的把握,通过发布优质的短视频内容获得关注,其本质是逆向地为平台参与各方提供视频服务以获得关注和经济回报。

主播是网络直播传播建构的主体——网络直播中内容的生产发布者也可以根据具体的运营模式分为自媒体网络直播主播和专业化网络直播主播。在网络主播的基本人口统计分类中,学历分类因此呈现两极分化的特征。业余兴趣队伍中的主播基于对某类直播类型或某种直播形式感兴趣而组建直播间进行内容生产与发布;专业队伍中的主播基于专业组织的生产发布需要或经营目标而投入网络直播。

2. 受众生成:随机无目标 VS 靶向式引导

而对于自媒体受众的研究应明确其与传统媒体的受众有明显差异,自媒体受众不仅是自媒体媒介下的"靶子",而是有一定主动选择权力的受众。考察网络短视频和网络直播在受众生成方面的差异,实则可转变为以接触方式为考量因素的受众调查,网络短视频和网络直播中如何生成和获取自身受众是实现两者传播效果的先决条件。

网络短视频的受众即用户,用户在主体地位与客体地位之间来回切换。受众生成的对比维度受到"主体间性"的启发。在互联网络环境中,受众与传播者是具有对等地位的主体,对于自媒体受众的研究可以着眼于从平台方看待受众。网络直播自面世以来备受关注,在网络直播平台上涌现了一大批网络红人,他们既是网络直播的符号也是网络直播的内容。作为网络直播建构主体的一部分,网红主播对用户的靶向式引导是网络直播平台"拉新"的主要动力。

3. 渠道拓展:应用内信息流呈现 VS 直播间实时实现

网络短视频与网络直播作为"微"内容自媒体平台,都结合自身定位找准了渠道拓展的各种路径。网络短视频作为自媒体内容分发平台利用信息流呈现为用户提供海量的视听内容,并通过社交、超链接等方式拓展自身内容分发的范围。网络直播平台化特征明显,各类型网络直播的自媒体属性或强或弱,通过内嵌到社交媒体与融合电商等方式实现渠道拓展的多样化。

网络短视频的内容呈现与更新采用的是无限制地刷新信息流的方式,用户只需将页面滑轮拉动到底部就能加载出新的内容流。在信息流的内容推送与渠道呈现机制下,只要用户不关掉网络短视频的应用,内容呈现就不会停止。而网络直播重塑了人类的交流场景,它从社会传播和人际传播的两个层面将人类的互动交往推进到全方位、立体化和多样性的状态。同时网络直播从物理、生理和心理等多重层面更逼真地还原人际互动话语情境,也加深了"面对面"感知的丰富性。

4. 内容设计:依赖社交媒体 VS 依靠直播间场景

在网络短视频和网络直播传播两者传播内容差异的比较中,不仅要看到具体的文本内容,还应关注顶层设计上的差异。顶层设计即从构建之初就预设的所应承载的内容。

就网络短视频而言,用户在上下班、睡前和起床时间接触最多,因为用户在这些时段内拥有碎片化的闲暇时间,个人情绪需要舒缓和释放,与此同时轻松社交也最可能发生,这促成了用户在接触到感兴趣和有故事的内容时能使用"一键转发"等社交功能展开社交活动。网络短视频中的典型内容变成了日常社交的话题来源甚至话题中心,这都离不开其在内容顶层设计上明显的社交思路。而对于网络直播来讲,实时在线就意味着在很大程度上该用户是有效用户,因此在内容顶层设计时以实时思路为原则,开发了实时点赞、实时评论、实时送礼物(双方都能第一时间知道)、弹幕等实时互动功能,这些功能设计在一定程度上确保了网络直播的用户活跃度,也使在相关独立且开放的话语体系中主播始终能根据相应的反馈投入内容生产中。可见网络直播的内容顶层设计的实时思路是网络直播流量实现、用户维护、主播投入、后台盈利的关键基础因素。

5. 效果实现:内容为王带动线下 VS 参与为王带动线上

传播效果是指传播活动中人的行为所产生的有效结果。首先是认知层面,网络短视频内嵌于社交媒体平台的程度较高,以"微博"为代表的社交媒体涉及的内容领域较广且泛娱乐化特征明显,用户表现为泛娱乐化认知。而网络直播中头部平台的表现突出,头部平台因深耕内容而吸引大量用户,而中部或尾部平台等将服务着眼于某一内容领域,这类平台的运营方式是让用户认知到具体化的垂直需求。因此在认知层面,网络短视频与网络直播所表现出的差异为泛娱乐化与垂直深耕化。

其次是态度层面,即是否引起人们情绪或感情的变化。在态度层面,网络短视频和网络直播的传播内容涵盖了社会、科技、娱乐等各方面,不同类型的内容会引起受众不同的情感变化。从对受众的心理动因调查中可以看出,72%以上的用户使用网络短视频和网络直播是基于休闲娱乐的需要。

第三节 口碑传播

一、口碑传播的内涵

(一)口碑传播的基本概念

1966 年,Britt 开创性地回顾了消费者行为理论和社会科学理论,阐明了口碑对消费者的作用,这是口碑首次被引入消费者行为学研究。Arndt(1967)是第一个界定口碑概念的人,他证实了口碑对新产品扩散和采用的重要作用。在他的研究中,口碑被定义为非商业相关个人间关于产品和公司的面对面交流。

在消费者行为学中、营销学和客户管理等领域中都出现了大量与口碑相关的研究。表 15-1 中总结了一些学者对口碑的定义。

表 15-1 学者对口碑的定义

作者	时间	定义
Arndit	1967	无商业目的的传播者与接收者之间关于产品、品牌和服务的口头形式的人际沟通

续表

作者	时间	定义
Westbrook	1987	消费者之间的一种非正式沟通,谈论内容设计、特定产品或服务的特性、使用和供应商
Bone	1992	两个或多个个体之间对产品、服务或组织评价或想法的交换,其中任何个体都不代表营销来源
Helm & Schlei	1998	群体之间(如产品提供者、独立专家、家人、朋友、客户和潜在客户)进行的口头沟通,包含了正面的和负面的沟通
Harrison-Walker	2001	非商业传播者和接收者之间就某一品牌、产品、组织或服务展开的非正式的沟通交流。
Silverman	2001	独立于提供产品或服务的企业的人之间进行的关于产品和服务的沟通交流。
Daniel G	2011	人们对组织或其营销活动中的产品的交流

(二)口碑传播三要素

口碑传播由三大要素构成:口碑发送者、口碑内容和口碑接收者。

1. 口碑发送者

口碑发送者是指向其他消费者传播口碑的消费者。传统口碑的发送者主要指向亲戚朋友等传达自己消费经历的消费者,在线口碑的发送者指在互联网上发表对某产品或服务意见和评价的消费者,也指在网络上转载或转贴他人评论的消费者,后者又称口碑再传播者。可信度是口碑发送者的主要特征。口碑来源可信度是指受众所感受到的对传播者及其传递的信息的可信赖程度。在线口碑来源的可信度可以从发送者的专业性、口碑信息的客观性和口碑发布平台的可信赖性三个维度来度量。

2. 口碑内容

口碑内容是指口碑所传递的信息。传统口碑内容指发送者的语言、表情、动作等;在线口碑的内容指发送者在网络上发布的文字、声音、视频等数字化的文档和文件,它们能够被其他的浏览者搜索、获取和理解。可以从口碑质量、口碑效价和内容趣味性三个维度来考察在线口碑内容的主要特征。

3. 口碑接收者

口碑接收者是指主动搜寻或被动得到了口碑信息的消费者。在线口碑传播可能发生在陌生人、匿名用户、论坛会员和熟人朋友之间,这些对象都可能成为口碑接收者。可以从接收者的动机、性格以及接受者与发送者的共鸣程度三个维度来考察在线口碑接受者的主要特征。

(三)口碑传播的特征

1. 针对性强

广告繁多,营销人员的传播活动和人们的购买决定过程更加复杂。对消费者来说,有用的信息可以创造价值,极大地节省时间和精力,垃圾信息却浪费时间和精力。大规模的广告宣传强迫消费者片面接受某一类信息,妨碍了消费者充分了解和比较其他信息。对营销者来说,日益复杂的传播活动不但增加了营销的难度和成本,更减弱了传播活动的效果。

口碑营销传播借助公众间的人际传播方式进行,在这过程中,每个人都是信息的发出者,也是信息的接受者,影响别人也受别人的影响。传播者了解信息接受者的爱好和需求,可随时调整信息内容,满足对方需求,增强说服力,提高传播效果。消费者通过积极的交流回应也能及时地知道自己关心的消费品种类、品质、价格、市场供给状况及其变动趋势的信息。对营销者来说,省去高昂的媒体购买和广告制作费用,提高了传播到达率和投资回报效率,这是广告等大众传播手段无法企及的。

2. 可信度高

广告和销售人员宣传产品一般都站在企业的角度,为服务提供者的利益服务,消费者有理由怀疑其真实性和准确性,不愿意接受那些明显带有商业目的,为企业的利益服务的宣传口号;口碑传播者是和自己一样的消费者,与服务的提供者没有密切的关系,独立于企业之外,也不会因推荐产品而获得物质收益。

此外,人际传播中的双方多同处家庭、朋友等群体中,其文化、观念、意见和价值判断相当接近,双方相互间容易理解和认同消费观念,容易相信和接受传播的信息。消费者认为,相对于企业的计划性信息,口碑传播信息更客观更独立,更值得信任。

3. 传播成本低

"口碑传播"素有"零号媒介"之称,是最廉价的传播媒介,也是最可信的宣传工具。与广播电视、报刊日益上涨的宣传费用相比,口碑传播的成本是最低的,它利用人类传播信息的天性,不用另外付费,成本几乎为零。良好的口碑是企业的巨大财富,它的形成需要企业方方面面的配合,前期需要投入较多人力、物力、财力,口碑一旦形成,消费者就会自行宣传企业的产品和服务,并且很容易形成稳定的忠实顾客,这会大大节省广告费用。好的口碑自然得到良好的宣传效应,更重要的是人们对它的信任远远超过其他传播媒介。

4. 有利于树立良好的企业形象

口碑传播不同于广告宣传,前者是企业的良好形象的象征,后者仅是商家的商业行为。口碑传播是消费者满意度较高的表现,夸张的广告宣传可能引起消费者的反感。拥有良好口碑的企业往往受社会公众的拥护和支持,企业赢得好的口碑后,就能拥有高知名度和美誉度,拥有良好的企业形象。良好的企业形象一经形成,就会成为企业的无形资产,有利于产品的销售与推广,有利于新产品推出。

5. 形成顾客忠诚

拥有良好的口碑是赢得回头客的保证,也是反映产品和品牌忠诚度的重要指标。消费者信任和喜爱口碑良好的企业,会在情感上认同、接受其产品和品牌,经由满意的体验而上升为依赖和忠诚。

(四)口碑传播的分类

口碑传播可以分为社交媒体、蜂鸣营销和病毒式营销、意见领袖。

1. 社交媒体

社交媒体是指消费者之间或消费者与企业之间分享信息、图片、音频和视频等信息的方式。社交媒体允许营销者在网络上建立公共形象并发布公共信息以强化其他传播活动的效果。由于社交媒体具有实时性,这就鼓励企业保持更新并发布恰当的信息。

2. 蜂鸣营销和病毒式营销

一些营销者非常强调两种形式的口碑——蜂鸣营销和病毒式营销。蜂鸣营销(Buzz Marketing)可激发兴奋情绪,引起公众的注意,并且通过出人意料或夸张的方式来传递与品牌相关的新信息。病毒式营销(Viral Marketing)是另一种形式的口碑,或称"鼠标营销",它鼓励消费者在其他网站宣传企业的产品、服务,发布相关的音频、视频以及文字信息等。

在用户生成内容平台上,如抖音和小红书上,消费者和广告主可将广告视频通过插入短视频当中传播给成千上万人。在线视频通常是非常经济的,而且营销者对这类视频的处置也有很大的自由度。

和主流观念相反的是,并非独特的产品才能制造话题。企业能促进话题的产生,但媒体或广告未必需要去迎合话题。有些企业专门为顾客制造蜂鸣效应。宝洁公司通对震颤公司(Tremor)和女性之声(Vocalpoint)网站分别物色了 2.5 万名青少年和 60 万名母亲。这两组人群被要求深入了解宝洁公司的产品,接收样品和优惠券,向企业提出建议,当然还要向他人谈论自己的体验。

宝洁公司还选择那些社交面广泛且在朋友中传播产品信息力度较大的人来传播口碑,例如由女性之声选定的母亲通常一天能向 25~30 位女性传递信息,而普通母亲平均仅向 5 位女性传递信息。

蜂鸣营销和病毒式营销均通过在市场中制造波澜来展示品牌及其显著的特征。有人认为,蜂鸣营销和病毒式营销更多由娱乐准则而非销售准则驱动。成功的病毒式营销活动应是那些在网站、博客、手机、短信平台,甚至在现实世界中能自我宣传的、令人着迷的娱乐性广告……

3. 意见领袖

传播研究者提出了一个基于社会结构的人际沟通视角。他们认为社会由一些小团体组成,成员保持频繁的互动。小团体内成员非常相似,他们的亲密关系促进了有效传播,但同时也阻碍了小团体对新观点的接纳。这里的挑战在于如何让小团体对外开放从而与其他团体分享信息。这种开放要靠联络人来帮助实现,其作用就是连接两个或两个以上相互独立的团体,帮助一个团体的成员与另一个团体的成员建立联系的桥梁。

有三方面的要素可引起公众对某一想法的兴趣。第一个要素是"少数法则"(The Law of the Few),有三种类型的人能够散播一个想法;第一种人是行家(Maven),这些人精通大小事务;第二种人是联络人(Conector),他们认识很多人并进行广泛的交流;第三种人是推销员(Salesman),这些人天生具有说服能力。任何引起行家、联络人和推销员兴趣的想法都有可能被广泛传播。第二个要素是黏性(Stickines),想法必须得到明确的表达才能激发人们的行动,否则"少数法则"不会自发传播和蔓延。第三个要素是"语境能力"(The Power of Context);它控制这些思想的传播并能够组织起周围的团体和社群。

一个病毒式营销专家小组警告说,感召者和"发起者"虽然能引发潮流,但通常过于自省且不善交际,以致不能传播潮流。专家建议营销者培养"发烧友",他们是高度忠诚的顾客,不满足于知道潮流,还热衷于将其传播出去。企业可采用若干步骤刺激个人发挥影响力,按企业的意图行事。

重要概念

社会化媒体　社会化媒体营销　在线传播　网络视频　网络直播　口碑传播　蜂鸣营销　病毒式营销　意见领袖

思考题

1. 社会化媒体平台的类型有哪几种？
2. 社会化媒体营销的特征是什么？
3. 社会化媒体营销与传统媒体营销的区别是什么？
4. 在线传播的主要方式有哪些？
5. 在线传播的优劣势有哪些？
6. 在线传播与传统传播的差异是什么？
7. 请将网络视频与网络直播进行比较分析。
8. 口碑传播由哪三大要素构成？
9. 口碑传播的特征和类型是什么？

案例分析

海尔的新媒体营销

一、海尔的微博营销

在互联网时代的今天，新媒体成了企业营销的主战场，社交媒体作用越来越大，新媒体用户越来越年轻化，泛二次元成了网络的主流。现象级的海尔官微也是奇特到就像没人管似的。网络上对海尔微博明贬实褒的评论如下：海尔真是最不务正业的公众号，一个卖冰箱的企业官微不好好卖产品，天天出来卖萌、撒娇、求抱抱，你们首席张瑞敏知道吗？

海尔集团新媒体总监沈方俊分析海尔官微的定位：官微确实是企业的喉舌，关键、紧急的时候这里将传达本企业最权威的声明，除此之外的大部分时候它只是个社交媒体账号，社交属性大于一切。日常的重大信息发布时官方口吻属于专业，平时搞笑卖萌才是生活。

自称"海尔君"，经常制造有趣的话题与粉丝们互动，比如以下几条微博内容："想看长得好看的人的照片，你相册里有吗？"

"今天腊八啊？忘记找设计作图了，哭哭。"

"明天要早起去参加我厂创新年会了，去之前听说现场有一个奖，奖金是20万美元，万一是海尔君可怎么办啊啊啊啊啊。"

这样的互动深受网友喜爱，看评论区就像看段子，路转粉的速度非常快，点赞数更是居高不下。冰冷的官微不见了，而官微背后的逗比、有趣、可以随意调侃的朋友日渐清晰。海尔官微105万粉丝，每天收到的粉丝私信体量非常巨大，但是海尔经常回复。

海尔新媒体总监沈方俊讲过一个很有趣的案例。

故宫淘宝微博在新媒体营销方面以机智幽默著称。有一回，一位粉丝在故宫淘宝微博下询问：能否出个叫"冷宫"的冰箱贴？原来，这位粉丝认为冰箱是用来制冷的，把剩菜剩饭放进冰箱相当于"打入冷宫"，故宫淘宝出过许多类似的小物件，所以粉丝有此一问。故宫淘宝微博转发了这个微博，说："现在都是一些什么人呀。"就在此时，其他粉丝用这个消息@了海尔官方微博,问海尔集团什么时候能和故宫淘宝合作,联合推出一款"冷宫"冰箱。

海尔官微的编辑马上回复说:"容我考虑考虑。"粉丝们见状都在微博下评论,要求海尔快点做出这种好玩的东西来,评论数与点赞数都超过了3万。于是海尔官方微博就这么意外地在互动中火了。

紧接着,海尔新媒体部门马上与冰箱订制组的同事进行沟通,完成了一份用户调研反馈报告。据统计,有3万多名用户想要这款"冷宫"冰箱,海尔工程师开了个紧急会议,决定研发"冷宫"冰箱。而海尔官方微博在24小时后发出了用户提供的"冷宫"冰箱设计图,并回了故宫淘宝微博。

过了一周,"冷宫"冰箱真的问世了。海尔客服在第一时间把这款个性化定制的冰箱送到了提供设计图的用户手上。

海尔的微博营销一直做得非常生动活泼,不仅与粉丝频繁互动,还多次与其他企业官方微博进行趣味对话,相互扩大彼此的口碑影响力。

2016年12月,某当红明星恋情曝光,瞬间登上微博热搜,海尔联合各家官微组团凑热闹,借势营销,引领全网官微狂欢。海尔最先回复"啥时候成亲,需要冰箱空调洗衣机吗?"

@百草味:啥时候结婚,需要坚果礼盒伴手礼吗?

@意尔康yearcon:啥时候结婚?需要婚鞋吗?

@滴滴出行:啥时候办酒?需要滴滴代驾吗?

@花椒直播:啥时候成亲?别忘了开直播秀恩爱~

海尔领衔的这次官微集体营销,被称为2016年度最佳借势营销案例,也开启了国内蓝微合作造势的新趋势。对于那些拥有超量级粉丝的影视明星、歌星的微博,海尔尽力去拉关系,甚至联合多家官微凑热闹。

由海尔主导的多家企业组成的官博生态圈,成了微博界的独特风景。海尔不仅收获了品牌知名度和美誉度,还为品牌长足发展奠定了基础,实现了名利双收。

二、海尔的"直播带货"

海尔秉持着"质量高于利润"的理念不断发展,在发展过程中,看准了互联网发展的巨大前景,逐渐将传统家电企业转型为互联网企业。在转型过程中,海尔致力于为用户提供最佳的体验,实现了组织结构的变革并创建了物联网生态。如今,海尔的品牌影响力不断扩大,将营销模式扩大到各个直播平台,已经成为全球生态品牌的引领者。

直播营销模式分析。

第一,海尔智家场景直播,带给客户更优质的场景体验。

为更好地宣传企业的智慧家居,海尔将场景体验引入直播之中,进行了多场健康家电场景直播,希望通过直播带给用户更好的场景体验。例如,2019年11月30日,海尔在直播间打造了一个智能卧室场景,通过床品、灯光、家用电器的布置还原最真实的卧室。值得注意的是,相比于以往网红直播的方式,海尔的这次直播的主播为企业的员工,他们更了解企业的家电产品,可以凭借其专业性为观看者带来更细致的讲解。

在直播中,海尔提供了语音控温、智慧阅读、香薰助眠、起夜无忧和健康睡眠5种场景,帮助用户获得最真实的场景体验。海尔的智慧卧室成为场景直播的先行者。在此之后,海尔认识到场景思维对提升用户体验及直播效果的重要影响,于2019年12月26日正式上线"智家APP",并在当日进行了12小时的沉浸式场景直播,展示5大智慧空间场景和7大全屋解决方案,在客厅、浴室、厨房等不同的直播场景全方位地带领用户体验海尔家电的智能,形成了"5+7+N"的成套方案,为品牌产品的销售成功赋能。

第二,体验云众播,联合打造生态圈,实现资源整合。

2020年3月31日,海尔首创的"体验云众播"平台正式上线,众播的模式与以往的网红直播存在一定的区别。"人人皆可直播"是"体验云众播"平台最显著的特征。众播并不是典型的"网红+明星""主播+产品"等形式,在众播平台上,直播的群体不受限制,海尔的用户、客户、生态方等都可以进入直播间进行直播。

物联网时代,消费者的需求也呈现出多样化、个性化的趋势,单单依靠一家企业难以满足消费者的全部需求。因此,为给予消费者一站式的购物体验,在一个平台就能够实现多样化需求的满足,海尔还与其他品牌方合作,力求打造更全面、更真实化的场景,并实现用户需求的一站式满足

第三,公司高管联合主持人、明星等人气偶像打造"超级直播"。

在青岛海尔衣联网1号店,国美、海尔联合浙江卫视共同开启"美好生活一起嗨"国美海尔超级直播专场,三个小时内,海尔饱含科技内涵的智能家电产品成交额达到4.1亿。

直播一开场,"衣食住娱"主题带货场景陆续上演。浙江卫视主持人伊一、陈欢、女神Angelababy、人气偶像新人伍嘉成、海尔集团副总裁、首席体验官李华刚相继登场后,在网友们"郑恺!郑恺!"的刷屏呼唤下,小猎豹郑恺也随国美零售总裁王俊洲一同参与到洗衣机的性能大测试中。

"普通洗衣机,就像绿皮火车一样,震动和噪音非常大。但我们的海尔洗衣机水晶系列,就像磁悬浮列车一样,直驱电机驱动,非常平稳安静",海尔智家洗护销售总经理苟永刚在介绍海尔水晶洗烘组合时,小猎豹郑恺还和现场嘉宾一起见证了一个奇迹,把洗衣机倾斜的情况下倒扣一个酒杯,郑恺将一个硬币立于酒杯底部,硬币竟然不倒,让人拍案叫绝!

现场,诸如此类的经典段子频现,生活知识不断。

今年以来家电产品的直播带货十分火热,不过鲜有专门针对智能家电和智慧家居的直播,究其原因,与单个家电产品讲解相比,智慧场景对直播场景构建、直播内容策划、主播业务专业度等要求更高更有挑战性。

而国美在这场直播中,借助明星对智慧场景进行巧妙精彩的呈现,以及海尔和国美的老总们"现身说法",使直播不管从内容还是形式,都具有较高的观赏度,同时让收看直播的观众也GET到了智能家电对生活品质的提升,从成交额来看,直播转化率表现较佳,观众体验更佳。

资料来源:http://baijiahao.baidu.com/s? id=16623078143271736048lwfr

1. 海尔公司的实践体现了哪些传播策略?
2. 数字化时代下,海尔公司采取了哪些新的传播策略?

参考文献

[1] Antony Mayfield. What Is Social Media? [M] E－book. 2007.

[2] 彭兰. 社会化媒体[M]. 北京:中国人民大学出版社,,2015.

[3] 陈亮途. 全民营销[M]. 北京:中信出版社,2015.

[4] 索尼娅·杰斐逊,莎伦·坦顿. 内容营销社会化媒体时代有价值的内容才是网络营销制胜的关键[M]. 企业管理出版社,2019.

[5] 周骏. 社会化营销,这一本就够了[M]. 北京:电子工业出版社,2016.

[6] JEFFREY F. RAYPORT AND BERNARD J. JAWORSKI. e－commerce (New York:McGrawHill, 2001), p. 116.

[7] JAN-BENEDICT E. M STEENKAMP AND INGE GEYSKENS. "How Country Characteristics Affect the Perceived Value of Web Sites,"[J]. Journal of Marketing ,2006,7:136-150.

[8] JACOB GOLDENBERG, GAL OESTREICHER－SINGER, AND SHACHAR REICHMAN. "The Quest for Content:How User－Generated Links Can Facilitate Online Exploration."[J]. Journal of Marketing Research, 2010,8:452－468.

[9] 江清萍. 互联网＋:营销与创新.[M]. 北京:台海出版社,2015.

[10] 殷乐,刘政阳. 2016年中国网络直播传播特征与用户需求分析报告[M]. 北京:社会科学文献出版社,2017.

[11] 陈明亮. 在线口碑传播原理.[M]杭州:浙江大学出版社,2009.

[12] SUN T, YOUN S, WU G, et al. Online word-of-mouth (or mouse):An exploration of its antecedents and consequences[J]. Journal of Computer－Mediated Communication, 2006, 11(4):1104-1127.

[13] 菲利普·科特勒,等. 营销管理:(亚洲版)[M]. 王永贵,等,译. 6版. 北京:中国人民大学出版社,2020.

[14] WESTBROOK R A. Product/consumption-based affective responses and postpurchase processes[J]. Journal of marketing research, 1987, 24(3):258-270.

[15] 窦光华. 网络口碑可信度对网络购买意愿的影响研究.[M]成都:四川大学出版社,2014.

第十六章　网络营销

学习目标

1. 掌握网络营销的定义。
2. 了解网络营销的职能。
3. 熟悉网络营销的基本原理。
4. 了解互联网时代的网络营销策略。
5. 了解网络营销的信息源和信息传递渠道类型。
6. 熟悉常用的网站访问统计指标。

案例导入

三只松鼠的网络营销

对于爱吃零食的小伙伴来说,三只松鼠这个品牌相信都不陌生。它是中国第一家定位于纯互联网食品品牌的企业,也是当前中国销售规模最大的食品电商企业。它主要以互联网技术为依托,利用 B2C 平台实行线上销售,从而开创了一个以食品产品的快速、新鲜的新型食品零售模式。具体来说,三只松鼠采取了以下方式进行网络推广。

1. 自媒体下的 APP 平台营销策略

三只松鼠品牌利用微博、微信等自媒体平台,直接和消费者进行实时互动。三只松鼠自媒体善于在节假日营造氛围,开展促销互动,有时还制造一些常规营销话题来引爆消费热潮。截至 2019 年 12 月底,三只松鼠新浪微博账号共有粉丝 100 万,发布了 15000 多条信息。同时,三只松鼠的微信公众号目前单篇文章的阅读量稳定在 3 万－5 万,这一数字也显示出三只松鼠的"网红"特质。

与大多数直接在消息中推送商品购买链接的品牌商不同,三只松鼠的自媒体运营体现了媒体化、去电商化的特点。每个用户在打开三只松鼠自媒体内容时,可以获得丰富、快乐的阅读体验,而没有看硬广告时的防备心理。除了主账号,松鼠小酷、松鼠小贱、松鼠小美都有自己的专属微博账号与微信公众号。三个子账号分别有独立的风格和栏目,由固定的运营人员负责,各自聚拢了一批粉丝。三只松鼠善于花心思揣摩用户心思,挑逗用户感情,创造有价值的内容,稳稳地圈住了自己的粉丝。

2. 影视植入广告的媒体营销策略

现在,热播影视剧的植入广告已经成为广告主们经常采用的广告投放方式。三只松鼠的广告植入力度之大早已成为业界话题。仅仅在 2016 年两个月之间,三只松鼠的广告就连续被植入了四部热播剧:《欢乐颂》《小丈夫》《好先生》《柠檬初上》。

三只松鼠的广告植入综合了对白植入、道具植入、场景植入等方式,让剧中人物讨论其产品的同时,标有产品 Logo 的道具穿插其间,进一步强化广告效果。三只松鼠的霸屏获得了极大的品牌曝光度和观众讨论量,据统计,在《欢乐颂》热播期间,三只松鼠的品牌正面提及率较播出前增长了8%。与此同时,热播期间,三只松鼠的各个电商平台同时将电视剧同款产品置于电商首页最瞩目的位置,并配合一系列促销活动,取得了良好的转化效果。

此外,三只松鼠每年几乎植入了5部电视剧以上,显示出其不甘于国内市场的野心。三只松鼠植入的电视剧通常有以下特点:

(1)剧情设置于现代都市中。
(2)主要演员为粉丝多、话题性强的年轻偶像。
(3)电视剧主要受众的特点为90后、高学历、女性。
(4)剧中与三只松鼠产生互动的演员多为女性。

三只松鼠的目标客户与电视剧的受众高度重合,这一点是驱使三只松鼠品牌投入巨资"上镜"的最主要原因。

3. 网络活动促销的事件营销策略

促销策略是引导消费者达成购买行为的重要手段,同时也是可以帮助企业与消费者进行良性沟通的途径。在进行网络促销过程中,不仅可以提高企业品牌形象曝光率,更能够刺激消费者对企业产品的关注度。三只松鼠积极参与淘宝"双十一"、女神节等各种活动促销,在顾客购后,通过赠送样品的方式,促进循环购买;新产品发售后,以买赠形式让消费者了解并接受,助力新品打入市场;通过扫码兑换,微信摇一摇以及微博抽奖等方式对目标消费者派送代金券或抵价券等,刺激消费者对产品进行购买;同时还利用特定时间,如各种节日、假期举行抽奖活动,设定较低的抽奖门槛,使消费者拥有极强的参与感,从而促进产品销售。

"三只松鼠"作为电商企业的代表之一,充分地利用互联网,与消费者形成良好的情感纽带,在消费者心中树立了独特、人性化、有感染力的品牌形象。

第一节 网络营销概述

一、网络营销的定义

由于网络营销是随着互联网的发展而发展的一门学科,所以网络营销诞生二十多年来,网络营销内容、形式、工具和方法一直在不断变化。但经过实践形成的网络营销核心思想和基本原则相对稳定:网络营销的核心意义在于通过互联网向用户传递有价值的信息,为用户创造价值并实现企业营销的目的。由于网络营销环境在不断发展变化,所以在不同时期、从不同的角度对网络营销的认识也有一定的差异,而且网络营销涉及多个学科的知识,不同的研究人员具有不同的知识背景和专业领域,因此在对网络营销的研究方法和研究内容等方面有一定差异。笼统地说,凡是以互联网为主要手段开展的营销活动,都可称为网络营销(有时也称为网上营销、互联网营销等,港台地区则多称为网络行销)。有很多学者对网络营销进行了定义,例如戴鑫(2018)把网络营销定义为市场各方为满足各自需要,或参与创建新的互联网生态,或适应已有互联网生态,进而实现价值发现、创造、传播、传递、交换、增值和维护的一系列动态过程。本书借鉴冯英健(2021)的观点,认为网络营销是企业为了满足用户获取有价值的信息和服务,通过互联网络及社会关系网络连接企业、用户及公众,为实现顾客价值及企业营销目标所进行的规划、实施及运营管理活动。

二、网络营销的职能

通过对网络营销实践应用的归纳总结,网络营销的基本职能表现在八个方面:网络品牌、网站推广、信息发布、销售促进、网上销售、顾客服务、顾客关系、网上调研。

(一) 网络品牌

网络营销的重要任务之一就是在互联网上建立并推广企业的品牌,以及让企业的网下品牌在网上得以延伸和拓展。网络营销为企业利用互联网建立品牌形象提供了有利的条件,无论是大型企业还是中小企业、其他机构或者个人,都可以用适合自己的方式展现品牌形象。传统的网络品牌建设是以企业网站建设及第三方平台信息发布为基础,通过一系列的推广措施,达到顾客和公众对企业的认知和认可。移动互联网的发展为网络品牌提供了更多的展示机会,例如建立在各种社交网络平台的企业账户、企业 APP 等。网络品牌价值是网络营销效果的表现形式之一,通过网络品牌的价值转化可实现持久的顾客忠诚和更多的直接收益。

(二) 网站推广

传统的网络营销以网站运营和推广为基础,网络推广,尤其是网站推广,是企业网络营销的基本组成部分。企业网站获得必要的访问量是网络营销取得成效的基础,尤其对于中小企业,由于经营资源的限制,它们发布新闻、投放广告、开展大规模促销活动的宣传机会比较少,因此通过互联网手段进行网站推广显得更为重要,这也是中小企业对于网络营销更为热衷的主要原因。即使对于大型企业,网站推广也是非常必要的,事实上许多大型企业虽然具有较高的知名度,但网站的访问量却不高。因此,网站推广是网络营销最基本的职能之一,是网络营销的基础工作,在 PC 网络营销流量思维的导向下,网站推广显得格外重要。在移动网络营销环境下,网站推广的工作还需要进一步扩展到企业其他官方信息平台的推广,如企业 APP 推广、企业 SNS 账号的推广等,实现流量思维与粉丝思维的同步发展。

(三) 信息发布

网络营销的基本方法就是将发布在网上的企业营销信息以高效的互联网手段传递到目标用户、合作伙伴、公众等群体。离开有效的企业网络信息源,网络营销便失去了意义,因此信息发布就成为网络营销的基本职能之一。发布信息的渠道包括企业资源(如企业网站、企业博客、企业 APP、企业社交网络)以及第三方信息发布平台(如开放式网络百科平台、文档共享平台、B2B 信息平台等）。充分利用企业内部资源及外部资源发布信息，是扩大企业信息网络可见度、实现网络信息传递的基础。

（四）销售促进

市场营销的基本目的是为最终增加销售提供支持，网络营销也不例外。各种网络营销方法大都直接或间接具有促进销售的效果，同时还有许多针对性的网上促销手段（网络优惠券、团购、积分等）。这些促销方法并不限于对网上销售的支持，事实上，网络营销对于促进线下销售同样很有价值，这也就是为什么一些没有开展网上销售业务的企业同样有必要开展网络营销的原因。

（五）网上销售

网上销售是企业销售在互联网上的延伸，也是直接的销售渠道，无论是否拥有实体销售渠道，都可以开展网上销售。网上销售渠道包括企业自建的官方网站、官方商城、官方 App，以及建立在第三方电子商务平台上的网上商店、通过社交网络销售及分销的微店，参与团购、加盟 O2O 网络成为供货商，等等。与早期网络营销中网上销售处于次要地位的情况相比，当前的网上销售已发挥出越来越重要的作用，许多新兴的企业甚至完全依靠在线销售。

（六）顾客服务

互联网提供了方便的在线顾客服务手段，从形式简单的 FAQ（常见问题解答），到电子邮件、邮件列表，以及聊天室、在线论坛、即时信息、网络电话、网络视频、SNS 社交网络等，均具有不同形式、不同功能的在线沟通和服务的功能。在线顾客服务具有成本低、效率高的优点，在提高顾客服务水平、降低顾客服务费用方面具有显著作用，同时也直接影响到网络营销的效果，因此在线顾客服务成为网络营销的基本组成内容。

（七）顾客关系

网络营销的基础是连接，尤其在网络营销的粉丝思维及生态思维模式下，顾客是社交关系网络中最重要的环节，对于促进销售及开发顾客的长期价值具有至关重要的作用。建立顾客关系的方式，从早期的电子邮件、邮件列表、论坛等到目前的微博、微信、微社群等社会化网络，连接更为紧密，沟通更加便捷。顾客关系资源是企业网络营销资源的重要组成部分，也是创造顾客价值、发挥企业竞争优势的基础保证。在社会化网络中，顾客关系可以认为是一种泛社交关系，顾客的范围可以扩展到所有相关的用户乃至用户的社交关系网络，可以统称为"用户关系连接"。

（八）网上调研

网上调研具有调查周期短、成本低的特点，网上调研不仅能为制定网络营销策略提供支持，而且是市场研究活动的辅助手段之一，合理利用网上调研手段对于市场营销策略的制定具有重要意义。网上调研与网络营销的其他职能具有同等地位，既可以依靠其他职能的支持而开展，也可以相对独立地进行，网上调研的结果反过来又可以为其他职能更好地发挥提供支持。

网络营销的各个职能之间并非相互独立的，而是相互联系、相互促进的，网络营销的最终效果是各项职能共同作用的结果。为了直观地描述网络营销八项职能之间的关系，我们可以从其作用和效果方面做出大致的区分：网站推广、信息发布、顾客关系、顾客服务和网上调研这五项职能属于基础，主要表现为网络营销资源的投入和建立，而网络品牌、销售促进、网上销售这三项职能则表现为网络营销的效果(包括直接效果和间接效果)。图 16-1 描述了网络营销八项职能之间的关系。

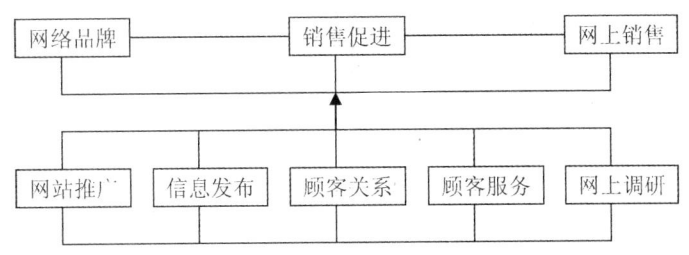

图 16-1　网络营销职能关系图

资料来源:冯英健. 网络营销[M].北京:高等教育出版社,2021:17.

三、网络营销的基本原理

网络营销的职能表明,通过信息发布、网络推广、网上调研及顾客关系和顾客服务等网络营销流程,可以实现网络品牌、销售促进及网上销售等网络营销效果。那么这些网络营销流程是如何实现的?也就是说,网络营销的基本原理是什么呢?网络营销的流程及连接关系,可以用网络营销的信息传递原理来说明。网络营销的信息传递原理,其实是信息论通信系统模型在网络信息传递中的应用。

(一) 通信系统的一般模型

信息论创始人香农(C. E. Shannon)将信息的单位定义为比特(bit)。对于信息论,这里无须做深入的探究,我们只需了解其已经成熟的通信系统模型,即可解释现阶段网络营销信息传递的一般规律。根据香农的观点,通信即信息发送者和接收者之间的信息传递,一个通信过程是指由信源(发信者)发出信息,通过信息通道传送信息,再由信宿(接收者)获取信息,这就构成了通信过程。香农根据通信过程建立了通信系统的结构模型,如图 16-2 所示。

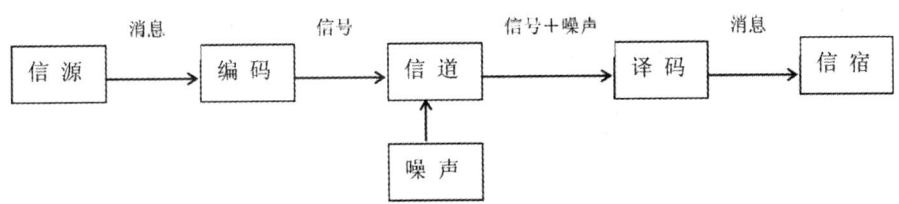

图 16-2　通信系统的模型

资料来源:冯英健. 网络营销[M].北京:高等教育出版社,2021:18.

在香农的通信系统的模型中,信源即信息的来源,信源发出的信息有多种表现形式,如文字、图像、声音、电磁波等,可以统称为信号。编码是指将信息变换成某种信号的措施,译码则是编码的反变换,即将信号还原为信源的消息,以便接收者识别;信道是指信息传递的通道,也是传递信息的媒介,信道的功能就是传递信息以便接收者接收和识别;信宿是信息的接收者,即信息传递的目标。噪声是指在信号传递过程中通信系统内部或者外部产生的各种干扰因素。为了保证信息传递的准确性,噪声越小越好。

网络营销的过程与通信系统的信息传递有许多类似之处。在企业的网络营销活动中，企业通过网站或者专业服务商发布信息、通过电子邮件直接向用户传递信息；用户通过搜索引擎检索信息并到网站获取更详细的信息，用户通过网站下载各种有价值的信息，如电子书、驱动程序、产品使用说明书等，通过实时聊天工具获取对某个产品的了解等，这些都包含着信息的传递和交互。可见，在网络营销的整个过程中，信息传递是基础，各种常见的网络营销方法都是为了实现营销信息传递。

（二）网络营销信息传递模型

根据通信系统的一般模型，在网络营销信息传递系统中，同样存在信息源、信息传递渠道、信息接收者和噪声等基本要素。不过，网络营销信息传递系统中各个要素又有其自身的特点。借鉴香农的通信系统的基本思想，针对网络营销信息及其传递的特点，通过对模型修正，得到网络营销信息的传递模型，如图 16-3 所示。

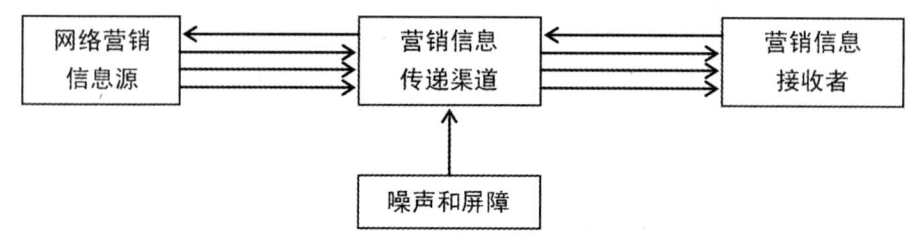

图 16-3　网络营销信息传递模型

资料来源：冯英健. 新网络营销[M]. 北京：人民邮电出版社，2018：14.

（三）网络营销信息传递的基本要素

1. 网络营销信息源

企业希望通过互联网手段向用户传递的各种信息组成了网络营销信息源。企业网站上的内容，如企业简介及产品介绍等信息、企业官方博客及官方 SNS 信息，以及通过外部网络媒体发布的企业新闻、网络广告、供求信息等都属于信息源的内容。通过企业官方网络渠道发布的属于企业内部信息源，而发布在第三方平台的信息属于企业外部信息源。网络营销信息源是网络营销的基础，只有在明确了向用户传递哪些信息的基础上，才能采用合适的网络营销方法来传递这些信息。相应地，作为网络营销人员，信息创建能力也就成为网络营销能力中最重要的要素之一。

2. 网络营销信息传递渠道

网络营销信息传递渠道包括网络营销信息传递渠道和网络营销信息接收渠道。就网络营销信息传递渠道来看，网络营销信息可以通过企业网站、电子邮件、App，以及其他信息发布平台的资源作为信息的载体，并通过这些方式向用户传递信息；用户则可以通过电子邮件、网站上的反馈表单、网络社区、实时信息等方式向企业传递信息。在所有的营销信息载体中，企业网站所包含的信息容量最大，也最容易被信息发送者所掌控，企业网站也是最重要的信息传播渠道，因此在传统的 PC 网络营销体系中，企业网站的策划、建设、运营维护是网络营销的重要基础。企业网站具有其他互联网工具无可替代的网络营销价值，大部分网络营销方法也都是基于企业网站来进行的。在移动网络营销中，尽管网站不再具有主导地位，但依然占有重要位置，尤其是基于 HTML5 建设的移动网站，对其他网络营销方法具有直接的关联作用。

信息接收渠道和传递渠道是同一事物的两个方面,站在信息接收者(用户)的角度上,对网络营销信息是接收和获取,并在必要时向企业发送一定的信息。虽然信息接收/获取渠道和信息传递渠道所依赖的是同样的工具,但由于在网络营销信息传递系统中所处的方向不同,对信息渠道的期望目标和应用方式也不同。例如,对于搜索引擎,从企业的角度出发,是希望让企业网站在主要搜索引擎的搜索结果中有好的排名,这样,当用户检索时被发现的机会就比较大,因而通过各种搜索引擎营销方法来完善搜索引擎传递渠道。而站在用户的角度来看,希望通过搜索引擎获得尽可能丰富的、有价值的信息,如果是为了购买某种商品而进行购买调研,期望从搜索结果中发现最新的、价格适中的产品,并了解其详细信息,这其中包含着用户使用搜索引擎的行为特征。因此,应站在用户的角度来研究网络营销信息的接收渠道,而不仅仅是为了企业发布信息的方便。这种思想在企业网站优化设计中将得到体现。

3. 网络营销信息接收者

网络营销信息接收者即指用户、潜在用户或其他相关的人员。在网络营销信息传递系统中,由于具有双向传递的特点,信息接收者同时也是信息发送者,因此网络营销的信息传递具有交互性质,更加体现出用户在整个网络营销中所处的重要位置。在网络营销八大职能中,顾客关系和顾客服务职能就是这种关系的体现。

4. 噪声和屏障

噪声和屏障即指网络营销信息传递的影响因素。针对每一种具体的信息传递渠道和网络营销方法,都有不同的噪声和屏障影响网络营销的效果。对这些因素进行分析研究并采取针对性的措施,是保证网络营销信息有效传递的必要手段。例如,在许可 E-mail 营销中,邮件送达率直接影响其效果,由于各种因素造成退信率不断上升,就成为影响 E-mail 营销信息传递的主要屏障,因此需要分析邮件退信的原因,并采取必要的措施提高送达率。同理,如果网页没有被搜索引擎收录,就成为搜索引擎营销的屏障;如果企业微博粉丝过少或微信公众号关注者很少,成为社交关系网络信息传递的屏障。此外,还有一些特殊的企业网络营销"噪声"——企业的负面消息,这些信息可能来自竞争对手发布于第三方网站或网络社区的恶意内容、电子商务平台用户的差评、评测机构或其他人员发布的影响企业声誉的信息等。如何减少或消除这些噪声的影响,也是企业网络营销人员有必要关注的问题。

第二节 互联网时代的网络营销策略

无论是 4Ps、7Ps,还是 4Cs、4Rs、AIDMA,都是在传统实体营销环境下提出的。面对新的互联网环境,部分学者开始尝试提出新的组合模式。本节将对日本电通广告集团提出的 AISAS 模型、赵占波提出的移动互联营销 4Ds 组合、唐兴通提出的移动互联营销新

4Cs 组合等互联网时代的网络营销策略分别进行介绍。

一、日本电通广告集团提出的 AISAS 模型

在大众媒体时代,AIDMA 能够较好地解释消费者从信息接收到行为实现的过程。但在互联网环境下,受众作为信息的接收者和发布者承担着双重角色,其购买模式也随之发生变化。因此,2005 年日本电通广告集团提出了 AISAS 模型,用以描述互联网环境下的消费者购买行为决策过程(北京电通网络互动中心,2007)。即①引起注意(attention),②产生兴趣(interest),③展开搜索(search),④购买行动(action),⑤购后分享(share)。该模型在 AIDMA 的基础上增加了消费者由于网络运用带来的消费行为变化 Search 和 Share。受众在对广告或促销信息产生兴趣后,会主动利用各种搜索引擎,检索了解公司、产品及服务等各方面信息。搜索的信息结果对其购买行为产生重要影响。在 AIDMA 模型中,行动(action)是购买模式的终结。但互联网环境下,这环节之后,消费者会根据自己的体验,对产品做出评价,形成二次传播,引起其他人注意,在下一个消费者身上形成新的销售过程。见图 16-4。

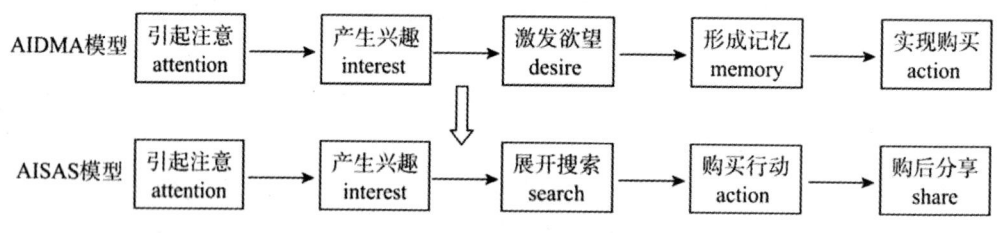

图 16-4　AISAS 模型与 AIDMA 模型比较

资料来源:北京电通网络互动中心. AISAS 重构网络时代的消费者行为模式[J]. 现代广告,2007(2):7-8.

二、赵占波提出的移动互联营销 4Ds 组合

赵占波(2015)根据移动互联时代消费者主权回归趋势,在 4Ps、4Cs 推演的基础上,提出了 4Ds,见图 16-5。具体为:①需求(demand),从产品本位策略(product)向消费者本位策略(consumer problem),再到聚焦用户需求策略(demand)转变。以"我了解消费者"为核心竞争力,要求企业关注营销各环节需求,优化营销价值链;利用互联网工具掌握和预测用户需求;利用社交媒体平台获取和创造用户需求。②动态(dynamic),从企业单向传播推动(promotion),向以消费者为中心的沟通(communication),再到基于互联网的动态多点沟通(dynamic)转变。具体表现为线上线下闭环、多渠道整合传播、病毒式口碑传播等。③传递(deliver),从建立多级渠道"推"给顾客的分销(place),向考虑顾客方便的便利(convenience),再向客户积极传达产品信息的价值传递(deliver)转变。例如,O2O 的线上营销与线下消费结合,实现客流、商品流、信息流、资金流、物流的便利对接。企业要在营销活动中,优先考虑将产品的各项价值更加便利地传递给客户,而非只考虑自身生产、销售的方便。④数据(data),从关注产品价格(price),向考虑顾客成本(cost),再向顾客交易信息大数据(data)聚焦转变。企业可以通过互联网技术搜集顾客大数据,追踪为

其画像,分析消费痕迹,为营销提供科学决策支持。

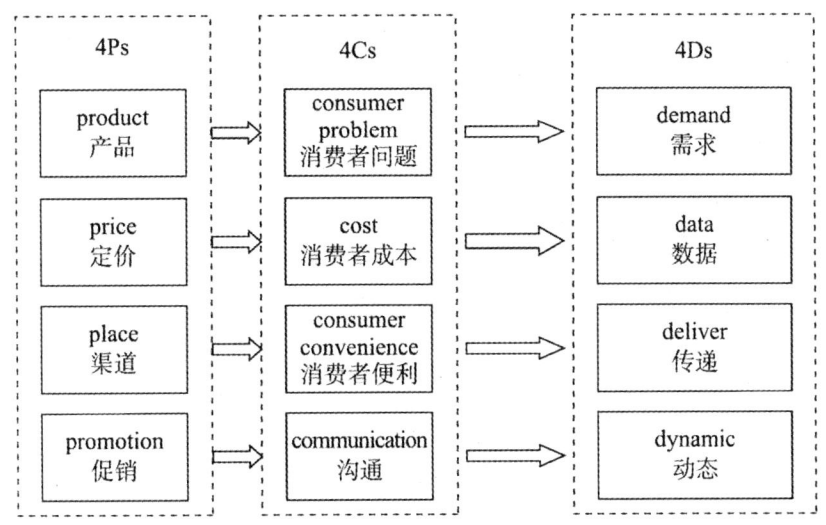

图 16-5 4Ps、4Cs、4Ds 营销组合演化

资料来源:戴鑫.新媒体营销[M].北京:机械工业出版社,2017:146.

由上看出,4Ds 组合充分考虑到了互联网的互动性和大数据特征,以及消费者中心主义的发展趋势,对于指导传统企业的网络营销转型具有一定指导意义。未来还可以从互联网生态特征出发来进一步完善模型。

三、唐兴通提出的移动互联营销新 4Cs 组合

唐兴通(2015)提出了互联网社群时代的新 4Cs 组合,如图 16-6 所示。包括:①场景(context)。捕捉或创造合适的场景,此类场景能够高度吸引公众的注意力。②社群(community)。针对互联网社区特定的群体,此类群体是企业潜在或实际的顾客群。③内容(content)。制造有传播力的内容或话题,例如,从分享、协同、给予客户答案的角度来向消费者传递信息,力争将浏览者转变成购买者,让购买者成为回头客或狂热的追随者及倡导者。④连接(connection)。结合社群的网络结构进行人与人的连接(connection)以快速实现信息的扩散与传播,最终获得有效的商业传播及价值。从新 4Cs 出发,移动互联营销需要做好:创造或选择充满魅力的场景,从个体思维转向社群思维,设计有传播力的内容,实现人与人之间的连接。人与人连接在实际的应用中,要注意找到目标客户群的中心节点,利用圈子和圈子之间的连接,抓住连接者,引爆流行;做好围观层面的连接、口碑传播的机制和动力设计。具体见表 16-1。

图 16-6 移动互联网背景下的新 4Cs 营销组合

资料来源:唐兴通.引爆社群:移动互联网时代的新 4C 法则[M].北京:机械工业出版社,2015:3.

表 16-1 新 4Cs 应用一览表

	规划	努力方向
场景	选择合适的场景(需求场景、消费场景、使用场景)	从社群与产品相关联下手,寻找时间、地点、情绪,界定清晰的场景,在社群需求最为集中的场景,迅速吸收最有效的场景。
社群	画出战略地图:社群在互联网上居住的地方、熟悉社群结构	掌握社群在互联网上集中的 BBS、微信、微博、视频网站、博客、维基百科等据点,熟悉社群的行为分类,掌握社群的结构,构建企业消费社群(互联网上的家)
内容	内容体系、内容表达风格、内容呈现形式	规划传播的内容;尝试内容表达形式(文字、音频、视频、漫画、新闻、白皮书等);结合平台特性,做满足微信、微博等平台的内容体系
人与人连接	促成人与人之间的传播、熟悉人与人之间的传播规律	绘制社会网络结构,找出社群结构中的关键节点,熟悉人与人连接的传播机制,助力病毒扩散的动力

资料来源:戴鑫.新媒体营销[M].北京:机械工业出版社,2017:147.

由上看出,新 4Cs 侧重于从互联网社群的发现、识别和场景利用来进行内容设计与传播,更多利用了互联网作为新媒体社区的特征和优势。未来还可以进一步拓展到战略层面。

四、张志杰等提出的网络整合营销 4Is 原则

张志杰等(2016)提出网络整合营销的 4Is 原则,包括:①趣味(interesting)原则。互联网媒体具有部分娱乐属性,通过它们进行传播,营销也必须是娱乐化、趣味性的。制造一些趣味、娱乐的信息,将营销传播巧妙包裹在趣味的情节当中,是吸引用户的有效方式。②利益(interests)原则。为目标客户提供有效信息,让其获益,同时企业自身也就能获取利益。③互动(interaction)原则。告别传统的单向灌输式营销,充分挖掘网络的交互性,充分地利用网络的特性与消费者交流,让网络营销的功能发挥到极致。④个性(individuality)原则。个性有两种,一是企业要想能够脱颖而出,就要有足够特色;二是做到个性化营销,让消费者心里产生"焦点关注"的满足感。

由上看出,4Is 原则主要从互联网传播及效果角度展开思考,抓住了娱乐、互动、个性的属性特征以及利益的营销初衷。未来还可以考虑跟销售有更紧密的结合。

五、杜尔等提出的移动互联营销 SoLoMo 模式

杜尔于 2011 年提出移动互联营销 SoLoMo 模式(高志成,2015):①社交(social),广义的社交属性不仅指用户间进行语言或是情感的交流过程,还包括各种相关的,比如分享资料、赠送礼品、游戏娱乐等互动形式,用户在这种社交过程中实现个性的彰显和自我实现,从而形成了一种很强的平台依赖,正是这种归属和依赖的存在,使社交平台有了很大的进化和发展空间。②本地化或精准化(local),移动互联网与传统互联网生态最大的不同是每个个体节点不再是固定在各自的物理空间,而是变成了移动的动态节点,这种从静到动的本质性变化,使移动互联网用户产生了新的、更加广泛的应用需求。虚网和实网融合是科技进步与人类社会进化的必然趋势;大数据技术、社交媒体平台等应用使网络中的

个体更加透明,而物联网、云计算等技术连接起来的人类社会也变得更加数字化。因此,从这种融合的趋势出发,LBS正是连接虚拟社会与现实社会两个神经元的桥梁和纽带。③移动(mobile)。移动化网络和技术意味着可以为用户提供前所未有的服务支持和体验,移动互联网不同于桌面互联网,更不是桌面互联网的替代,它是一种新的"生命体"的存在形式。从该模式出发,需要建立企业与用户的交互思维,加强核心业务、建立生态圈、布局未来,推动企业全面的流程再造。

由上看出,SoLoMo模式实际是从宏观层面考虑移动互联网三个关键特征设计的营销模式,具有较强的方向性,但需要与战术层面的营销策略相结合。

六、贾建民提出的大数据"时空关"营销模型

贾建民于2014年在由全国工商管理专业学位研究生教育指导委员会主办、IBM公司和香港中文大学商学院协办、西南交通大学承办的"2014年智慧营销师资研讨会"上,首次提出大数据"时空关"(time-space-connections)营销模型,如图16-7所示。他认为,随着社会和商业运作逐渐网络化,企业也必须采用更加智慧的营销方法和策略来应对这些新挑战,特别是要善于利用大数据来洞察顾客行为,进行精准营销,提升营销效率。具体包括:①时间(time),利用来自移动终端和GPS等的随时间变化的动态数据。②空间(space),利用来自互联网、物联网等与地域分布相关的空间数据。③关联(connections),利用社会网络、社交媒体中的关系数据。"时空关"相结合的大数据,能够反映人类行为,包括地域文化特征、动态演变规律及社会网络特征,企业可以通过"时空关"洞察商业机会,包括天时(发现和创造营销时机)、地利(基于位置的服务与营销)、人和(顾客关系与商业联盟)。营销,就是在合适的时间、合适的地点,找到与产品/服务关联的合适顾客。大数据营销,即通过大数据、社交媒体以及移动网络等新兴渠道获取顾客信息,从"时空关"整合的角度来分析顾客行为、洞察顾客需求、掌控渠道发展、寻找社会关系、强化顾客关系,从而提升企业的管理绩效和市场竞争力。

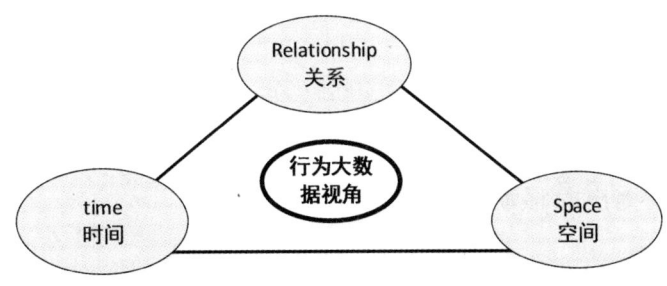

图16-7 大数据"时空关"营销模型

资料来源:贾建民.智慧营销:大数据、社会化、移动化的挑战[C].成都:2014年智慧营销师资研讨会,2014-08-27.

第三节 基于信息传递模型的网络营销

一、网络营销的信息源

信息源是信息传递的基础。根据主体对于信息源的控制程度可以把信息源分为完全可控型信息源、有限控制型信息源、完全不可控型信息源。

（一）完全可控型信息源

完全可控信息源主要为企业自有的运营型渠道发布的信息，是企业网络营销信息源的基础。如企业网站内容、企业博客、订阅型内容等都属于完全可控型信息源。

（二）有限控制型信息源策略

这种信息源类型较多，主要是基于第三方网站平台的内容运营，包括电子商务平台、文档分享平台、知识分享平台（网络百科、在线问答）、社会化网络平台（微博、微信）、内容订阅及分发平台（微信公众号智能分发内容平台等自媒体运营）等。

（三）完全不可控型信息源策略

完全不可控信息大多为约束型或分享型渠道发布的信息，通常具有持久性和权威性的作用。另外，竞争对手或其他用户发布的不利于企业的信息，也属于完全不可控信息。常见的完全不可控信息源包括网络新闻、展示类广告、搜索引擎广告等。不可控信息并非真的不可控制，而要根据发布主体和内容进行相应的操作和处理。

二、网络营销的信息传递渠道

网络营销信息传递渠道策略是根据信息源的特征通过合理设计和应用网络营销信息传递渠道，让企业所发布的信息源及其他对用户有价值的信息源被用户接收并产生浏览点击、互动、分享、注册、购买等进一步的交互行为，增加信息源浏览量及用户交互活动。从现阶段网络营销信息传递渠道策略的实践和研究来看，比较成熟的主要是各种网络推广工具和方法的应用。信息传递渠道中的常用网络推广方法如图16-8所示。

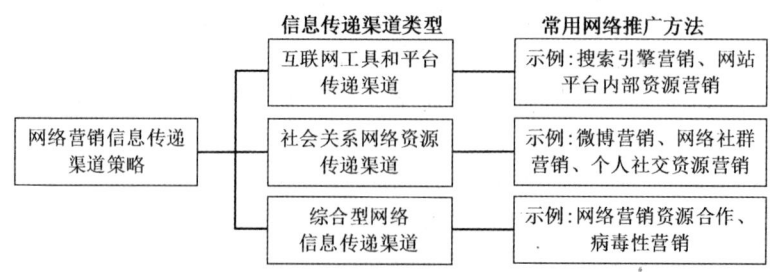

图16-8 网络营销信息传递渠道策略内容框架

资料来源：冯英健.网络营销[M].北京：高等教育出版社，2021：115.

(一) 网络营销信息传递渠道与信息源的关系

企业的网络营销策略,通常从信息源策略开始,不过现实中往往存在这样的现象:各种类型的信息源也发布了,但获得用户关注却很少,也就是说,实施信息源策略之后并没有得到显著的效果。通常情况下,企业的网络营销信息不太容易自动通过信息传递渠道被用户所接收,或者传递效果达不到企业的营销目标,这就需要实施必要的网络推广,为信息源有效传递助力。在中小企业的网络营销工作中,网络推广一直是核心内容,甚至将网络推广等同于网络营销。这种状况表面上来看,体现了网络推广的重要性,从实质来看,也说明网络营销策略设计需要系统性考虑。

网络营销信息传递系统的各个环节之间存在一定的关联,这种关联决定了网络营销策略不是独立的信息发布或网络推广活动。作为信息传递渠道,应具备明确的信息传递目的。制定和实施网络营销信息传递策略的目的应体现在两个方面:从用户角度来看,企业的网络推广是为用户获取有价值的信息提供方便的条件;从企业角度来看,是为了实现企业信息源浏览量及用户交互活动的增加。可见,与企业网络营销信息源策略一样,网络营销信息传递渠道策略也要以用户为出发点,信息源与传递渠道两者相协调是网络营销系统得以有效运营的基本条件。

不同类型的网络营销信息源,由于用户获取信息方式的差异,相应的传递渠道也有一定的差异。例如,以企业网站为代表的可控型信息源,以搜索引擎、网站平台用户等为主要传递渠道,也就是以互联网工具和平台资源为主,而订阅型信息源及社交分享型信息源的传递渠道以用户的社交网络资源及平台推荐为主。当然这些信息传递渠道也并非完全独立。有时也可以是多种渠道资源的综合应用。表 16-2 简要地总结了各类网络营销信息源及渠道策略之间的关系。

表 16-2 信息源类型及信息传递渠道

信息源类型	信息传递特点	主要信息传递渠道	网络推广方法示例
可控型信息源	用户通过浏览器访问网站或链接传递信息	搜索引擎、网站链接	搜索引擎营销、网站平台内部资源推广
有限控制型信息源	平台内部用户资源及平台推荐资源	平台推荐、用户社交关系资源	社会化网络营销
完全不可控型信息源	取决于信息发布渠道,与可控型信息源类型	取决于信息发布渠道,与可控型信息源类似	正面信息:转发、链接、引用等

资料来源:冯英健.网络营销[M].北京:高等教育出版社,2018:117.

从表 16-2 也可以看出网络营销信息传递渠道及相应的网络推广方法实际上不外常用的互联网工具、网站平台及用户社交关系资源等。

(二) 网络营销信息传递渠道策略的基本内容

1. 基于互联网工具和资源的信息传递渠道策略

信息传递方式以引导型网站链接传送为主,表现为明显的互联网工具特征,以提升企业网络营销信息源的网络可见度为主要的目的,主要适用于可控型信息源及具有类似信息发布渠道的网络推广(如网站)。常用的网站推广方法包括搜索引擎营销、网站平台内部资源推广、展示类网络广告等。

2. 基于用户社会化网络资源的信息传递渠道策略

信息传递方式以用户关系资源传送为主,具有明显的用户价值传递特征,以提升企业网络营销信息源的用户价值为基础获得网络可见度与可信度的提升,主要适用于通过各类公共网站平台尤其是社交平台及内容平台运营的有限控制型信息源的网络推广。常用的网络推广方法包括社会化网络营销方法,如网络社群营销、微博营销、个人社交关系资源分享营销、内容平台自媒体智能分发等。

3. 综合型网络营销信息传递渠道策略

信息源和信息传递渠道并非一一对应关系,无论是基于互联网工具传递还是基于社交关系传递,两者之间都可能出现交叉或一对多,有些网络推广方法具有综合型的特征,即同一种信息源采用多种网络信息传播渠道进行推广,或者同一种推广方法适用于不同的信息源。常用的综合型网络推广方法包括网络营销资源合作、病毒性营销方法等。

在网络营销策略系统中,网络营销信息传递渠道策略的基础工作是网络推广,这就需要熟悉常用的网络推广工具和方法,了解网络推广的基本原理和方法体系,达到触类旁通的效果。

三、网络营销中的用户运营

网络营销的最终目标是用户,用户是网络营销信息传递的重要环节,与用户建立连接,实现顾客服务、构建和谐的顾客关系,不仅有利于实现网络营销信息传递,同时用户也是重要的社会关系资源,是通过社交关系实现信息传递及价值传递的重要渠道。

(一) 用户来源渠道及类别特征

从网络营销信息源策略到信息传递渠道策略,目的都是为了获得用户,"获得"意味着同用户建立连接关系,这是用户策略的开始。为了全面认识用户,我们还需要知道用户从哪里来,不同类型的用户有哪些特点。具体来说,用户的来源渠道包括以下四种。

1. 用户主动获取企业信息

网络营销为用户主动获取企业信息提供了多种选择,例如,直接访问企业网站或APP,通过第三方网站平台获取信息(如网络百科、电子商务平台),通过搜索引擎搜索企业或产品信息、主动订阅企业信息(如邮件列表、微信公众号),关注企业社交网络账号(如企业微博),等等,这些方式几乎包含了大部分企业常用的网络营销方法,或者说,大部分网络营销方法都应考虑到用户主动获取信息的特点。同样的信息源,用户可能直接进入,也可能通过企业的网络推广而进入,这两种形式并不矛盾。

2. 通过用户社交关系分享推荐

社交关系传递,是社会化网络阶段影响用户获取信息的重要因素之一,与基于互联网工具和资源的信息传递方式不同,通过用户社交关系分享获取信息有可信度基础,更容易让用户接受,这是现阶段各种SNS营销方法受到重视的原因所在。与用户主动获取企业信息的方式不同,通过社交关系获取信息与每个用户在社会关系网络中的位置有一定关系,取决于他的社交关系网络规模及关系链紧密度等因素,并且通过社交网络获取的信息有一定的偶然性,这就意味着企业对社交关系分享的可控程度比较弱,用户个人意愿占主导地位。

3. 用户被动接收企业信息

除了用户主动获取信息及通过社交关系获取信息之外，企业主动推送且用户无法拒绝的某些网络广告信息对用户的影响仍然不可忽视，如 E-mail 广告、某些网页或应用软件的弹出广告、手机 APP 开屏广告、APP 推送信息、网络视频中的贴片广告和暂停广告等，这些属于用户被动接收的企业信息。相对而言，部分具有原生广告特征的广告形式如搜索引擎关键词广告、社交网络信息流广告、网络红包广告等形式更容易为用户所接受，不过用户被动接收信息的现象在短期内仍不会消失。

4. 用户与企业的连接沟通

当用户与企业建立连接关系之后，用户获取信息的方式将与单纯的主动或被动接收信息的方式有一定差异，一方面用户可以主动联系企业获取他需要的信息，另一方面企业也可以根据用户的需求分析主动为用户提供他可能感兴趣的信息、向用户推荐相关的产品或服务等。企业和用户之间建立起和谐的生态关系，通过利益和价值连接，用户也可能成为企业的合作伙伴或推广资源，如通过用户社交网络或内容平台实现的信息分享及口碑传播、通过用户社交关系资源或网络流量资源实现的价值传递等。

从以上用户来源渠道来看，无论是用户主动获取信息，还是被动获取信息，或者受社交关系影响而获取信息，在一定程度上都会受到网络营销的内容运营和渠道运营的影响，也就是说，企业的网络营销活动会对用户获取信息的方式产生直接的影响，这也从用户的角度说明了网络营销的有效性。相对而言，用户与企业连接和沟通的方式，对于企业获取用户信息及合作推广等行为更为直接，也更具针对性，是用户来源渠道中对维护顾客关系、发挥用户价值、促进用户转化最活跃的方式之一。

(二) 网络营销中的用户连接

用户是企业的网络营销资源和收益来源，当企业/网站通过网络推广获得用户之后，如何与用户保持联系，充分发挥用户资源的价值呢？前述用户来源渠道的四种形式中，用户与企业的连接沟通是最有效的方式之一。从网络营销的角度来看，用户连接是指通过互联网应用与用户之间建立的关联关系，其目的是向用户传递有价值的信息、提供顾客服务、增进顾客关系、提升顾客价值，并发挥用户资源价值。本书以"用户连接"的概念来描述企业与用户之间建立的关系，是用户运营的基础内容之一。

与网络营销信息传递的方式（也就是获得用户的方式）类似，实现用户连接的方式也有多种，如信息连接、功能连接、服务连接、用户关系连接、社交关系连接、价值连接、利益连接等，实现多渠道用户连接，增强与用户的连接强度，是提高用户资源价值的重要手段。一般来说，用户连接渠道越多，用户沟通越畅通，用户对企业的信赖程度和满意程度也会越高，意味着用户可以为企业带来更大的价值。

互联网发展至今，用户在网络营销中的地位日益重要，经历了从虚拟、松散、注册、联系、关联到社群关系的演变，企业与用户的连接方式、信息传递方式及价值传递方式也更加丰富。携程网的用户连接方式在大型电子商务网站中有一定的代表性，表明用户连接能力已成为社会化网络时代企业竞争优势的基础之一。

（三）网络营销中的用户数据

网络营销中的数据通常是用户的参与或交互而产生的，如网站的注册用户数量、网站浏览量、广告点击率、文章转发量等。用户数据是用户信息及行为的量化记录，在每个数据的背后都是用户的行为。用户信息的范围很广，如用户个人信息（性别、年龄、职业、联系方式等）、用户的社交关系信息、用户使用搜索引擎的记录、在社交网站发帖的记录、回复或转发其他用户的记录、在网上商店发布的产品评价、在线购买产品的订单记录、每笔订单的金额、一个月内网上支付的金额、支付的方式等，这些数据具有很大的网络营销意义。

（四）用户数据应用——网站访问统计分析

网站访问统计数据是用户数据在网站运营中的一种具体形式，具有信息全面、完整、实时的特点，在各种网络营销数据来源中，它也是获取方式最方便的数据源。网站访问统计分析，是指在获得用户访问网站基本数据的前提下，对有关数据进行统计、分析，分析结果可用于网站运营的效果评价，并发现用户访问网站的规律，将这些规律与网络营销策略等相结合，发现目前网络营销活动中可能存在的问题，为进一步修正或重新制定网络营销策略提供依据。归纳起来，网站访问统计分析对网络营销管理的意义主要表现在以下几个方面。

① 及时掌握网站运营状况，减少盲目性。

② 分析各种网络营销手段的效果，为制定和修正网络营销策略提供依据。

③ 通过网站访问数据分析进行网络营销诊断，包括对各项网站推广活动的效果分析、网站优化状况诊断等。

④ 了解用户访问网站的行为，为更好地满足用户需求提供支持。

⑤ 网站访问量等可以作为网络营销效果评价的参考指标。

用户数据分析一直是网络营销的基本内容，也是网络管理工作的内容之一，其中网站访问统计分析是应用最早、技术最成熟的数据分析方法。通过在线网站流量统计系统或者网站流量分析软件可以获得网站流量的基本数据，这些数据是网站访问统计分析的基础。网站访问统计分析是网络营销专业人员的必备知识，对于专业的网站访问统计分析报告，不仅可以从中清晰地看到网站运营的成果，并且可以从中发现网站访问与网络营销策略之间的关系。

常用的网站统计指标包括以下几种。

1. 网站访问统计指标

网站访问统计指标，即作为信息源的网站被用户访问的网页数量，也就是网站的访问量，它是评价网站运营效果的主要指标，主要包括如下几个方面。

① 独立访问者数量（Unique Visitors）：在一个统计周期内（通常为 24 小时）访问网站的总人数。

② 独立 IP 数量：在一个统计周期内访问网站的总 IP 数，如果多个用户共用一个 IP 地址，则显示为一个 IP。独立 IP 数量通常小于独立访问者数量。

③ 重复访问者数量（Repeat Visitors）：在一个统计周期内多次访问一个网站的人数。

④ 页面浏览数（Page Views，PV）：在一个统计周期内所有用户浏览的网页数量总

和,一般来说,一个用户多次重复浏览一个网页,只记录为一个 PV。

⑤ 每个访问者的页面浏览数(Page Views Per User):每个用户访问不同页面的总数。

⑥ 某些具体文件/页面的统计指标,如页面显示次数、文件下载次数等。

2. 用户来源及行为指标

用户来源及行为指标主要反映用户是如何来到网站的(即通过哪些信息传递渠道)、在网站上停留了多长时间、访问了哪些页面等,主要的统计指标包括如下几个方面。

① 受访页面:用户来到网站所访问的网页(URL)。

② 访问时间:用户来到网站到离开之前所经历的时间。

③ 用户来源网站(也叫"引导网站"):用户通过什么网站的链接来到网站。

④ 用户所使用的搜索引擎及其主要关键词,这是搜索引擎引导分析的重要指标。

⑤ 一天之内用户在不同时段访问网站的数量等。

一些网站访问统计工具甚至可以进一步分析访客在网页上的点击行为,即访客在这个页面上点击了哪些链接,也就表明用户对哪些信息关注程度更高,这对分析网页的信息及布局具有重要参考价值。

3. 用户信息及上网方式

这类指标反映了用户的基本信息及用户浏览网站的方式,主要包括如下几个方面。

① 用户的基本信息:性别、年龄、学历等。

② 用户上网设备类型:PC 或智能设备。

③ 用户浏览器的名称和版本。

④ 访问者计算机分辨率显示模式。

⑤ 用户所使用的操作系统名称和版本。

⑥ 用户所在地理区域的分布状况等。

4. 网站环境状况指标

① 网页打开时间:用户从单击一个网页链接到网页全部下载完成所需要的时间,也就是网页访问的速度。

② 跳出率:用户来到某网页之后离开该网站的比例。

③ 错误率:用户访问网页出错的比例。

此外,部分网站统计平台提供网站安全性分析评价(如百度统计),主要是基于网站数据的分析对网站进行综合评价,存在风险的网站将有可能被搜索引擎、浏览器互联网工具等提示网站访问有风险,甚至被降低权重。

在网站访问统计指标中,有些常用指标对网络营销的意义非常重大,往往受到更多的关注,如页面浏览数、独立访问者数量、每个访问者的页面浏览数、用户来源网站(来路统计)、用户使用的主要搜索引擎及其关键词检索等。

重要概念

网络营销　信息传递模型　信息源　信息传递渠道　信息接收者

思考题

1. 讨论网络营销与传统营销的区别有哪些。

2. 应用本章相关理论知识分析本章开篇案例,还可以使用哪些网络营销方式。
3. 讨论网络营销的八大职能及八大职能之间的相关关系。
4. 如何将信息传递模型应用到你的就业求职中?
5. 谈论你日常生活中常见的网络营销信息源有哪些。
6. 举例分析 AISAS 模型在网络营销中的应用。
7. 讨论网络整合营销的 4Is 原则在企业网络营销中的应用。
8. 应用 SMART 营销组合,分析如何改进传统企业的网络营销。
9. 如果你是网络营销主管,你觉得哪些网站访问统计指标比较重要。

案例分析

联想小新的线上品牌社区构建

联想小新诞生于 2014 年,是联想在互联网方向上的一种新挑战。它有"多彩靓丽""性能强劲""情报便携"的特征,被视为为年轻人打造的专属产品。小新电脑的家族成员主要包括小新 air、小新 air pro、小新出色版 510s、小新电竞版 700、小新经典版 310,并且在以后的日子里将会研发出更多具有差异特征的不同型号的机器以满足不同需求。同时,作为互联网时代的新生儿,小新电脑一直都是主推线上销售路线,具体的线上渠道主要包括淘宝联想旗舰店、京东联想电脑旗舰店、苏宁联想官方旗舰店以及官方商城小新铺子,目前,联想小新的线上销售贡献主要集中在京东与淘宝的旗舰店上。

联想基于现实考虑,选择鹿晗作为小新的代言人。原因是,当下年轻人尤其 90 后并不啃老,而是有志气且有希望的,所以联想也期望帮他们在人生发展中获得更好的自我体验,希望向他们提供最好的产品。这种品牌定义与作为小新代言人的鹿晗的状态惊人地相类似。对于今天这些年轻人,大多情况下人们只看到他们的光鲜,却总是没看到他们一路上的拼搏与成长。鹿晗的明星打拼之路正好诠释了联想的小新精神,一路摸爬滚打,到今天的亚洲当红人气明星,鹿晗总是在不断自我突破,不断挑战权威,然后不断打造自己的新领域。

为了给互联网时代新生儿联想小新的粉丝用户们全方位的线上社区支持,小新幕后运营团队分别针对用户的不同需求(品牌归属感、使用交流、问题咨询)搭建起功能差异化的社区(小新专属微博、小新官方论坛、小新电脑贴吧),而其中联想小新笔记本官方微博号主要承担起小新笔记本的线上社区品牌构建工作。该微博为小新系列产品的专属微博号,其日常的运营内容为定期高频的话题活动、不定期高频的代言明星(鹿晗)动态关注、不定期的品牌/产品介绍文案或视频。2016 年 2 月以来的 15 个月中(其实际运营时间),一共发出微博 950+条,累计关注人数为 40 万+,最新 50 条微博中平均点赞量 1200+、平均评论量 500+、平均点赞量 1800+。

资料来源:戴鑫. 新媒体营销[M]. 北京:机械工业出版社,2017.

1. 联想小新的网络营销信息源有哪些?
2. 除了文中提到的网络营销方式,联想小新还可以运用哪些网络营销方式宣传自己的产品?

参考文献

[1] 冯英健.新网络营销[M].北京:人民邮电出版社,2018.
[2] 戴鑫.新媒体营销[M].北京:机械工业出版社,2017.
[3] 冯英健.网络营销[M].北京:高等教育出版社,2021.
[4] 商玮,段建.网络营销[M].2版.北京:清华大学出版社,2016.
[5] SHANNON C E. A Mathematical Theory of Communication[J]. The Bell System Technical Journal,1948,27(7):379-423.
[6] 北京电通网络互动中心.AISAS重构网络时代的消费者行为模式[J].现代广告,2007(2):7-8.
[7] 李震.基于AISAS模式的社会化媒体营销研究[J].技术与创新管理,2012(4):393-395.
[8] 赵占波.移动互联营销:从4P时代到4D时代[M].北京:机械工业出版社,2015.
[9] 唐兴通.引爆社群:移动互联网时代的新4C法则[M].北京:机械工业出版社,2015.
[10] 高志成.SoLoMo的进化[J].企业管理,2015(1):99-101.
[11] 贾建民.智慧营销:大数据、社会化、移动化的挑战[C].成都:2014年智慧营销师资研讨会,2014-08-27.

第十七章　大数据营销策略

学习目标

1. 掌握大数据营销的定义。
2. 熟悉大数据营销的特征。
3. 了解大数据营销的应用。
4. 熟悉大数据营销的参与主体。
5. 熟悉大数据的采集、存储。
6. 了解大数据挖掘。

案例导入

沃尔玛的大数据营销

在数据挖掘行业中,沃尔玛的购物篮分析案例"啤酒与纸尿裤"已经成为众所周知的经典案例,这其中的原因被归结为周末时爸爸负责去超市购物,他们在买纸尿裤的同时也顺便犒劳一下自己,买一瓶啤酒。沃尔玛根据这个数据分析结果,将纸尿裤和啤酒放在一起出售,以方便客户和提高销量。实际上,沃尔玛在整个超市的货架摆放、进货和资金周转方面都是依据数据分析的结果做出决策的。

在大数据时代,沃尔玛为我们提供了另一个经典案例——"飓风与蛋挞"。近年来,美国部分地区受到飓风的影响。如何在飓风到来之前为公众提供最好的服务,帮助公众、政府度过危机,是沃尔玛大数据研究的一个课题。沃尔玛将销售数据、货物数据放在一起进行分析,没有发现明显的特征,于是将更多的相关数据(如天气、周边人流量等信息)添加至用于数据分析和挖掘的数据源中,结果有了有趣的发现。通过对多维数据进行分析,沃尔玛发现,每当季节性飓风来临之前,手电筒与蛋挞的销量会大幅增加,"飓风""手电筒""蛋挞"这几个词之间似乎有种神奇的联系,因而在飓风季节,手电筒和蛋挞也就成为沃尔玛货物配送、货架摆放的"风向标"。

第一节 大数据营销概述

一、大数据营销的定义与特征

(一) 大数据营销定义

曾任谷歌首席信息官(CIO)、技术开发副总裁的道格拉斯·梅里尔关(Douglas Merrill)说过:"如果数据不充分,就无法得出你所认为的结论。如果有大量数据,你可能会发现之前的关联并不真实可靠。数据与比特无关,而是一种才能。"数据在当今时代越来越重要。急速膨胀的信息和大数据的商用价值正在改变现有的营销模式和企业的其他活动,大数据营销应运而生。

大数据营销是一种精准营销模式,这种营销模式和传统的数据营销模式大不相同。传统的数据营销是一种基于市场调研中的人口统计数据和其他主观信息(包括生活方式、价值取向等)来推测消费者的需求、购买的可能性和相应的购买力,从而帮助企业细分消费者、确立目标市场群进一步定位产品的营销模式。而大数据营销是通过收集、分析、执行从大数据所得的洞察结果,并以此鼓励客户参与、优化营销效果和评估内部责任的过程。

(二) 大数据营销的特征

在大数据营销的特征主要有以下四个方面。

(1) 多平台

大数据营销的数据来源是多方面的,多平台的数据采集使我们对消费者的画像更加全面和准确。多平台数据采集的途径有 PC 互联网、移动互联网、智能电视及各种传感器等。

(2) 个性化

与传统营销广泛撒网不同,企业通过大数据分析可以了解消费者身处何地、关注何种信息、喜欢什么、偏好如何,从而实现为消费者量身定制的个性化营销。

(3) 时效强

以大数据营销企业泰一传媒(AdTime)为例,该公司曾制定时间营销策略,即让消费者在做购买决策的时间段内及时接收到商品广告。在移动互联网时代,消费者面对众多诱惑,其消费决策极易在短时间内发生改变。大数据营销能帮助企业及时掌握消费者的需求及其变化趋势,从而提升营销的时效性。

(4) 高效率

大数据营销可以让广告主的广告投放做到精准,还可以根据实时的效果反馈及时对投放策略进行调整,从而最大限度地减少营销传播的浪费,实现高效率营销。

二、大数据营销的应用与参与主体

(一) 大数据营销的主要应用

大数据营销包含多种应用,包括程序化购买、广告监测、广告创意优化、客户关系管理、线上线下销售、风险控制、研究与洞察、用户面相、企业内部管理、新产品研发等。总的来说,大数据营销的应用主要有以下六个方面:

(1) 消费者洞察。企业通过大数据挖掘可以获得对消费者需求的关键洞察和理解,并识别创新机会;此外,还可以通过分析消费者的行为数据洞察他们的购买习惯,并按照其特定的购物偏好、独特的消费倾向进行一对一的商品推送。比如,亚马孙根据用户的商品搜索记录推荐相似或互补的产品,这种基于大数据挖掘的推送大大节约了用户在网上四处搜寻的时间,同时还能刺激消费者后续更多的消费。

(2) 产品定制化。大数据营销将消费者留下的信息数据变为财富,成为企业改善产品的一项有力根据。例如,新闻客户端"今日头条"基于数据挖掘及推荐引擎技术,根据用户的阅读偏好与习惯为用户量身定制与其兴趣相匹配的内容,因而每个用户看到的内容都是不一样的,实现了"千人千面"的个性化推荐。

(3) 推广精准化。大数据营销通过积累足够多的用户数据,分析得出用户的购买习惯与偏好,甚至做到"比用户更了解自己",帮助企业筛选出最有价值的用户进行产品推广。例如,B 站在进行年度运营计划制定时,通过分析用户的日常使用数据和用户画像得出年轻化的运营方针,在相关节目的制作和传播中锁定年轻群体。2020 年 B 站的《说唱新世代》作为一个针对年轻人的说唱节目,不仅在饱和的说唱综艺市场开辟了条新的道路,也为 B 站"出圈"带来了更多的年轻用户。同样,淘宝运营团队通过分析用户使用数据发现,用户在观看晚会时容易被明星同款吸引从而产生购买行为。于是,在 2019 年及 2020 年的淘宝"双十一晚会"上,淘宝都在内容直播的旁边设置"明星同款""边看边买"等通道入口和链接,方便用户在观看晚会时实现快速购买,在另一层面上实现了对用户的精准投放。

(4) 改善用户体验。改善用户体验的关键在于要真正了解用户对产品的使用状况与感受。例如,国外的某些汽车企业可以通过遍布全车的传感器收集车辆运行信息,在用户汽车的关键部件发生问题之前提前向用户和 4S 店预警,大大保障了用户的安全,同时也改善了用户体验,使汽车品牌获得了良好的口碑。又如,某比萨饼店会在客户要求购买海鲜比萨饼时,根据客户数据中的体检记录等,向该客户推荐更符合其身体情况的小一号蔬菜比萨饼。

(5) 维系客户关系。拉回放弃购物者和挽留流失的老客户也是大数据营销在商业中的应用之一。例如,外卖 App"饿了么"会根据用户的订单习惯对有一段时间没有利用 App 下单的濒临流失的用户发送相关短信,以提醒并鼓励他们重新使用"饿了么"App。又如,中国民生银行利用大数据打造了智能化的客户关系管理体系——"金融 e 管家平台",这也是利用大数据维系客户关系的典型案例。

(6) 发现新市场。在纳特·西尔弗(Nate Silver)的畅销书《信号与噪声》中有这样一句话:"我们选择性地忽略了最难以衡量的风险,即便这些风险对我们的生活构成了最大的威胁。"暗示预测未来是非常困难的。但是大数据营销却能让我们从容地面对未来。基于大数据的分析与预测对于企业家提前发现新市场是极大的支持。例如,腾讯游戏在前期深入分析手游市场大数据的前提下制定战略,率先领跑手游行业。2020年腾讯网络游戏第三季度财报显示,季度收入共414.22亿元,同比增长45%,手游收入及PC端游戏的收入分别为391.73亿元和116.31亿元;其中,手游收入同比增速连续三个季度超过60%。可见,大数据营销可以通过对市场数据的处理和分析找出其中的相关性,从而对市场进行预测,帮助企业找到新的发展领域,挖掘新的业务增长点。

（二）大数据营销的参与主体

大数据营销体系的参与者来自各行各业、各个领域,其中媒体、数据服务公司以及数字广告代理商是大数据营销体系必不可少的构成力量。

一、媒体：大数据产生的起因

有学者认为媒体、广告主、受众三者共同造就了大数据营销,大数据是存留在互联网上的数据,受众是产生数据的源头,而媒体是受众产生数据的起因,广告主则利用受众产生的数据并通过媒体再传递给受众。

媒体在大数据营销体系中占有重要的一席之地。互联网时代,受众在接触数字媒体时都会留下数据,通过这些数据,受众的行为可以被监测,媒体从受众留下的数据中得到反馈,以此来优化自身内容、产品与服务,在大数据营销体系中生存。例如,在社交媒体（如微博）上搜索某部电影,当你浏览相关内容或转发分享时,你的这些行为产生的数据会反映你的态度。正是通过对海量的这类数据进行分析,才有了《纸牌屋》的成功以及《小时代》系列电影的票房大卖。2013年,谷歌公布的电影票房预测模型走红,该模型能够提前一个月预测电影上映首周的票房收入,准确度高达94%。预测指标主要包括电影的搜索量、预告片的搜索量、档期特征、同系列电影之前的票房等,这也是数据分析在电影媒体行业的体现。同样,媒体也可以利用自己积累的数据建立数据库,和其他行业协作。

二、数据服务公司：大数据营销落地的关键

在大数据营销中,数据的分析至关重要,这也催生了相关数据服务公司,令利用海量数据实现新的营销模式成为可能。当前国内较为知名的数据服务公司除了阿里云、华为云、腾讯等互联网公司以外,还有一家近年来声名鹊起的秦淮数据。作为字节跳动的重要数据供应商,秦淮数据承担了字节跳动58%的数据处理需求,其能获得字节跳动青睐的原因主要有三点：一是服务范围聚焦于亚太新兴市场；二是拥有超大型数据中心；三是坚持聚焦客户真实需求,解决行业关键问题。而国外较为知名的数据服务公司有IBM、天睿（Teradata）、甲骨文（Oracle）、微软、谷歌等。其中甲骨文在2020年承接了今日头条旗下短视频App——TikTok在美国地区的数据服务。它提供完全集成的云计算应用和平台服务,覆盖145个国家和地区,是大数据领域中体量较大的参与者。

三、数字广告代理商：提升营销效果的主体

对大数据营销中的数字广告代理商来说,需要做到以多样化的手段追踪广告效果,利

用大数据分析各家媒体的价值,判断通过何种渠道为企业投放广告,从而优化广告营销服务。微盟集团正是这样的数字广告代理商。该公司于 2013 年 4 月成立于上海,其精准营销业务主要以大数据、智能算法、营销自动化等技术及优质媒体为渠道,为广告主提供一站式精准营销投放服务,同时微盟旗下微盟云平台通过开放微盟核心产品技术能力,吸引第三方开发者,打造云端生态体系,为商户提供更多应用选择和更好的服务。它不仅是企业云端商业及营销解决方案提供商,也是腾讯社交网络服务平台企业精准营销服务提供商。2020 年底微盟宣布与支付宝达成合作协议,这意味着微盟将在支付宝平台开展一系列数字业务,更多的餐饮行业商家将通过微盟提供的餐饮方案提升获客能力。

三、大数据营销的机遇与挑战

(一) 大数据营销的机遇

1. 营销活动更加精准

传统的广告大多采用广撒网的投放模式,这样的模式既造成大量广告费的浪费,营销效果也得不到保障。我们在面对互联网上海量媒体资源的同时,广告主的需求也发生了翻天覆地的变化。企业通过对大数据的收集与整合利用对消费者需求进行分析,找到目标受众,然后对广告投放的具体内容进行调配,完善整个投放过程,使营销活动更加精准有效。大数据的应用令营销更精准地体现在三个方面:一是精准定制产品,通过对大数据的分析,企业可以了解消费者需求,进而为其定制个性化产品;二是精准推送信息,避免向用户发送不相干的信息而造成用户反感;三是精准推荐服务,通过对用户现有的浏览、搜索及地理位置数据的分析,了解其当下的需求,实时为其推荐贴心的服务。

2. 营销活动更加个性化

营销的最终目的就是要准确了解每一位潜在消费者或现有客户的需求,并为其提供满意的产品和服务以使利润最大化。而大数据就具备这方面的优势,企业可以从海量的数据中提取出消费者的个性、爱好、价值观、生活方式及消费特征,使整个营销活动更具个性化,这也是大数据给传统营销变革与发展带来的一大机遇。

3. 营销活动更加可测

大数据是一场技术性的革命,海量数据资源使营销管理开启量化的进程,而运用数据进行决策是大数据背景下营销模式转变的一个重要特征。未来企业的竞争将是数据的竞争,谁能更充分地挖掘潜在客户的数据信息,谁就更有机会取胜。在一切皆可量化的时代,消费者数据将会以 cookie 等形式被记录下来,有了这些数据便可以预测消费者行为及市场未来的发展趋势,使营销活动更加可测,这是大数据给营销升级带来的另一大机遇。

(二) 大数据营销的挑战

1. 数据质量难以保证

从海量数据中提取出隐含在其中的有价值信息是十分复杂的,是一个"大浪淘沙"的过程,通常包括数据理解、数据收集、数据整理、数据建模、数据评估等多个阶段。大数据的"大"是指全体样本,而非单指数据量大。在庞杂的数据中充斥着大量无效的干扰性数据,如何去粗取精、去伪存真是大数据给营销变革带来的挑战之一。

2. 大数据人才缺乏

除了数据质量问题之外,大数据人才缺乏也是大数据营销发展的短板。2020年5月,人力资源和社会保障部发布《新职业—大数据工程技术人员就业景气现状分析报告》。报告显示,中国大数据行业的人才需求规模达210万人,2025年前大数据人才需求仍将保持30%~40%的增速,需求总量在2000万人左右,数据分析人才是市场上迫切需要的高端型人才。并且,大数据人才分布不均匀,主要集中在互联网和金融两大领域,制造业等在产业转型升级过程中极度缺乏大数据人才。从整体看,数字中国建设、产业转型升级、企业进行云拓展等都对大数据人才产生巨大需求,而人才培养的数量和速度难以满足现实需求,大数据人才缺口持续增大,预计到2025年全国大数据核心人才缺口将达230万人。

3. 数据管理复杂化

大数据的一个重要特征就在于其复杂性,包括数据量大和来源广泛两个方面。大数据的快速增长对存储空间、数据压缩技术、能源消耗提出严峻的挑战。如何更好地管理和利用大数据资源已成为业界普遍关注的问题,数据管理方式上的变革正在发生。

4. 隐私问题日益凸显

互联网时代,在线活动与在线交易不断增多,用户数据与隐私泄露事件时有发生,网络安全威胁更为严峻。数据挖掘一方面可以被企业有效利用,增强营销活动的精准度,提升营销效率;另一方面,如果大数据缺乏有效监管,用户数据被不法分子得到,将会带来严重的危害与财产损失。因此,大数据营销伦理及法制问题不容忽视。

第二节 大数据营销中的数据处理

一、大数据的采集与存储

(一) 大数据的采集

如果将大数据比喻成深埋在地下的石油,那么对大数据的采集就相当于发现原油的过程。它是企业进行大数据分析和商业洞察的基础,也是大数据营销流程中重要的一环,其核心是实现与用户的互联。用户是大数据最重要的来源,也是大数据营销服务的终点。因此,收集一切与用户相关的数据是成功进行大数据营销的前提。

1. 大数据的来源

按照数据产生的主体来划分,大数据主要来源于四个方面:

(1) 政府。在社会高度信息化与数据化的今天,政府作为城市管理与民生服务的主体拥有大量的高质量数据资源,这些数据一般来自行政记录。行政记录数据是政府部门在行使其行政管理职能过程中通过审批、注册登记等记录的大量信息数据,包括个人信息记录数据、政府机构信息记录数据、自然和资源记录数据等,由政府统计部门进行采集和整理。这些数据是各个职能部门为自身行政管理需要,通过信息化手段建立信息管理系统,以标准数据库形式存储的。数据质量相对较高,连续性较好,数据的标准化程度也较高。但是,由于政府在数据获取中处于特殊地位,它们在数据使用上往往效率较低,而私营部门和社会对数据的利用比政府更具创新性,因此,政府数据的开放是大势所趋。

(2)企业。企业的数据一般来自其生产经营管理过程的信息记录及商业交易的数据记录,如企业资源计划(enterprise resource planning,ERP)、客户关系管理(customer relationship management,CRM)、供应链管理(supply chain management,SCM)、办公自动化(office automation,OA)等各种企业应用软件产生的数据。这些数据具有及时、丰富和多样的优点。随着电子商务的不断发展,采用在线管理和交易的企业越来越多,商品交易的数据日益增多,这些数据具有很大的挖掘价值。

(3)用户。用户的数据一般来源于社交网络、电子商务网站、搜索引擎等互联网平台。互联网每时每刻都在产生海量的数据,如新浪、搜狐等门户网站每天有大量用户的浏览信息;百度、谷歌等搜索引擎为用户检索出大量需要浏览的内容,并实时记录下关键词的搜索密度;微博、微信等社交媒体也不断产生互动数据。互联网信息庞杂,数据量巨大,数据记录易获得,但是互联网中的用户数据具有不稳定性和非结构化的特点,数据的碎片化程度较高。

(4)机器。机器产生的巨量数据也是大数据的重要来源之一,其中包括应用服务器日志、传感器数据(天气数据、水文数据、智能电网数据等)、图像和视频数据、射频识别(radio frequency identification,RFD)。数据、二维码或条形码扫描数据等。比如,谷歌的无人驾驶汽车就是海量数据的制造者,因其配备大量的传感器,每秒钟会产生多达1GB的数据,按照每年驾驶600小时计算,无人驾驶汽车每年平均产生大约2PB的数据。

2. 大数据的采集过程

与传统的数据采集相比,大数据的采集有很大的不同。传统的数据采集一般是有限的、有意识的和结构化的(如问卷调查),采集到的数据也大多是结构化的,一般的数据库MySQL甚至Excel就能满足数据采集和处理的要求。大数据的采集则是一项十分复杂的工程。比如,在大数据采集过程中,很重要的一个环节是大数据的智能感知,它能实现大数据源的智能识别、感知、信号转换、适配、传输、载入等技术。在智能设备的数据中,还会涉及结构化、半结构化和非结构化等各种数据,这与纯粹结构化数据的采集有很大的不同,因此存在许多需要克服的技术难题。在智能制造、可穿戴设备、物联网愈发普及的今天,数据采集变得非常重要,高速、可靠的数据采集技术是当前需要重点突破的方向。

(二)大数据的预处理

对数据的预处理就好比用吸管吸水,从中吸出那些需要的部分,而不是尝试把它全部喝下去。在小数据时代,数据的处理包括数据清洗、数据转换、归类编码和数字编码等过程,其中数据清洗占据最重要的位置,包括检查数据的一致性、处理无效值和缺失值等操作。在大数据时代面对分散在不同地区、不同平台、种类繁多的异构数据,进行数据整合并非易事,要解决冗余、歧义等"脏数据"的清洗问题,仅靠手工不仅费时费力,而且质量难以保证;另外,数据的定期更新也存在困难。如何实现业务系统的数据整合是进行大数据处理时需要考虑的难题。ETL 数据转换系统为数据的预处理提供了可靠的解决方案。

ETL 是 extract(抽取)、transform(转换)、load(装载)三个单词的首字母缩写,用来描述将数据从来源端经过抽取、转换而装载到目的端的过程。首先是抽取,即将数据从各种原始的业务系统中读取出来,这是所有工作的前提;其次是转换,即按照预先设计好的规则将抽取得到的数据进行转换,使本来结构不同的数据格式能统一起来;最后是装载,即将转换完的数据按计划增量或全部导入数据仓库。

"ETL"一词常用在数据仓库中,但其对象不限于数据仓库。在大数据环境下,混杂的数据同样要经过类似的 ETL 操作过程。ETL 将分散的、不同结构数据源中的数据抽取到临时中间层,之后进行清洗、转换、集成,最终按照预先设定好的数据仓库模型将数据加载到数据仓库中,成为联机分析处理、数据挖掘的基础。ETL 是商务智能和数据仓库的核心和灵魂,按照统一的规则集成并提高数据的价值,负责完成数据从数据源向目标数据仓库转化的过程,是搭建数据仓库的重要步骤。如果说数据仓库的模型设计是一座大厦的设计蓝图,数据是砖瓦的话,那么 ETL 就是建设大厦的过程。

数据源经过 ETL 预处理后,交易数据可用于分析用户的基本属性和购买能力;电子商务数据可用于分析用户的线上购买能力和行为特征;会员数据可用于分析用户的基本属性、兴趣爱好和价值;潜在用户数据可用于分析用户的购买意愿;社交数据可用于分析用户的社交特征和关系网络;全网数据可用于分析大量的碎片化信息,与当前数据进行匹配合并,从而形成用户画像,通过这个用户画像可以进一步开展精准营销和个性化推荐。

(三) 大数据的存储

大数据由于来源不同而具有多样性的特点。在数据的结构化程度方面,传统的数据库存储的数据结构化程度较高;而大数据来源于日志、历史数据、用户行为记录等,更多的是半结构化或非结构化数据。另外,大数据的存储格式多样,例如,有的数据是以文本文件格式存储,有的数据则是网页文件,还有的是以比特流形式存在的文件,等等。因此,大数据的存储介质也具备多样性。大数据应用需要满足不同响应速度的需求,其数据存储提倡分层管理机制,所以多种数据及软硬件平台都必须有较好的兼容性来适应各种应用算法,这就让传统的存储技术无计可施,而成本低廉、具有高可扩展性的云存储技术得到业界的广泛认同。

目前,云存储技术正在颠覆传统的存储系统架构,云存储系统具有良好的可扩展性、容错性以及内部实现对用户透明等特点,这一切都离不开分布式文件系统的支撑。现有的云存储分布式文件系统包括 HDFS、GFS、Lustre、FastDFS 等。

二、大数据挖掘

数据挖掘的目标是从海量的数据中发现有价值的信息,为企业营销实施提供借鉴和指导。通过数据挖掘、洞察用户需求是大数据营销流程中关键的一环,而数据挖掘的核心即通过大数据分析构建立体的用户画像。

(一) 数据挖掘的定义

数据挖掘(data mining)是利用机器学习、统计学、模式识别等技术,从大量含有"噪声"的数据中提取有效信息的过程。从营销学的角度来看,数据挖掘其实就是一种深层次的数据分析方法,其主要特点是对海量数据进行抽取、转换、分析和其他模型化处理,从中提取出辅助决策的关键数据。大数据时代的数据挖掘并不是一门新的学科,其基本原理与传统数据挖掘并无本质区别,只是由于所需处理的数据规模庞大、价值密度低,而在处理方法和逻辑上被赋予新的含义。

与"数据挖掘"相关的一个概念是"数据分析"。从本质上说,二者都是为了从收集来的数据中提取有用信息、发现知识,在某些场合这两个概念是可以互换的。而它们之间的主要区别在于三个方面:一是数据量不同,数据分析的数据量通常是 MB 或者 GB 级的,数据挖掘的数据量则是 TB 甚至 PB 级的;二是数据类型不同,数据挖掘的对象不仅有结构化数据,还有半结构化和非结构化数据;三是算法不同,数据分析的主要算法以统计学为基础,而数据挖掘不仅需要统计学,还大量运用了机器学习的算法。

(二)数据挖掘的流程

当数据只停留在存储状态时,它们是"数据";而数据经过加工处理就成了有用的"信息";如果信息组合能够合理地产生价值,我们就可以称之为"知识"。数据挖掘的过程就是把数据加工处理变成信息,最后将其转化为知识的过程。

跨行业数据挖掘标准流程(Cross-Industry Standard Process for Data mining,CRISP-DM)是目前应用最广泛的一种标准化数据挖掘过程。包括商业理解、数据理解、数据准备、模型建立、模型评估和模型应用六个主要步骤。

1. 商业理解

商业理解是对数据挖掘问题本身的定义,重点在于对项目目标的理解和从商业角度洞察用户需求,同时将这些内容转化为数据挖掘问题的定义和完成目标的初步计划。在建立数据模型之前需要掌握用户的真正需求,了解真正要解决的问题是什么,根据需求制定工作方案。这一阶段需要较多的沟通和市场调研,以了解问题的商业逻辑。从大数据开始到结束都要以商业理解为基础,了解相关的数据与业务问题的内在联系,在最后阶段,需要利用业务知识来塑造模型,建立起来的大数模型要能满足业务问题的提问和解答等要求。

2. 数据理解

数据挖掘项目需要处理明确的业务需求,针对不同的业务分析需要不同的数据集合。在理解商业目标后,要从大量可用的数据源中识别相关数据。例如,一个服装零售业的数据挖掘项目需要通过人口统计信息(如收入、职业、受教育程度、家庭人口和年龄等)、信用卡交易记录和社会经济属性来识别购买当季服装的客户的消费行为和购物偏好。此外,还应深入了解各个数据源的特征,例如数据的存储形式、数据的更新情况以及各个变量之间可能存在的联系。

3. 数据准备

数据准备指的是对原始数据的预处理,即 ETL,主要包括数据的抽取、清洗、转换和加载,是整个数据挖掘流程中最耗时的环节。数据处理的方法是否得当,对数据中所体现出来的业务特点的理解是否准确,将直接影响到模型的选择及其效果,甚至决定整个数据挖掘工作能否实现预定目标。

4. 模型建立

模型建立是整个数据挖掘流程中最关键的一步,需要在数据理解的基础上选择并实现相关的挖掘算法,同时对算法进行反复调试。模型的建立和数据理解是相互影响的,通常需要经过反复的尝试和磨合,在多次迭代后才能建立真正有效的模型。大数据建模要从数据中发现问题,解释这些问题,通过预测提供新的决策参考。

5. 模型评估与应用

传统的模型建构一般是先定义营销问题,收集对应的数据,然后根据确定的模型或分析框架进行数据分析,验证假设,进而解读数据,而且解读的空间有限;而大数据提供了一种可能性,既可以根据营销问题封闭性地对数据进行验证,也可以开放性地探索,得出一些可能与常识或经验判断完全相异的结论,因此可以解读的点也变得非常丰富。在数据挖掘工作基本结束时,需要对最终的模型效果进行评测。具体地说,需要制定最终模型的评测方法、相关指标等,以此判断最终模型是否实现预期目标。比如一个关键的评价指标就是是否仍然有一些重要的营销问题没有得到充分的关注和考虑。模型通过评测后即可以安排上线,正式进入商业化运作流程。

三、数据挖掘的算法与应用

一般来说,数据挖掘的算法包括四种类型,即分类、预测、聚类、关联。前两种属于有监督学习(supervised learning),后两种属于无监督学习(unsupervised learning)。这些方法分别从不同的角度对数据进行挖掘分析,并建立模型,帮助企业提取数据中蕴含的商业价值,提升企业的竞争力。

1. 有监督学习

有监督学习是指存在目标变量,探索特征变量和目标变量之间的关系,在目标变量的监督下学习和优化算法。例如,信用评分模型就是典型的有监督学习,目标变量为"是否违约"。算法的目的在于研究特征变量(人口统计、资产属性等)和目标变量之间的关系,属于描述性识别和发现。

(1)分类。分类是数据挖掘中最常用的应用,指的是将数据库中一组数据对象划分为不同的类别,其目的是通过模型将数据库中的数据项映射到某个给定的类别。分类算法广泛应用于客户的分类、客户的属性和特征分析、客户满意度分析、客户的购买趋势预测等方面。比如,一个汽车零售商按照对汽车的喜好将客户划分为不同的类别,这样营销人员就可以将新型汽车的广告手册直接邮寄到有这种喜好的客户手中,从而大大提高营销的精准度。再比如,淘宝商铺将用户在一段时间内的购买情况划分成不同的类别,根据情况向用户推荐关联类的商品,从而增加商铺的销量。

常见的分类算法包括逻辑回归、决策树、K最邻近(k-nearest neighbor,KNN)、贝叶斯判别、支持向量机(support vector machine,SVM)、神经网络等。

(2)预测。预测是基于观测数据建立变量间适当的依赖关系,以分析数据的内在规律,解决相关问题。主要研究数据序列的趋势特征、数据序列的预测以及变量间的相关性等。预测通常被应用到大数据营销的各个方面,如寻求与维系客户、预防客户流失、产品生命周期分析、销售趋势预测及有针对性的营销活动等。

预测算法和分类算法的最大区别在于,前者的目标变量是连续型的,后者的目标变量是分类离散型的(例如,是否逾期、是否为垃圾邮件等)。常见的预测算法包括线性回归、回归树、神经网络、SVM 等。

2. 无监督学习

无监督学习是指不存在目标变量,基于数据本身去识别变量内在的模式和特征。比如关联分析,通过数据发现项目 A 和项目 B 之间的关联性;再比如聚类分析,根据距离将所有样本划分为几个稳定可区分的群体。这些都是在没有目标变量监督下的模式识别和分析。

(1) 聚类。聚类是把一组数据按照相似性和差异性分为几个类别。其目的是使同一类别数据间的相似性尽可能扩大,不同类别数据间的相似性尽可能减小。聚类与分类不同,在做聚类分析之前我们并不知道会以何种方式或依据来分类,所以在聚类分析完成之后,数据和对象被分成若干群,我们必须借助专业领域知识来解读分群的意义。

聚类分析可以应用于客户群体的分类、客户背景分析、市场细分等。比如,金融行业中对不同股票的发展趋势进行归类,找出股价波动趋势相近的股票集合。聚类分析的核心思想就是物以类聚、人以群分,细分领域,对同一种类的商品或服务,不同的客户有不同的消费特点,通过研究这些特点,企业可以制定出差异化的营销组合,从而获取最大的经济效益。在销售片区划分中,只有合理地将企业所拥有的子市场分成几个大的片区,才能有效地制定符合片区特点的市场营销策略。常见的聚类算法包括 K 均值(K-means)、最大期望、系谱案类、客度聚类等。

(2) 关联。关联描述数据库中数据项之间存在的关系,即隐藏在数据间的关联性或相互关系。受益于条码扫描仪等自动信息收集技术,使用关联算法从超市销售点终端(point of sale,POS)系统的大规模交易记录中发现用户的购物偏好,在零售业中是很常见的,因此在应用领域,关联算法通常被称为"购物篮分析"(market basket analysis)。

在客户关系管理中,通过对企业客户数据库里的大量数据进行分析挖掘,可以从大量的记录中发现有趣的关联,找出影响营销效果的关键因素,为产品、定价、渠道和促销策略改进提供参考依据。

与聚类算法一样,关联规则挖掘属于无监督学习方法,它描述的是在一个事件中不同物品同时出现的规律。现实生活中,在超市购物时,顾客的购买记录常常隐含着很多关联规则,例如,购买圆珠笔的顾客中有 65% 也购买了笔记本,利用这些规则,商场人员可以很好地规划商品的货架布局。沃尔玛超市"啤酒和纸尿裤"的销售策略就是通过购物篮分析发现的。在亚马逊等电商网站中,利用关联规则可以发现哪些用户更喜欢哪类商品,当发现有类似的客户时,可以将其他客户购买的商品推荐给相类似的客户,以提高网站的收入。

重要概念

大数据　大数据营销　数据采集　数据挖掘

思考题

1. 讨论大数据营销与传统营销的区别有哪些。

2. 大数据营销的定义及特征是什么?
3. 大数据营销的参与主体有哪些?
4. 结合你自身的体验,说说大数据营销的具体应有哪些。
5. 从企业的角度看,应如何应对大数据带来的营销机遇和挑战?
6. 大数据采集的主要来源有哪些?
7. 大数据采集的步骤有哪些?
8. 大数据挖掘的流程有哪些?
9. 大数据挖掘的算法和应用有哪些?

案例分析

元气森林的大数据营销

元气森林快速成长的秘诀之一就是数据竞争力。以前企业把卖得最好的产品叫作畅销产品,近五年来有一个热词就叫爆品,或者叫爆款。这种说法带有明显的互联网色彩,哪怕这个产品是一个传统行业的产品,它都不再叫畅销产品。而且现在爆款越来越指在互联网上火爆起来的传统产品,企业都希望做爆款。但有一个统计,95%的企业在推出爆款之后就不再有爆款,哪怕是它们自己也不知道导致爆款真正的原因到底是什么。它们用复盘得到的一些认知重新做一款产品的时候,怎么也火爆不起来。说到爆款,往往是跟运气连在一起的。

此外,元气森林的实践为我们提供了理解数据竞争力的机会。唐彬森做元气森林之前是做游戏的,游戏这种产品是一种很特殊的产品,你既可以说它是产品,也可以说它是服务。我们说生产过程和消费过程分离的叫产品,生产过程和消费过程同时发生的就叫服务。比如说你去理发,理发师的生产过程就是你的消费过程。你在玩游戏的时候,平台服务器的那一端同时也在忙碌。而传统的企业是生产完了交给一级批发商、二级批发商、三级批发商,然后是一个个销售终端。我很想知道谁在买我的产品,他买的时候是怎么选择的,所有的这些消费行为我都渴望知道,但是我不知道。但是在玩游戏的时候,你是实时地知道消费者行为的。用户的消费行为同时就是你的研发和设计过程的一部分。做过游戏产品的人太清楚数据的重要性了。从事游戏产品的人还有一个与传统的生产者大不一样的地方,就是他们从来不预设爆款,从来不预设产品的哪一种功能和性能是具有不言而喻的优越性的。也就是说,对于产品谁更有发言权,在他们那里是不言而喻的,就是消费者有发言权。以客户为中心,对于传统企业来说是一句口号,但对他们来说就是一种做事的习惯。

产品迭代率高、赛马不相马、快速而准确地发现爆款潜质,这三点的背后是一个东西——数据。把产品的成功不交给运气,而交给数据,这是做传统行业,尤其是做传统饮料的人一个天生的缺陷。唐彬森常说一句话,像做APP那样做饮料。把这句话翻译一下就是,做好饮料的关键是如何打造自己的数据竞争力。很多饮料企业宁可花钱去打广告,也不愿意花钱去购买各种数据服务,然而元气森林从一开始就跟一家数据服务公司合作,保证它能够在众多的销售网点里都拥有自己的数据雷达,让及时的数据反馈对决策和纠错具有实质性的影响。

有人说互联网跟传统企业的差别不是少林和武当的差别,是机关枪和武术的差别。在今天这种差别变得更加具体,传统企业使用的数据手段与"互联网+"企业使用的数据手段恰好相当于武术和机关枪的差别。有一个例子,元气森林2019年在东北市场推出了一款产品。你既可以说它是基于经验、数据做出的一个产品决策,也可以说它是一个拍脑袋的决策。当你的数据手段不足够精准的时候,你都可以说是在拍脑袋,事实上即使你使用很精准的数据手段,也难以避免拍脑袋。传统企业和互联网企业在这一点上的区别在哪儿呢?就是通过数据技术的手段能够快速地获取纠错的数据依据,并且快速地做出决策。

传统饮料企业推出一款产品,统计把数据、销售结果反馈回来,再找一些旁证,在公司内部进行讨论。一个产品从启动到放弃最快也要一年的时间,有的甚至要用两三年的时间,影响这个速度的关键就是数据手段。而元气森林在一个季度就发现问题,放弃了决定。很多人觉得元气森林做出的产品都是爆款。不对,元气森林有很多的产品我们都不知道,甚至他们公司的人都不知道。原因是那些产品在第一轮、第二轮的试错阶段已经被淘汰了,我们能看到的产品都是爆款。而传统企业要做出一件爆款,基本上是通过拍脑袋的方式,或者说用了一种比较高级的传统数据反馈方法,偶尔碰对了消费者的需求和意愿,就成了爆款,所以也就只有这一个爆款。而元气森林凭借它对于数据技术重要性的强烈意识,以及它能够动用的手段,从一开始就获得了传统饮料企业不具备的一种竞争力,那就是数据竞争力。

但问题就来了,元气森林能够持续成长吗?它能保证自己不是一个网红企业吗?花无百日红,所谓网红产品、网红企业就是在它最美的时刻遇见了消费者。哪怕我们说它凭借数据竞争力,把爆款交给运气,但是数据竞争力越来越成为一种通用生产力,你率先使用是你的竞争力。但越来越多的人也会使用这样的方法,甚至在这方面比你更具优势,你怎么办?你会搭便车,别人也会搭便车。比如说,有些日系的饮料可能是受到了元气森林的刺激,也已经开始在中国市场上发力。还有一些前浪性的饮料企业,比如说喜茶,在销售规模、市场影响力方面都比元气森林更有优势。所谓便车就是一种并不独属于你的公共资源。那元气森林还有竞争力吗?竞争力会持续多久呢?元气森林的快速成长跟它的轻资产模式是密切相关的。但是在传统行业,尤其在饮料行业,这种轻资产的模式是很难建立护城河的。你点石成金的方法并不是你独自拥有的一种能力,你所使用的资源并不是你独自拥有的一种资源,你如何建立自己的护城河呢?比如说现在提到元气森林,我们就会想到"三无",尤其是想到无糖的概念。但是有两点元气森林不能回避:第一,这不是一种独特的技术。元气森林实现无糖又提供甜味的方法,是使用了一种叫作赤藓糖醇的添加剂,这种添加剂你喝起来是甜的,但是人体不会吸收。我们前面已经说过,人类对甜的感受是在基因层面的,是大自然让人以及其他动物快速地识别高热量,并且做出决策和行动的一种快捷方式。就像避孕技术一样,用这样一种技术把人类的欲望和这种欲望所导致的后果脱钩,这里会不会带来一些负面的影响,这在医学界一直是存在争论的。在这样一个大家都普遍相信万恶糖为首的时代,用这种方式好像是一种不错的选择,但是它所包含的隐患是不能回避的。对于食品饮料行业来说,安全问题是一个需要做到万无一失、一失万无的大问题。元气森林通过合法的方式制造某种暗示,这种日系,准确地说是

"伪日系"的标签,给它在克服市场静摩擦力的过程当中助了一臂之力,但是这里始终包含着一个隐而未发的公关问题。我们知道唐彬森是做游戏起家的,可以说搭便车对他来说应该可以算是一种习惯。当年他开发了一款高仿版的游戏,叫开心农民,他所模仿的那款游戏软件叫开心农场,后来在校内网上直接就叫开心农场。我们知道开心农场可以说是互联网历史的一个记忆,很多人上闹钟,凌晨3点钟把自己叫醒去偷菜,偷完菜以后再接着睡觉。在大约半年的时间里,形成了一股全民偷菜的热潮,但是这个热潮很快就退去了,退去之后一点痕迹都找不到。实现爆发性的成长很难,在爆发性的成长之后还能够持续地成长更难。这个问题对于唐彬森来说,过去是个问题,今天仍然是个问题。

1. 请提炼元气森林在基于大数据进行产品开发上的具体做法及存在的问题。
2. 请论述大数据营销平台(BAT巨头以及专业解决方案提供商)在元气森林这类新国货品牌崛起过程中扮演的重要角色。
3. 结合案例及你的了解,罗列新锐国货品牌在大数据顾客洞察和精准广告投放方面的常见打法。

参考文献

[1] 魏伶如.大数据营销的发展现状及其前景展望[J].现代商业,2014(15):34-35.

[2] 丽莎·亚瑟.大数据营销:如何让营销更具吸引力[M].姜欣,任东英,温天宇,译.北京:中信出版社,2014.

[3] 众调网.2015中国大数据营销发展报告[EB/OL].(2015-09-24). http://www.91survey.com/news/4505.html.

[4] Chandy R, Hassan M, Mukherji P. Big data for good: Insights from emerging markets [J]. Journal of Product Innovation Management, 2017, 34(5): 703-713.

[5] 中华人民共和国人力资源和社会保障部.新职业:大数据工程技术人员就业景气现状分析报告[EB/OL].(2020-04-30). http://www.mohrss.gov.cn/SYrlzyhshbzb/dongtaixinwen/buneiyaowen/rsxw/202009/t20200923_390933.html.

[6] 赛迪智库.2025年中国大数据核心人才缺口将达230万[EB/OL].(2019-10-08). https://www.sohu.com/a/3 45502769_260616.

[7] 维克托·迈克·舍恩伯格,迈肯尼思·库克耶.大数据时代[M].盛杨燕,周涛,译.杭州:浙江人民出版社,2013.

[8] 谭磊.大数据挖掘[M].北京:电子工业出版社,2013.

[9] 阳翼.大数据营销[M].2版.北京:中国人民大学出版社,2021.